普通高等学校“十三五”规划教材

会计学原理

（第3版）

主　编　黄庆阳　袁晓玲　许爱娣
副主编　何　燕　王　平　方　蓉　聂新田

武汉理工大学出版社
·武　汉·

内 容 提 要

本书以财政部2006年颁布的《企业会计准则》为依据，紧密结合具体的会计实务，并与国际会计准则相协调，力求将会计的基本理论、基本方法和基本操作技能准确、全面地予以介绍。内容主要包括：会计的含义、对象、要素和原则，会计科目与账户，复式记账原理及其应用，工业企业主要经营过程的核算和成本计算，会计凭证和会计账簿，财产清查，财务会计报告，会计核算组织程序，会计规范等。本书可用于会计学、审计学、财务管理学专业和其他经济管理类专业的本科和专科教学，也可作为企业财务会计人员工作的参考读物。

图书在版编目(CIP)数据

会计学原理/黄庆阳，袁晓玲，许爱娣主编. —3版. —武汉：武汉理工大学出版社，2018.12
(普通高等学校"十三五"规划教材)
ISBN 978-7-5629-5927-4

Ⅰ.①会… Ⅱ.①黄… ②袁… ③许… Ⅲ.①会计学-教材 Ⅳ.①F230

中国版本图书馆CIP数据核字(2018)第278878号

项目负责人：雷　蕾(027-87523138)
责任编辑：雷　蕾
责 任 校 对：楼燕芳
封面设计：芳华时代
出 版 发 行：武汉理工大学出版社
社　　址：武汉市洪山区珞狮路122号
邮　　编：430070
网　　址：http://www.wutp.com
印　　刷：武汉中远印务有限公司
经　　销：各地新华书店
开　　本：787×1092　1/16
印　　张：18.25
字　　数：456千字
版　　次：2018年12月第3版
印　　次：2018年12月第1次印刷
印　　数：2000册
定　　价：45.00元

凡使用本教材的教师，可通过E-mail索取教学参考资料。
E-mail：wutpcqx@163.com
本社购书热线电话：027-87384729　87664138　87165708(传真)
凡购本书，如有缺页、倒页、脱页等印装质量问题，请向出版社发行部调换。

第 3 版前言

“会计学原理”是会计学专业的基础课程，主要讲授会计学的基础知识，包括会计的基本理论、会计的基本核算方法和会计的基本操作技能。它是继续学习中级财务会计和其他经济管理类相关课程的基础。

尽管目前已经出版了不少《会计学原理》教材，但在使用过程中我们总感到不甚理想。为了及时满足经济管理类专业及在职人员培训教学的需要，我们组织从事多年会计教学工作且实践经验丰富的资深教师编写了《会计学原理》一书。本书已修订了两次，现在在第 2 版基础上又做了以下修订：

1. 在总结会计学原理教学改革经验的基础上，以最新的《企业会计准则》及其应用指南为依据，着重阐述了与国际会计惯例衔接的会计核算方法。

2. 调整了全书的结构，在原书的基础上增设了案例及任务，让学生带着问题学习，同时加大了课后的习题量，以便学生巩固所学知识。

3. 内容编写力求通俗易懂，简明扼要。

本书可作为本科和专科会计学专业的主干教材，也可供经济管理类相关专业的本科和专科学生使用。

本书由黄庆阳、袁晓玲、许爱娣担任主编，何燕、王平、方蓉、聂新田担任副主编，黄庆阳统稿、定稿。具体编写分工如下：黄庆阳编写项目一、项目八；袁晓玲编写项目二、项目九；许爱娣编写项目四、项目七；何燕编写项目十；方蓉编写项目三、项目十二；王平编写项目五；聂新田编写项目六；方晶编写项目十一。

本书的编写参考和借鉴了诸多同类著作和教材，我们在此对有关作者表示感谢。由于时间仓促，加之水平有限，书中错误、疏漏之处在所难免，敬请广大读者批评指正。

编　者
2018 年 10 月

目　　录

项目一　绪　　论

学习目标

通过本项目的学习，应当了解会计产生与发展的历史，掌握会计的定义、会计对象、会计方法，会计核算的基本假设，提供会计信息的质量要求。

任务导入

小明、小李刚参加完2018年高考，准备填报高考志愿。小明不知道选什么专业，向其舅舅咨询。其舅舅建议她填报会计专业，并说会计好找工作，每个行业都需要会计。小李的叔叔也建议小李报考会计专业，也说会计人才的需求量大。

思考与讨论：

什么是会计？会计是干什么的？

任务一　会计的产生与发展

会计是伴随人类的生产实践而产生的一种管理活动。物质资料的生产是人类社会生存和发展的基础。当社会再生产活动日益复杂，人们单凭头脑记忆来管理生产活动已不能适应客观需要时，首先产生了原始计量、记录行为，继而产生了会计。在一切社会形态下，人们进行生产活动时，总是力求以尽可能少的劳动耗费，取得尽可能多的劳动成果。为了达到这一目的，需要对劳动耗费和劳动成果进行记录和计算，将耗费与成果进行比较，借以评价其经营业绩。会计就是适应社会生产的发展和经济管理的需要而产生、发展并不断完善起来的。

一、会计的产生

会计的产生始于人类社会的早期生产活动，它最初是作为生产职能的附带部分，在生产时间之外附带地把收入、支出等记载下来。当社会生产力发展到一定阶段时，会计才逐渐地从生产职能中分离出来，形成特殊的、专门的独立职能，成为专职人员从事的经济管理工作。根据目前的史料，世界上一些文明古国如古巴比伦、埃及都有类似于会计的记录或会计活动的记载。中国是四大文明古国之一，最早关于会计活动的记载是《周礼》，进行会计活动也同样有着悠久的历史，为会计的发展作出过一定的贡献。

二、会计的发展

会计作为一项管理活动，无论在我国或外国均有几千年的历史。会计的发展史表明：生产的发展决定了会计的发展，会计是随着生产的发展而发展的。从其发展演进历程看，会计的发展经历了一个由低级到高级、由简单到复杂、从不完善到完善的发展过程。

（一）我国会计发展史

我国远在原始社会末期就有了“结绳记数”。在我国的西周王朝，也就是奴隶社会的鼎盛时期，设立了专门管理钱粮赋税的官员，总管王朝财权的官员称“大宰”，掌握王朝计政的官员称“司会”，于是出现了“会计”一词。《孟子正义》一书曾加以解释，“零星算之为计，总合算之为会”。《周礼·天官》篇中指出：“会计，以参互考日成，以月要考月成，以岁会考岁成。”“日成”相当于旬报；“月要”相当于月报；“岁会”相当于年报。由此可见，我国在西周时代，会计方法已有相当成就。

自春秋战国到秦代出现了“籍书”，或称“簿书”，用“入”“出”作为记录符号来反映各种经济出入事项。唐宋两代，创建和运用了“四柱结算法”。四柱，即“旧管”“新收”“开除”“实在”，其含义分别相当于现代会计中的“期初结存”“本期收入”“本期支出”“期末结存”。四柱之间的关系可用会计方程式表示为“旧管＋新收＝开除＋实在”。“四柱结算法”的创建和运用，为我国会计中的收付记账法奠定了理论基础。

到明末清初，在“四柱结算法”原理的启示下，人们设计了一种比较完善的会计方法，即“龙门账”。它是把全部账目划分为“进”“缴”“存”“该”四大类，设“总清账”分类进行记录。“进”指全部收入；“缴”指全部支出；“存”指全部资产；“该”指全部负债（包括业主权益）。“进”“缴”“存”“该”之间的关系为“进－缴＝存－该”。每年终结账时，一方面可以根据有关“进”与“缴”两类账目的记录编制“进缴表”，计算差额，确定盈亏；另一方面还应根据有关“存”与“该”两类账目的记录编制“存该表”，计算差额，确定盈亏；两者计算确定的盈亏数额应该相等。当时，人们把这种双轨计算盈亏并核对账目的方法叫“合龙门”。由于这段时间的会计主要服务于奴隶主和封建王室的赋税征收、财政支出及其财产的保管，因此有人称之为官厅会计。

新中国成立后，我国会计的发展可以分为三个阶段：1949—1980 年期间，在会计核算方法上主要是效仿前苏联的做法，以计划经济为中心，为计划经济服务。1981—1992 年期间，是会计核算的改革过渡阶段，在原有的会计制度、方法上进行了改革的尝试，但没有跳出计划经济时期的一贯做法。1993 年改革以后，主要是根据我国社会主义市场经济的特色，为适应改革开放和发展外向型经济的需要，效仿以美国为首的西方资本主义国家的常规做法，结合我国会计核算的需要，力争和国际会计接轨。这就是目前有中国特色的社会主义会计的发展。

（二）外国会计发展史

根据目前的史料，世界上一些文明古国如古巴比伦、埃及都有类似于会计的记录或会计活动的记载。

近代会计是从运用复式簿记开始的。公元十二三世纪，在意大利，由于各国之间的贸易集中于佛罗伦萨、热那亚、威尼斯等沿地中海城市，这些城市的商品货币经济比较发达，促使封建主义发生瓦解，资本主义开始萌芽。1211 年，意大利佛罗伦萨银行开始采用借贷记账法记账，当时人们把这种记账法称为"威尼斯簿记法"。1494 年，意大利数学家修道士卢卡·帕乔利(Loca Pacilo，或译为卢卡·巴其阿勒)在其所著的《算术、几何及比例概要》一书中，结合数学原理，将复式簿记从理论上加以系统论述和概括，这是借贷复式记账法形成的重要标志，也是近代会计发展史上具有划时代意义的第一个里程碑。

19 世纪，英国工业革命的高涨，工厂制度的确立，尤其是股份公司的不断出现，客观上要求有一套与之相适应的会计方法。产生于商业革命的意大利式簿记，已表现出对于以广泛使用蒸汽机为主要内容的工业革命的不适应性。由于西方资本主义企业采取股份公司的组织形式，把所有权与经营权分离开来，企业的股东以及与企业有利害关系的集团，要求企业定期提供有关企业财务状况和经营成果的财务报告，同时要求对企业提出的财务报告进行审查。于是，查账工作日趋重要，以查账为职业的会计师得到社会承认和重视。注册会计师接受委托，审查企业提出的财务报告，并证明是否符合公认的会计准则。经过审核的财务报告，可取信于股东和与企业有利害关系的人，因此，按照公认的会计准则，编制并向企业外部提供财务报告成为西方会计的一项重要任务。1854 年，世界上第一个会计师协会——英国爱丁堡会计师公会的成立，被认为是近代会计发展史上的第二个里程碑。

20 世纪以来，西方资本主义生产社会化程度不断提高，竞争也日益加剧，资本家为获取最大限度的利润，加强了对会计的利用。它们不仅利用会计为企业外部提供报告，而且还利用会计分析市场行情，预测企业前景，确定企业目标，进行经营预测和决策，从而促成了管理会计与财务会计的分离。财务会计是在市场经济下，建立在企业或其他外部主体范围内的、旨在向企业或其他外部主体提供主要财务信息的一个经济信息系统。因此，它主要是通过定期编制和提供财务报表，为外界与企业有经济利害关系的各个集团或个人服务。而管理会计则不同于财务会计，主要表现在：(1)它的产生不是要满足企业外部有关方面的需要，而主要是要适应企业内部管理的需要，即为企业管理部门正确地进行管理决策和有效经营提供有用的资料。(2)财务会计描述的是已经发生的事实，不强调将来；而管理会计不仅重视过去和现在，而且还着眼于将来，即还要预测将来可能发生的经济活动及其效果。因此，管理会计既要利用财务报表的资料，又要利用其他一切可能利用的资料，以便完成经济管理的任务。管理会计的出现，使西方会计在分析、预测和决策方面，广泛地应用数学方法进行定量管理；在计算技术方面，由手工操作发展到机械化和电子化操作。电子计算机在会计中的大量应用，使现代会计在提供信息方面发挥了巨大的作用。

从上述会计产生和发展的过程中可以得出以下启示：

(1)会计对任何社会的经济活动都是必要的，经济愈发展，会计愈重要。会计的发展史表明，它的产生与发展同人们管理经济、讲求经济效益紧密地联系在一起，随着生产力水平的不断发展、管理水平的提高以及人类对经济效益的追求，相应的社会对会计也提出新的要求，这是会计发展的原动力。会计的发展已经走过了一条从简单到复杂、从低级到高级、从不完善到完善的道路，但只要生产和管理在发展，会计的水平也将会有新的发展，不可能永远停留在现有的水平上，这是可以预见到的。

(2)会计是对生产过程的控制与观念的总结，许多方法总是依存于生产的技术和组织，受到生产技术组织的制约，因而，会计具有很大的技术性。同时还应该看到，生产总是在一定的社会经济环境下进行的，社会环境的变化将会对会计产生不同程度的影响，会计同社会经济环境之间相互依存、相互制约、相辅相成，从这一方面看，会计又具有一定的社会属性。

任务二　会计的含义和特点

一、会计的含义

目前，会计学术界对会计的定义尚未统一，从不同的角度对会计进行考察可得到不同的认识。

（一）从会计本质的角度来认识会计

1. 会计是一个经济信息系统

迄今为止，会计所运用的信息加工方法已形成了一个严密而复杂的体系，从而在企业中成为一个能把数据转化为信息的系统。在这个系统中，不论用何种手段处理数据，均可将其理解为一个由若干要素组成的有机整体，都能用“系统”这两个字加以概括。系统是指由两个以上的要素组成，具有特定功能和特殊目标的统一体。会计作为一个系统工程，输入的是会计数据，输出的是财务和经济信息。信息是系统所传递和处理的对象，是各种事物的特征及其变化的反映，是有关可能影响系统使用者决策的相关知识。财务信息是指能够用货币表现的那部分经济信息，即反映企业资产、负债、所有者权益发生增减变化情况及其结果的，都可称为财务信息。因为会计具有两个以上的方法或程序，因此也可将其理解为具有数据处理对象，由信息管理部门和人员来掌握，为管理提供信息的一个经济信息系统。

2. 会计是一项经济管理工作

首先，会计为管理提供必要的资料。会计的特点主要是用货币对经济过程中占用的财产物资和发生的劳动耗费进行系统的计量、记录、分析和检查。计量、记录、分析和检查本身都不是目的，而是会计所用的手段。凭借这些手段，管理者利用会计可达到从一个特定的方面或管好一家企业的生产和经营，或管好一个事业单位、机关、团体的业务，提高经济效益的目的。同时，会计为在更大的范围，例如一个地区、一个系统或整个国家管好经济提供必要的资料。从这一点来看，会计的本质是管理。其次，会计直接履行管理的职能。在市场经济条件下，管理重心从以实物管理为主，转向以价值管理为主，会计是一种重要的价值管理工作，它对经济活动中所有以价值表现的数量方面都要干预，也就是说，会计对会计主体在任何地点、任何时间所发生的经济活动，只要涉及价值数量，都要进行指导、调节和控制，因此会计本身就是一项管理活动。

（二）从语言的角度来认识会计

从语言的角度来认识会计，会计可以表述为一项经济工作或一门学科。就是说，这种观点认为会计就是会计工作，即有会计工作的实践，就势必有实践经验的总结和概括，就有会计的理论。因此，会计又可以是解释和指导会计实践的知识体系，是一门学科。也就是说，会计既包括会计理论，也包括会计实践。

综上所述，我们认为，现代会计的含义是：会计是以货币为主要量度，以凭证为依据，运用各种专门方法，对一定单位的经济业务连续地、系统地、全面地进行计量、记录、分析和检查，提供管理所需要的经济信息，作出预测，参与决策，实行监督，旨在提高经济效益的一种管理活动。

二、会计的特点

(一)会计的本质是一种经济管理工作

经济管理包括对人、财、物三大要素的管理。对人的管理是人力资源管理,主要是调动人的积极性,实行劳动最优组合;对物的管理是物资管理,主要是保护财产物资的安全完整,提高财产物资的利用效率;对财的管理是财务会计管理,主要是利用资金手段,对一个单位的经济活动进行价值管理,反映和监督经济活动。人力资源管理和物资管理往往要通过财务会计管理的手段来付诸实施。所以,会计工作也称为会计管理工作,是一种经济管理工作,主要表现为反映和监督经济活动。

(二)以货币为主要计量单位

会计在核算和监督经济活动的过程中,采用了统一的计量形式——货币量度。会计核算在必要时可配合以实物量度和劳动量度,但必须以货币量度为主。只有这样,才便于会计资料的汇总、比较和分析,取得经营活动过程中的各种综合资料。

(三)管理活动具有连续性、系统性、全面性和综合性

会计采用专门的核算方法,连续、系统、全面、综合地核算和监督经济活动过程。其连续性表现在对各项经济活动按其发生的时间顺序不间断地进行核算和监督;系统性表现在对各项经济活动既要相互联系地核算和监督,又要采用科学的方法进行分类,以便对比;全面性表现在对所有发生的经济活动一一进行反映和监督,使管理资料建立在完整、客观的基础之上;综合性表现在用货币量度总括反映各项经济活动,提供各种总括的指标。

任务三　会计的职能与方法

一、会计的职能

会计的职能是指会计在经济管理中所固有的功能。马克思在《资本论》中关于会计的基本职能的论述是“对再生产过程的控制和观念的总结”。我国会计界通常把“控制”理解为监督,把“观念的总结”理解为核算(或反映,但“反映”这一术语含义比较广泛,不具有会计专业的特点,所以我国《会计法》中称为核算)。会计的职能随社会经济的发展和会计内容、作用的不断扩大而发展。传统的会计主要是记账、算账、报账。随着商品经济的发展,以及现代数学、现代管理学的发展,特别是计算机技术引进会计领域后,会计的职能有了新的发展,具有了新的特点。

1. 会计的核算职能

会计的核算职能是指会计通过确认、计量、记录、报告,从数量上反映企业、行政、事业单位已经发生或完成的经济活动,为经营管理提供经济信息的功能。

核算职能是会计最基本的职能。现代会计核算职能的特点是:

(1)会计主要是利用货币计价,综合反映经济活动情况,为经营管理提供可靠的经济信息。

(2)会计不仅是记录和陈述过去,如实反映已发生的经济业务,还包括预测未来,为企业的经营决策提供依据。

(3)会计的核算具有连续性、系统性、全面性和综合性的特点。

(4)随着计算机引入会计领域，手工会计信息系统逐步发展为电算化会计信息系统，从而使会计变得更为完善，能够更加及时、更加灵活、更加准确地满足多方面、多层次的需求。

2. 会计的监督职能

监督的内涵是监察、督促，会计的监督职能是指会计按一定的目标和要求，利用会计核算所提供的经济信息，对经济活动进行控制，使之达到预期目标的功能。其特点是：

(1) 会计监督主要是通过各种价值指标进行的货币监督。核算是主要利用价值指标进行的，所以会计监督也就主要依据这些指标进行。

(2) 会计监督是在会计核算的同时进行的，包括事前、事中和事后监督。

3. 会计两大基本职能关系的评价

没有核算提供的完整的会计信息，监督就没有客观的依据，无法进行会计监督；而监督是会计核算真实性的保证，是监督会计发挥其管理职能。会计的核算和监督紧密结合，密不可分，相辅相成，是辩证的统一。

4. 会计基本职能的外延

关于会计的基本职能，目前在国内会计学界比较流行的是"六职能"论。这六种职能分别是反映经济情况、监督经济活动、控制经济过程、分析经济效果、预测经济前景、参与经济决策。

二、会计的方法

(一)会计方法概述

会计方法是用来反映和监督会计对象，完成会计目标的手段。会计方法是从会计实践中总结出来的，随着会计反映和监督的内容日趋复杂。会计的含义不断发展，会计的方法也在不断改进和发展之中，它经历了由简单到复杂、由不完善到逐步完善的漫长的发展过程。目前我们认为它至少包括五个方面的内容：会计核算、会计分析、会计监督、会计预测及会计决策。其中，会计核算方法是最基本、最主要的方法。

1. 会计核算

会计作为经济管理的重要组成部分，需要有一整套科学的方法体系。客观经济业务纷繁复杂，在生产、交换、分配、消费的过程中发生的经济信息数不胜数，要将经济信息转换为会计信息，就必须依照会计准则的规定法则进行确认、计量、记录、分类、汇总、加工处理，成为有效的会计信息。这个信息转换的过程就是会计核算。会计核算是会计的主要方法，是其他各种方法的基础。

2. 会计分析

会计分析是依照会计核算提供的各项资料及经济业务发生的过程，运用一定的分析方法，对企业的经营过程及其经营成果进行定性或定量的分析。会计分析的资料将成为会计监督、会计预测、会计决策的前提。

3. 会计监督

会计监督是通过会计核算及会计分析所提供的资料与原定目标之比较，来考核、检查企业的生产经营过程或单位的经济业务是否合理、合法，与原定目标有多大偏差，考核会计实体的经营业绩，监督经济运行的全过程，控制经济按预定的轨道运行。

4. 会计预测

会计预测是通过会计核算及会计分析所提供的资料与市场环境诸因素的相关性，运用各种预测方法，对会计实体的财会指标的未来发展趋势作出测算、预计和估价，为会计决策提供可选择方案。

5. 会计决策

会计决策是企业经营决策的重要组成部分。由于会计信息使用货币量度，所以它具有综合性的特点。会计信息能够综合反映企业生产经营活动的优势与不足。会计参与经营决策，辅助管理层进行方案选择，是会计发展的趋势。

（二）会计核算方法

会计核算方法是对会计对象及具体内容进行连续、系统、全面、综合地记录、计算、反映和控制所应用的专门方法。会计核算方法包括七种：设置账户、复式记账、填制和审核凭证、登记账簿、成本计算、财产清查、编制财务报表。

1. 设置账户

设置账户是对会计核算对象——会计要素的具体项目进行分类反映和监督的一种专门方法。会计对象包含的内容纷繁复杂，设置会计科目就是根据会计对象具体内容的不同特点和经济管理的不同要求，选择一定的标准进行分类，每类反映明确的经济内容，赋予其简明扼要的名称。账户是为了系统地登记各类经济业务的增减变动及其余额而按照会计科目设置的系统记载的簿籍，它是获得系统会计核算资料的必要条件。

2. 复式记账

复式记账是对每一项经济业务，都要以相等的金额同时在两个或两个以上的相关账户中进行记录的方法。通过复式记账，可以了解和掌握经济业务的内容，检查会计记录的正确性，全面、系统地反映各项经济业务之间的联系，反映经济活动的全貌。

3. 填制和审核凭证

填制和审核凭证是为会计记录提供完整的、真实的原始资料，保证账簿记录正确、完整的方法。会计凭证是记录经济业务和明确经济责任的书面证明，是登记账簿的依据。任何经济业务都必须取得原始凭证，并且要经有关人员的审核，确定无误的原始凭证方能据以编制记账凭证。审核原始凭证的过程是保证会计信息质量的关键环节，填制凭证是会计循环的首要阶段。

4. 登记账簿

登记账簿是根据填制和审核无误的记账凭证在账簿中进行全面、连续、系统记录的方法。账簿，是用来记录经济业务发生的簿籍。登记账簿应该以记账凭证为依据，按照规定的会计科目开设账户，并将记账凭证中所反映的经济业务分别记入有关账户，并定期进行对账、调账、结账，做到账簿记录准确，为编制报表提供资料。

5. 成本计算

成本计算是指按照一定的成本计算对象收集和分配应计入产品成本的各项费用，借以计算总成本和单位产品成本的一种方法。计算成本的主要目的是确定其价值的补偿额度，反映企业成本水平的高低，促进企业通过降低成本、节约耗费以达到提高经济效益的目的。

6. 财产清查

财产清查是通过实物盘点、往来款项的核对来检查财产和资金实有数额的方法。在财产清查中发现财产、资金账面数额与实存数额不符的情况，应该及时调整账簿记录，使账存数与实存数保持一致，并查明账实不符的原因，明确责任。对于清查中发现的积压或残损物资以及往来账款中的呆账、坏账，要积极清理，加强财产管理。因此，财产清查是保证会计核算资料的真实性、正确性的一种手段。

7. 编制财务报表

编制财务报表是根据账簿记录的数据资料，采用一定的表格形式，概括、综合地反映各单位在一定时期内经济活动过程和结果的一种方法。编制财务报表是对日常核算的总结，是在账簿记录基础上进行会计分析、会计检查的重要依据。

以上七种会计核算方法按其运用程序来说，填制和审核凭证是首要环节，登记账簿是中间环节，编制财务报表是终结环节。这三个环节环环相扣，构成会计循环的三大基本步骤，其他方法与此联系紧密。会计核算方法的顺序执行构成会计循环，会计循环的完成需要借助于会计的各种方法，这既体现了会计方法与会计循环的区别，又说明了会计方法与会计循环的密切关系。会计核算的各种方法是相互联系、紧密配合的，各种专门方法构成了一个完整的会计核算方法体系。

任务四　会计的对象

一、会计的一般对象

会计的一般对象是指会计作为一项管理活动所要核算（反映）和监督（控制）的内容。具体来说，会计对象是指企事业单位在日常经营活动或业务活动中所表现出的资金的运动，它构成会计的一般对象。所以说，会计的一般对象是社会再生产过程中客观存在的资金运动。

什么是资金？对资金的认识有三种观点：

（一）资金就是“钱”

资金就是“钱”，这一定义作为资金的通俗理解无可厚非，但是把资金等同于“钱”，那么就和货币概念混淆了。因为“钱”就是货币，作为资金的货币和作为货币的货币其职能是不同的，货币如果不垫支于生产经营等，则不能产生增值。而且除“钱”以外，企业的固定资产等也是企业的资金，所以资金不一定是钱，甚至钱也不一定是资金。

（二）资金是财产物资（价值）的货币表现

这一定义是我国会计界长期使用的关于资金的定义，一些人认为资金是财产物资的货币表现，还有一些人认为资金是财产物资价值的货币表现。但价值的货币表现是价格，那么财产物资的价格就是资金，这将价格和资金又混淆起来了。我们认为，不是所有能用货币表现的财产物资都是资金。比如，对于国家来说，地下的各种矿藏是国家的财产物资，可以用货币表现，但是在没有开采出来之前则不能成为资金。对于企业来说，例如，水域、水面等自然资源是造船企业船舶制造过程不可少的财产物资，但这些自然资源属于国家所有，不属于企业所有，不是船舶制造企业的资金。

（三）资金是社会再生产过程中垫支的价值、周转的价值

资金是社会再生产过程中垫支的价值、周转的价值，它会不停地运动，并在运动中保存和增加自己的价值。这一关于资金的定义，恰如其分地表述了资金的特征（也是确定资金的

判断标准)。资金具有以下特征:

(1) 资金的垫支性:这是基础,是资金运动的起点。

(2)资金的周转性:这是其本质特征,据此把资金划分为固定资金和流动资金。

(3) 资金的补偿性:这是维持简单再生产的要求。

(4) 资金的增值性:这是人类社会进步的要求。

资金垫支、回收的过程实质上是资金的循环过程,资金不断的循环称为资金的周转。资金投入、资金周转、资金退出企业的过程称为资金的运动。资产是资金的实物形态,资金是资产的价值形态,资本是资产价值的来源。

二、工业企业的会计对象

工业企业的会计对象是工业企业的资金运动,包括资金的投入、资金的周转和资金的退出。工业企业的主要任务是生产和销售工业产品并提供积累,以便扩大再生产。为了完成这个任务,企业必须拥有一定的经济资源,如厂房、机器设备、材料物资和资金。这些经济资源有的是国家投入的,有的是从银行等金融机构和其他单位借入的,有的是通过发行股票等进行筹集的。筹资活动是经常发生的,贯穿企业再生产活动的始终。企业利用这些财产物资和资金组织生产经营活动。工业企业的生产经营活动大体可以划分为三个阶段,即采购过程、生产过程、销售过程。

在采购过程中,主要经济业务有:企业用银行存款或现金购买各种材料、物资,材料、物资入库,支付采购费,进行非现金形式结算业务等。

在生产过程中,工人领用材料,利用劳动手段加工劳动对象,使材料变成产品入库。在这个过程中,发生材料消耗、工资的支付、固定资产的磨损、水电动力费的支付等业务。因为设定了会计期间、配比原则和权责发生责任制,所以必须按期进行费用结转,计算成本等经济业务。

在销售过程中,企业将生产的产品通过市场按等价交换的原则销售出去,收回货币资金。货币资金中既包含了已销产品的成本,也包含了一部分新创造的价值。于是就发生了费用的结转、货款的结算、负债的偿还、税金的缴纳、利润的分配等经济业务。

采购过程、生产过程和销售过程构成工业企业生产经营过程的一个链条。企业的资金形态随着经济业务的发生不断变化着,以货币资金形态购进材料、物资,然后投入生产变成在产品,再加工为产品,将产品销售出去,收回货币资金,再购买材料投入生产,周而复始的运动,这就使千变万化的经济业务也呈规律性的变化。图 1-1 为工业企业的资金运动图。

三、商品流通企业的会计对象

商品流通企业的会计对象是商品流通企业的资金运动。商品流通企业担负着社会商品交换的任务,处于商品流通领域,按照等价交换的原则从生产企业购进商品,然后按照市场价格销售出去。企业购进商品,资金由货币形态变化为商品资金形态,商品销售收回货款,又使商品资金形态变化为货币资金形态。在商品流通企业发生的经济业务主要有购入商品支付采购费和销售商品收回货款业务。商品售价与进价的差额就是毛利,同样还会发生成本计算、税金缴纳、利润分配等业务。

商品购销业务是商品流通企业经常的、大量进行的业务,同时也会发生资金的筹集、借欠、还

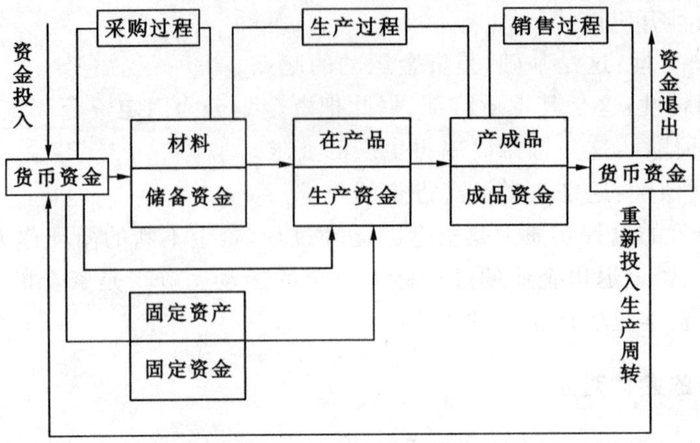

图 1-1　工业企业的资金运动图

贷等经济业务。商品流通企业的资金运动过程如图 1-2 所示。

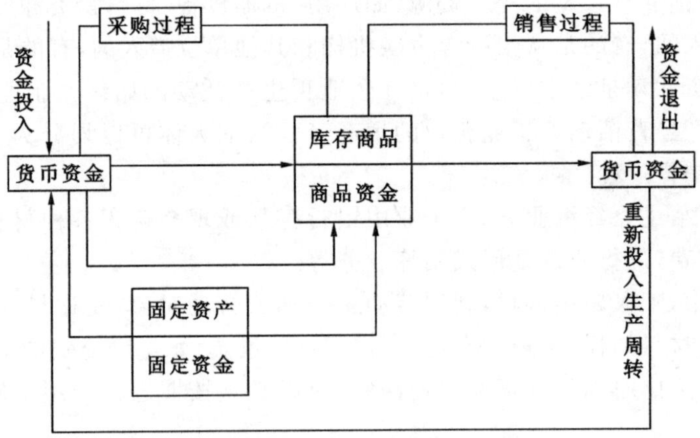

图 1-2　商品流通企业的资金运动图

四、行政单位、事业单位的会计对象

行政单位的会计对象就是预算资金运动。它不同于企业的资金运动。因为行政单位的主要活动不是经济活动，但是为了执行国家赋予的任务，同样需要一定数量的资金作为完成国家所赋予任务的物质条件，也要消耗一定的人力、物力和财力。事业单位在改革中有以下三种情况：

(1) 部分事业单位和行政单位相同，实行全额拨款管理。

(2) 部分事业单位实行差额拨款管理。

(3) 部分事业单位实行企业化管理。

任务五　会计记账基础

会计记账基础包括权责发生制和收付实现制，我国《企业会计准则》规定：会计应当以权责发生制为基础进行核算。

权责发生制又称“应收应付制”，是以权利或责任的发生与否为标准确定本期的收入和费用。凡本期已经实现的收入和已经发生或应当负担的费用，不论款项是否收付都应当作为本期的收入和费用；凡是不属于本期的收入和费用，即使款项已经在本期收付，也不应当作为本期的收入和费用。

收付实现制又称“现收现付制”，是“权责发生制”的对称。它是以款项是否已经收到或付出作为计算标准，来确定本期收益和费用的一种方法。凡在本期内实际收到或付出的一切款项，无论其发生时间早晚或是否应该由本期承担，均作为本期的收益和费用处理。

下面我们分别采用权责发生制和收付实现制这两种不同的记账基础对收入和费用进行比较。

根据某企业 9 月份发生的下列经济业务确定本月收入和费用(表 1-1)：

(1)销售产品收到现款 120 000 元；

(2)销售产品 180 000 元，收到现款 50 000 元，余款暂欠；

(3)收到 A 单位 8 月份欠货款 20 000 元；

(4)收到 B 单位交来 9—12 月份仓库租金 16 000 元；

(5)本月应付银行借款利息 8 000 元，未付；

(6)本月交纳上月所欠办公电话费 10 000 元。

表 1-1 不同记账基础的比较 单位：元

业 务	权责发生制		收付实现制	
	收入	费用	收入	费用
①	120 000		120 000	
②	180 000		50 000	
③	0		20 000	
④	4 000		16 000	
⑤		8 000		0
		0		10 000
合计	304 000	8 000	206 000	10 000
利润	296 000		196 000	

任务六 会计核算的基本前提

会计核算的基本前提(或叫会计基本假设)是据以进行会计核算的基础性假定，是会计人员对会计核算所处的变化不定的环境做出的合理判断，是会计核算的基础条件。由于会计核算面对的社会经济环境变化不定，因而会计人员有必要对其做出判断。会计核算对象的确定、会计方法的选择、会计数据的搜集等，都以会计核算的基本前提为依据。根据现代会计理论，会计核算的基本前提包括：会计主体、持续经营、会计分期和货币计量。

(一) 会计主体

会计主体是指会计工作为其服务的特定单位或组织。

我国《企业会计制度》第五条对会计主体作出了规定：会计核算应当以企业发生的各项

交易或事项为对象，记录和反映企业本身的各项生产经营活动。

确定会计主体的作用在于界定不同会计主体会计核算的范围。会计主体前提要求我们以企业作为会计核算的主体，并要区分企业自身的经济活动与其他企业单位的经济活动；把企业与企业的相关利益主体尤其是投资者、关联方企业的经济活动区分开来。会计主体只核算自身发生的各项交易或事项，记录和反映本企业自身的各项生产经营活动。

值得注意的是，会计主体与法律主体并不是同一概念。一般来说，法律主体必然是会计主体，但会计主体并不一定就是法律主体。任何企业，无论以何种形式存在，都是一个会计主体。在企业规模较大的情况下，可将其内部某一机构作为一个会计主体，要求其定期编制会计报表。而在控股经营的情况下，母公司及其子公司都是独立的法律主体，也是会计主体，在编制会计报表时，也可将之组成的企业集团当做一个会计主体，将其各自的会计报表予以合并，以反映整个企业集团的财务状况和经营成果。因此，会计主体可以是独立的法人，也可以是非法人；可以是一个企业，也可以是企业内部的某一单位；可以是单一的企业，也可以是由几个企业组成的企业集团。

（二）持续经营

持续经营是指会计主体的生产经营活动在可预见的将来将延续下去。

会计核算上所使用的一系列会计处理方法都是建立在持续经营前提的基础上的。例如，在持续经营的前提下，才能运用历史成本原则计量企业的资产，并按照原来的偿还条件偿还它所承担的债务。如果是在清算的情况下，则不能运用历史成本原则，资产的价值必须按照实际变现的价值来计算，负债则必须按照资产变现后的实际负担能力来清偿。在持续经营的前提下，企业在会计信息的收集和处理上所使用的会计处理方法才能保持稳定，企业的会计记录和会计报表才真实可靠。如果没有持续经营的基本前提，一些公认的会计处理方法将缺乏存在的基础，同时也无法采用，企业也就不能按照正常的会计原则、正常的会计处理方法进行会计核算，不能采用通常的方式提供会计信息。所以，企业会计核算应当以企业持续、正常的生产经营活动为前提。

（三）会计分期

会计分期是指将企业持续不断的经济活动分割为一定的期间。其目的是据以结算账目，编制会计报表，及时向有关方面提供反映企业财务状况、经营成果和现金流量的信息。

我国《企业会计制度》中规定，会计年度是基本的会计期间，我国企业的会计期间按年度划分，以日历年度为一个会计年度，即从每年的公历 1 月 1 日至 12 月 31 日作为一个会计期间。除了基本的会计期间以外，《企业会计制度》还规定了一些会计中期，即短于一年的会计期间，包括半年度、季度和月度。会计中期的起讫时间也一律以公历的起讫日期为准，例如一年分为两个半年度，1 月 1 日至 6 月 30 日为一个半年度，7 月 1 日至 12 月 31 日为一个半年度。企业会计制度中所称会计期间的期末和定期，是指月末、季末、半年末和年末。

会计期间的划分对会计核算有着重要的影响。由于有了会计期间，才产生了本期和其他期间的区别；由于有了本期和其他期间的区别，才产生了权责发生制和收付实现制，才使不同类型的会计主体有了记账的基准；由于权责发生制的采用，要求对一些收入和费用要按照权责关系在本期和以后的会计期间进行分配，确定其归属的会计期间，为此需要采用预收、预付、应收、应付、递延、预提和待摊等一些特殊的会计处理方法。

(四) 货币计量

货币计量是指会计主体在会计核算过程中采用货币作为计量单位,记录、反映会计主体的经营情况。

我国《企业会计制度》规定,企业的会计核算应以人民币为记账本位币。业务收支以外币为主的企业,也可以选用某种外币为记账本位币,但是编制的财务会计报告应当折算为人民币反映。在境外设立的中国企业,由于开展经营活动和向所在国提交财务会计报告及申报纳税的需要,日常会计核算需要采用当地的法定货币作为记账本位币,但是,其向国内报送的财务会计报告,应当折算为人民币。

任务七　会计信息的质量要求

一、会计信息的含义

从事经营活动的各个经济实体(企业)中,大量的信息都是经济信息。经济信息的表现形式是多种多样的,如企业中的市场信息、生产信息、财务信息、经营信息、人力资源信息、法规制度信息等。会计信息是企业经济信息的重要组成部分,主要反映企业经济活动中可以用货币表示的经济业务,即企业的资金(资本)运动。从会计所揭示经济活动的本质看,包含企业的财务状况、经营成果和现金流量等内容,它们分别通过资产负债表、利润表和现金流量表等财务报告进行揭示。

资产负债表反映企业在某一特定时点的财务状况,包括资产、负债和所有者权益等的分布情况和结构状况。它是指在某一特定时点(月末、季末、年末)企业有哪些资产(货币资产、债权资产、存货资产、非流动资产)、有多少资产;有多少负债,负债的结构(短期借款、应付账款、应付职工薪酬、长期应付款等);有多少所有者权益,它由哪些构成(实收资本、资本公积、盈余公积和未分配利润等)。

利润表反映企业在某一会计期间(某月、某年)的经营成果,它主要说明企业在一个会计期间取得了哪些收入(主营业务收入、其他业务收入、投资收益、营业外收入等)和发生了哪些费用(主营业务成本、其他业务支出、税金及附加、销售费用、管理费用、财务费用、营业外支出、所得税等),这些收入和费用有多少。

现金流量表反映企业在某一会计期间的经营活动、投资活动和筹资活动中产生的现金流入和现金流出及其现金净流入的情况。

二、会计信息质量要求的含义及内容

(一)会计信息质量要求的含义

会计信息质量要求是指企业所提供的会计信息的质量标准,其表现为会计信息对于信息使用者作出决策有用的那些性质(或特征),也称“会计信息的质量特征”。

会计信息质量要求的主要功能体现在以下几个方面:

(1)它是实现会计目标的基础。企业的会计目标有两个:一个是终极目标,即提高经济效益;另一个是直接目标,即为会计信息的使用者提供对决策有用的会计信息。会计信息质量的高低对决策起着至关重要的作用,会计信息的质量越高,相关性越高,对实现会计目标就越重要。

(2)它是会计确认、计量、记录和报告行为的指南。会计信息的质量要求提出了对企业会计信息质量的具体要求，因此成为会计确认、计量、记录和报告行为的指南。

(3)它是评价会计信息质量的依据或标准。在现代企业里，由于“两权分离”的市场管理机制，作为企业所有者的投资人需要制定一系列的质量标准来约束经营者的管理行为，而作为经营者也需要一套标准来解除承担的财产受托责任。作为一种具有公共属性的特殊产品——会计信息，其特征也就构成社会经济活动评价的一种标准。

(二)会计信息质量要求的内容

我国2006年颁布的《企业会计准则——基本准则》中提出了对会计信息质量的要求，包括可靠性、相关性、及时性、可比性、可理解性、重要性、谨慎性和实质重于形式等原则。

1. 可靠性原则

“企业应当以实际发生的交易或者事项为依据进行会计确认、计量和报告，如实反映符合确认和计量要求的各项会计要素及其他相关信息，保证会计信息真实可靠，内容完整。”该原则要求会计核算应当以实际发生的交易或事项为依据，如实反映企业的财务状况、经营成果和现金流量。可靠的会计信息是客观的，存在可靠的凭据记录，可以揭示经济活动的本来面目。可靠的会计信息也是可以验证的，对于同一经济业务，具有专业胜任能力的会计人员会得到相同的会计处理结果。但可靠性并不意味着会计信息必须绝对肯定或者绝对精确，这是由于企业所处的经济环境的不确定性、会计计量属性本身的缺陷以及会计计量方法选择的主观性等因素影响决定的。使用虚假的会计信息进行决策会导致决策失误，最终会损害投资者和债权人的经济利益，如美国的“安然事件”“世界通讯事件”，我国上市公司“银广厦”“郑百文”丑闻等。

2. 相关性原则

“企业提供的会计信息应当与财务会计报告使用者的经济决策需要相关，有助于财务会计报告使用者对企业过去、现在或者未来的情况作出评价或者预测。”会计信息是否具有相关性，有两个基本的判断标准：一是会计信息能否帮助会计信息使用者对过去、现在或将来的经济事项进行评价，并影响信息使用者的相关决策行为；二是会计信息能否证实或纠正会计信息使用者过去已经做出的判断或评价，并影响会计信息使用者的相关决策行为。显然，这是与会计目标相一致的原则。

3. 及时性原则

“企业对于已经发生的交易或者事项，应当及时进行会计确认、计量和报告，不得提前或者延后。”会计核算工作要讲求实效，及时处理各项经济业务，以便于会计信息的及时利用。时过境迁的会计信息对决策者是无用的。

在市场经济条件下，企业竞争日趋激烈，各方面对会计信息的及时性要求越来越高，因而就要求企业要及时收集、加工和传递会计信息。如果会计核算不及时，就很难准确地反映企业在某一时点上的财务状况和一定时期的经营成果及现金流量。如果企业要通过提前或延后确认收入、费用来人为地调节利润，就会造成会计信息失真，这是绝对不允许的。各国对于财务会计报告的提供周期和报告时间都有规定。例如我国要求上市公司定期进行信息披露，应在会计年度前3个月、9个月结束后的30日内编制并披露季度报告，应在会计年度上半年结束后的2个月内编制半年度报告，应在会计年度结束后的4个月内编制并报送年度报告。

4. 可比性原则

"企业提供的会计信息应当具有可比性。同一企业不同时期发生的相同或者相似的交易或者事项,应当采用一致的会计政策,不得随意变更。确需变更的,应当在附注中说明。不同企业发生的相同或者相似的交易或者事项,应当采用规定的会计政策,确保会计信息口径一致、相互可比。"会计可比性原则要求企业的会计信息应在以下两个方面做到相互可比:

第一,同一企业不同时期发生的相同或者相似的交易或者事项,应当采用一致的会计政策,不得随意变更。如有必要变更,应当将变更的内容和理由、变更的累计影响数,以及影响数不能合理确定的理由等,在会计报表附注中予以说明。这个原则也称"一致性原则"或"一贯性原则"。这一原则的目的是使得同一单位的各期会计信息具有可比性,有利于决策,同时防止利用会计核算方法的变动,人为操纵成本、利润等指标,粉饰企业的财务状况或财务成果的行为发生。这是一种纵向的历史比较。

第二,不同企业发生的相同或者相似的交易或者事项,应当采用规定的会计政策,确保会计信息口径一致、相互可比。由于各个企业所处的微观经济环境千差万别,要做到不同企业会计信息的完全可比是不可能的。因此,在利用会计信息分析时,应先确定信息的可比性,然后对不可比的信息通过调整口径,使之可比。这是一种横向的比较。要保证会计核算资料横向可比、可加,就要求各个企业的会计核算必须严格按照国家统一的会计制度规定的会计处理方法进行,提供相互可比的会计核算资料。

5. 可理解性原则

"企业提供的会计信息应当清晰明了,便于财务会计报告使用者理解和使用。"可理解性原则是指会计记录和会计报表应当清晰明了,便于理解和运用,也就是会计记录应当准确、清晰,填制会计凭证和登记账簿做到依法、合理,账户对应关系清楚,文字叙述完整,会计报表的数字钩稽关系明确、数字准确。可理解性原则要求会计核算提供的信息简明易懂,可读性强,满足不同层次报表使用者的信息需要,使其迅速、准确、完整地了解企业财务状况和经营成果。

随着我国经济的不断发展,会计信息的使用者越来越广泛,这在客观上对会计信息的简明和通俗易懂提出了越来越高的要求。会计核算是运用会计的一种专门方法,把企业的经济业务事项逐项抽象、加工、整理成有用的会计信息的过程。如果生成的会计信息不能清晰明了地反映企业的财务状况、经营成果和现金流量,就会影响会计信息的功用。

6. 重要性原则

"企业提供的会计信息应当反映与企业财务状况、经营成果和现金流量等有关的所有重要交易或者事项。"重要性原则是指会计核算中,应对经济业务的重要程度进行区别而采用不同的核算形式。即对重要的经济业务应分项反映,单独核算;对于相对次要的经济业务,则在不影响会计信息真实性的前提下,适当简化核算,以简单明了的方法处理。采用重要性原则,有助于简化会计处理手续,节约核算费用,提高会计信息质量。这里就涉及一个重要事项的问题。重要的会计事项是被错误或漏报后能够导致决策者做出错误判断的会计事项。

会计事项是否重要应该怎么确定呢?通常可以采取定量或定性两种方法。定量方法一般以某个金额或企业的资产总额或利润总额的某个百分比确定。需要注意的是,重要性是相对的。比如同样的金额对小企业可能是重要的，但对大企业可能就是不重要的。定性的方法应该根据会计信息对信息使用者进行决策时的影响程度来确定，进而确定该核算项目的精确程度。确定某一会计事项是否重要，除了严格按照有关的会计法规的规定之外，更重要的是依赖于会计人员结合本企业具体情况所做出的专业判断。

7. 谨慎性原则

"企业对交易或者事项进行会计确认、计量和报告应当保持应有的谨慎，不应高估资产或者收益、低估负债或者费用。"也就是企业在面对经济环境的不确定性因素，在使用专业判断、计量和披露会计信息时应当持谨慎（或稳健）的态度，必须选择避免高估资产和收益的会计处理。谨慎性原则也称"稳健性原则"或"审慎性原则"。

市场经济总是与风险相伴。为增强企业的抗风险能力，避免风险一旦发生对企业正常生产经营造成严重影响，应对可能发生的损失和费用作出合理的预计，并提前在损益中予以确认。谨慎性原则的总体要求是：预计可能的费用和损失，不预计可能的收入。目前我国对应收账款计提坏账准备、对固定资产采用加速折旧法等，都是谨慎性原则的体现。如某一经济业务有多种处理方法可供选择时，应采取不导致夸大资产、虚增利润的方法。

谨慎性原则的目的在于避免虚夸资产和收益，抑制由此给企业带来的风险。谨慎性原则并不能与蓄意隐瞒利润、逃避纳税画上等号，因此，稳健性会计方法的运用也应当受到相应的限制。

8. 实质重于形式原则

"企业应当按照交易或者事项的经济实质进行会计确认、计量和报告，不应仅以交易或者事项的法律形式为依据。"也就是说，企业应当按照交易或事项的经济实质进行会计核算，而不应当仅仅把它们的法律形式作为会计核算的依据。其目的在于确保会计信息真实、准确地反映企业的财务状况、经营成果和现金流量的情况。

在企业会计核算过程中，可能会碰到一些经济实质与法律形式不一致的经济业务或事项，例如，融资租入的固定资产，在租期未满以前，从法律形式上来讲，所有权并没有转移给承租人，但是从经济实质上讲，与该项租入固定资产相关的收益和风险已经转移给承租人，承租人实际上也能行使对该项固定资产的控制权，因此，承租人应该将其视同自有固定资产进行管理和核算，计提固定资产折旧和修理费用。这就是实质重于形式原则的体现。遵循实质重于形式原则，体现了对经济实质的尊重，能够保证会计核算信息与客观事实相符。

三、会计信息的使用者及其对会计信息的需求

会计目标是为会计信息的使用者提供对决策有用的会计信息。谁需要会计信息，他们需要什么样的会计信息，这历来是会计所面临的最基本也是最主要的问题。在我国，会计信息的使用者主要有政府及有关部门、债权人、投资者、企业管理当局和企业内部员工，他们对会计信息的需求是有差别的。

（一）政府及有关部门

我国政府既是国民经济的宏观调控者，也是企业的投资者。同时，我国政府还是国有银行的所有者、会计信息的监管者、国有企业最主要的会计信息使用者（国资委）。可见，政府具有"多重身份"。

在我国，企业会计信息主要、直接的使用者有两个机构：一个是代表政府有关职能部门

的国资委；二是证券监管部门。其他部门，如国家发展改革委员会、财政部门、税务部门、中国人民银行、银行业监督管理部门和保险业监督管理部门等不是会计信息的主要使用者。国有资本在我国国民经济中占据主导地位，作为国有资本所有者代表的政府有关职能部门——国资委，需要通过会计信息对国有资产的受托责任履行情况进行考核，是企业会计信息的主要使用者。其主要会计信息需求是：利用会计信息建立对企业经营者的动态监控预警机制，对企业进行绩效评价和经营业绩考核，确保国有资产的保值增值。由于国资委有权要求国有企业呈报符合自身要求的报表，并且还可以通过实地调查等方式获得第一手资料，所以国资委的这些要求不应该反映在所有企业的通用报表中。证券监管部门是会计信息的直接使用者。为保证证券主体的优化和证券市场资源配置功能的有效发挥，证券监管部门利用会计信息的目的主要有两个：一是为了保证证券上市公司的质量，利用会计指标（主要是盈利能力指标），为上市公司设立较高的"门槛"，所关注的主要是净资产收益率、每股收益、每股净资产、非经常性损益、关联方交易等；二是对于上市公司持续性的信息披露和重大经营性事项的信息披露，证券监管部门对会计信息质量需求的特征表现为关注会计信息的可靠性、及时性。

（二）债权人

一般来说，债权人主要关注企业偿还债务资金的能力、企业是否有条件和能力支付利息、债权人提供的资金有无重大风险等。债权人按偿还期限可以分为短期债权人和长期债权人。短期债权人主要关注企业的短期偿债能力和资产流动性，关注企业有多少资产作为偿付债务的保证，特别是有多少可以立即变现的资产作为偿付债务的保证；对长期债权人来说，他们关心的是企业连续支付利息和到期（若干年后）归还债务的能力，除了观察企业的偿债能力外，还关心企业的获利能力。因此，长期债权人既关心资产负债表，又关心利润表。

（三）投资者

一般而言，投资者最关心的是权益的风险、投资是否能够增值、投资报酬多少、能够有多大的投资收益等，这些决定了投资者的投资决策。此外，企业投资者在企业委托代理关系中又是委托者，还需要根据会计信息对经营管理者进行分析评价。也就是说，投资者为了解决信息不对称问题，有两类基本的会计信息需求，即有关公司未来业绩和风险的信息以及与经理努力程度高度相关的业绩衡量信息。

（四）企业管理当局

企业管理当局是会计信息的内部使用者。他们需要通过会计信息了解企业的经营管理情况，以便进行恰当的预测、决策、计划与控制，最终达到改善企业经营管理需要的目的。

（五）企业内部员工

企业内部员工也是企业利益相关者，他们为企业提供劳务服务，从企业领取薪金和享受福利待遇，他们需要从企业财务报表中了解企业的财务状况和经营成果，了解企业的现金流量，关心企业，关心自己的切身利益。

四、会计信息的披露

企业对会计信息使用者提供会计信息主要是通过财务报告来进行的。会计信息披露是联系投资者和企业及其管理层的重要纽带。投资者根据企业披露的会计信息进行投资决策，企业管理层则通过披露会计信息传递企业的经营业绩、资源配置和财务风险等信息，由此可见会计信息披露的重要性。财务报告包括财务报表和其他财务报告，是会计信息披露的主要手段，它主要揭示企业的财务状况、经营业绩和现金流量等内容。具体地说包括以下几个方面：

(1)数量性信息。主要以货币形式反映公司所涉及的各种经济活动的历史信息。

(2)非数量性信息。主要包括上市公司会计信息的重要变化说明、会计政策的使用说明、会计政策变更的原因及其影响等。

(3)期后事项信息。主要包括直接影响以后时期财务报表金额的事项、严重改变资产负债表计价连续性，严重影响资产权益之间关系或严重影响以前年度所呈报的有关本期的预测活动的事项，以及对未来收益和计价的影响不明了或不确定的事项等。

(4)公司分部业务的信息。它们是随着公司多元化经营、跨地区经营的业务发展而产生的一种信息聚合。如果仅仅在财务报表中揭示数量性的数据，很难准确揭示公司这部分业务的经营以及未来的发展情况。因此，公司必须在对外报表中公布这部分数据，以及数据的口径、揭示的原则、管理的要求等众多重要信息。

(5)其他有关信息。上市公司在发行、上市、交易过程中，除了公布上述占主要地位的财务、会计信息之外，还应披露如公司概况、组织状况说明、股东持股情况、经营情况的回顾与展望、公司内部审计制度、重要事项揭示、公司发展规划以及资金投向、股权结构及其变动、注册会计师的审计报告和意见等相关信息。

互动地带

在某大学教会计的刘楠老师暑假期间遇到 4 位活跃于股市的中学同学，他们中的第一位是代理股票买卖的证券公司的经纪人，第二位受公司之托任某上市公司的董事，第三位为个人投资者，第四位是某证券报的股票投资专栏记者，当问及如何在股市中操作时，四位的回答分别是：

第一位：分析股价涨跌的规律，不看会计信息。

第二位：凭直觉炒股。

第三位：关键是获得各种信息，至于财务信息是否重要，则很难说。

第四位：公司财务信息非常重要。

试对上述观点加以评论，并提出你的意见。

项目小结

会计是伴随人类的生产实践而产生的一种管理活动。会计是以货币为主要量度，以凭证为依据，运用各种专门方法，对一定单位的经济业务连续地、系统地、全面地进行计量、记录、分析和检查，提供管理所需要的经济信息，作出预测，参与决策，实行监督，旨在提高经济效益的一种管理活动。会计的特点包括：会计的本质是一种经济管理工作；以货币为主要计量单位；管理活动具有连续性、系统性、全面性和综合性。会计的职能是指会计在经济管理中所固有的功能，会计具有核算和监督两个基本职能。会计方法是用来反映和监督会计的对象，达成会计目标的手段，包括五个方面的内容：会计核算、会计分析、会计监督、会计预测及会计决策。其中，会计核算方法是最基本、最主要的方法，主要有设置会计科目、复式记账、填制和审核凭证、登记账簿、计算成本、清查财产和编制会计报表等方法。会计的一般对象是指会计作为一项管理活动所要核算(反映)和监督(控制)的内容。具体来说，会计对象是指企事业单位在日常经营活动或业务活动中所表现出的资金的运动。会计记账基础包括权责发生制和收付实现制，我国《企业会计准则》中规定：会计应当以权责发生制为基础进行核算。会计核算的基本前提包括：会计主体、持续经营、会计分期和货币计量。会计信息质量要求是指企业所提供的会计信息的质量标准，包括可靠性、相关性、及时性、可比性、可理解性、重要性、谨慎性和实质重于形式。

关键名词

1. 会计：以货币为主要量度，以凭证为依据，运用各种专门方法，对一定单位的经济业务连续地、系统地、全面地进行计量、记录、分析和检查，提供管理所需要的经济信息，作出预测，参与决策，实行监督，旨在提高经济效益的一种管理活动。

2. 会计的职能：会计在经济管理中所固有的功能。

3. 会计的核算职能：会计通过确认、计量、记录、报告，从数量上反映企业、行政事业单位已经发生或完成的经济活动，为经营管理提供经济信息的功能。

4. 会计的监督职能：会计按一定的目标和要求，利用会计核算所提供的经济信息，对经济活动进行控制，使之达到预期目标的功能。

5. 会计核算的方法：对会计对象及具体内容进行连续、系统、全面、综合的记录、计算、反映和控制所应用的专门方法。

6. 会计的一般对象：会计作为一项管理活动所要核算(反映)和监督(控制)的内容。

7. 会计核算的基本前提(或叫会计基本假设)：是据以进行会计核算的基础性假定，是会计人员对会计核算所处的变化不定的环境做出的合理判断，是会计核算的基础条件。

8. 会计信息质量要求：企业所提供的会计信息的质量标准，其表现为会计信息对于信息使用者决策有用的那些性质(或特征)，也称“会计信息的质量特征”。

9. 权责发生制：又称“应收应付制”，以权利或责任的发生为标准确定本期的收入和费用。

10. 收付实现制：又称“现收现付制”，以款项的实际收到或付出来确认本期的收入和费用。

过关斩将

一、单项选择题

1. 现代会计的主要特征之一是(　　)。

A. 以货币作为主要的计量单位　　B. 不需要统一的计量单位

C. 货币、实物、劳动三种计量尺度并重　　D. 以价值作为主要计量单位

2. 会计的基本职能是(　　)。

A. 记录和计算　B. 考核收支　C. 核算和监督　D. 分析和考核

3. 会计的一般对象是(　　)。

A. 社会再生产过程中发生的经济活动

B. 再生产过程中发生的、能用货币表现的经济活动

C. 生产领域的资金运动

D. 企业、行政事业单位的经济活动

4. 会计所使用的主要计量单位是(　　)。

A. 实物量度　B. 劳动量度　C. 货币量度　D. 工作量度

5. 会计循环的终结环节是(　　)。

A. 填制和审核凭证　B. 登记账簿　C. 编制报表　D. 复式记账

6. 会计学科的奠基者是(　　)。

A. 亚当·斯密　B. 西德尼·戴维森　C. 阎达五　D. 卢卡·帕乔利

7. 商业银行把资金借贷给企业使用，出于安全性考虑，银行需要企业定期提供(　　)。

A. 财务报表　B. 企业高管的个人信息

C. 企业的销售情况表　D. 企业的成本信息

8. 以下关于会计职能的说法，正确的是(　　)。

A. 核算和监督是会计的基本职能　B. 会计的核算和监督职能是相辅相成、不可分割的

C. 核算职能是会计最基本的职能　D. 会计核算是会计监督的前提

9. 工业企业的资金运动包括(　　)。

A. 资金的循环与周转　B. 资金的投入　C. 资金的耗用　D. 资金的退出

10. 企业会计核算是以(　　)为基础的。

A. 历史成本　B. 权责发生制　C. 重置成本　D. 公允价值

11. 谨慎性要求就是在会计核算时(　　)。

A. 不得多计负债和费用　B. 不得少计资产或收益

C. 不得多计资产或收益，不得少计负债和费用　D. 不得多计负债、少计资产

12. 会计信息质量要求中的使前后期间提供的会计信息可比是指(　　)。

A. 可比性　B. 一贯性　C. 配比性　D. 及时性

13. 世界近代会计发展史上具有划时代意义的第一个里程碑是(　　)。

A. 1494年《算术、几何、比及比例概要》一书出版，标志借贷复式记账法的形成

B. 1854年，世界上第一个会计师协会——英国爱丁堡会计师工会的成立

C. 20世纪以来，管理会计的出现

D. 明末清初，中国“龙门账”的出现

14. 下列关于会计职能的说法错误的是(　　)。

A. 监督职能是会计的最基本职能　B. 核算和监督是会计的两大基本职能

C. 核算职能是监督职能的前提　D. 监督职能是核算职能的保证

15. 会计核算的基本前提，又称之为会计假设，以下不属于四大会计假设的是(　　)。

A. 会计主体　B. 货币计量　C. 持续经营　D. 币值稳定

二、多项选择题

1. 会计核算的基本前提是(　　)。

A. 会计主体　B. 持续经营　C. 会计分期　D. 货币计量　E. 会计原则

2. 会计核算方法具体包括(　　)。

A. 会计分析　B. 会计检查　C. 设置账户　D. 复式记账　E. 填制与审核会计凭证

3. 会计的基本职能包括(　　)。

A. 会计核算　B. 会计监督　C. 会计分析　D. 会计检查　E. 会计预测

4. 会计的特点包括(　　)。

A. 会计的本质是一种经济管理工作　B. 以货币为主要计量单位

C. 管理活动具有连续性、系统性、全面性和综合性

D. 具有决策的功能　E. 具有预测的功能

5. 下列各种会计处理方法体现谨慎性要求的是(　　)。

A. 固定资产采用直线法计提折旧　B. 对存货计提跌价损失准备

C. 对各项资产采用实际成本计价　D. 对短期投资期末计价采用成本与市价孰低法

6. 下列属于衡量会计信息质量要求的是(　　)。

A. 可比性　B. 可靠性　C. 明晰性　D. 一致性

7. 根据我国会计准则,企业会计期间可以划分为(　　)。

A. 年度　B. 半年度　C. 季度　D. 月度

8. 会计计量属性主要包括(　　)。

A. 重置成本　B. 现值　C. 历史成本　D. 公允价值

9. 会计主体可以是(　　)。

A. 一个企业　B. 具有"法人"资格的实体

C. 不具备"法人"资格的实体　D. 几个企业组成的企业集团

10. 工业企业的资金运动包括(　　)。

A. 资金的循环与周转　B. 资金的投入　C. 资金的消耗　D. 资金的退出

三、判断题

1. 会计的对象是社会再生产过程中的资金运动。　(　　)

2. 会计以货币作为唯一计量单位。　(　　)

3. 会计的基本职能是核算。　(　　)

4. 凡是特定对象能够以货币表现的经济活动,都是会计核算与监督的内容。　(　　)

5. 会计主体就是会计人员。　(　　)

6. 企业集团不是一个独立的法人,但可以作为一个会计主体。　(　　)

7. 会计核算以人民币为记账本位币。业务收支以外币为主的企业,也可以选择某种外币作为记账本位币,但编制的财务会计报告应当折合为人民币反映。　(　　)

8. 会计核算的基本前提包括会计主体、资料完整、经济效益和货币计量。　(　　)

9. 随着经济的发展和会计活动范围及内容的不断扩大,会计的职能也在不断改变。　(　　)

10. 会计的计量单位只有一种,即货币量度。　(　　)

11. 会计主要以货币计价进行监督,不必进行实物监督。　(　　)

12. 会计核算的是企业的经济活动而非投资者的经济活动。　(　　)

四、简答题

1. 什么是会计?

2. 会计有哪些基本职能?

3. 什么是会计对象?

4. 会计核算的基本前提包括哪些内容?

5. 会计核算有哪些专门方法?

6. 会计信息质量要求包括哪些内容?

五、实务题

某企业 9 月份发生下列经济业务：

(1)销售产品收到现款 120 元；

(2)销售产品 180 元，收到现款 50 元，余款暂欠；

(3)收到 A 单位 8 月份所欠货款 200 元；

(4)收到 B 单位交来 9—12 月份仓库租金 160 元；

(5)本月已销售产品的生产成本为 200 元；

(6)本月应交所得税 80 元，未交；

(7)本月交纳上月所欠办公电话费 100 元。

根据上列经济业务，采用权责发生制和收付实现制来计算本月收入、费用。

项目二　会计要素与账户

学习目标

通过本项目的学习，掌握六大会计要素的定义、特征和内容；理解会计科目的概念和分类；熟悉会计科目的名称；掌握会计账户的概念；熟悉会计账户的基本结构和内容；理解会计科目和账户的关系；掌握会计恒等式的表现形式；理解经济业务的发生对会计恒等式的影响。

任务导入

小李和小张于2018年5月1日用30 000元银行存款投资开办了一家电脑维修公司，从事电脑维修，并附带销售电脑配件。

他们首先租了一间小门脸，每月的房租为1 000元，第一个月的房租已经支付；花费5 200元购买了一些修理用的工具和配件；为了方便出行，花费800元买了一部自行车；在报纸上做了广告，广告费为1 750元，其中250元的广告费未支付；支付请来帮助修理电脑的同学的报酬400元；5月18日，小李和小张从银行提取3 000元用于个人生活支出；5月31日收到水电费缴费单，共计130元尚未支付。

当月电脑维修全部收入已存入银行，31日银行账户余额为7 400元。

小李和小张认为他们第一个月的经营情况不错，尽管亏了3 000元，但是打开了市场。

思考与讨论：

1. 小李和小张依据什么计算亏了3 000元？依据正确吗？
2. 该公司5月底的会计要素有哪些？
3. 该公司5月份的收入和费用各是多少？

任务一　会计要素

会计要素是会计工作的具体对象，是对会计对象按照其经济特征所做的具体分类，用以反映企业的财务状况，确定经营成果。会计要素是会计核算内容的具体化，是构成财务会计报告的基本因素，即大类项目，也是设置会计科目的依据。我国《企业会计准则》将会计要素分列为资产、负债、所有者权益、收入、费用、利润。

这六大会计要素又分为两大类：一类是表达企业某一时点静态财务状况的要素，包括资产、负债和所有者权益；另一类是表达企业某一期间动态经营成果的要素，包括收入、费用和利润。这两大类会计要素相互联系，相互转化，共同描述企业的财务状况和经营成果。

一、反映财务状况的静态会计要素

会计以下列公式反映企业在一定日期的财务状况：

资产＝负债＋所有者权益

上式含有三个会计要素，分述如下：

1. 资产

资产是企业由于过去完成的交易或事项形成的，由企业拥有或控制的，预期会给企业带来经济利益的资源。这个定义强调了资产的三个特征：

(1)资产的实质是具有服务潜力，能为企业所利用，把潜力释放出来就为企业带来未来的经济利益。

(2)资产是特定主体过去发生的交易或事项的结果，即导致企业取得或实际上能控制某些经济资源的交易或事项已经发生。

(3)资产必须是某一特定主体所拥有或控制，即具有以上特征的经济资源，属于企业所有或处于实际控制之下。

资产是资金的实物形态，是资金的具体表现形式，资产不限于所有权属于企业的财产权利，它还包括实际归企业控制的财产(例如融资租入固定资产)。资产的内涵是经济资源，具有服务能力，但不是所有的经济资源均是资产，例如内资造船企业的水域资源。资产是第一会计要素，其组成可用图 2-1 表示。

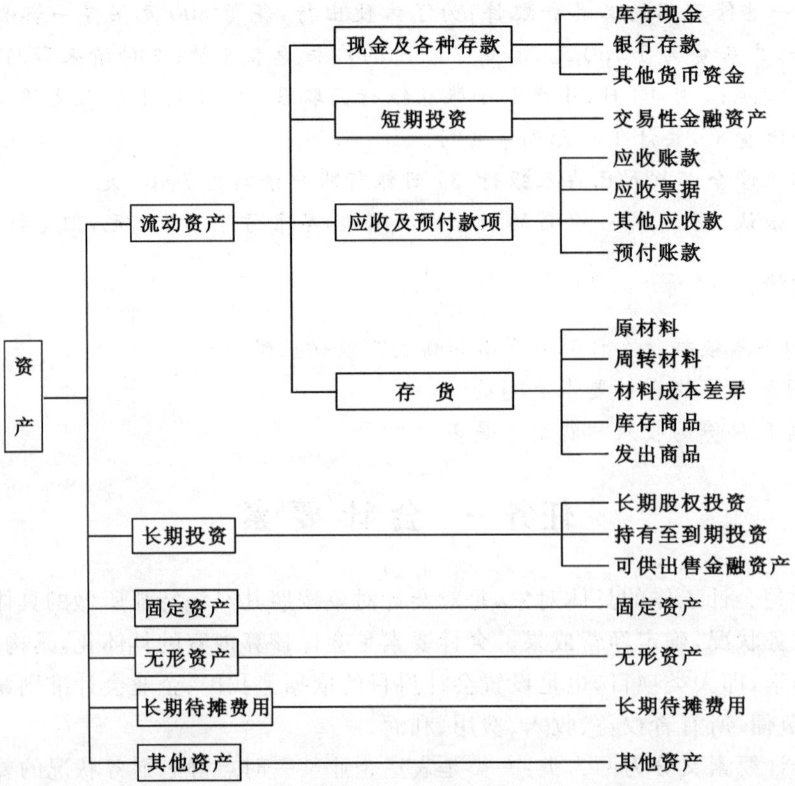

图 2-1 资产的组成

资产根据其流动性分为流动资产和非流动资产。流动资产是指可以在一年内或超过一年的一个营业周期内变现或耗用的资产，主要包括货币资金(库存现金、银行存款、其他货币资金等)、应收及预付款项、其他应收款项、交易性金融资产和存货(原材料、库存商品、在产品等)等。非流动资产是指变现或耗用时间超过一年或超过一年的一个营业周期以上的资产，主要包括持有至到期投资、长期股权投资、投资性房地产、固定资产、无形资产(专利权、非专利技术、商标权、著作权、土地使用权、商誉等)、长期待摊费用(固定资产改良支出、大修理支出等)和其他长期资产(特种储备物资、冻结物资、冻结存款等)等。

【案例分析】

A航空公司近期因业务量猛增，需要扩充5架C50型号的飞机，但是没有那么多钱一次性购买。这时得知B公司买下了这5架C50飞机，于是A航空公司与B公司签订租赁合同，每个月向B公司支付租金，拥有这5架飞机的控制权。B公司从始至终都没见过这5架飞机，就直接被A公司租赁回去，用于载客盈利，直至把飞机用到报废。

分析：请问这5架飞机在会计核算时应该属于哪个公司的资产？

2. 负债

负债是指企业过去的交易或事项形成的现时义务，履行该义务预期会导致经济利益流出企业。负债主要有以下几个特征：

(1)负债是企业承担的现时义务偿付责任。

(2)负债是特定主体过去的交易或事项而产生的结果。

(3)负债是可以用货币计量的、有确切的或可预计的金额，有确切的债权人和偿还日期。

负债按偿付期长短分为流动负债和长期负债。流动负债是指将在一年或超过一年的一个营业周期内偿还的债务，包括短期借款、应付及预收款项、交易性金融负债、应付职工薪酬、应交税费及其他应付款项等。长期负债是指将在长于一年或超过一年的一个营业周期以上偿还的债务，包括长期借款、应付债券、长期应付款项等。

3. 所有者权益

所有者权益是指所有者在企业资产中享有的经济利益，其金额为资产减去负债后的余额。所有者权益在股份制企业称股东权益，在合伙制和独资企业称业主权益。

所有者权益具体包括实收资本、资本公积、盈余公积和未分配利润。

实收资本是指企业投资者(包括国家、法人单位、个人和外商等)实际投入到企业经营活动中去的资本；资本公积是指企业由于财产重估、接受捐赠等而增加的资本积累；盈余公积是指按照国家有关规定从税后利润中提取的积累资金；未分配利润是指可供股东分配的利润中扣除已分配利润后的余额。

负债及所有者权益的组成可用图2-2表示。

企业在一定日期的资产、负债和所有者权益，一起反映企业在这一定日期的财务状况。

二、确定经营成果的动态会计要素

1. 收入

收入是企业在日常活动中形成的、会导致所有者权益增加的、与所有者投入资本无关的经济利润的总流入。

收入主要有以下几个特征：

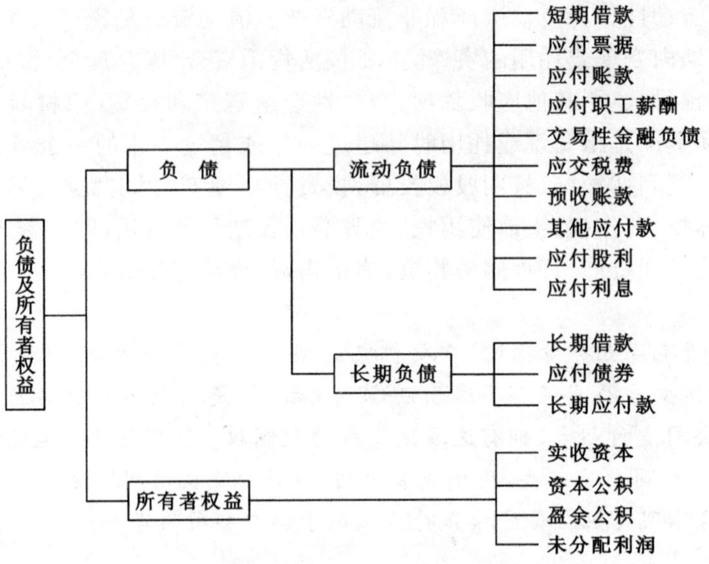

图 2-2　负债及所有者权益的组成

(1)收入是企业在日常活动中形成的。

日常活动是指企业完成其经营目标所从事的经常性活动以及与之相关的活动。日常活动是确认收入的重要判断标准，凡是日常活动所形成的经济利益的流入应当确认为收入，反之，非日常活动所形成的经济利益的流入不能确认为收入，而应当计入利得，即营业外收入。

(2)收入是与所有者投入资本无关的经济利益的总流入。

所有者投入资本主要是为了谋求享有企业资产的剩余权益，由此形成的经济利益的总流入不构成收入，而应当确认为所有者权益的组成部分。

(3)收入会导致所有者权益的增加。

收入会导致经济利益流入企业，从而导致资产的增加或负债的减少，或者两者兼有，最终导致所有者权益的增加。

收入按其在企业中的重要性可以分为基本业务收入和其他业务收入。

基本业务收入指企业在其主要的或主体业务活动中所取得的营业收入，也称主营业务收入。例如工业企业销售产成品、自制半成品及提供工业性劳务。

其他业务收入指企业在其次要的或附带的业务活动中所取得的营业收入，亦称附营业务收入。如工业企业材料销售、技术转让、固定资产出租、包装物出租、无形资产转让、运输等非工业性劳务等取得的收入。

收入是第四会计要素。其组成可用图 2-3 表示。

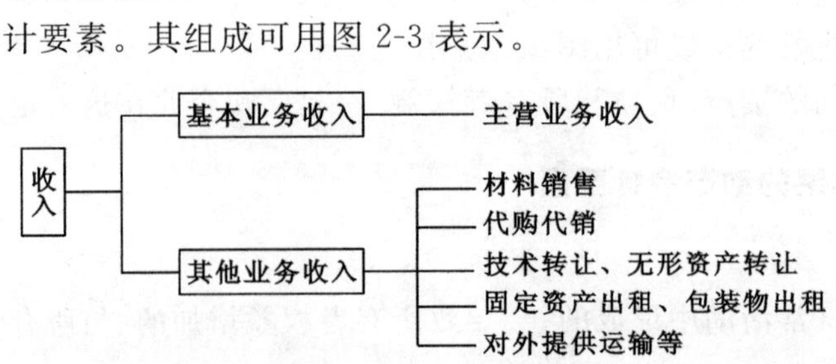

图 2-3　收入的组成

2. 费用

费用指企业在日常活动中发生的、会导致所有者权益减少的、与向所有者分配利润无关的经济利益的总流出。费用主要具有以下两个特征：

(1)费用是企业在日常活动中所产生的。

费用是企业为了取得日常经营活动的收入而发生的经济利润流出，如企业要销售产品取得收入，必须先生产产品，生产产品就要消耗各种材料、人工等费用。企业与取得日常经营活动收入无关的经济利润流出不能确认为费用，而应当确认为损失，即营业外支出。

(2)费用能导致所有者权益的减少。

费用的发生可能表现为资产的减少，也可能表现为负债的增加，也可能两者兼而有之，最终会减少企业的所有者权益。

工业企业的费用按照是否构成产品生产成本，分为计入产品成本的制造成本和计入损益的期间费用。

制造成本又包括直接费用和间接费用两个部分。

直接费用，是指那些能直接确认并直接计入产品生产成本的费用，包括直接材料、直接人工(工资)、其他直接费用(职工福利费等)。

间接费用，是指那些虽不能直接确认但采用一定的分配标准分配计入产品生产成本的费用，包括间接材料、间接人工(工资)、其他间接费用等。

期间费用，是指那些仅仅有助于当期营业收入的实现，不能提供明显的未来效益，并且不值得在各期间分摊而应从当期收益中抵减的费用，包括产品销售费用、管理费用和财务费用。

销售费用，是指为完成销售业务或在销售商品、提供劳务过程中发生的费用，包括应当由销售企业负担的运输费、装卸费、包装费、保险费、展览费、差旅费、广告费，以及专设销售机构的人员工资和其他经费。

管理费用，是指在组织和管理生产经营活动中所发生的费用，包括公司经费、工会经费、职工教育经费、劳动保险费、待业保险费、董事会费、咨询费、审计费、诉讼费、排污费、绿化费、土地损失补偿费、技术转让费、技术开发费、无形资产摊销、业务招待费等。

财务费用，是指企业为筹措、调度资金而发生的各项费用，包括企业生产经营期间发生的利息支出(减利息收入)、汇兑净损益、金融机构手续费及筹资过程中发生的其他财务费用。

费用是第五会计要素，其组成可用图 2-4 表示。

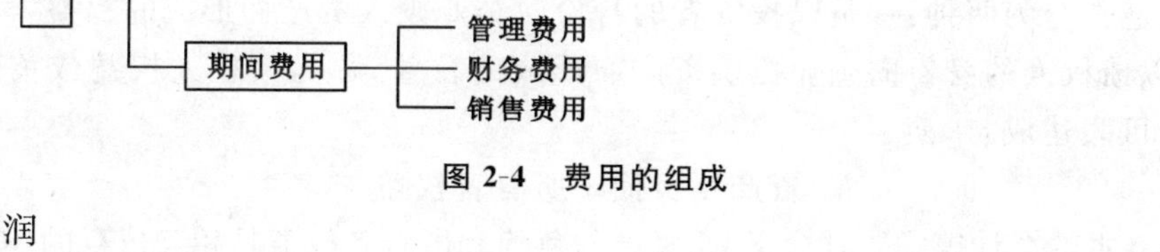

图 2-4　费用的组成

3. 利润

利润是企业在一定期间的生产经营成果，包括收入减去费用后的净额、直接计入当期利润的利得和损失等。有关利润的公式有：

利润总额＝营业利润＋营业外收支净额

营业利润＝主营业务收入＋其他业务收入－主营业务成本－其他业务成本－税金及附加－销售费用－管理费用－财务费用－资产减值损失＋公允价值变动损益＋投资收益

营业外收支净额＝营业外收入－营业外支出

净利润＝利润总额－所得税费用

利润是第六会计要素，其形式可用图 2-5 表示。

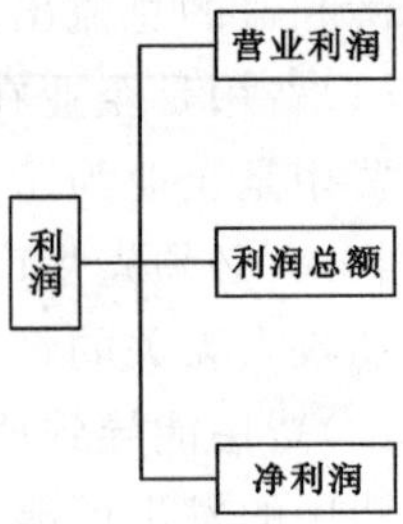

图 2-5　利润的三种形式

以上六个会计要素中，资产、负债、所有者权益要素构成资产负债表的组成部分，收入、费用、利润要素构成利润表的组成部分。

三、会计等式

（一）会计要素的联系

会计等式是揭示会计要素之间内在联系的数学表达式，又称会计方程式或会计恒等式，是复式记账、试算平衡和编制会计报表的理论依据。

六个会计要素可以形成两个会计等式：

$$资产＝负债＋所有者权益 \quad (1)$$

$$收入－费用＝利润 \quad (2)$$

会计等式(1)反映了资产、负债、所有者权益三个会计要素之间的关系，揭示了企业在某一特定时点的财务状况。具体而言，它表明了企业在某一特定时点所拥有的各种资产以及债权人和投资者对企业资产要求权的基本状况，表明企业所拥有的全部资产都是由投资者和债权人提供的。

任何企业要从事生产经营活动，必须有一定数量的资产。而每一项资产，如果一分为二地看，就不难发现，一方面，任何资产只不过是经济资源的一种实际存在或表现形式，或为机器设备，或为现金、银行存款等；另一方面，这些资产都是按照一定的渠道进入企业的，或由投资者投入，或通过银行借入等，即必定有其提供者。显然，一般人是不会无偿地将经济资源（即资产）让渡出去，也就是说，企业的任何资产都有其相应的权益要求，谁提供了资产谁就对资产拥有索偿权，这种索偿权在会计上称为权益。这样就形成了最初的会计等式：

$$资产＝权益$$

这一等式表明，会计等式之所以成立就是因为资产和权益是同一事物的两个方面：一方面是归企业所有的一系列财产（资产）；另一方面是对这些财产的一系列所有权（权益）。而且，由于权益要求表明资产的来源，而全部来源又必与全部资产相等，所以全部资产必须等于全部权益。

而权益通常分为两种：一是以投资者的身份向企业投入资产而形成的权益，称为所有者权益；二是以债权人的身份向企业提供资产而形成的权益，称为债权人权益或负债。这样，上述等式又可表达成：

$$资产＝负债＋所有者权益$$

这就是基本的会计等式。其含义为：资产与负债和所有者权益是相互依存的，有一定数额的资产，必然有相应数额的负债和所有者权益；反之亦然。所以，在数量上，任何一个企业的所有资产与负债和所有者权益总额必定相等，即企业有多少资产，就有多少负债和所有者权益，或者反过来说，企业有多少负债和所有者权益，就有多少资产。这样，在任何情况下，资产与负债和所有者权益都保持着数额相等的关系，"资产＝负债＋所有者权益"这一等式的左右平衡关系都不会被破坏，因此将该等式称为会计恒等式。但要注意，负债加所有者权益与资产的具体项目并无一一对应的直接关系，而是在整体上与企业资产保持数量上的一致。

会计等式(2)反映了收入、费用和利润三个会计要素的关系，揭示了企业在某一特定期间的经营成果。其含义为：企业实现的收入弥补费用后的余额形成利润。投资者享有实现的全部利润，其中分出利润直接作为投资者出资的报酬返还给投资者，提取的盈余公积和未分配利润作为投资者投资的增值，以留存收益的形式增加所有者权益。当实现的利润分配后，会计等式(2)归零。

(二)两个会计等式之间的关系

会计等式(1)反映的是企业某一时点的全部资产及其相应的来源情况，是反映资金运动的静态公式。会计等式(2)反映的是企业某一时期的盈利或亏损情况，是反映资金运动的动态公式。但仅从这两个等式还不能完整反映会计六大要素之间的关系。

等式(1)与等式(2)可合并为：

资产＝负债＋所有者权益＋(收入－费用)

或　资产＋费用＝负债＋所有者权益＋收入

或　资产＝负债＋所有者权益＋利润　(3)

企业定期结算并计算出取得的利润，取得的利润在按规定分配给投资者(股东)之后，余下的部分归投资者共同享有，也是所有者权益的组成部分。因此上述等式又回复到：

资产＝负债＋所有者权益

由此可见，会计等式(1)是基本等式，通常称之为基本会计等式或会计恒等式。等式(2)和等式(3)虽不是基本会计等式，但等式(2)是对基本会计等式的补充；等式(3)是基本会计等式的发展，它将财务状况要素，即资产、负债和所有者权益，与经营成果要素，即收入、费用和利润，进行了有机结合，完整地反映了企业财务状况和经营成果的内在联系。

(三)经济业务对会计等式的影响

经济业务是引起会计账户的内容及其数额变化的会计事项。经济业务的发生会使会计要素及其金额发生变动，从而使会计方程式的左右两边项目或一边的具体内容之间发生变化。但这种变化，只是从价值上影响企业资产总额与负债和所有者权益总额发生同增或同减的变化，或等号一边之间发生有增有减的变化，都不会破坏会计等式的恒等关系。

经济业务引起会计等式中会计要素变化的类型，可归纳为四种：

(1)经济业务的发生引起会计等式左右两方等额增加，即资产增加，负债和所有者权益同时等额增加，会计等式保持平衡。

(2)经济业务的发生引起会计等式左右两方等额减少，即资产减少，负债和所有者权益同时等额减少，会计等式保持平衡。

(3)经济业务的发生引起会计等式左方各项目之间发生增减变化，增减额相等，即资产类项目一个增加，另一个等额减少，会计等式保持平衡。

(4)经济业务的发生引起会计等式右方各项目之间发生增减变化，增减额相等，即负债类项目之间、所有者权益类项目之间或者负债类项目与所有者权益类项目之间此增彼减，会计等式保持平衡。

上述四种情况的发生，都不会破坏“资产＝负债＋所有者权益”的平衡。下面举例进行说明。

【例 1-1】 A 公司成立时，拥有资产 8 000 000 元，其中投资人投入的资金 6 000 000 元，从银行借入 2 000 000 元。企业开始经营后，发生以下经济业务：

(1)购入材料一批，金额 100 000 元，货款暂未支付。

该项经济业务的发生，一方面使企业的资产要素的材料增加了 100 000 元，同时也使负债要素的应付账款增加了 100 000 元。资产总额从 8 000 000 元增加到了 8 100 000 元，负债总额从 2 000 000 元增加到了 2 100 000 元，所有者权益要素没有变化，负债加所有者权益总额增加到 8 100 000 元，资产总额与负债加所有者权益总额相等，会计等式的平衡关系不变。

(2)用银行存款偿还银行借款 50 000 元。

该项经济业务的发生，一方面使企业的资产要素的银行存款减少了 50 000 元，同时也使负债要素的银行借款减少了 50 000 元。资产总额从 8 100 000 元减少到了 8 050 000 元，负债总额从 2 100 000 元减少到了 2 050 000 元，所有者权益要素没有变化，负债加所有者权益总额减少到 8 050 000 元，资产总额与负债加所有者权益总额相等，会计等式的平衡关系不变。

(3)购入材料一批，金额 30 000 元，货款用银行存款支付。

该项经济业务的发生，一方面使企业的资产要素的材料增加了 30 000 元，同时也使资产要素的另一项银行存款减少了 30 000 元。资产此消彼长，总额保持 8 050 000 元不变，负债和所有者权益要素没有变化，负债加所有者权益总额依然是 8 050 000 元，资产总额与负债加所有者权益总额相等，会计等式的平衡关系不变。

(4)将前欠甲公司的 20 000 元，经协商转作对 A 公司的投资。

该项经济业务的发生，一方面使企业的负债要素的应付账款减少了 20 000 元，同时也使所有者权益要素的实收资本增加了 20 000 元。资产总额没有变化，依然是 8 050 000 元，负债总额减少到 2 030 000 元，所有者权益总额增加到 6 020 000 元，资产总额与负债加所有者权益总额相等，会计等式的平衡关系不变。

上述四种情况基本概括了各类经济业务变化的结果，经过变化后的资产与权益左右两方仍然保持着平衡关系，据此得出结论：在企业生产经营过程中发生各种各样的业务活动，都不会破坏会计等式的平衡。

任务二　会计科目和账户

一、会计科目

(一)会计科目的概念

从某种意义上说，会计是一种分类的技术。会计科目就是对会计对象的具体内容进行科学分类的项目。通过对各种会计对象具体内容的分析、比较，同时结合经济管理的要求，对会计对象具体内容进行分类，对每一类别，根据其内容特征取一个名称，即是会计科目。比如工业企业有各种机器设备、厂房、建筑物，这些东西有一个共性，就是劳动资料；它们与生产产品所耗用的材料不同，材料是劳动对象的性质。因此，厂房、机器、设备与备用的各种材料就不能归为一类，两者必须分开。把机器设备、厂房等作为一类，根据其特点取名为"固定资产"。企业的各种材料，虽然具体品种、形态各式各样，但其共性都是劳动对象。因此，把它们归为一类，根据其特点，取名为"原材料"。

同时，对于工业企业的资金来源，有的是投资者投资形成的，有的是企业负债形成的。为了核算国家、法人、个人及外商等投资者实际投入的资本，设置"实收资本"科目；股份制企业为了核算股东投入的资本，应设置"股本"科目；企业欠其他单位、个人的债务各种各样，为了核算企业欠银行的债务，设置"短期借款"和"长期借款"科目，为了核算企业应交税务部门的税款，设置"应交税费"科目等等。

(二)设置会计科目的意义

1. 设置会计科目，是反映企业资金运动的重要手段

为了系统反映和监督纷繁复杂的会计对象，就必须采用一定的形式，对会计对象进行分类。因为企业的资金运动是复杂的，资金有各种来源，又按需要运用到各个方面。工业企业的资金在生产经营的供应、生产和销售过程中，从货币资金形态经过储备资金形态、生产资金形态、成品资金形态，又回到货币资金形态，如此不断地循环往复；在资金运动中还涉及到企业内部和外部的各方面关系。

资金运动的复杂性，决定了会计对象的具体内容是十分复杂的。资金运动的规律性，决定了会计对象各具体内容之间的相互关系。就企业会计而言，既有资金运动静态表现的内容，又有资金运动动态表现的内容。资金运动静态表现的资产状况，既有生产领域的资产，又有流通领域的资产；既有劳动资料、劳动对象方面的资产，又有劳动产品、货币资金等方面的资产。资金运动静态表现的资金来源，既有所有者投资形成的资金来源，又有负债形成的资金来源。

为了全面、系统、分类地反映和监督各项经济业务的发生情况，以及由此引起的各类会计要素增减变动的过程和结果，企业需要按照会计要素的不同特点，根据经济管理的要求，通过设置会计科目来进行分类别、分项目的核算。这样才能为企业内部经营管理和外部有关方面提供所需要的一系列完整的、详细的会计信息。

2. 设置会计科目，是组织会计核算的依据

会计科目是进行各项会计记录和提供各项会计信息的基础，是设置账户、进行账务处理的依据，同时，也是正确组织会计核算的重要依据。通过会计科目的设置，不仅可以分门别类地核算和监督会计对象的具体内容，而且对统一核算指标口径，提供有用的会计核算资料都具有十分重要的意义。

(三)设置会计科目的原则

企业、事业单位等，由于会计对象的具体内容和经济业务活动不同，具体设置会计科目时应考虑各自的特点和具体情况。但无论是企业，或者是事业、机关等单位，在设置会计科目时都应遵循以下基本原则：

1. 会计科目的设置，必须结合会计要素的特点

企业单位的会计要素不仅表现为资产、负债、所有者权益，还表现为收入、费用和利润。

因此，企业一般应设置资产类、负债类、所有者权益类与成本类、损益类的会计科目。例如，工业企业是制造工业产品的单位，根据其业务特点，工业企业就必须设置“生产成本”和“制造费用”科目；服务业企业不是从事产品生产的，而是对外提供劳务服务的，根据这一业务特点，就必须设置“劳务成本”等科目；行政、事业单位是由国家拨付预算资金，自身不从事经营活动，所以行政、事业单位必须设置“拨入经费”和“预算外资金收入”等科目。

2. 会计科目的设置，必须符合会计目标的要求

设置会计科目，既要结合会计要素的具体内容，又要符合会计目标的要求。会计目标是会计努力工作的方向和应达到的目的。企业财务会计的最终目标是提高企业的经济效益，而直接目标是提供财务会计报告，如向国家、企业内部管理者和职工、企业外部投资者、债权人、社会公众等提供有用的会计信息，以便于进行宏观调控，优化社会经济资源配置，合理进行投资，强化内部经营管理等。因此，设置会计科目必须符合会计目标的要求。例如，企业的盈亏情况，是会计信息使用者非常关心的，为此，必须设置“主营业务收入”“主营业务成本”“税金及附加”“财务费用”“管理费用”“销售费用”“本年利润”等科目，用于反映盈亏的形成原因，满足会计信息使用者的要求；再如，为了反映企业利润的分配情况，就需要设置“利润分配”科目。

3. 会计科目的设置，既要强调统一性，又要考虑灵活性

会计科目的设置，必须由国家财政部门在会计制度中统一规定，并尽可能与财政、税务、财务、会计、统计等有关指标衔接配合。会计科目的统一性，既要求会计科目的名称和核算内容应尽可能在时间上保持前后一致，又要求一些重要会计科目的核算内容应在全国范围、行业范围内进行统一。但是，会计科目的设置，既要有统一性，又要有灵活性。例如，某些材料种类比较少的小型企业，可以根据企业的特点，将“原材料”“燃料”“包装物”等科目合并设置一个“原材料”科目；又如，在统一规定的会计科目中，设置有“预付账款”和“预收账款”科目，如果企业在生产经营活动中预付、预收款业务不多，可以不单独设置“预付账款”和“预收账款”科目，将预付、预收款合并在“应付账款”和“应收账款”科目核算。

4. 会计科目的设置，应保持相对稳定

会计科目的设置，是由会计制度加以规定的，因此，为了保证会计科目设置的相对稳定性，会计制度的制订应保持相对稳定。会计科目设置的稳定性，主要表现在会计科目的名称、含义，特别是每个科目的核算内容应保持相对稳定，这样就使会计核算资料在不同时期和一定的范围内有可比性。

5. 会计科目的设置，应保证完整性和相互之间的排他性

在设置会计科目时，要保证其完整性，就是指设置的一套会计科目应能反映所有的经济业务，每个具体的经济业务都有特定的会计科目来反映。而科目之间的排他性，是指各个会计科目的核算内容应互相排斥，不同的会计科目不能有相同的核算内容，否则，相同的经济业务就会出现几种不同的会计科目运用，这样就会造成会计核算上的不统一。因此，设置会计科目时，不同的会计科目之间应强调排他性，从而进一步保证会计核算的统一性和准确性。

（四）会计科目的内容、级次及编号

1. 会计科目的内容

我国的会计科目及核算内容都是由财政部统一规定的，表 2-1 列示的是我国财政部制

定的《企业会计制度》的会计科目名称和编号。

表 2-1 会计科目

顺序	编号	科目名称	顺序	编号	科目名称
		一、资 产 类			
1	1001	库存现金	2	1002	银行存款
3	1012	其他货币资金	4	1101	交易性金融资产
5	1121	应收票据	6	1122	应收账款
7	1123	预付账款	8	1131	应收股利
9	1132	应收利息	10	1221	其他应收款
11	1231	坏账准备	12	1321	代理业务资产
13	1401	材料采购	14	1402	在途物资
15	1403	原材料	16	1404	材料成本差异
17	1405	库存商品	18	1406	发出商品
19	1407	商品进销差价	20	1408	委托加工物资
21	1411	周转材料	22	1471	存货跌价准备
23	1501	持有至到期投资	24	1502	持有至到期投资减值准备
25	1503	可供出售金融资产	26	1511	长期股权投资
27	1512	长期股权投资减值准备	28	1521	投资性房地产
29	1531	长期应收款	30	1532	未实现融资收益
31	1541	存出资本保证金	32	1601	固定资产
33	1602	累计折旧	34	1603	固定资产减值准备
35	1604	在建工程	36	1605	工程物资
37	1606	固定资产清理	38	1701	无形资产
39	1702	累计摊销	40	1703	无形资产减值准备
41	1711	商誉	42	1801	长期待摊费用
43	1811	递延所得税资产	44	1901	待处理财产损溢
		二、负 债 类			
45	2001	短期借款	46	2101	交易性金融负债
47	2201	应付票据	48	2202	应付账款
49	2203	预收账款	50	2211	应付职工薪酬
51	2221	应交税费	52	2231	应付利息
53	2232	应付股利	54	2241	其他应付款
55	2314	代理业务负债	56	2401	递延收益
57	2501	长期借款	58	2502	应付债券

续表 2-1

顺序	编号	科目名称	顺序	编号	科目名称
59	2602	保险责任准备金	60	2701	长期应付款
61	2702	未确认融资费用	62	2711	专项应付款
63	2801	预计负债	64	2901	递延所得税负债
三、共　同　类					
65	3101	衍生工具	66	3201	套期工具
67	3202	被套期项目			
四、所有者权益类					
68	4001	实收资本	69	4002	资本公积
70	4003	其他综合收益	71	4101	盈余公积
72	4103	本年利润	73	4104	利润分配
74	4201	库存股			
五、成　本　类					
75	5001	生产成本	76	5101	制造费用
77	5201	劳务成本	78	5301	研发支出
79	5401	工程施工	80	5402	工程结算
81	5403	机械作业			
六、损　益　类					
82	6001	主营业务收入	83	6011	利息收入
84	6051	其他业务收入	85	6061	汇兑损益
86	6101	公允价值变动损益	87	6111	投资收益
88	6117	其他收益	89	6301	营业外收入
90	6401	主营业务成本	91	6402	其他业务成本
92	6403	税金及附加	93	6411	利息支出
94	6601	销售费用	95	6602	管理费用
96	6603	财务费用	97	6604	勘探费用
98	6701	资产减值损失	99	6711	营业外支出
100	6801	所得税费用	101	6901	以前年度损益调整

2. 会计科目的分类

为了进一步明确每个会计科目的性质和作用，了解会计科目间的相互关系，以便正确理解和运用会计科目，确保会计核算工作正常有序的进行，有必要按一定的标准对会计科目进行科学的分类。

(1)会计科目按其提供信息的详细程度分类

每个会计科目不是彼此孤立的，而是相互联系、相互补充地组成了一个完整的会计科目体系。会计科目按其提供指标的详略程度不同，可分为总分类科目和明细分类科目。

①总分类科目。也称总账科目或一级科目，是指对会计要素的具体内容进行总括分类

的会计科目，是进行总分类核算的依据。一级科目一般由国家统一制定。表 2-1 中列示了《企业会计制度》中常用的总分类科目。

②明细分类科目。也称明细科目，是指在一级科目的基础上，对一级科目所反映的经济内容进行明细分类，以提供更详细、更具体会计信息的科目。明细分类科目是在总分类科目下，根据其核算和管理的需要而设置的。总分类科目的性质决定明细分类科目的性质，明细分类科目是对总分类科目的进一步分类说明。明细分类科目的设置，除制度已有规定外，各单位可根据实际情况和经营管理的需要自行设置。

如果某一总分类科目下面设置的明细分类科目比较多，可增设二级科目，也称子目。二级科目是介于总分类科目与明细分类科目之间的科目，它提供的核算指标要比总分类科目详细，但又比明细分类科目概括。

总分类科目概括地反映会计对象的具体内容，明细科目详细地反映会计对象的具体内容。总分类科目对明细科目具有统驭和控制作用，而明细科目是对其所属的总分类科目的补充和说明。

(2)会计科目按其经济内容分类

会计科目按经济内容分类是主要的、基本的分类，是其他分类方法的基础。制造业的会计科目按其所反映的经济内容，可以划分为六大类：资产类、负债类、共同类、所有者权益类、成本类和损益类，具体划分见会计科目表。

3. 会计科目的编号

会计科目的编号，是指以数字确定会计科目所属类别及其在类别中的位置。对会计科目进行编号，可以使会计科目体系科学化，便于对会计科目的认识和使用，也为应用会计电算化系统创造了条件。会计科目的编号要集中统一，科学使用，在编号中要留有间隔。会计科目的编号可采用“四位数制”。以千位数数码代表会计科目按会计要素区分的类别，一般分为六个数码：“1”为资产类，“2”为负债类，“3”为共同类，“4”为所有者权益类，“5”为成本类，“6”为损益类；百位数数码代表每大类会计科目下较为详细的类别，可根据实际需要取数；十位和个位上的数码一般代表会计科目的顺序号。如：“1001”是“库存现金”会计科目的编号。第一位数字“1”，表示现金为资产类；第二位数字“0”表示货币资金类；第三位数字“0”和第四位数字“1”代表会计科目的顺序，表示某个具体会计科目从属类别的序号。四位数字的结合，表示某个具体的会计科目。二级会计科目在其隶属的一级会计科目之后，根据二级会计科目的顺序，按 1、2、3……顺序编号。

会计科目的编号由财政部统一编制，各企业不得随意改变或打乱编号。企业在进行账务处理时，应填写会计科目的名称，不准只填会计科目编号而不填会计科目名称。在会计电算化系统中，应在开始设计核算之前设计“会计科目名称及编号表”，以便于对电算化会计处理进行审查和审计监督。

二、会计账户

会计等式是设置会计账户的理论依据。在会计等式中决定了会计账户的基本类别，同时也决定了各类账户的性质和基本结构特点。会计等式反映的会计要素之间的数量关系也是各类账户数量关系的依据，是各类账户试算平衡的原理所在。

（一）会计账户的概念

设置会计账户是根据经济管理的要求，对企业不断发生的经济业务进行日常归类，从而反映、监督会计要素各个具体类别并提供各类动态和静态指标的一种专门方法。具体而言，会计账户是按照会计科目名称开设的，是对会计对象的具体内容进行科学分类、反映和监督的一种工具。账户是用来记录各个会计科目所反映的经济内容的一个空间或场所。每一个账户都要有明确的内容，这个内容是由有关会计科目决定的，且有一定的结构和便于记载的格式。如果将性质相同或相近的经济内容归纳为一个项目，每一个项目设置一个账户来记载，这样，每一个账户则代表某一类的经济内容。每一个账户都是根据企业经济管理的要求，按照会计要素的分类项目所设计的，而设置账户也是会计核算的主要方法。

一个企业应该怎样设置账户，设置多少账户，是由企业会计科目决定的。会计科目的设置又取决于会计要素分类的大小。会计要素分类的大小最终取决于企业管理要求、管理水平、规模大小及业务繁简等。既不要过分复杂烦琐，增加不必要的工作量，又不要过分简单粗略，使各项会计要素混淆不清而无法满足会计信息使用者的需要。总之，每一个账户都应当有一个科学而简括的名称，反映一定的经济内容，各个账户之间既有严格的界限，又有科学的联系。

（二）设置会计账户的意义

会计科目设置的基本原则对于账户的设置是完全适用的。科学地设置账户，其主要作用表现在以下三方面：

1. 设置账户能按照经济管理的要求分类地记载和反映经济业务

如果企业没有设置账户，会计人员不能将企业发生的经济业务按照科学的方法进行整理分类、记录反映和归纳综合，其结果只能提供杂乱无章、无头无序的无用信息。通过设置和运用账户，对企业发生的经济业务进行整理分类、科学归纳，再分门别类地记录，可以提供各类会计要素的动态和静态指标。

2. 设置账户能为编制会计报表提供重要依据

企业会计报表是定期地对企业日常核算资料进行汇总、综合，全面、系统地反映企业财务状况、经营成果和现金流量的重要信息文件。会计报表的信息是否准确，在很大程度上取决于账户的记录结果是否正确，因为会计报表是以账户的期末余额和发生额进行编制的。账户的记录发生了错误，将直接影响会计报表的信息正确性。因此，合理地设置账户，正确地将经济业务记入账户是会计核算工作最基本、最重要的环节。

3. 设置账户有利于会计检查和会计监督

会计账户不仅反映企业日常发生的经济业务，而且对其日常发生的经济业务能起到监督作用。一方面，通过账户记录，可以控制各种财产物资及货币资金的实有数，另一方面，通过账户记录，可以进一步审核各项经济业务的真实性、合法性和合理性。

（三）会计账户的结构

1. 会计账户的基本结构

会计账户专门用来记录经济业务的发生对会计要素项目的影响。从数量上看，这种影响不外乎造成各会计要素项目在数量上的增加或减少。这样，账户的基本结构至少由两栏构成，即登记增加的数额栏和登记减少的数额栏。账户的基本结构通常划分为左、右两方，究竟哪一方登记增加数，哪一方登记减少数，取决于所采用的记账方法和各该账户所记录的经济内容。为了便于说明和理解，在一些非正式场合，尤其在教学过程中，为课堂教学方便以及汇总时简化手续，提高工作效率，通常将账户的基本结构简化为“丁”字形。这种简化的账户称为“丁”字形账户，因其格式与英文字母“T”形状相同，也被称为“T”形账户。其格式如表 2-2 所示。

表 2-2 会计账户的格式

左方	账户名称	右方

2. 会计账户提供的基本指标

账户是用来处理会计数据的，这些数据可以从动态和静态两个方面反映出一定会计期间内会计对象各要素项目的增减变动情况，以及在某一特定时日增减变动后的结果。动态数据表现为本期发生额，静态数据表现为余额。这样，账户所提供的基本指标就可分为本期发生额和余额两大类，任何一个账户都可以提供这两大类指标。

(1)本期发生额。是指记入账户左方和右方某一会计期间的增加数和减少数，即记入会计账户处理的数据。记入账户增加方的数字称为本期增加发生额，记入账户减少方的数字称为本期减少发生额。

(2)余额。是指账户在某一特定时日增减变动后的结果。账户的余额可以分为期初余额和期末余额两种。期初余额代表会计期间开始时的账户余额，期末余额代表会计期间结束时的账户余额，这里所说的会计期间是所处年度的月度、季度、年度。账户的期初、期末余额是可以转化的，本期的期初余额就是上期的期末余额，本期的期末余额就是下期的期初余额。根据会计分期的会计核算前提规定，每个企业到会计期末，都必须按下列公式计算每一账户的期末余额：

期末余额＝期初余额＋本期增加发生额－本期减少发生额

3. 账户的具体格式

账户除了具有反映增加和减少的两方这一基本结构外，还需要有一些相关的内容在账户中得以体现。在会计实务中，账户的结构和格式是多种多样的，但是，不论是何种性质的账户，其基本结构总是相同的。每一种账户都应当包括以下基本内容：

(1)账户的名称，即会计科目；

(2)日期和会计凭证号数，即经济业务发生的时间和账户记录的来源及依据；

(3)摘要，即经济业务的内容；

(4)增加和减少的金额。

账户的具体格式如表 2-3 所示。

表 2-3 账户的具体格式

左方　　账户名称　　右方

日期		凭证号数	摘要	金额	日期		凭证号数	摘要	金额
月	日				月	日			

账户的左右两方是按相反方向来记录增加额和减少额的，具体哪一方记录增加额，哪一方记录减少额，取决于各账户记录的经济内容和所采用的记账方法。为方便教学，一般将账

户的基本结构用简化格式——“T”形账户来表示。“T”形账户的格式如图 2-6 所示。

左方	账户名称（会计科目）	右方

图 2-6　账户的基本结构

三、会计对象、会计要素和会计账户的关系

会计对象、会计要素和会计账户三者之间的关系极为密切。会计对象具体而言，就是指企业的资金运动；会计要素是对会计对象的具体内容进行的科学分类，也就是对企业的资金运动进行的科学分类，分为静态的资金运动和动态的资金运动，静态的资金运动可用等式“资产＝负债＋所有者权益”表示，动态的资金运动可用等式“收入－费用＝利润”表示；会计账户是对会计对象的具体内容进行科学分类、反映和监督的一种工具，其设置的理论依据是会计等式。由此可见，三者之间的关系非常密切，且会计对象、会计要素、会计账户是三个不同的层次。

四、会计科目与会计账户的关系

会计科目和会计账户既有联系，又有区别。

(一)会计科目与会计账户的联系

(1)两者都是对会计对象的具体内容所进行的科学分类。会计账户是根据会计科目设置的，会计科目是账户的名称。没有会计科目，就没有办法设置账户，即使设置了很多账户，没有冠上相应的会计科目，会计人员也无法按经济业务分门别类地进行记录和反映。

(2) 两者的分类结果一致。全部会计科目和全部账户的分类，其分类后的结果，都是资产类、负债类、所有者权益类、成本费用类和损益类。

因此，会计科目和账户是相互依存、密切联系的，只有把会计科目和账户有机地结合起来，才能完成记账的任务。

(二)会计科目与会计账户的区别

会计科目与会计账户虽有密切的联系，但是两者有着本质的区别。

(1) 两者的概念不同。会计科目是对会计要素进行分类的标志；会计账户是记录由于发生经济业务而引起会计要素的各项目增减变化的空间场地。这就像门牌号码和房子的区别一样。

(2) 两者的表现形态不同。会计科目仅仅是一个分类的标志，没有结构，不能记录和反映经济业务内容。会计账户有借方、贷方和余额，能记录和反映经济业务的增减变动情况及结果。

(3) 两者的作用不同。会计科目的作用主要是为开设账户、填制凭证所运用；而会计账户的作用主要是系统提供某一具体会计对象的会计资料，为编制会计报表和经济管理所运用，且属于会计核算方法之一。

互动地带

讨论：经济业务发生后，引起各项资产和权益要素（负债及所有者权益）的增减变动，不会影响会计等式的平衡，那如果经济业务发生引起的是收入、费用和利润要素的增减变动，

会不会影响会计等式的平衡呢?

项目小结

会计要素是对会计对象的具体内容进行的科学分类,主要有资产、负债、所有者权益、收入、费用和利润六个。

会计科目是对会计对象的具体内容进一步分类的项目,是会计账户的名称,按其经济内容分为资产类、负债类、共同类、所有者权益类、成本类和损益类六大类;按提供的信息详细程度分为总账分类科目和明细分类科目。

会计账户是会计核算方法之一,是根据会计科目开设的、具有一定结构和格式的、对会计对象的具体内容进行科学分类、反映和监督的一种工具。

会计科目和会计账户既有联系,又有区别。两者相互依存、密切联系。只有把它们有机地结合起来,才能完成会计核算任务。

要点回放

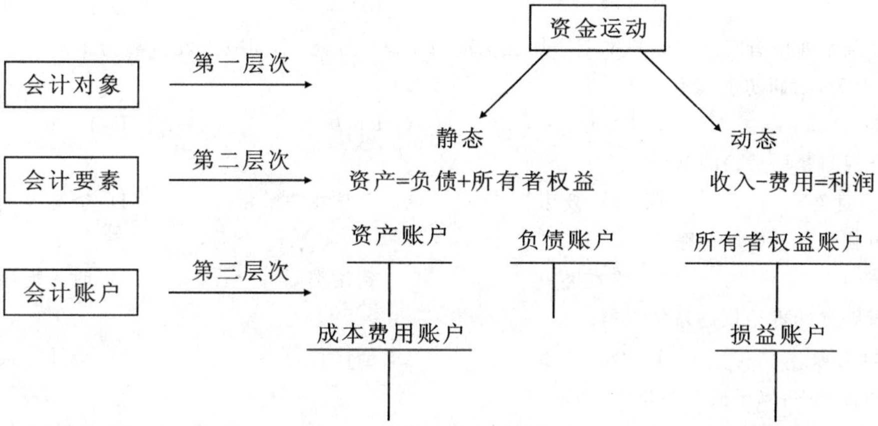

关键名词

会计要素:是对会计对象的具体内容进行的科学分类,主要有资产、负债、所有者权益、收入、费用和利润六个。

会计科目:是对会计对象的具体内容进一步分类的项目,是会计账户的名称,按其经济内容分为资产类、负债类、共同类、所有者权益类和损益类六大类;按提供的信息详细程度分为总账分类科目和明细分类科目。

会计账户:是会计核算方法之一,是根据会计科目开设的、具有一定结构和格式的、对会计对象的具体内容进行科学分类、反映和监督的一种工具。

过关斩将

一、填空题

1. 会计对象、________和________是三个不同的层次。
2. 账户的名称是________，两者的分类口径一致。
3. 负债按其偿还期限分为________和________。
4. 账户的期末余额＝期初余额＋________－________。
5. 期间费用包括________、________和________。
6. 会计等式有________和________两种表现形式。
7. 设置会计科目，既要结合________，又要符合________。
8. 我国企业一般应设置________、________、________、________、________和________六类会计科目。

二、单项选择题

1. 假如某企业资产账户的期初余额为 5 600 元，期末余额为 5 700 元，本期减少发生额为 800 元，则本期增加发生额为（　　）元。

A. 700　　B. 900　　C. 10 500　　D. 12 100

2. 假如某企业所有者权益账户本期增加发生额为 1 200 万元，本期减少发生额为 1 500 万元，期末余额为 1 300 万元，则期初余额为（　　）万元。

A. 1 000　　B. 1 200　　C. 1 600　　D. 4 000

3. 会计科目是（　　）的名称。

A. 会计对象　　B. 会计要素　　C. 会计账户　　D. 会计等式

4. 应收账款属于（　　）账户。

A. 资产类　　B. 成本类　　C. 费用类　　D. 收入类

5. 设置账户的理论依据是（　　）。

A. 会计对象　　B. 会计要素　　C. 会计科目　　D. 会计等式

6. 下列各项中，属于资产的是（　　）。

A. 从银行借入的款项　　B. 应收职工的借款　　C. 支付的管理费用　　D. 应付职工的薪酬

7. 设置会计科目的目的是（　　）。

A. 对会计对象进行监督　　B. 对会计账户进行分类

C. 对会计账户进行监督　　D. 对会计要素进行分类

8. 企业从银行借入期限为 1 年的借款，对此项经济业务进行核算时，应设置的会计科目是（　　）。

A. 长期借款　　B. 应收账款　　C. 短期借款　　D. 财务费用

9.（　　）是对会计要素的具体内容进行分类核算的项目。

A. 会计对象　　B. 经济活动　　C. 账户　　D. 会计科目

10. 下列科目中，属于流动资产的是（　　）。

A. 短期借款　　B. 应收账款　　C. 固定资产　　D. 财务费用

11. 反映企业所有者投入资金的科目是（　　）。

A. 实收资本　　B. 应收账款　　C. 银行存款　　D. 长期股权投资

12. 下列各项中，不属于流动资产的是（　　）。

A. 银行存款　　B. 应收账款　　C. 固定资产　　D. 预收账款

13. 下列各项中，属于成本类账户的是(　　)。

A. 主营业务成本　　B. 生产成本　　C. 管理费用　　D. 财务费用

14. 反映资产在本期发生增减变动结果的是(　　)。

A. 期初余额　　B. 本期增加发生额　　C. 本期减少发生额　　D. 期末余额

15. 企业收到购货单位归还前欠货款存入银行，该笔经济业务属于(　　)变化类型。

A. 资产内部此增彼减　　B. 权益内部此增彼减

C. 资产和权益同时增加　　D. 资产和权益同时减少

三、多项选择题

1. 下列账户属于成本类账户的有(　　)。

A. 生产成本　　B. 制造费用　　C. 主营业务成本　　D. 管理费用　　E. 财务费用

2. 下列属于国家统一规定的会计科目的有(　　)。

A. 应收款　　B. 应付款　　C. 银行存款　　D. 库存现金　　E. 固定资产

3. 在会计工作中，账户的格式设计一般包括(　　)。

A. 账户的名称　　B. 日期　　C. 摘要　　D. 凭证字号　　E. 增加和减少的金额和余额

4. 下列各项中，属于流动负债的有(　　)。

A. 库存现金　　B. 短期借款　　C. 应付利息　　D. 预收账款　　E. 预付账款

5. 下列说法正确的是(　　)。

A. 账户的余额一般与记录增加额在同一方向　　B. 损益类账户在期末结转后一般无余额

C. 账户期末余额的计算与其发生额无关

D. 成本类账户如有余额，则按负债账户期末余额计算公式计算

E. 收入类账户如有余额，则按负债账户期末余额计算公式计算

6. 企业计算某账户本期期末余额，要依据(　　)项目内容才能计算出来。

A. 本期期初余额　　B. 本期增加发生额　　C. 本期减少发生额　　D. 本期增减净额

E. 本期企业资金总额

7. 账户左右两方，哪一方登记增加数，哪一方登记减少数，取决于(　　)。

A. 账户的级次　　B. 记账方法　　C. 账户的类别　　D. 账户的经济内容

8. 下列账户中，不属于损益类账户的是(　　)。

A. 主营业务收入　　B. 制造费用　　C. 生产成本　　D. 管理费用　　E. 预收账款

9. 下列不属于流动资产的是(　　)。

A. 预收账　　B. 预付账款　　C. 应收账款　　D. 交易性金融资产

10. 反映企业财务状况的会计要素有(　　)。

A. 资产　　B. 负债　　C. 利润　　D. 所有者权益

11. 下列各项中，属于企业流动资产的是(　　)。

A. 应收账款　　B. 货币资金　　C. 土地使用权　　D. 长期股权投资

12. 下列各项中，属于资产必须具备的基本特征有(　　)。

A. 预期会给企业带来经济利益　　B. 被企业拥有或控制

C. 由过去的交易或事项形成　　D. 具有可辨认性

13. 资产按其流动性可分为(　　)。

A. 流动资产　　B. 固定资产　　C. 非流动资产　　D. 无形资产　　E. 其他资产

14. 企业取得收入的同时，可能会引起(　　)。

A. 资产的增加　　B. 资产的减少　　C. 负债的增加　　D. 负债的减少

15. 一项所有者权益增加的同时，可能引起的另一方面的变化是(　　)。

A. 一项资产的增加　B. 一项资产的减少　C. 一项负债的增加　D. 一项负债的减少

E. 另一项所有者权益的减少

四、判断题

1. 企业销售商品取得 200 000 元货款、存入银行的业务发生后，由于不涉及负债和所有者权益项目，因而会破坏会计等式的平衡。(　　)

2. "应收账款"和"其他应收款"账户核算的经济内容可以有相同部分。(　　)

3. 账户中的本期增加额是增减相抵后的净增加额。(　　)

4. 为了满足会计核算管理的要求，会计科目的设置是越多越好。(　　)

5. 会计科目是账户的名称，因而也是会计核算方法之一。(　　)

6. 会计科目的作用主要是提供某一具体会计对象的会计资料。(　　)

7. 企业对融资租入的固定资产虽不拥有所有权，但能对其进行控制，故应将其作为本企业的固定资产核算。(　　)

8. 资产按实物形态可分为流动资产和非流动资产。(　　)

9. 资产是指由于过去的交易或事项所引起的，为企业所拥有或控制的、能带来未来经济利益的经济资源。(　　)

10. 企业费用的发生可能导致所有者权益的增加。(　　)

11. 所有账户的左边均记录增加额，右边均记录减少额。(　　)

12. 一般来说，各账户的期末余额与本期增加额在同一方向。(　　)

13. 任何经济业务的发生都不会破坏会计等式的平衡关系。(　　)

五、简答题

1. 什么是会计要素？会计要素有哪几个？

2. 什么是会计等式？会计等式的表现形式是怎样的？

3. 什么是会计科目？设置会计科目应遵循哪些原则？

4. 什么是会计账户？其基本结构包括哪些内容？

5. 会计科目与会计账户有什么关系？

六、实务题

［习题一］

目的：练习会计要素的划分和熟悉会计科目的名称。

资料：某企业 2018 年 6 月 30 日各项目及金额如下：

序号	项目	金额(元)
1	运输汽车	100 000
2	存放在银行里的款项	400 000
3	由出纳员保管的现金	10 000
4	房屋及建筑物	250 000
5	应收 A 公司的货款	50 000
6	库存的材料	90 000
7	暂付给采购人员的差旅费	300
8	库存的完工产品	85 000
9	从银行借入的期限为 3 个月的款项	150 000
10	应付 B 公司的货款	118 000
11	应缴纳的税金	27 000

12	投资人投入的资本	460 000
13	留待以后年度分配的利润	230 000
14	应付给银行的利息	300

要求：根据上述资料，确认各项目属于哪一项会计要素，对应的会计科目名称是什么，并计算该企业6月30日的资产、负债和所有者权益总额。

[习题二]

目的：练习经济业务的发生对会计等式的影响。

资料：某企业2018年6月1日资产总额为343 000元，负债总额为103 000元，所有者权益总额为240 000元。该企业6月份发生以下经济业务：

(1)5日，收到A公司以货币资金投资40 000元，存入银行；

(2)6日，向银行借入短期借款20 000元，存入银行；

(3)10日，用一台价值60 000元的设备退还B公司的投资；

(4)15日，购入材料一批，价值5 000元，款项以银行存款支付；

(5)17日，从银行借入短期借款30 000元，直接偿还前欠C公司的货款；

(6)18日，用银行存款偿还前欠D公司的部分货款7 200元；

(7)21日，收到E公司前欠货款150 000元，存入银行；

(8)26日，F公司代本企业偿还银行借款20 000元，并将其作为对企业的投资；

(9)30日，向银行借款50 000元，直接归还G公司的投资；

(10)30日，将盈余公积230 000元转为资本金。

要求：

(1)分析上述经济业务发生后对会计要素增减变动的影响。

(2)月末，计算该企业资产、负债和所有者权益总额，并列出会计等式。

[习题三]

永兴公司2018年3月1日“银行存款”“应付账款”两个账户的期初余额分别为32 480元和30 000元，3月份该公司发生的部分经济业务如下：

资料一：

(1)2日，将40 800元现金存入银行；

(2)5日，用银行存款支付采购材料款28 000元；

(3)7日，提取现金20 000元，以备发工资；

(4)15日，销售甲产品收入32 000元，存入银行；

(5)18日，银行计付第一季度存款利息45.75元转入存款户；

(6)22日，以存款4 800元支付水电费。

资料二：

(1)3日，购入生产用钢材，货款42 800元暂欠；

(2)6日，归还供应单位部分货款22 000元；

(3)9日，之前购入的生产用钢材因规格不符，部分退回，价值20 000元。

(4)20日，归还前欠货款22 800元；

(5)26日，购入机器设备，价款为165 000元，其中65 000元暂欠。

要求：

(1)开设“银行存款”“应付账款”和“T”形账户；

(2)根据资料一计算“银行存款”账户的期末余额；

(3)根据资料二计算“应付账款”账户的期末余额。

项目三 复式记账

学习目标

通过本项目的学习，要求掌握复式记账法的定义和特点；理解和掌握借贷记账法的理论依据、记账符号、账户结构、记账规则和试算平衡；了解会计分录的定义、分类；掌握会计分录的编制方法；了解总分类账户和明细分类账户的含义；掌握总分类账户和明细分类账户的关系；掌握总分类账户和明细分类账户的平行登记。

任务导入

小明是一名会计学专业的大一学生，从高中时就养成了记录生活开支的习惯，其中小明记录了2018年6月7日的开支情况如下：早上两个肉包子及一杯豆浆共计4元，中餐套餐8元，晚餐10元，手机充话费100元，本日合计支出122元。

思考与讨论：

小明采用的是复式记账法吗？为什么？

任务一　复式记账原理

记账方法是指根据一定的原理和规则，采取一定的计量单位（以货币作为主要的计量单位），利用文字和数字来记载经济业务的一种专门方法。简单地说，记账方法就是在账户中登记经济业务的方法。一般包括记录业务的方式、记账原理、记账符号、平衡公式、记账规则和试算平衡方法等要素。

如果每一次进行购买材料、生产产品和销售商品等经济活动后，都需要编制一次资产负债表，那会十分麻烦，因为有的项目（如原始投资等）即使根本没有发生变化，也得重新抄写一遍。而会计是一项十分讲究效率的工作，因此，人们想出了一个简单的办法，即平时只利用账户编制会计分录，进行记账，而到月末、季末或年末等特定的日期再编制资产负债表等复杂的报表，这就是记账方法的由来。

那么如何将这些经济业务记录在有关账户中呢？人们对此曾采用过不同的方法，根据记账方法的记录方式的不同，主要分为单式记账法和复式记账法。复式记账法是相对于单式记账法而言的。

一、单式记账法的概念和特点

单式记账法是指对于需要记录的经济业务，往往只用一个账户反映经济业务的一个方面，而与此相联系的另一方面不予反映的记账方法。这种方法，除了对有关人欠、欠人的库存现金收付业务在两个或两个以上有关账户中登记外，对其他经济业务只在一个账户中登记或不予登记。

例如，用银行存款购买材料的业务发生后，采用单式记账法只在账户中记录银行存款的付出业务，而对材料的收入业务却不在账户中记录。

单式记账法的特点是：

（1）账户设置不完整，没有完整的账户体系。需要什么资料就设置什么账户，登记什么经济业务。一般只设有欠人、人欠账户，以及库存现金账户，而其他账户都不设置。这样，所设置的账户就不可能形成一个完整的体系，也不可能全面反映所有的经济业务。

（2）单式记账法只反映经济业务的一部分，而不是对经济业务的全面反映。因为账户设置不全，所以许多经济业务没有相应的账户反映，只有那些与人欠、欠人、库存现金等账户有关的经济业务才能得到反映，而其他经济业务一概不予反映，也无法反映。

（3）采用单式记账法，每笔经济业务只记一个账户，所反映的经济业务往往只是一个方面。例如，用库存现金支付费用，仅反映库存现金方面的减少，而对于费用就不予反映，因为没有设置“费用”账户。

（4）采用单式记账法，所有的经济业务不可能按一定的计算公式进行全面的试算平衡，因而不能用来检查一定时期的全部经济业务的会计记录是否正确。因为它不是对所有经济业务都反映，反映的业务也往往只是一个方面，每笔经济业务的记录并非都能平衡，因此，一定时期的全部经济业务的会计记录，就不可能进行全面的试算平衡。

因此，单式记账法是一种比较简单、不完整的记账方法，它不能全面、系统地反映经济业务的全貌和来龙去脉，也不便于检查账户记录的正确性和完整性。

二、复式记账法的概念和特点

在历史的早期，人们主要采用单式记账法，后来，随着生产力的发展，客观上要求会计上突破原来落后的单式记账法的局限，因而逐渐出现了复式记账法。

复式记账法是指对发生的每一笔经济业务，都要用相等的金额，在相互联系的两个或两个以上账户中进行全面登记的一种记账方法。

例如，银行存款购买材料的业务，按照复式记账法，则应以相等的金额，一方面在“银行存款”账户中记录银行存款的付出业务，另一方面在“原材料”账户中记录材料的收入业务。

复式记账法和单式记账法相比，具有以下优点：

（1）账户设置完整、全面，有一套完整的账户体系。复式记账法作为一种科学的记账方法，有一套完整的账户体系，因而能够将发生的每一笔经济业务相互联系地记入各有关账户，通过账户记录全面清晰地反映出经济业务的来龙去脉，全面、系统地反映经济活动的过程和结果。

（2）对每一笔业务都要进行反映和记录。全面反映经济业务是复式记账的必然要求，同时，由于复式记账有一套完整的账户体系，也就具备了全面反映经济业务的前提条件。

（3）对每一笔经济业务都反映来龙去脉两个方面。对于发生的每一笔经济业务，都在两个或两个以上相互关联的账户中进行记录，这样才能够全面地反映和记录每一笔经济业务的内容。例如，从银行提取现金 50 000 元，就要在一方记“库存现金”账户增加 50 000 元，另一方记“银行存款”账户减少50 000元。

（4）可以对一定时期内发生的全部的经济业务的会计分录进行全面的试算平衡，检查全部会计记录是否正确。由于每项经济业务发生后，都是以相等的金额在有关账户中进行记录，因而，根据这种记录就可以进行试算平衡，以检查账户记录是否正确。

复式记账法按技术特点的不同，又可分为借贷记账法、增减记账法、收付记账法等。借贷记账法是世界通用的记账方法。增减记账法是20世纪60年代我国商业系统在当时的社会经济环境下改革设计提出的一种记账方法。它是以增减作为记账符号来反映资金运动增减变动的一种复式记账方法，实质上是根据复式借贷记账法改造而成的一种复式记账方法，过去被商品流通企业所采用。收付记账法是以收付作为记账符号来反映资金运动增减变动的一种复式记账方法，它实质上是在我国传统的收付记账法的基础上发展起来的。

在会计改革之前，我国企业和行政事业单位采用的记账方法虽然都是复式记账法，但是具体方法不一样，有的是用借贷记账法，有的是用增减记账法或收付记账法。改革后，国家统一规定企业、行政事业单位一律采用借贷记账法(我国1993年7月1日开始实施的《企业会计准则》第八条已经明确规定我国采用借贷记账法)。之所以这样改革，是因为借贷记账法经过数百年的实践，已被全世界的会计工作者普遍接受，是一种比较成熟、完善的记账方法。另外，从实务的角度看，企业间记账方法不统一，会给企业间横向经济联系和与国际经济交往带来诸多不便。不同行业、企业记账方法不统一，也必然会加大跨行业的公司和企业集团会计工作的难度，使经济活动和经营成果不能及时准确地得到反映。因此，统一全国各个行业、企业和行政事业单位的记账方法，对会计核算工作的规范和更好地发挥会计的作用具有重要意义。因此，本书只介绍借贷记账法。

三、借贷记账法的理论基础——资产、负债及所有者权益平衡关系(即会计恒等式)

企业单位在日常经营过程中每发生一项经济业务，都必然对资产、负债、所有者权益、费用和收入等会计要素产生一定的影响，可能使两个或两个以上会计要素同时发生等量的增减变动，也可能使同一会计要素内的两个或两个以上不同的具体项目同时发生等量的增减变动；任何经济业务的发生，都不会破坏资产和费用与负债、所有者权益和收入之间的数量平衡关系。借贷记账法正是根据这种“资产＋费用＝负债＋所有者权益＋收入”会计等式的经济内容和数量关系，如实地记录经济业务内容而建立的记账方式。有关的公式为：

$$资产 = 负债 + 所有者权益$$

$$收入 - 费用 = 利润$$

$$资产 = 负债 + 所有者权益 + (收入 - 费用)$$

$$资产 + 费用 = 负债 + 所有者权益 + 收入$$

$$资产 - 负债 - 所有者权益 = 0$$

上述方程式可称为会计等式，通常将等式“资产＝负债＋所有者权益”称为会计恒等式。

上述会计等式主要揭示了三个方面的内容：

第一，会计主体内各会计要素之间的数字平衡关系。有一定数量的资产，就必然有相应数量的负债和所有者权益与之对应；反之，有一定数量的负债和所有者权益，就一定有相应数量的资产与之对应。

第二，各会计要素增减变化的相互联系。在一个会计要素的项目发生变化时，同一类会计要素的其他具体项目，或其他类的会计要素之间也必然发生增减变化，以维持等式的平衡关系。

第三，等式有关因素之间是对立统一的关系。资产、负债和所有者权益分列于等式的两边，左边是资产，右边是负债和所有者权益，形成对立统一的关系。如果各会计要素出现在等式另一边，必须以负号表示。

这三个方面的内容贯穿了借贷记账法的始终。数量平衡关系要求：每一次记账的借方、贷方金额是平衡的；一定时期账户的借方、贷方的金额是平衡的；所有账户的借方、贷方余额的合计数是平衡的。增减变化的相互联系要求：在一个账户中记录的同时必然要有另一个或一个以上账户的记录与之对应。对立统一关系要求：按相反方向记账。从一个账户来看，借方记录增加额，贷方一定记录减少额；反之，贷方记录增加额，借方一定记录减少额。从等式两边的不同类账户来看，资产类账户是借方记录增加额，贷方记录减少额；与之相反，负债和所有者权益类账户是贷方记录增加额，借方记录减少额。

会计等式对记账方法的要求决定了借贷记账法的账户结构、记账规则、试算平衡的基本理论，因此说会计恒等式是借贷记账法的理论基础。

任务二　借贷记账法

一、借贷记账法的产生与发展

从复式记账法产生的历史来看，虽然我国早在唐朝就已经有了“四柱清册”这种复式记账法的萌芽，但发展一直相当缓慢，到了明末清初，在民间运用着一种叫做“龙门账”的复式记账方法，但其理论体系还很不完善。此时，地中海沿岸的威尼斯、佛罗伦萨等地，由于出现了资本主义萌芽，大大推动了其经济的迅猛发展，这就给借贷复式记账法的诞生提供了客观的经济基础，到了 15 世纪，在民间已逐渐形成比较完备的复式记账法。意大利数学家卢卡·帕乔利于 1494 年在著名的《算术、几何及比例概要》这本书中写了一章“簿记论”，从理论上系统地总结了复式借贷记账法的原理，这就标志着复式借贷记账法的诞生。从此以后，意大利的复式借贷记账法就在欧洲的一些国家如德国、法国、英国等先后传播开来。

借贷记账法正式传入我国始于 1905 年，我国会计学者蔡锡勇、谢霖、孟森等人学习了日本的借贷记账法。“中华民国”时期，以潘序伦、徐永祚和赵锡禹先生为代表的会计学者创办了会计学校，引进美国式的借贷记账法，以改良中国传统的记账方法。新中国成立后，我国的整个经济建设都是学习前苏联，会计也学前苏联，采用借贷记账法。后来，我国的会计工作者又在借贷复式记账法的基础上，创造性地应用并改造出复式增减记账法、复式收付记账法。此后，为了适应社会主义市场经济和改革开放的需要，我国于 1993 年进行了会计改革，逐步取消复式增减记账法和复式收付记账法，并全面采用借贷记账法，以与国际惯例相接轨。

借贷记账法是指以“借”“贷” 作为记账符号，对每一笔经济业务，在两个或两个以上的账户的相反方向以相等金额全面地、相互联系地进行记录的一种专门记账方法，是各种复式记账方法中应用最广泛的一种。

从这一定义中可以看到，借贷记账法是一种复式记账法，它的特点，一是以“借”“贷”作为记账符号，二是对每一笔经济业务都要在两个或两个以上的账户的相反方向作等额反映。对每一笔经济业务的会计记录，都是有借必有贷，借贷必相等。学习借贷记账法，必须掌握这个基本概念，同时还要很好地理解和掌握它的理论依据、记账符号、账户设置、记账规则和试算平衡。

二、借贷记账法的基本内容

(一)借贷记账法的记账符号

记账符号是不同复式记账法的基本标志之一，借贷记账法之所以被称为借贷记账法的根本原因就在于以“借”和“贷”作为记账符号。

1.“借”和“贷”是抽象的记账符号

借贷记账法以“借”和“贷”作为记账符号，用以指明记账的增减方向、账户之间的对应关系和账户余额的性质等，而与这两个文字的字义及其在会计史上的最初含义无关，不可望文生义。“借”和“贷”是会计的专门术语，并已经成为通用的国际商业语言。

作为纯粹记账符号的“借”和“贷”，应当理解为账户上两个对立的方向或部分；并且，只有联系账户的具体性质，才能了解这两个符号所代表的经济内容。

2.“借”和“贷”所表示的增减含义

“借”和“贷”作为记账符号，都具有增加和减少的双重含义。“借”和“贷”何时为增加、何时为减少，必须结合账户的具体性质才能准确说明，如表 3-1 所示。

表 3-1　借贷记账法记账符号的经济含义

借	贷
资产的增加	资产的减少
成本费用的增加	成本费用的减少或转销
负债的减少	负债的增加
所有者权益的减少	所有者权益的增加
收入的减少或转销	收入的增加
利润的减少或转销	利润的增加

从借贷记账法的由来中可以看出，在借贷记账法中，“借”“贷”二字和日常用语中“借”“贷”二字的含义不同，它们只是表示记账的方向。当经济业务中涉及资产、费用在金额上的增加，涉及负债、所有者权益在金额上的减少，涉及收入、利润在金额上的减少或转销时，记入账户的借方；当经济业务中涉及负债、所有者权益及收入、利润在金额上的增加，涉及资产在金额上的减少，涉及成本费用在金额上的减少或转销时，记入账户的贷方。关于“借”和“贷”是表示增加还是减少，也根据会计等式“资产＋费用＝负债＋所有者权益＋收入”来判断。

$$\begin{array}{c} \text{资产＋费用} \\ \text{等式左边：借增贷减} \end{array} = \begin{array}{c} \text{负债＋所有者权益＋收入} \\ \text{等式右边：贷增借减} \end{array}$$

任何会计账户的左方是借方，右方是贷方。当一个账户借方表示增加，贷方表示减少时，则期末借方余额表示正金额，期末贷方余额表示负金额。例如：“应收账款”账户是资产类账户，该账户借增贷减。“应收账款”要根据不同的客户单位来设置许多明细分类账，现在假定“应收账款——A 公司”这个明细账期末余额是借方余额 80 000 元，则表示该明细账的金额是 80 000 元；当“应收账款——A 公司”这个明细账的期末余额是－80 000 元时，该期末余额肯定位于贷方。当一个账户贷方表示增加，借方表示减少时，则期末贷方余额表示正金额，期末借方余额表示负金额，例如“应付账款”账户。

“借”和“贷”的增减含义，是学习会计学专业必须掌握的内容，如果经过系统学习和训练，还不能搞透彻，弄不清方向，那就不能进入会计的殿堂，会计学原理就没有入门，编制起会计分录来往往“南辕北辙”。

（二）借贷记账法账户的设置及结构

在借贷记账法下，账户的基本结构是：左方为借方，右方为贷方。那么，究竟用哪一方来登记增加的金额，又用哪一方来登记减少的金额，账户的期初或期末余额在哪一方，要根据账户所反映的经济内容而定。

1. 资产类账户的结构

反映各项资产的账户称为资产类账户，其结构如图 3-1 所示。由于一般在资产负债表的左方反映资产项目，习惯上资产类账户的借方记录资产的增加额，贷方记录资产的减少额。每一会计期间借方记录的金额合计称为本期借方发生额，贷方记录的金额合计称为本期贷方发生额。在正常情况下，资产类账户的期初余额与本期增加额之和总是大于本期减少额，因此资产类账户的期初余额往往在借方。而期末余额转到下期就是下期的期初余额，所以，一般情况下，资产类账户的余额与其增加所记的方向一致，即余额在借方。其借方期末余额的计算公式如下：

期末借方余额＝期初借方余额＋本期借方发生额－本期贷方发生额

借方	账户名称		贷方
期初余额	×××		
本期增加额	×××	本期减少额	×××
本期借方发生额	×××	本期贷方发生额	×××
期末余额	×××		

图 3-1 资产类账户的结构

2. 负债及所有者权益类账户的结构

反映负债和所有者权益的账户分别称为负债账户和所有者权益账户，因为它们都属于企业的权益，所以也可以统称为权益账户。由于负债和所有者权益一般列示在资产负债表的右方，习惯上在负债及所有者权益类账户的贷方登记增加额，借方登记减少额。在正常情况下，负债和所有者权益的期初余额和本期增加额之和总是大于本期减少额，因此负债和所有者权益类账户的余额一般在贷方。而期末余额转到下期就是下期的期初余额，所以，一般情况下，负债及所有者权益类账户的余额与其增加所记的方向一致，即余额在贷方。其贷方期末余额的计算公式如下：

负债及所有者权益类账户的结构如图 3-2 所示。

期末贷方余额＝期初贷方余额＋本期贷方发生额－本期借方发生额

借方	账户名称		贷方
		期初余额	×××
本期减少额	×××	本期增加额	×××
本期借方发生额	×××	本期贷方发生额	×××
		期末余额	×××

图 3-2 负债及所有者权益类账户的结构

3. 收入类账户、费用类账户的结构

收入类账户的结构是收入增加最终使企业所有者权益增加，所以其账户的结构（图3-3）与所有者权益类账户相似。贷方登记收入的增加数，借方登记收入的减少数或转销数。期末账户金额转入“本年利润”账户。期末结转后，收入类账户没有余额。

借方	账户名称		贷方
本期减少额	×××	本期增加额	×××
本期借方发生额	×××	本期贷方发生额	×××

图 3-3　收入类账户的结构

费用的发生会导致所有者权益的减少，因此记账方向与所有者权益相反：费用类账户的借方记录费用的增加额，贷方记录费用的减少额或转出额。期末时，费用类账户的金额应转入“本年利润”账户，以便与收入配比后计算本期损益。期末结转后，费用类账户一般没有余额。

费用类账户的结构如图 3-4 所示。

借方	账户名称		贷方
本期增加额	×××	本期减少额	×××
本期借方发生额	×××	本期贷方发生额	×××

图 3-4　费用类账户的结构

由于收入转入了本年利润账户的贷方，而费用转入了本年利润账户的借方，这样通过对比收入和费用即可求得当期的经营成果。当收入大于费用时，本年利润账户余额在贷方，为企业实现的利润；当收入小于费用时，本年利润账户余额在借方，为企业发生的亏损。需要说明的是，由于本年利润最终应归属于所有者权益，因此在会计年度结束后，通常将利润账户年末余额转入所有者权益账户，这样本年利润账户年末一般无余额。

4. 双重性质账户的结构

由于“借”“贷”记账符号对会计等式两方的会计要素规定了增减相反的含义，因此，可以设置既有资产性质、又有负债性质的具有双重性质的账户。比如，“应收账款”和“预收账款”可以合并为一个账户，“应付账款”和“预付账款”也可以合并为一个账户。

双重性质账户的性质不是固定的，应根据账户余额的方向来判断。如果余额在借方就是资产类账户，如果余额在贷方就可确认为负债类账户。具有双重性质的账户只是少数，绝大多数账户的性质仍是固定的。会计科目表中的共同类账户就是双重性质的账户。

（三）借贷记账法的记账规则

借贷记账法的记账规则概括地说就是“有借必有贷、借贷必相等”。记账规则是记账的依据，也是核对账目的依据。在借贷记账法下对任何类型的经济业务都一律采用“有借必有贷、借贷必相等”的记账规则。发生的每一笔经济业务所涉及的借方账户与贷方账户之间都存在对应关系，或一借多贷或多借一贷，且借方账户登记的金额与贷方账户登记的金额必然相等。

在此，重要的是要理解“有借必有贷、借贷必相等”这一记账规则是怎么概括出来的。它是以资产总额恒等于负债及所有者权益总额的平衡关系为基础的，以“借”“贷”作为记账符号，综合反映资金运动静态和动态的表现。为了说明这个问题，现以实达有限公司 2018 年 6 月发生的各项经济业务为例：

【例 3-1】　6 月 2 日，国家投资修建厂房一栋交付使用，总价值为190 000元。这项业务的发生使资产要素中的固定资产项目和所有者权益要素中的实收资本项目同时增加，增加金额相等。资产增加记借方，所有者权益增加记贷方，因此这笔业务的发生利用借贷记账法记账，就是“有借有贷、借贷相等”。其 T 形账户图如图 3-5 所示。

固定资产	
190 000	

实收资本	
	190 000

图 3-5　T 形账户图(一)

【例 3-2】　6 月 4 日,从工商银行取得借款 92 000 元,存入存款账户。这项经济业务一方面引起资产要素中的“银行存款”项目增加,应记借方;另一方面引起负债要素中的“短期借款”项目增加,应记贷方。其 T 形账户图如图 3-6 所示。

银行存款	
92 000	

短期借款	
	92 000

图 3-6　T 形账户图(二)

【例 3-3】　6 月 7 日,用银行存款购买 500 元的办公用品。这项经济业务一方面引起费用要素中的“管理费用”项目增加,应记借方;另一方面引起资产要素中的“库存现金”项目减少,应记贷方。其 T 形账户图如图 3-7 所示。

管理费用	
500	

库存现金	
	500

图 3-7　T 形账户图(三)

【例 3-4】　6 月 8 日,购入价值 50 000 元的材料,已验收入库,货款尚未支付。这项业务的发生使“原材料”这一资产项目和“应付账款”这一负债项目同时增加 50 000 元,资产增加记借方,负债增加记贷方,借贷金额相等。其 T 形账户图如图 3-8 所示。

原材料	
50 000	

应付账款	
	50 000

图 3-8　T 形账户图(四)

【例 3-5】　6 月 10 日,以银行存款 10 000 元偿还银行借款。这项业务的发生使“银行存款”这一流动资产项目和“短期借款”这一负债项目同时减少10 000元,流动资产减少记贷方,负债减少记借方,借贷金额相等。其 T 形账户图如图 3-9 所示。

短期借款	
10 000	

银行存款	
	10 000

图 3-9　T 形账户图(五)

【例 3-6】　6 月 12 日,开出商业汇票,偿还上月所欠明星厂货款 14 000 元。这项经济业务一方面引起负债要素中的“应付账款”项目减少,应记借方;另一方面引起负债要素中的“应付票据”项目增加,应记贷方。其 T 形账户图如图 3-10所示。

应付账款

14 000	

应付票据

	14 000

图 3-10　T 形账户图(六)

【例 3-7】 6 月 13 日，接到银行收款通知，收到大明厂支付的货款25 000元。这项经济业务一方面引起资产要素中的“银行存款”项目增加，应记借方；另一方面引起资产要素中的“应收账款”项目减少，应记贷方。其 T 形账户图如图 3-11 所示。

银行存款

25 000	

应收账款

	25 000

图 3-11　T 形账户图(七)

【例 3-8】 6 月 15 日，开出库存现金支票，从银行提取库存现金 1 050 元备用。这项经济业务一方面引起资产要素中的“库存现金”项目增加，应记借方；另一方面引起资产要素中的“银行存款”项目减少，应记贷方。其 T 形账户图如图 3-12 所示。

库存现金

1 050	

银行存款

	1 050

图 3-12　T 形账户图(八)

【例 3-9】 6 月 18 日，采购员刘华预借差旅费 600 元，以库存现金支付。这项经济业务一方面引起资产要素中的“其他应收款”项目增加，应记借方；另一方面引起资产要素中的“库存现金”项目减少，应记贷方。其 T 形账户图如图 3-13所示。

其他应收款

600	

库存现金

	600

图 3-13　T 形账户图(九)

【例 3-10】 6 月 20 日，向银行借款 4 500 元，偿还前欠东风厂货款。这项经济业务一方面引起负债要素中的“应付账款”项目减少，应记借方；另一方面引起负债要素中的“短期借款”项目增加，应记贷方。其 T 形账户图如图 3-14 所示。

应付账款

4 500	

短期借款

	4 500

图 3-14　T 形账户图(十)

【例 3-11】 6 月 21 日，开出转账支票 28 000 元，交纳所欠税金。这项经济业务一方面引起负债要素中的“应交税费”项目增加，应记借方；另一方面引起资产要素中的“银行存款”项目减少，应记贷方。其 T 形账户图如图 3-15 所示。

应交税费	
28 000	

银行存款	
	28 000

图 3-15　T 形账户图(十一)

【例 3-12】　6 月 30 日，仓库转来本月发出材料登记表，本月生产车间共领用材料 46 000元。这项经济业务一方面引起费用要素中的“生产成本”项目增加，应记借方；另一方面引起资产要素中的“原材料”项目减少，应记贷方。其 T 形账户图如图 3-16 所示。

生产成本	
46 000	

原材料	
	46 000

图 3-16　T 形账户图(十二)

【例 3-13】　6 月 30 日，将库存现金 240 元送存银行。这项经济业务一方面引起资产要素中的“库存现金”项目减少，应记贷方；另一方面引起资产要素中的“银行存款”项目增加，应记借方。其 T 形账户图如图 3-17 所示。

银行存款	
240	

库存现金	
	240

图 3-17　T 形账户图(十三)

总结以上，在借贷记账法下对任何类型的经济业务都一律采用“有借必有贷、借贷必相等”的记账规则。通过以上举例，对这项记账规则的形成可以从以下三个方面理解：

(1)根据复式记账的原理，任何一项经济业务的发生，至少会同时导致两个账户发生变化。

(2)根据借贷记账法账户结构的原理，每一项经济业务都是按借贷相反的方向记录，也就是要求对每一项经济业务都以相等的金额、借贷相反的方向在两个或两个以上相互关联的账户中进行登记。所记入的账户必须至少包含一个借方账户和一个贷方账户。当然，也可以是一个借方账户同时对应两个或多个贷方账户，或是两个或多个借方账户对应一个贷方账户，但也不排除在经济业务较为复杂时，多个借方账户对应着多个贷方账户的情况。

(3)不管借方、贷方各自涉及多少个账户，借方的金额(合计)与贷方的金额(合计)必然相等。这个结论对单一的一项经济业务是如此，对于一个企业一定时期内所有经济业务也同样适用。

以上所举的例子涉及的都是简单的经济业务，而对复杂的经济业务则需要登记在一个账户的借方和几个账户的贷方，或者是相反，即“一借多贷”或者“多借一贷”，借贷双方的金额也必须相等。

【例 3-14】　长城电器公司收回应收销货款共 32 000 元。其中存入银行31 500 元，另为库存现金。这项经济业务的发生，使企业资产项目的“银行存款”增加了 31 500 元，资产项目的“库存现金”增加了 500 元，资产项目的“应收账款”减少了 32 000 元，引起了资产内部三个项目之间以相等的金额增减的变动。资产增加记借方，资产减少记贷方，两个增加的资产项目所记借方的金额之和与一个资产项目所记贷方的金额相等。其T形账户图如图3-18所示。

银行存款		库存现金		应收账款	
31 500		500			32 000

图3-18　T形账户图(十四)

(四)借贷记账法的试算平衡

为了保证一定时期内所发生的经济业务在账户中登记的正确性，需要在一定时期终了时，根据会计等式的基本原理对账户记录进行试算平衡。试算平衡就是根据会计等式“资产＝负债＋所有者权益”的平衡原理，按照记账规则的要求，通过汇总计算和比较，来检查账户记录的正确性、完整性的一种方法。

借贷记账法的试算平衡总的来讲是按照借贷平衡的原理进行的，根据这一原理和记账规则的要求，经济业务发生后，若按照借贷记账法的记账规则来记账，每一笔经济业务的会计分录借贷双方的发生额必然是相等的。不仅是每一笔会计分录借贷发生额相等，而且当一定会计期间(年、季、月)的全部经济业务的会计分录都记入相关账户后，所有账户的借方发生额与贷方发生额的合计数也必然相等。依此类推，全部账户的借方期末余额与贷方期末余额的合计数也必然相等。用借贷记账法记账，就要根据借贷必相等的规则进行试算平衡，检查每一笔经济业务和会计分录是否正确，全部账户的本期发生额和期末余额是否正确，因此有会计分录余额试算平衡公式和发生额试算平衡公式。

试算平衡可用公式表达如下：

$$\sum(\text{全部账户借方本期发生额}) = \sum(\text{全部账户贷方本期发生额})$$

$$\sum(\text{全部账户借方余额}) = \sum(\text{全部账户贷方余额})$$

如果进一步区分期初余额和期末余额，上述第二个公式可改写为期初余额合计平衡和期末余额合计平衡两个公式。即：

$$\sum(\text{全部账户期初借方余额}) = \sum(\text{全部账户期初贷方余额})$$

$$\sum(\text{全部账户期末借方余额}) = \sum(\text{全部账户期末贷方余额})$$

实际工作中的试算平衡，一般是在月末结出各个账户的本月发生额和月末余额后，通过编制总分类账户发生额试算平衡表或总分类账户余额试算平衡表进行的。在实际工作中，为了方便起见，还可将总分类账户发生额试算平衡表和总分类账户余额试算平衡表合并在一起，并结合各账户的期初余额数，编制总分类账户发生额及余额试算平衡表。

总分类账户发生额试算平衡表见表3-2，总分类账户余额试算平衡表见表3-3，总分类账户本期发生额及余额试算平衡表见表3-4。

表3-2　总分类账户发生额试算平衡表

年　　月　　　　单位：元

会计科目	借方发生额	贷方发生额
合计		

表 3-3 总分类账户余额试算平衡表

年 月 单位：元

会计科目	借方余额	贷方余额
合计		

表 3-4 总分类账户本期发生额及余额试算平衡表

年 月 单位：元

会计科目	期初余额		本期发生额		期末余额	
	借方	贷方	借方	贷方	借方	贷方
合计						

三、账户的对应关系和会计分录

账户的对应关系是指运用借贷记账法记账时，在有关账户之间都会形成“应借应贷”的相互关系。这种账户之间相互联系的关系就叫做账户的对应关系。

例如，用银行存款购买材料，则在银行存款和材料两个账户之间就会形成一种对应关系。那么，发生对应关系的账户就叫做对应账户。为了保证账户对应关系的正确性，登账前应该先根据经济业务所涉及账户及其借贷方向和金额编制会计分录，据以登账。

什么是会计分录呢？会计分录就是标明某项经济业务的应借、应贷账户及其金额的记录，是按反映一项经济业务的会计科目，以货币为计量单位，借助记账符号，分别记录其增加或减少数量变化的一种方法。会计分录的三要素为：账户名称、借贷方向、记账金额。

编制会计分录应按照以下步骤来进行：

(1)一项业务发生后，首先分析这项业务涉及的会计要素是资产、费用，还是负债、所有者权益、收入、利润，是增加，还是减少；

(2)根据第一步分析来确定应记账户的方向是借方还是贷方。这两点非常重要，明确这两点就可以防止在大方向上出现错误。

(3)根据会计科目表确定应该记入哪个账户的借方和哪个账户的贷方。

(4)检查分录中应借、应贷账户是否正确，借贷方金额是否相等，有无错误。

编制会计分录时，应注意以下几点：

(1)一般情况下，任何会计分录都应该是借方在上，贷方在下；

(2)一般每一个会计分录都是借方在左，贷方在右，也就是说贷方的记账符号、账户名称和金额都要比借方退后一至二格；

(3)不能将不同笔的经济业务混合在一起编制会计分录。

借贷记账法下，会计分录的格式是：借方的账户写在上面偏左，贷方的账户写下面偏右，左右错开一个字。以用银行存款 20 万元归还长期借款为例，按上述步骤经过分析，这一项业务涉及的是资产和负债两个账户，资产减少记贷方，负债减少记借方。反映银行存款和长期借款增减变动的账户是“银行存款”和“长期借款”。据此，编制如下会计分录：

借：长期借款　200 000

　贷：银行存款　200 000

一般情况下，会计分录又可分为两种：

(1)简单会计分录。是指一个账户的借方只同另一个账户的贷方发生对应关系的会计分录，即“一借一贷”的会计分录。

(2)复合(复杂)会计分录。是指一个账户的借方同几个账户的贷方发生对应关系，或者相反，一个账户的贷方同几个账户的借方发生对应关系的会计分录，即“一借多贷”或者“多借一贷”的会计分录。还有一种是几个账户的借方同几个账户的贷方发生对应关系的会计分录，也就是“多借多贷”的会计分录。这也就是说，复合会计分录既包括“一借多贷”和“多借一贷”，也包括“多借多贷”。

【例 3-15】 某企业生产产品领用材料 5 000 元，车间一般消耗领用材料 500 元。如果用简单的会计分录即应该做两笔分录：

第一笔：借：生产成本　5 000

　　　　贷：原材料　5 000

第二笔：借：制造费用　500

　　　　贷：原材料　500

上面是两笔简单会计分录，也可以编成一笔“多借一贷”的复合会计分录：

借：生产成本　5 000

　　制造费用　500

　贷：原材料　5 500

注意：为了保持账户的对应关系，一般不宜把不同类型的经济业务合并在一起编制“多借多贷”的会计分录。当然，这里强调的是不同类型的业务，而不是说一律不准编制“多借多贷”的会计分录。实际上在很多业务中，例如材料采购业务中，根据业务内容的需要就要编制“多借多贷”的会计分录。

四、借贷记账法应用举例

为了更好地理解借贷记账法的基本要点，下面继续以 2018 年 6 月实达有限公司的各项经济业务为例。

【例 3-16】 2018 年 5 月底该公司部分总账的期末余额如下(单位：元)：

固定资产	460 000	实收资本	460 000
原材料	116 000	生产成本	42 000
短期借款	82 000	库存现金	1 000
应交税费	28 000	应收账款	32 000
应付账款	93 600	银行存款	8 600
其他应收款	4 000		

实达有限公司 2018 年 6 月发生的 13 项经济业务的会计分录如下：(为简单起见，略去当月应提固定资产折旧部分，应交税金等分录不作考虑。)

(1) 借：固定资产　190 000

贷:实收资本 190 000

(2) 借:银行存款 92 000

贷:短期借款 92 000

(3) 借:管理费用 500

贷:库存现金 500

(4) 借:原材料 50 000

贷:应付账款 50 000

(5) 借:短期借款 10 000

贷:银行存款 10 000

(6) 借:应付账款 14 000

贷:应付票据 14 000

(7) 借:银行存款 25 000

贷:应收账款 25 000

(8) 借:库存现金 1 050

贷:银行存款 1 050

(9) 借:其他应收款 600

贷:库存现金 600

(10) 借:应付账款 4 500

贷:短期借款 4 500

(11) 借:应交税费 28 000

贷:应付票据 28 000

(12) 借:生产成本 46 000

贷:原材料 46 000

(13) 借:银行存款 240

贷:库存现金 240

6 月 30 日各会计科目的发生额及余额如表 3-5 所示。

表 3-5 实达有限公司 2018 年 6 月 30 日各会计科目发生额及余额表 单位:元

会计科目	期初余额		本期发生额		期末余额	
	借方	贷方	借方	贷方	借方	贷方
固定资产	460 000		190 000		650 000	
原材料	116 000		50 000	46 000	120 000	
其他应收款	4 000		600		4 600	
生产成本	42 000		46 000		88 000	
库存现金	1 000		1 050	1 340	710	
应收账款	32 000			25 000	7 000	
银行存款	8 600		117 240	39 050	86 790	
短期借款		82 000	10 000	96 500		168 500

续表 3-5

会计科目	期初余额		本期发生额		期末余额	
	借方	贷方	借方	贷方	借方	贷方
应交税费		28 000	28 000			0
应付账款		93 600	18 500	50 000		125 100
实收资本		460 000		190 000		650 000
管理费用			500		500	
应付票据				14 000		14 000
合　　计	663 600	663 600	461 890	461 890	957 600	957 600

从表 3-5 可以看出，6 月份实达有限公司各个账户借方发生额为 461 890 元，贷方发生额为 461 890 元，即：各个账户借方发生额合计＝各个账户贷方发生额合计。

任务三　总分类账户与明细分类账户

一、总分类账户与明细分类账户的设置

在会计核算工作中，根据企业经营管理工作的需要，一切经济业务都要通过有关账户进行核算，既要提供总括的核算指标，又要提供明细的核算指标，也就是需要同时设置总分类账户和明细分类账户。例如，设置“原材料”账户时要再按种类设置其明细分类账。

总分类账户是总括反映会计对象某一类别变化情况的账户。即指根据总分类会计科目（一级科目）设置的，仅以货币作为统一的计量单位进行计量登记，用于对会计要素具体内容进行总括分类核算，提供总括核算资料的账户，简称总账账户或总账。例如“固定资产”“原材料”“实收资本”“应付账款”等。

明细分类账户是在某一总分类账核算内容的基础上，按照实际需要用更加具体的、详细的分类来设置的账户。即指根据明细分类科目设置的，用来对会计要素具体内容进行明细分类核算，提供详细核算资料的账户，也简称明细账户或明细账，它是对总分类账户所含内容所作的进一步分类。如“应付账款”总分类账户下按具体单位分设的明细分类账户，具体反映应付的是哪个单位的货款。当然，也不是所有总分类账户都设置明细分类账户。有的总分类账户就不设明细分类账户，如“库存现金”。

明细分类账户除用货币计量单位登记外，有时还需要采用实物计量单位等同时进行登记。例如，按原材料类别、规格设置的明细账户中，既要用货币度量，反映原材料收发存的金额，又要用实物度量来记录原材料收发存的数量。

为了满足管理工作的需要，除总分类账户和明细分类账户以外，有时还要设置二级账户。二级账户是介于总分类账户和明细分类账户之间的账户，根据二级科目（子目）来设置。它所提供的资料比明细分类账户概括，比总分类账户详细。例如，“原材料”账户可分为“原料”“主要材料”等二级账户。

二级账户可以设账，也可以不设账。在设账的情况下，要像明细分类账户一样，开设账户进行登记。在不设账的情况下，可以在需要的时候，将有关明细分类账户中的资料按照一定的类别加以归并汇总，从而取得所需的指标。

二级账户下有时根据需要还可以设置三级账户，例如，“主要材料”又可分为“钢材”“木材”等三级账户。注意：账户设置并非越细越好，而是既要满足管理需要，又要以简化核算为原则。

二、总分类账户与明细分类账户的关系

总分类账户是根据一级会计科目设置的提供总括资料的账户；明细分类账户是根据明细科目设置的提供详细资料的账户。总分类账户与明细分类账户的关系如下：

(1) 控制与被控制的关系。总分类账户是所属明细分类账户资料的综合，是所属明细分类账户的统驭性账户，对所属的明细分类账户起控制作用；而明细分类账户是有关总分类账户的具体化，是有关总分类账户的从属账户，对其所隶属的某一个总分类账户起补充说明的辅助作用。

(2) 相互配合的关系。总分类账户是提供总括资料的，而明细分类账户是提供相对具体的、详细的核算资料的，但二者反映的对象——核算内容是相同的，账户的性质是相同的，登记时的原始依据是相同的。它们提供的核算资料互相补充，既总括又详细地说明同一事物。

例如，“原材料”总账与其所属的各明细分类账，反映的对象都是材料增减变化和结存情况，性质都是资产性质。“原材料”总账与其所属的各明细分类账的增加，其原始依据都是“材料入库单”等。

(3) 总分类账户一般以货币作为统一的计量单位，而明细分类账户除以货币计量外，还可能采用实物单位等进行数量核算。例如，按原材料类别、规格设置的明细账户中，既要用货币度量，反映原材料收发存的金额，又要用实物度量来记录原材料收发存的数量。

(4) 总分类账户与明细分类账户之间要实行平行登记。

三、总分类账户与明细分类账户的平行登记

总分类账户与明细分类账户的平行登记是指对所发生的每项经济业务，都要以会计凭证为依据，一方面记入有关总分类账户，另一方面记入有关总分类账户所属明细分类账户的方法。其要点主要包括以下三个方面：

1. 期间相同

对于发生的每一项经济业务，一方面要记录有关的总分类账户，另一方面还要记录在总分类账户各所属的明细分类账户中(没有明细账户的除外)。如果涉及的明细分类账户不止一个，则应分别记录有关的几个明细分类账户。两方面登记的会计期间应该一致。

2. 方向相同

将经济业务记入某一总分类账户及其所属的各明细分类账户中时，必须记在相同的方向。如果总分类账户登记借方，则明细分类账户必须登记借方；如果总分类账户登记贷方，则明细分类账户也必须登记贷方。

但是，这一要点有例外：当采用不同的账务处理程序(如科目汇总表)时，总分类账户和明细分类账户的登记方向有可能不一致。

3. 金额相等

记入总分类账户的金额必须与记入有关的几个明细分类账户的金额之和相等。

总分类账户与其所属的各明细分类账户的平行登记，其结果是：某一总分类账户的期初余额等于其所属的明细分类账户的期初余额之和；某一总分类账户的借方发生额等于其所属的明细分类账户的借方发生额之和；某一总分类账户的贷方发生额等于其所属的明细分类账户的贷方发生额之和；某一总分类账户的期末余额等于其所属的明细分类账户的期末余额之和。

四、总分类账户与明细分类账户的试算平衡

（一）总分类账户本期发生额对照表的编制

总分类账户本期发生额对照表通常每月编制一次，全企业编制一张。

1. 准备工作

（1）登记各账户的期初余额；

（2）登记各账户本期发生的经济业务；

（3）结出各账户本期发生额及余额；

（4）准备编制总分类账户本期发生额对照表的空白表。

2. 编制方法

（1）六栏式

将会计分录记入各总分类账户，并于月末结出各账户的本期发生额和期末余额。表3-6为某公司某月总分类账户本期发生额对照表。

表 3-6　总分类账户本期发生额对照表　　单位：元

会计科目	期初余额		本期发生额		期末余额	
	借方	贷方	借方	贷方	借方	贷方
库存现金	1 000		60 600		61 600	
银行存款	260 000		111 400	117 500	253 900	
应收账款	350 000			32 000	318 000	
原材料	35 000		43 500	56 000	22 500	
长期投资	765 000		120 000		885 000	
固定资产	3 000 000		60 000	100 000	2 960 000	
无形资产	20 000			15 000	5 000	
生产成本			56 000		56 000	
短期借款		19 000	10 000	50 000		59 000
应付账款		75 500	97 500	50 895		28 895
应交税费		100 000	7 395			92 605
长期借款		600 000				600 000
实收资本		2 180 000		130 000		2 310 000
资本公积		456 500		20 000		476 500
累计折旧		1 000 000	5 000			995 000
合　计	4 431 000	4 431 000	571 395	571 395	4 562 000	4 562 000

（2）棋盘式

编制总分类账户本期发生额对照表，除可以采用上述六栏式的对照表外，也可以采用棋盘式的对照表格式。

根据上述总分类账户的资料，可以编制下列棋盘式本期发生额对照表，如表3-7所示。

表3-7　棋盘式本期发生额对照表

年　　月　　　　单位：元

会计科目	库存现金	银行存款	应收账款	……	累计折旧	借方本期发生额	期初余额		期末余额	
							借方	贷方	借方	贷方
库存现金		60 000	600			60 600	1 000		61 600	
银行存款			31 400			111 400	260 000		253 900	
应收账款							350 000		318 000	
原材料						43 500	35 000		22 500	
长期投资						120 000	765 000		885 000	
固定资产						60 000	3 000 000		2 960 000	
无形资产							20 000		5 000	
生产成本						56 000			56 000	
短期借款		10 000				10 000		19 000		59 000
应付账款		47 500				97 500		75 500		28 895
应交税费						7 395		100 000		92 605
长期借款								600 000		600 000
实收资本								2 180 000		2 310 000
资本公积								456 500		476 500
累计折旧						5 000		1 000 000		995 000
贷方发生额	—	117 500	32 000	……	—	571 395	4 431 000	4 431 000	4 562 000	4 562 000

这种棋盘对照表编制工作量大，但可看清账户对应关系。

3. 总分类账户本期发生额对照表的作用

（1）检查总分类账户中的记录是否正确、完整；

（2）为编制财务会计报告提供了一定的便利；

（3）可以了解经济活动和财务收支的概况。

（二）明细分类账户本期发生额明细表的编制

明细分类账户本期发生额明细表是根据各种明细分类账户的日常核算资料加以综合编制的。

表3-8为某公司某月份原材料明细分类账户本期发生额明细表。

表 3-8　原材料明细分类账户本期发生额明细表　　金额单位：元

明细科目	计量单位	单价	期初余额		借方发生额		贷方发生额		期末余额	
			数量	金额	数量	金额	数量	金额	数量	金额
甲材料	吨	4 000	5	20 000	6	24 000	8	32 000	3	12 000
乙材料	千克	300	50	15 000	40	12 000	70	21 000	20	6 000
丙材料	件	50			150	7 500	60	3 000	90	4 500
合　计	—	—	—	35 000	—	43 500	—	56 000	—	22 500

互动地带

目的：训练原材料的总分类账户和明细分类账户平行登记的方法。

长城电器公司 2017 年 10 月“原材料”总分类账户月初的结存金额如下所列：

甲种原材料	5 吨	每吨 4 000 元	20 000 元
乙种原材料	50 千克	每千克 300 元	15 000 元
	合计		35 000 元

长城电器公司本月份内收入和发出的原材料如下：

(1)仓库收入外购原材料一批，价款 43 500 元，增值税税率为 17%，发票账单已到，货款共计 50 895 元，暂欠。该项原材料系由下列各项组成：

甲种原材料	6 吨	每吨 4 000 元	24 000 元
乙种原材料	40 千克	每千克 300 元	12 000 元
丙种原材料	150 件	每件 50 元	7 500 元
	合计	43 500 元	

对于该项业务，应编制的会计分录为：

借：原材料——甲材料　　24 000

　　　　——乙材料　　12 000

　　　　——丙材料　　7 500

　应交税费——应交增值税(进项税额)　　7 395

　贷：应付账款　　50 895

(2)仓库发出产品生产用原材料 56 000 元，系由下列各项组成：

甲种原材料	8 吨	每 吨 4 000 元	32 000 元
乙种原材料	70 千克	每千克 300 元	21 000 元
丙种原材料	60 件	每件 50 元	3 000 元
	合计	56 000 元	

对于该项业务，应编制的会计分录为：

借：生产成本　　56 000

　贷：原材料——甲材料　　32 000

　　　　　——乙材料　　21 000

　　　　　——丙材料　　3 000

提问：根据上列原材料结存、收入和发出的资料，在“原材料”总分类账户及其所属的“甲材料”、“乙材料”、“丙材料”三个明细分类账户中进行平行登记。

原材料(总分类账户)

期初余额	35 000		
(1)甲	24 000		
(1)乙	12 000		
(1)丙	7 500		
		(2)甲	32 000
		(2)乙	21 000
		(2)丙	3 000
发生额	43 500	发生额	56 000
期末余额	22 500		

原材料——甲材料

期初余额	20 000		
(1)甲	24 000		
		(2)甲	32 000
发生额	24 000	发生额	32 000
期末余额	12 000		

原材料——乙材料

期初余额	15 000		
(1)乙	12 000		
		(2)乙	21 000
发生额	12 000	发生额	21 000
期末余额	6 000		

原材料——丙材料

期初余额	0		
(1)丙	7 500		
		(2)丙	3 000
发生额	7 500	发生额	3 000
期末余额	4 500		

总结:平行登记的结果表明,“原材料”总分类账户的期初、期末余额和借方、贷方本期发生额,分别与其所属的三个明细分类账户期初、期末余额之和以及借方、贷方本期发生额之和完全相等。

项目小结

借贷记账法
- 记账符号:以“借”“贷”作为记账符号
- 账户设置:将所有账户的左方定为借方,右方定为贷方,并用一方登记增加数,一方登记减少数
- 记账规则:有借必有贷、借贷必相等
- 试算平衡:发生额平衡、余额平衡

关键名词

1. 单式记账法:是指对于需要记录的经济业务,只用一个账户反映经济业务的一个方面,而与此相联系的另一方面不予反映的记账方法。

2. 复式记账法:是指对发生的每一笔经济业务,都要用相等的金额,在相互联系的两个或两个以上账户中进行全面登记的一种记账方法。

3. 借贷记账法:是指以“借”“贷”作为记账符号,对每一笔经济业务,在两个或两个以上的账户的相反方向以相等金额全面地、相互联系地进行记录的一种专门记账方法,是各种复式记账方法中应用最广泛的一种方法。

4. 账户的对应关系:运用借贷记账法记账时,在有关账户之间都会形成“应借应贷”的相互关系,这种账户之间的相互联系的关系就叫做账户的对应关系。

5. 会计分录:是标明某项经济业务的应借、应贷账户及其金额的记录;是按反映一项经济业务的会计科目,以货币为计量单位,借助记账符号,分别记录其增加或减少数量变化的一种方法。会计分录的三要素为:账户名称、借贷方向、记账金额。

6. 简单会计分录:是指一个账户的借方只同另一个账户的贷方发生对应关系的会计分录,即“一借一贷”的会计分录。

7. 复合会计分录:是指一个账户的借方同几个账户的贷方发生对应关系,或者相反,一个账户的贷方同几个账户的借方发生对应关系的会计分录,即“一借多贷”或者“多借一贷”

的会计分录。还有一种是几个账户的借方同几个账户的贷方发生对应关系的会计分录，也就是“多借多贷”的会计分录。复合会计分录是既包括“一借多贷”和“多借一贷”，也包括“多借多贷”的会计分录。

8. 总分类账户：是总括反映会计对象某一类别变化情况的账户。即指根据总分类会计科目(一级科目)设置的，仅以货币作为统一的计量单位进行计量登记，用于对会计要素具体内容进行总括分类核算，提供总括核算资料的账户，简称总账账户或总账。

9. 明细分类账户：是在某一总分类账核算内容的基础上，按照实际需要用更加具体的、详细的分类来设置的账户。即指根据明细分类科目设置的，用来对会计要素具体内容进行明细分类核算，提供详细核算资料的账户，也简称明细账户或明细账。它是对总分类账户所含内容所作的进一步分类。

过关斩将

一、填空题

1. 试算平衡一般采用发生额平衡的方法，也可以采用________的方法，总的来讲是借贷平衡。

2. 总分类账户与明细分类账户平行登记的三个要点是：________、________、________。

3. 二级账户是介于________和________之间的一种账户。

4. 借贷记账法的记账规则是________。

5. 在借贷记账法下，一定时日全部账户的借方本期发生额合计＝__________；一定时日全部账户的借方余额合计＝________。

6. 会计分录可以划分为________和________两种。

二、单项选择题

1. 采用借贷记账法，哪方记增加，哪方记减少，是根据(　　)。

A. 借方记增加，贷方记减少的规则决定　　B. 贷方记增加，借方记减少的规则决定

C.《企业会计准则》决定　　D. 每个账户的基本性质决定

2. 在借贷记账法下，资产类账户的期末余额＝(　　)。

A. 期初借方余额＋本期借方发生额－本期贷方发生额

B. 期初贷方余额＋本期贷方发生额－本期借方发生额

C. 期初借方余额＋本期贷方发生额－本期借方发生额

D. 期初贷方余额＋本期借方发生额－本期贷方发生额

3. 一般来说，双重性质账户的期末余额(　　)。

A. 在借方　　B. 在贷方　　C. 有可能在借方，有可能在贷方　　D. 无余额

4. 复式记账法就是指对每一笔经济业务，都要以相等的金额，在(　　)账户中进行登记的一种记账方法。

A. 相互联系的两个或两个以上　　B. 两个或两个以上　　C. 一个　　D. 两个

5. 借贷记账法试算平衡的依据是(　　)。

A. 资金运动变化规律　　B. 会计等式平衡原理

C. 会计账户基本结构　　D. 平行登记基本原理

6. 借贷记账法的余额试算平衡公式是(　　)。

A. 每个账户的借方发生额＝每个账户的贷方发生额

B. 全部账户本期借方发生额合计＝全部账户本期贷方发生额合计

C. 全部账户期末借方余额合计＝全部账户期末贷方余额合计

D. 全部账户期末借方余额合计＝部分账户期末贷方余额合计

7. 目前在世界各国广泛采用的记账方法是(　　)。

A. 借贷记账法　　B. 收付记账法　　C. 增减记账法　　D. 单式记账法

8. 在账户中,用“借方”和“贷方”登记资产和负债、所有者权益的增减数额,按照账户结构,概括地说是(　　)。

A. “借方”登记资产的增加和负债、所有者权益的减少;“贷方”反之

B. “借方”登记资产和负债、所有者权益的增加;“贷方”反之

C. “借方”登记资产和负债、所有者权益的减少;“贷方”反之

D. “借方”登记资产的减少和负债、所有者权益的增加;“贷方”反之

9. 下列方法中,不属于复式记账法的是(　　)。

A. 平行登记法　　B. 增减记账法　　C. 借贷记账法　　D. 收付记账法

10. 简单会计分录的表现形式为(　　)。

A. 一借多贷　　B. 一贷多借　　C. 一借一贷　　D. 多借多贷

11. 对于那些既要进行总分类核算又要进行明细分类核算的经济业务发生后,在总分类账户和其所属的明细分类账户的登记必须采用(　　)。

A. 平行登记　　B. 补充登记　　C. 试算平衡　　D. 复式记账

12. 借贷记账法的“借”“贷”所表示的含义是(　　)。

A. 借方表示借入,贷方表示贷出　　B. 记账符号

C. 借方表示增加,贷方表示减少　　D. 两者之间没有必然的对应关系

13. 按照借贷记账法的记账规则,负债类账户的借方发生额和贷方发生额(　　)。

A. 总是相等的　　B. 总是不等的

C. 借方发生额一定大于贷方发生额　　D. 两者之间没有必然的对应关系

14. 在借贷记账法下,应付账款账户的贷方金额表明(　　)。

A. 企业债权的增加　　B. 企业债务的减少　　C. 企业债务的增加　　D. 企业债权的减少

15. 下列账户中,本期发生额减少登记在借方的是(　　)。

A. 管理费用　　B. 财务费用　　C. 短期借款　　D. 制造费用

16. 下列账户的金额可能会出现负数的是(　　)。

A. 银行存款　　B. 库存现金　　C. 短期借款　　D. 应付账款

17. 某项经济业务发生后,必须记入有关账户,下列说法中不正确的是(　　)。

A. 可以分别记入一个账户的借方和另一个账户的贷方

B. 可以分别记入几个账户的借方和另一个账户的贷方

C. 可以分别记入一个账户的借方和另几个账户的贷方

D. 可以记入几个账户的借方

18. 若会计分录为借记“银行存款”,贷记“短期借款”,则其反映的经济业务的内容是(　　)。

A. 以银行存款偿还短期借款　　B. 收到某企业前欠货款

C. 取得短期借款存入银行　　D. 收到银行投入的货币资金

19. 某企业原材料总分类账户本期借方发生额为 3 200 元,本期贷方发生额为 3 000 元,该总分类账户只有三个明细分类账户,分别是甲材料、乙材料和丙材料。其有关明细分类账户的发生额分别为:甲材料本期借方发生额 700 元,贷方发生额 900 元;乙材料本期借方发生额 2 100 元,贷方发生额1 800 元。则丙材料本期(　　)。

A. 借方发生额为 2 700 元，贷方发生额为 2 800 元
B. 借方发生额为 400 元，贷方发生额为 300 元
C. 借方发生额为 200 元，贷方发生额为 400 元
D. 因不知该材料账户期初余额，故无法计算

20.“销售商品，货款未收”这项经济业务所涉及的一个账户是“应收账款”，其对应账户为（ ）。
A. 库存商品 B. 主营业务成本 C. 主营业务收入 D. 其他业务收入

三、多项选择题

1. 复合会计分录是指（ ）。
A. 写出明细科目的会计分录 B. 一借多贷的会计分录
C. 多借一贷的会计分录 D. 多借多贷的会计分录

2. 以下各项中，通过试算无法发现的错误有（ ）。
A. 漏记或重记某项经济业务 B. 方向正确但金额写少
C. 借贷记账方向彼此颠倒 D. 方向正确但记错账户

3. 企业用银行存款偿还应付账款，引起会计要素变化的有（ ）。
A. 资产增加 B. 资产减少 C. 负债增加 D. 负债减少

4. 借贷记账法下，资产和费用账户的借方登记（ ）。
A. 资产的减少数 B. 资产的增加数 C. 费用的减少数 D. 费用的增加数

5. 下列会计分录中，属于复合会计分录的有（ ）。

A. 借：材料采购 5 000
　　贷：银行存款 5 000

B. 借：生产成本 5 000
　　　制造费用 1 500
　　贷：原材料 6 500

C. 借：生产成本 8 000
　　　制造费用 2 000
　　贷：累计折旧 10 000

D. 借：长期投资 13 000
　　贷：原材料 8 000
　　　　银行存款 5 000

6. 总分类账户与明细分类账户（ ）。
A. 是性质不同的账户 B. 登记的原始依据相同 C. 核算对象相同 D. 采用平行登记方法

四、判断题

1. 在借贷记账法下，账户用哪一方登记增加或减少取决于账户性质。（ ）
2. 双重性质账户一般是指将两个性质不同的账户合并在一起的账户。（ ）
3. 账户按提供资料的详细程度不同可分为总账和明细账两种。（ ）
4. 试算平衡是验证会计记录是否正确的有效方法，只要试算平衡，就说明会计记录没有错误。（ ）
5.“有借必有贷”指的是在某个账户借方登记的同时，必须在其贷方登记。（ ）
6. 期末结账时，每个账户借方发生额合计必须等于其贷方发生额合计。（ ）

五、简答题

1. 简述复式记账的概念及其优点。

2. 简述借贷记账法的记账规则，并举例说明。

3. 简述总分类账户与明细分类账户平行登记的要点。

六、实务题

目的：练习借贷记账法并编制试算平衡表。

资料：实达有限公司的相关资料如下：

（1）2017 年 12 月 31 日，实达有限公司的资产负债状况如下：

银行存款	100 000
应收账款	20 000
原材料	30 000
库存商品	50 000
固定资产	1 000 000
累计折旧	200 000
应付账款	200 000
长期借款	90 000
实收资本	600 000
本年利润	110 000

（2）2018 年 1 月份发生如下经济业务：

① 17 日，用库存现金 500 元购买公司办公室的办公用品。

② 17 日，生产 A 产品消耗原材料 10 000 元。

③ 19 日，本月投产的 A 产品 100 件已完工入库。

④ 25 日，销售公司生产的 A 产品 100 件，每件制造成本为 100 元，每件售价为 150 元，货款已结并存入银行。

⑤ 31 日，结转已销售产品成本 10 000 元。

⑥ 31 日，将本月管理费用 500 元结转到利润账户。

⑦ 31 日，将本月产品销售成本 10 000 元结转到利润账户。

⑧ 31 日，将本月产品销售收入 15 000 元结转到利润账户。

⑨ 8 日，用银行存款 3 000 元购买材料。

⑩ 9 日，向银行借入短期借款 20 万元。

⑪ 9 日，用银行存款偿付应付账款 20 万元。

⑫ 11 日，接受其他企业捐赠新设备一台，价值 30 000 元。

⑬ 15 日，用银行存款 90 000 元偿还长期借款。

⑭ 16 日，提取备用金 1 000 元。

要求：

（1）根据上述资料开设有关的“T”形账户，并登记期初余额；

（2）编制会计分录；

（3）根据所编会计分录登记有关账户，并在月末结账；

（4）编制试算平衡表。

项目四　工业企业主要经济业务的会计核算

学习目标

通过本项目的学习，应了解工业企业主要经济业务核算的内容和工业企业的成本内容构成，能熟练运用借贷复式记账法对工业企业的主要经济业务进行账务处理。

任务导入

2017 年 6 月，老王投资 500 万元创办了一家生产办公用品的企业，2017 年年底企业保本。2018 年 6 月，为了扩大企业规模，老王找到老李商议合伙经营企业，老李经过再三考虑决定加入老王的企业，但条件是双方所占企业股权都为 50%。

思考与讨论：

1. 老李应该出资多少？
2. 老李与老王商议将老李原有的厂房入股可否？老李的厂房如何计价？
3. 企业未来的经营中如果发生了亏损，他们之间如何分担？

任务一　工业企业的主要经济业务

工业企业的再生产过程是从货币资金开始的，依次经过采购过程、生产过程和销售过程，再回到货币资金的循环和周转过程。在企业的经营过程中所发生的各种各样的经济业务及其经营成果构成了企业经营过程核算的主要内容。

在采购过程中，企业用货币资金购买原材料、辅助材料等劳动对象，支付材料的采购费用，并且同供应单位发生货款结算关系。材料采购业务和货款结算业务，构成采购过程核算的主要内容。

在生产过程中，工人借助于劳动资料对劳动对象进行加工，制造出适合于社会需要的产品。生产过程既是产品的制造过程，又是物化劳动和活劳动的耗费过程，所以要发生各项生产费用，如材料的消耗，房屋、机器设备等固定资产的折旧，以及支付工资和其他费用等。同时，在这些费用发生的过程中，也会引起企业同职工和其他单位之间的结算业务。生产费用具有不同的经济内容和用途，不论发生哪一项生产费用，也不论这些生产费用发生在哪里，最终都要归集、分配到各种产品中去。因此，生产费用的发生、归集和分配，就成为产品生产过程核算的主要内容。

在销售过程中，企业出售产品，收回货币资金，同时，还要发生销售费用。产品销售以后，要根据国家税法的规定缴纳税金，作为国家的财政收入。销售产品，发生销售费用，缴纳税金以及由此而引起的企业同国家及其他单位之间的结算业务，都是销售过程核算的主要内容。

工业企业通过销售过程实现的销售收入减去销售成本、销售税金及附加等，若还有余额，表示企业获得了利润，否则企业则发生亏损。企业实现的利润，要按国家政策的规定在投资各方及职工个人之间进行分配。

工业企业采购过程中支付的材料买价和发生的采购费用构成材料的采购成本。在生产过程中发生的生产费用构成产品的制造成本。成本是反映企业工作质量的综合指标。为了正确地计算成本，必须先把所发生的各项费用按照一定的程序在各种产品之间进行归集和分配，在完工产品和在产品之间进行归集和分配，最后计算出其完工产品的总成本和单位成本。通过成本计算，就能提供各种产品实际成本资料，据以确定实际成本与计划成本的差异，分析成本升降的原因。这对于提高企业生产经营管理水平，不断挖掘潜力，降低成本，为企业增加积累，为国家增加收入，都是至关重要的。

任务二　资金筹集业务的核算

工业企业的日常经营过程由采购、生产、销售三个主要阶段组成。在这三个阶段中，工业企业的资金不断地改变形态，周而复始地循环周转。在采购过程中，企业以货币资金购买材料等物资作为生产的必要储备；在生产过程中，企业为生产产品而发生各种生产费用，这些费用构成产品的生产成本；在销售过程中，企业将生产完工的产品销售出去，取得销售收入并获取利润。然后，将实现的利润部分上缴税金，其余的按规定进行分配。

筹集资金是企业生产经营的首要环节，企业可以通过不同的渠道筹集所需资金。筹集资金的主要渠道有：一是投资者投入资金，二是从债权人处借入资金。

一、资金筹集业务核算的内容

（一）实收资本的内容

从企业所有者处筹集的资金，即所有者权益，通常称之为实收资本。实收资本是指企业实际收到的投资者投入的资本，即企业在工商行政管理部门登记的注册资金（资本金），它是企业所有者权益中的主要部分。企业的资本按照投资主体的不同，分为国家投入资本、法人投入资本、个人投入资本和外商投入资本等；按投入资本的不同物质形态，分为货币投资、实物投资、证券投资和无形资产投资等。企业除将资本公积、盈余公积转作资本外，实收资本数额不能随意变动，尤其是投资人不能随意抽回资金。企业在生产经营中所取得的收入和收益、所发生的费用和损失，不得直接增减投入资本。投入资本的核算主要有：投资人向企业投资，实收资本增加；投资人抽回资本，实收资本减少。

（二）借入资金的内容

企业在生产经营过程中，为弥补生产周转资金的不足，经常需要向银行或其他金融机构等债权人借入资金，偿还期限在一年以内的各种借款为短期借款，偿还期限在一年以上的各种借款为长期借款。借入资金的核算包括借入本金，分期计息或支付利息，归还借款本金。

二、筹集资金的核算需要设置的主要账户

筹集资金的核算需要设置“实收资本”（股本）“短期借款”“长期借款”“财务费用”“应付

利息”等主要账户，并涉及“固定资产”“原材料”“无形资产”“银行存款”“库存现金”等账户。

（一）“实收资本”账户

“实收资本”账户属于所有者权益类账户，用以核算和监督企业实际收到的投资人投入的资本。该账户贷方登记投资人的投资增加额，借方登记投资人的投资减少额，期末余额在贷方，表示期末投资人的投资实有额。“实收资本”账户应按投资人设置明细账。

（二）“短期借款”账户

“短期借款”账户属于负债类账户，用以核算和监督短期借款的借入和归还情况。该账户贷方登记企业借入的短期借款的金额，借方登记归还的短期借款的金额，期末余额在贷方，表示期末尚未偿还的短期借款的金额。该账户应按债权人设置明细账，并按借款种类进行明细核算。

（三）“长期借款”账户

“长期借款”账户属于负债类账户，用以核算和监督长期借款的借入、归还及结欠情况。该账户贷方登记企业取得的各种长期借款及应付未付的利息，借方登记归还的各种长期借款的本金和利息，期末余额在贷方，表示期末尚未偿还的长期借款的本金和利息。该账户应按债权人设置明细账，并按借款种类进行明细核算。

（四）“财务费用”账户

“财务费用”账户属于损益类账户，用以核算和监督企业在筹集资金等财务活动中发生的费用，如借款利息、银行手续费等。该账户借方登记发生的各种财务费用，贷方登记期末结转“本年利润”账户的数额，结转后本账户应无余额。该账户应按费用项目设置明细账进行明细分类核算。

（五）“应付利息”账户

“应付利息”账户属于负债类账户，用以核算和监督企业按照合同约定应支付的利息。该账户借方登记实际支付的利息，贷方登记应付未付的利息，期末余额在贷方，反映企业应付未付的利息。

三、资金筹集过程中主要经济业务的核算

【例 4-1】 企业收到国家投入的存款 100 000 元。

该项业务的发生，一方面使企业的银行存款增加 100 000 元，应记入“银行存款”账户的借方；另一方面使企业接受投资者投入的资本增加 100 000 元，应记入“实收资本”账户的贷方，因此，会计分录为：

借：银行存款　　100 000

　贷：实收资本　　100 000

【例 4-2】 企业收到其他单位投入的生产设备，设备原价 200 000 元，双方评估价为160 000 元。

该项业务的发生，一方面使企业的固定资产增加 160 000 元，应记入“固定资产”账户的借方；另一方面使企业接受投资者投入的资本增加 160 000 元，应记入“实收资本”账户的贷方，因此，会计分录为：

借：固定资产　　160 000

　贷：实收资本　　160 000

【例 4-3】 企业向银行借入期限为 6 个月的生产周转借款 300 000 元，款项已存入企业银行存款账户中。到期还本付息。

该项业务的发生，一方面使企业的银行存款增加 300 000 元，应记入“银行存款”账户的借方；另一方面使企业向银行取得的短期借款增加 300 000 元，应记入“短期借款”账户的贷方，因此，会计分录为：

借：银行存款　　300 000

　贷：短期借款　　300 000

【例 4-4】 企业向银行借入期限为 2 年的借款 500 000 元，款项已存入企业银行存款账户中。

该项业务的发生，一方面使企业的银行存款增加 500 000 元，应记入“银行存款”账户的借方；另一方面使企业向银行取得的长期借款增加 500 000 元，应记入“长期借款”账户的贷方，因此，会计分录为：

借：银行存款　　500 000

　贷：长期借款　　500 000

【例 4-5】 企业本月短期借款应付利息为 5 000 元。

企业应支付的短期借款利息一般是集中与银行进行结算，可分期支付，也可在借款到期时一次支付，但利息费应按权责发生制的原则由使用借款的各个月份共同负担，因此，企业应在平时预先提取各月应负担的利息费用，提取的利息费用属于财务费用。所以，该项业务的发生，一方面使企业的利息费用增加 5 000 元，应记入“财务费用”账户的借方；另一方面使企业应付未付的利息增加 5 000 元，应记入“应付利息”账户的贷方，因此，会计分录为：

借：财务费用　　5 000

　贷：应付利息　　5 000

【例 4-6】 企业原借入 8 个月的短期借款现已到期，原借款额为 600 000 元，每月利息均为 3 000 元，本金和利息全部以银行存款支付。

企业该短期借款利息属于借款到期一次支付。但前 7 个月的利息按权责发生制原则已由各月负担，本月利息可直接支付。所以，该项业务的发生，一方面使企业的利息费用增加 3 000 元，应记入“财务费用”账户的借方，原借入的短期借款额减少 600 000 元，应记入“短期借款”账户的借方，应付未付的利息减少21 000元，应记入“应付利息”账户的借方；另一方面使企业银行存款减少 624 000 元，应记入“银行存款”账户的贷方，因此，会计分录为：

借：短期借款　　600 000

　　财务费用　　3 000

　　应付利息　　21 000

　贷：银行存款　　624 000

任务三　材料采购业务的核算

一、材料采购业务核算的内容

材料采购业务是企业在采购过程中发生的主要经济业务。采购过程是企业经营过程的第一个阶段。在采购过程中，企业一方面从供货单位购进各种材料物资，以满足生产经营的需要；另一方面要支付材料的买价和各种采购费用，与供货单位进行货款的结算。购买材料所支付的买价和采购费用是材料采购成本的主要构成内容。买价是指企业采购材料物资时，按发票价格支付的货款。采购费用是企业在采购材料过程中发生的各项费用，具体包括运杂费（装卸费、保险费、包装费、仓储费等）、运输途中的合理损耗、入库前的挑选整理费用等。对于发生的材料采购业务，会计部门一方面要反映各种款项的实际支付情况以及因采购材料而引起的库存材料物资的增加；另一方面应将采购材料支付的买价和发生的采购费用按照购入材料的种类加以归集，计算各种材料的实际采购成本。

分配材料的采购费用时，凡能分清是为采购哪种材料所支付的费用，应直接记入该种材料的采购成本；凡不能分清的，应采用合理的分配标准（如可按采购材料的重量或买价的比例）将费用分配计入各种采购成本中。为了简化核算，在实际工作中对某些本应计入材料采购成本的采购费用，如采购人员的差旅费、市内采购材料的运杂费等，不计入材料采购成本，而是列作管理费用支出。

综上所述，材料采购业务核算的主要内容为：核算和监督材料的买价和采购费用，计算各种材料的实际采购成本，检查材料采购计划执行的情况，反映储备资金占用量，考核储备资金使用情况。

材料采购核算方法有按计划成本核算和按实际成本核算，在此主要介绍按实际成本核算的方法。

二、材料采购业务核算需要设置的主要账户

为加强对材料采购业务的管理，计算确定材料的采购成本，核算和监督库存材料的增减变动和结存情况，以及企业因采购材料而与供应单位发生的货款结算关系，材料采购业务的核算应设置“在途物资”“原材料”“应付账款”“应付票据”“预付账款”“应交税费”等主要账户，核算中还涉及“银行存款”“库存现金”等账户。

（一）“在途物资”账户

“在途物资”账户是资产类账户，用以核算和监督企业采用实际成本（或进价）进行材料、商品等物资的日常核算、货款已付尚未验收入库的在途物资的采购成本。该账户的借方登记购入材料物资支付的买价和采购费用，贷方登记已验收入库材料物资的实际采购成本，期末如有借方余额，表示尚未验收入库材料物资的实际采购成本。“在途物资”账户应按采购材料物资的品种、规格或类别设置明细账，进行明细分类核算。

（二）“原材料”账户

“原材料”账户是资产类账户，用以核算和监督企业库存材料的增减变动和结存情况。该账户的借方登记已验收入库材料的实际成本，贷方登记发出材料的实际成本，期末余额在借方，表示库存材料的实际成本。“原材料”账户应按材料的品种设置明细账，进行明细分类核算。

（三）“应付账款”账户

“应付账款”账户是负债类账户，用以核算和监督企业因采购材料物资和接受劳务而与供应单位发生的结算款项的增减变动情况。该账户贷方登记应付供应单位的款项，借方登记已偿还供应单位的款项，期末余额在贷方，表示尚未偿还的应付账款。“应付账款”账户应

按供应单位设置明细账，进行明细分类核算。

（四）“应付票据”账户

“应付票据”账户是负债类账户，反映和监督与供应单位结算债务的情况，用以核算企业购买材料、商品和接受劳务供应等开出、承兑的商业汇票（商业承兑汇票或银行承兑汇票）。企业开出商业汇票支付款项时，贷记本账户；偿还（或承兑）应付票据款项时，借记本账户；期末如有余额在贷方，表示持有的尚未到期的应付票据票面金额。本账户可按债权人进行明细核算。

（五）“预付账款”账户

“预付账款”账户是资产类账户，用来反映和监督企业按照购货合同规定预付给供应单位的款项，而与供应单位发生的债权结算业务情况的账户。企业向供应单位预付款项，表明企业债权增加，应记入本账户的借方；收到供应单位提供的材料，冲销预付款时，表明企业债权的减少，应记入本账户的贷方。期末如有借方余额，表示实际预付而尚未结算的款项；如为贷方余额，表示应付大于预付，应向供应单位补付的款项。该账户应按供应单位设置明细账，进行明细核算。

（六）“应交税费”账户

“应交税费”账户是负债类账户，反映和监督企业与税务机关之间有关税金结算的情况，核算企业按照税法等规定计算应交纳的各种税费，包括增值税、消费税、营业税、所得税费、资源税、土地增值税、城市维护建设税、房产税、土地使用税、车船使用税、教育费附加、矿产资源补偿费等，企业代扣代交的个人所得税等也通过本账户核算。该账户贷方登记应交纳的各种税金，借方登记实际上交的各种税金。期末余额可能在贷方也可能在借方，如为贷方余额，表示应交未交的税金；如为借方余额，表示多交的税金。该账户可按应交的税费项目进行明细核算。

三、材料采购主要经济业务的会计处理

【例 4-7】 企业向大恒公司购入甲材料 10 吨，单价 2 000 元，共计买价20 000 元，增值税税率为 16%，发生运杂费共计 800 元。上述款项已经支付，材料未到。

该项甲材料采购业务发生的买价和运输费是材料采购成本的构成内容，应计入甲材料的实际采购成本中，即可直接记入“在途物资”账户的借方；购货应纳增值税为货款的 16%，应记入“应交税费”账户的借方；上述款项已经支付，引起企业银行存款的减少，应记入“银行存款”账户的贷方，因此，会计分录为：

借：在途物资——甲材料	20 800	
应交税费——应交增值税（进项税额）	3 200	
贷：银行存款		24 000

【例 4-8】 上述甲材料已验收入库，计算并结算其实际采购成本。

甲材料采购成本＝买价＋运输费＝20 000＋800＝20 800（元）

材料验收入库，在途物资减少，库存材料增加，应将甲材料采购成本 20 800 元由“在途物资”账户的借方转入“原材料”账户的借方，以反映库存甲材料的增加，因此，会计分录为：

借：原材料——甲材料	20 800	
贷：在途物资——甲材料		20 800

【例 4-9】 企业向信达公司采购乙、丙两种材料，乙材料数量 20 吨，单价2 000元，共计买价 40 000 元；丙材料数量 30 吨，单价 2 000 元，共计买价60 000元，增值税税率为 16%，上述款项由银行存款支付，材料尚未入库，不考虑有关运输费。

上述采购材料支付的买价是材料采购成本的构成内容，应将其分别计入乙、丙两种材料的采购成本中，即记入“在途物资”账户的借方；材料的应纳增值税应记入“应交税费”账户的借方；又由于上述买价及税款已由银行存款支付，应记入“银行存款”账户的贷方，因此，会计分录为：

借：在途物资——乙材料	40 000
——丙材料	60 000
应交税费——应交增值税（进项税额）	16 000
贷：银行存款	116 000

【例 4-10】 现假设企业用银行存款支付上述乙、丙材料运输费 20 000 元，按乙、丙材料重量比例进行分配。

上述采购材料支付的运输费属于材料采购成本的构成内容，应将其计入乙、丙两种材料的采购成本中。但由于该运输费是为乙、丙两种材料发生的，属于共同费用，应选择一定的标准在乙、丙两种材料之间进行分配，由乙、丙材料分别承担运输成本。分配的标准可选择所采购材料的重量、体积或买价等。本例按乙、丙两种材料的重量为分配标准，具体分配过程如下：

$$\text{运输费分配率}=\frac{\text{运输费}}{\text{乙、丙材料重量之和}}=\frac{20\ 000}{20+30}=400(\text{元/吨})$$

乙材料应负担运输费＝20×400＝8 000（元）

丙材料应负担运输费＝30×400＝12 000（元）

根据分配结果将其分别计入乙、丙材料的采购成本中，因乙材料和丙材料尚未入库，即应记入“在途物资”账户的借方。由于上述运输费已用银行存款支付，应记入“银行存款”账户的贷方。因此，会计分录为：

借：在途物资——乙材料	8 000
——丙材料	12 000
贷：银行存款	20 000

【例 4-11】 承[例 4-9]和[例 4-10]，上述乙、丙材料已验收入库，计算并结转其实际采购成本。

乙材料采购成本＝乙材料买价＋运输费＝40 000＋8 000＝48 000（元）

丙材料采购成本＝丙材料买价＋运输费＝60 000＋12 000＝72 000（元）

材料验收入库，在途物资减少，库存材料增加，应将乙、丙材料的采购成本由“在途物资”账户的借方转出，即应记入“在途物资”的贷方，材料入库，即应记入“原材料”账户的借方，以反映库存材料的增加，因此，会计分录为：

借：原材料——乙材料	48 000
——丙材料	72 000
贷：在途物资——乙材料	48 000
——丙材料	72 000

【例 4-12】 某公司以银行存款归还前欠光源公司的购料款 158 000 元。

该项经济业务的发生，一方面使企业前欠应付账款减少，应记入“应付账款”账户的借方；另一方面引起企业银行存款减少，应记入“银行存款”账户的贷方，因此，会计分录为：

借：应付账款——光源公司　　158 000

　贷：银行存款　　158 000

【例 4-13】 某企业以银行存款预付宏丰工厂购料款 20 000 元。

该项经济业务的发生，一方面使企业预付账款增加，应记入“预付账款”账户的借方；另一方面引起企业银行存款减少，应记入“银行存款”账户的贷方，因此，会计分录为：

借：预付账款——宏丰工厂　　20 000

　贷：银行存款　　20 000

【例 4-14】 企业将已验收入库的甲种材料按其实际采购成本 323 800 元予以转账。

该项经济业务的发生，一方面使企业原材料增加，应记入“原材料”账户的借方；另一方面引起企业在途材料减少，应记入“在途物资”账户的贷方，因此，会计分录为：

借：原材料——甲材料　　323 800

　贷：在途物资——甲材料　　323 800

【例 4-15】 向本地某单位购入丙材料 5 000 千克，每千克 10 元，计50 000 元，进项增值税税率为 16%，计 8 000 元。材料已验收入库，货款以商业汇票支付。

该项经济业务的发生，一方面使企业“原材料 ”增加，应记入“原材料”账户的借方，已纳的增值税应记入“应交税费”账户的借方；另一方面以商业汇票支付货款，应记入“应付票据”账户的贷方，因此，会计分录为：

借：原材料——丙材料　　50 000

　　应交税费——应交增值税（进项税额）　　8 000

　贷：应付票据　　58 000

【例 4-16】 商业汇票到期，以银行存款归还外地某工厂材料款 46 800 元。

该项经济业务的发生，一方面使企业应付票据减少，应记入“应付票据”账户的借方；另一方面，引起企业银行存款减少，应记入“银行存款”账户的贷方，因此，会计分录为：

借：应付票据　　46 800

　贷：银行存款　　46 800

【例 4-17】 企业到宏丰工厂办理购买材料结算，实际购货款 10 000 元，税款 1 600 元，多余款以转账方式退回企业（原预付款 20 000 元），材料尚未入库。该项经济业务的发生，一方面使企业的在途物资增加，应记入“在途物资”账户的借方，已缴纳的增值税应记入“应交税费”账户的借方；原预付购货款为 20 000 元，实际结算款为 11 600 元，还剩余款 8 400 元已退回企业，应记入“银行存款”账户的借方；另一方面企业该材料的购货款原为预付，应记入“预付账款”账户的贷方。因此，会计分录为：

借：在途物资　　10 000

　　应交税费　　1 600

　　银行存款　　8 400

　贷：预付账款　　20 000

任务四　生产过程业务的核算

一、生产过程业务核算的内容

产品生产业务是工业企业在生产过程中发生的主要经济业务。生产过程是产品工业企业的主要经营过程。在生产过程中，劳动者利用劳动资料对劳动对象进行加工，制成劳动产品，因此，生产过程既是产品制造过程，又是物化劳动和活劳动的消耗过程。物化劳动和活劳动的消耗具体包括：生产产品所耗用的主要材料、辅助材料、燃料和动力；生产工人的工资及福利费；厂房和机器设备等固定资产的折旧费；管理和组织生产、为生产服务而发生的各项费用，如办公费、水电费、差旅费、保险费等。以上生产经营过程中发生的各项耗费，统称为费用。费用按是否计入商品生产成本分为生产成本和期间费用。

(一)生产成本

生产成本是指为生产产品所发生的各种耗费，具体包括直接材料费、直接人工费和制造费用。

(1) 直接材料费是指直接用于产品生产、构成产品实体的材料费，包括原材料及主要材料费、外购半成品以及其他材料费等。

(2) 直接人工费是指直接从事产品生产的工人工资及福利费。

(3) 制造费用是指生产车间(分厂)为组织和管理生产所发生的各项费用，包括生产车间(分厂)管理人员的工资及福利费，房屋建筑物、机器设备等固定资产的折旧费，水电费，办公费，差旅费，劳动保护费等。

直接材料费和直接人工费又称直接费用，制造费用又称间接费用，它们都是产品生产成本的构成内容，通常称为成本项目。即：

产品的成本＝直接材料费＋直接人工费＋制造费用

(二)期间费用

期间费用是指与产品生产无直接关系，不计入生产成本，而计入发生的期间，由该期间负担的费用，具体包括管理费用、财务费用和销售费用。

(1) 管理费用是指企业(公司)为组织和管理生产经营所发生的耗费，包括行政管理人员的工资及福利费、固定资产折旧费、办公费、水电费、差旅费、诉讼费、房屋税、职工教育经费等。

(2) 财务费用是指企业在筹资等财务活动中发生的费用，如利息净支出、汇兑损失、银行手续费等。

(3) 销售费用指企业在销售产品和提供劳务过程中发生的应由本企业负担的费用，包括运输费、装卸费、包装费、保险费、广告费以及专设销售机构人员的工资和其他经费等(具体包括为销售产品而发生的各项费用)。

工业企业产品生产业务的核算是以产品生产成本的核算为中心的，产品生产成本核算主要包括费用的归集、分配以及成本的计算。成本计算是会计核算的一种专门方法，成本计算过程是将企业在经营过程中发生的各项费用，按照一定对象进行归集和分配，借以确定各成本计算对象的总成本和单位成本的过程。通过成本计算，可以监督、考核和控制各项费用的发生，反映企业成本水平，分析成本升降的原因，挖掘降低成本的潜力，并为成本预测和规划下期成本目标提供参考资料。由此可见，成本计算是会计核算的一个主要组成部分。

二、生产过程业务核算需设置的主要账户

为正确核算生产过程中发生的各项费用，计算产品生产成本，需设置的主要账户有“生产成本”“制造费用”“应付职工薪酬”“累计折旧”“库存商品”“管理费用”，另涉及的其他账户有“原材料”“财务费用”“销售费用”“库存现金”“银行存款”等。

（一）“生产成本”账户

该账户是成本类账户，用以归集和分配产品生产过程中发生的各项直接费用和转入的制造费用，计算确定产品的生产成本。该账户的借方登记应计入产品生产成本的各项直接费用和转入的制造费用，贷方登记完工入库产品的生产成本，期末如有借方余额，表示尚未完工的在产品的成本。“生产成本”账户可按成本计算对象（如产品的品种等）设置明细账，进行明细分类核算。

（二）“制造费用”账户

该账户是成本类账户，用以归集和分配各生产车间（分厂）为组织和管理生产而发生的各项间接费用。该账户借方登记实际发生的各项制造费用，贷方登记期末应分配转入产品生产成本的费用，期末一般无余额。“制造费用”账户应按不同的生产车间（分厂）设置明细账，进行明细分类核算。

（三）“应付职工薪酬”账户

该账户是负债类账户，用以核算和监督企业应付职工的各种薪酬，包括企业为职工在职期间和离职后提供的全部货币性薪酬和非货币性福利，提供给职工配偶、子女或其他被赡养人的福利等均属于职工薪酬。该账户贷方登记应计入成本、费用的应付职工薪酬数额，借方登记实际已经支付的薪酬数额，期末如有贷方余额，表示应付而未付的薪酬数。该账户可按工资、职工福利、社会保险费、住房公积金、工会经费、职工教育经费、非货币性福利、辞退福利、股份支付等明细账进行明细核算。另外，企业（外商）按规定从净利润中提取的奖励及福利基金，也在本账户核算。

（四）“累计折旧”账户

该账户是资产类账户，它是固定资产的抵减账户，用以核算和监督固定资产因磨损而减少的价值。企业的固定资产在使用过程中磨损的价值，是通过计提折旧的方式逐步转移到产品成本或期间费用中去的。因此，计提折旧就表明生产费用或期间费用的增加。同时，由于固定资产发生了磨损，其价值也相应减少，但由于管理的需要，“固定资产”账户要始终反映企业现在固定资产的原值，其减少的金额应通过专门设置的“累计折旧”账户来核算。所以，“累计折旧”账户的贷方登记固定资产因计提折旧而减少的价值，即固定资产折旧的增加金额；借方登记固定资产折旧的减少金额；期末余额在贷方，表示现有固定资产已计提的累计折旧额。

（五）“库存商品”账户

该账户是资产类账户，核算企业生产完工验收入库可供销售商品的实际成本。按品种、规格设置明细账，借方登记已经完工验收入库各种产品的实际生产成本；贷方登记已经出售的各种商品的实际生产成本；借方余额表示库存商品的实际成本。

(六)“管理费用”账户

该账户是损益类账户，核算企业行政管理部门为组织和管理生产经营活动而发生的各项费用。借方登记企业发生的各项管理费用；贷方反映期末转入“本年利润”账户借方的数额。

三、生产过程基本经济业务的会计处理

【例 4-18】 某企业本月份仓库发出材料的情况如表 4-1 所示。

表 4-1　生产产品材料耗用表

	甲材料			乙材料			合计金额(元)
	数量(吨)	单价(元/吨)	金额(元)	数量(吨)	单价(元/吨)	金额(元)	
A 产品	15	3 000	45 000	20	4 000	80 000	125 000
B 产品	10		30 000	15		60 000	90 000
生产车间	—		—	5		20 000	20 000
总计	25		75 000	40		160 000	235 000

该项经济业务的发生，一方面使企业库存材料减少 235 000 元，应记入“原材料”账户的贷方；另一方面使企业耗用的材料费用增加 235 000 元，应分别记入有关成本、费用账户的借方。其中：直接用于产品生产的记入“生产成本”账户；车间一般耗用的记入“制造费用”账户，因此，会计分录：

借：生产成本——A 产品　　125 000
　　　　　　——B 产品　　90 000
　　制造费用　　20 000
　贷：原材料　　235 000

【例 4-19】 企业结算本月份应付职工的工资。A 产品生产工人工资32 000元，B 产品生产工人工资 48 000 元，车间管理人员工资 8 000 元，企业管理人员工资 15 000 元。

该项经济业务的发生，一方面使企业应付职工工资增加 103 000 元，应记入“应付职工薪酬”账户的贷方；另一方面使企业耗用的人工费用增加 103 000 元，应分别记入有关成本、费用账户的借方。其中：生产工人工资应记入“生产成本”账户；车间管理人员工资应记入“制造费用”账户；企业管理人员工资应记入“管理费用”账户，因此，会计分录为：

借：生产成本——A 产品　　32 000
　　　　　　——B 产品　　48 000
　　制造费用　　8 000
　　管理费用　　15 000
　贷：应付职工薪酬——工资　　103 000

【例 4-20】 企业本月提取职工福利费：A 产品生产工人工资计提数：32 000×14%＝4 480(元)；B 产品生产工人工资计提数：48 000×14%＝6 720(元)；车间管理人员工资计提数：8 000×14%＝1 120(元)；企业管理人员工资计提数：15 000×14%＝2 100(元)。

该项经济业务的发生，一方面使企业计提的职工福利费增加 14 420 元，应记入“应付职工薪酬”账户的贷方；另一方面，计提的福利费是属于生产经营过程中耗用的人工费用，应分别记入有关成本、费用账户的借方。其中：生产工人工资计提的福利费记入“生产成本”账

户；车间管理人员工资计提的福利费记入“制造费用”账户；企业管理人员工资计提的福利费记入“管理费用”账户，因此，会计分录为：

借：生产成本——A 产品　　4 480
　　　　　　——B 产品　　6 720
　　制造费用　　1 120
　　管理费用　　2 100
　贷：应付职工薪酬——职工福利　　14 420

【例 4-21】 企业开出现金支票向银行提取现金 60 000 元，准备发工资。

该项经济业务的发生，一方面使企业的库存现金增加，应记入“库存现金”账户的借方；另一方面使企业的银行存款减少，应记入“银行存款”账户的贷方，因此，会计分录为：

借：库存现金　　60 000
　贷：银行存款　　60 000

【例 4-22】 企业以现金 60 000 元支付职工工资。

该项经济业务的发生，一方面使企业的应付职工薪酬减少，应记入“应付职工薪酬”账户的借方；另一方面使企业的现金减少，应记入“库存现金”账户的贷方，因此，会计分录为：

借：应付职工薪酬——工资　　60 000
　贷：库存现金　　60 000

【例 4-23】 企业计提本月份车间使用的厂房、机器设备固定资产折旧8 000元，管理部门固定资产折旧 2 000 元。

该项经济业务的发生，一方面使固定资产折旧费增加 10 000 元，应记入“累计折旧”账户的贷方；另一方面，折旧费作为生产经营过程中的一项耗费，应分别记入有关成本、费用账户的借方。其中：生产车间固定资产折旧应记入“制造费用”账户，企业管理部门固定资产折旧应记入“管理费用”账户，因此，会计分录为：

借：制造费用　　8 000
　　管理费用　　2 000
　贷：累计折旧　　10 000

【例 4-24】 企业以银行存款支付办公费、水电费共计 4 500 元，其中生产车间办公费1 200元、水电费 1 300 元，企业管理部门办公费 800 元、水电费1 200元。

该项经济业务的发生，一方面使有关费用增加 4 500 元，应分别记入有关成本、费用账户的借方，其中：生产车间耗用的记入“制造费用”账户，企业管理部门耗用的记入“管理费用”账户；另一方面，企业用银行存款支付上述费用，应记入“银行存款”账户的贷方，因此，会计分录为：

借：制造费用——办公费　　1 200
　　　　　　——水电费　　1 300
　　管理费用——办公费　　800
　　　　　　——水电费　　1 200
　贷：银行存款　　4 500

【例 4-25】 月末将本月发生的制造费用 41 520 元分配转入产品的生产成本。其中 A 产品应负担制造费用 16 608 元、B 产品应负担制造费用24 912 元。

制造费用是产品生产成本的组成内容，应计入产品生产成本。当企业发生各项制造费用时，先将其归集到“制造费用”账户的借方，期末应将归集的制造费用总额按一定的标准在生产的产品之间进行分配，以便计算出各产品的生产成本。制造费用的分配标准有多种，如可按产品的生产工时、机器工时或生产工人工资等进行分配。本例按产品生产工人工资为标准进行分配，将 A、B 产品应负担的制造费用记入“生产成本”账户的借方，同时，将已分配结转的制造费用记入“制造费用”账户的贷方，会计分录为：

借：生产成本——A 产品	16 608	
——B 产品	24 912	
贷：制造费用		41 520

【例 4-26】 企业月末结转完工入库 A、B 产品的实际生产成本。A 产品 100 件，全部制造完工实际总成本为 356 000 元；B 产品 150 件，全部制造完工实际总成本为 398 000 元。

产品完工入库后，应进行成本结转，即将完工产品的生产成本由“生产成本”账户的贷方转入“库存商品”账户的借方，会计分录为：

借：库存商品——A 产品	356 000	
——B 产品	398 000	
贷：生产成本		754 000

任务五　销售业务的核算

一、销售业务核算的内容

销售业务是企业在销售过程中发生的主要经济业务。在销售过程中，企业要将产品及时销售出去并收回货款。因此，销售过程是资金周转最主要的一个过程。对于发生的产品销售业务，企业要确认销售收入，进行销售收入的核算，并同购货单位办理结算，收回货款。另外，企业还要支付销售费用，计算和交纳销售税金，计算和结转销售成本，最后确定销售损益。上述各项就构成了销售业务核算的主要内容。

二、销售收入的确认

（一）正确地确认商品销售收入是销售业务核算的关键

企业应在以下条件同时具备时确认商品销售收入：

(1) 企业已将商品所有权上的主要风险和报酬转移给购货方。

(2) 企业既没有保留通常与所有权相联系的继续管理权，也没有对已售出的商品实施控制。

(3) 与经济交易相关的经济利益能够流入企业。

(4) 相关的收入和成本能够可靠地计量。

（二）销售商品收入确认条件的具体应用

(1)销售商品采用托收承付方式的，在办妥托收手续时确认收入。

(2)销售商品采用预收款方式的，在发出商品时确认收入，预收的货款应确认为负债。

(3)销售商品需要安装和检验的，在购买方接受商品以及安装和检验完毕前，不确认收入，待安装和检验完毕时确认收入。如果安装程序比较简单，可在发出商品时确认收入。

（4）销售商品采用以旧换新方式的，销售的商品应当按照销售商品收入确认条件确认收入，回收的商品作为购进商品处理。

（5）销售商品采用支付手续费方式委托代销的，在收到代销清单时确认收入。

三、销售业务核算需设置的主要账户

（一）“主营业务收入”账户

“主营业务收入”账户是损益类账户，用以核算和监督企业因销售产品、提供劳务而获得的收入款项。该账户贷方登记企业销售产品、提供劳务取得的收入，借方登记期末应转入“本年利润”账户的数额，期末结转后本账户应无余额。“主营业务收入”账户应按销售产品的类别或品种设置明细账，进行明细分类核算。

（二）“主营业务成本”账户

“主营业务成本”账户是损益类账户，用以核算和监督企业已销售产品、提供劳务的实际成本。该账户的借方登记已销售产品、提供劳务的实际成本，贷方登记期末转入“本年利润”账户的数额，期末结转后本账户应无余额。“主营业务成本”账户也应按产品类别或品种设置明细账，进行明细分类核算。

（三）“其他业务收入”账户

“其他业务收入”账户是损益类账户，用以核算和监督企业主营业务以外的其他业务活动所取得的收入。该账户贷方登记取得的其他业务收入，借方登记期末转入“本年利润”账户的数额，期末结转后本账户应无余额。“其他业务收入”账户应按其他业务的类别设置明细账，进行明细分类核算。

（四）“其他业务成本”账户

“其他业务成本”账户是损益类账户，用以核算和监督企业主营业务以外的其他业务活动所发生的支出，包括销售材料、提供劳务而发生的相关成本、费用和相关税金及附加等。该账户借方登记企业发生的其他业务成本数额，贷方登记期末转入“本年利润”账户的数额，期末结转后本账户应无余额。“其他业务成本”账户应按其他业务的类别设置明细账，进行明细分类核算。

（五）“销售费用”账户

“销售费用”账户是损益类账户，用以核算和监督企业在销售商品、提供劳务过程中所发生的各项费用，如保险费、包装费、运输费、装卸费、展览费、商品维修费、预计产品质量保证损失、广告费，以及企业专设销售机构（含销售网点、售后服务网点等）的职工薪酬、业务费、折旧费等。该账户借方登记发生的各项销售费用，贷方登记期末转入“本年利润”账户的数额，期末结转后该账户应无余额。“销售费用”账户应按费用项目设置明细账，进行明细分类核算。

（六）“税金及附加”账户

“税金及附加”账户是损益类账户，用以核算和监督企业经营活动发生的消费税、城市维护建设税、资源税、教育费附加及房产税、车船税、土地使用税、印花税等相关税费。企业按规定计算确定的与经营活动相关的税费，记入该账户的借方和“应交税费”账户的贷方。期末应将本账户余额转入“本年利润”账户。结转后本账户无余额。

（七）"应收账款"账户

"应收账款"账户是资产类账户，用以核算和监督企业因销售商品、提供劳务而应向购货单位收取的款项。该账户借方登记应向购货单位收取的款项，贷方登记已从购货单位收取的款项，期末余额在借方，表示企业应收而尚未收取的应收款项。"应收账款"账户应按购货单位设置明细账，进行明细分类核算。

（八）"预收账款"账户

"预收账款"账户是负债类账户，用以核算企业据合同向购货单位预收的货款。该账户贷方反映企业根据合同预收的款项，借方反映发货后与购货单位结算的款项，期末贷方余额表示已预收但尚未发货进行核算的款项。"预收账款"账户应按不同单位设置明细分类账进行核算。

（九）"应收票据"账户

"应收票据"账户是资产类账户，用以核算企业与购货单位开出的商业汇票的结算款项。借方登记因销售商品、提供劳务等收到的购货单位开出的商业汇票，按应收票据的面值登记；贷方记录到期收回的商业汇票；期末借方余额表示企业持有的尚未到期的商业汇票应收款。为了了解应收票据的结算情况，企业应设置"应收票据备查簿"，逐笔登记每一应收票据的详细资料，应收票据到期结清票款后，应在备查簿内逐笔注销。

四、商品销售基本经济业务的会计处理

【例 4-27】 向光明公司销售 A 商品 40 件，每件售价 5 000 元，计货款 200 000 元，按 16% 计算应纳增值税，货款及税款已收到并存入银行。

该项经济业务的发生，一方面使企业银行存款增加 200 000 元，应记入"银行存款"账户的借方；另一方面使企业的商品销售收入增加 200 000 元，应记入"主营业务收入"账户的贷方，企业代交税费 32 000 元，应记入"应交税费"账户的贷方，会计分录为：

借：银行存款	232 000	
贷：主营业务收入——A 商品		200 000
应交税费——应交增值税（销项税额）		32 000

【例 4-28】 某企业向兴亚公司销售 B 商品 300 件，每件售价 1 000 元，计货款 300 000 元，按 16% 计算应纳增值税，货款及税款尚未收到。

该项经济业务的发生，一方面使企业的商品销售收入增加 300 000 元，应记入"主营业务收入"账户的贷方；另一方面由于企业代收税费 48 000 元，应记入"应交税费"的贷方。而货款及税款尚未实际收到，引起企业应收账款增加 348 000 元，应记入"应收账款"账户的借方，会计分录为：

借：应收账款——兴亚公司	348 000	
贷：主营业务收入——B 商品		300 000
应交税费——应交增值税（销项税额）		48 000

【例 4-29】 某企业以银行存款支付产品销售的广告费 10 000 元。

该项经济业务的发生，一方面使企业银行存款减少 10 000 元，应记入"银行存款"账户的贷方；另一方面使企业的广告费增加 10 000 元，应记入"销售费用"账户的借方，会计分录为：

借：销售费用——广告费　10 000

　贷：银行存款　10 000

【例 4-30】 某企业以银行存款支付销售 A、B 商品应负担的运输费8 000 元。

该项经济业务的发生，一方面使企业的银行存款减少 8 000 元，应记入“银行存款”账户的贷方；另一方面使企业应负担的运输费增加 8 000 元，应记入“销售费用”账户的借方，会计分录为：

借：销售费用——运输费　8 000

　贷：银行存款　8 000

【例 4-31】 某企业结转本月销售商品应负担的城市维护建设税 20 000 元。

该项经济业务的发生，一方面使企业销售产品应负担的税金增加 20 000 元，应记入“税金及附加”账户的借方；另一方面使企业应上交城市维护建设税费增加 20 000 元，应记入“应交税费”账户的贷方，会计分录为：

借：税金及附加　20 000

　贷：应交税费——应交城市维护建设税　20 000

【例 4-32】 企业出售多余自用材料一批，给购货方开具的增值税专用发票显示价款为 2 000 元，增值税为 320 元，销售款已经收到并存入银行。

该项经济业务的发生，一方面使企业的银行存款增加 2 000 元，应记入“银行存款”账户的借方；另一方面引起企业材料销售收入增加 2 000 元，应记入“其他业务收入”账户的贷方，同时需要缴纳增值税销项税额，会计分录为：

借：银行存款　2 320

　贷：其他业务收入——材料销售　2 000

　　应交税费——应交增值税（销项税额）　320

【例 4-33】 结转上述出售甲材料的成本 1 500 元。

企业出售材料后会引起库存原材料的减少，所以，应按其成本记入“原材料”账户的贷方；另一方面，该项业务的发生表明已销售材料的实际成本增加，应记入“其他业务成本”账户的借方，会计分录为：

借：其他业务成本——材料销售　1 500

　贷：原材料——甲材料　1 500

【例 4-34】 期末结转本月已销售商品的生产成本 300 000 元。

由于本月销售的产品不一定都是本月生产的，而不同月份生产的同一种产品的单位生产成本可能不相同，因此，要计算本月销售商品的生产成本，就必须采用相应的方法，如先进先出法、后进先出法、加权平均法等。

假定已销售的 A 产品生产成本为 100 000 元，已销售的 B 产品生产成本为 200 000 元。该项经济业务一方面引起已销售产品生产成本的增加，应将其记入“主营业务成本”账户的借方；另一方面引起库存商品的减少，应将其记入“库存商品”账户的贷方，因此，会计分录为：

借：主营业务成本——A 产品　100 000

　　　　　　　　——B 产品　200 000

　贷：库存商品——A 产品　100 000

——B 产品　　200 000

【例 4-35】 企业采用商业汇票的结算方式向南通公司销售产品 10 件，每件售价 1 000 元，价款共计 10 000 元，应收增值税销项税额 1 600 元，收到该公司签发的商业承兑汇票，汇票 6 个月以后到期。

该项经济业务的发生，一方面使企业的应收票据款增加 11 600 元，应记入“应收票据”账户的借方；另一方面使企业的产品销售收入增加 10 000 元，应记入“主营业务收入”账户的贷方，应交增值税销项税额增加 1 600 元，应记入“应交税费”账户的贷方，因此，会计分录为：

借：应收票据——南通公司　　11 600

　贷：主营业务收入　　10 000

　　应交税费——应交增值税（销项税额）　　1 600

任务六　财务成果的核算

一、财务成果核算的内容

财务成果是企业一定时期内生产经营活动的全部收入与全部支出的差额，表现为利润或亏损。它是综合反映企业工作质量的重要指标，也是衡量企业经济效益高低的主要标志。对财务成果进行核算，可以及时反映企业在一定会计期间的经营业绩和获利能力，反映企业投入产出效果和经济效益，有助于企业投资者和债权人据此进行盈亏预测并作出正确的决策。

企业一定会计期间的利润总额（或亏损）是由营业利润、营业外收入、营业外支出三个主要内容构成的，即：

利润总额＝营业利润＋营业外收入－营业外支出

营业利润是企业利润的主要来源，主要是由营业收入、营业成本、投资收益、销售费用、管理费用、税金及附加和财务费用等内容构成，其关系可用公式表示如下：

营业利润＝营业收入－营业成本－税金及附加－销售费用
－管理费用－财务费用＋投资收益

营业收入由主营业务收入和其他业务收入构成，营业成本由主营业务成本和其他业务成本构成。

投资收益是指企业对外投资所取得的收益扣除发生的投资损失后的净额。如果收益大于损失，以正数表示；损失大于收益，则以负数表示。

营业外收支净额是指与企业生产经营无直接关系的各项收入和支出相抵后的差额。

企业在一定会计期间实现的利润总额扣除上交的所得税费用即为净利润。

净利润＝利润总额－所得税费用

净利润还要按规定的内容和顺序进行分配。因此，确定企业实现的利润并按规定对利润进行分配是财务成果核算的主要内容。

二、利润形成的核算

（一）利润形成的核算应设置的主要账户

1.“营业外收入”账户

“营业外收入”账户是损益类账户，用以核算和监督企业发生的与经营业务无直接关系的各项收入，具体包括：非流动资产处置利得、非货币性资产交换利得、债务重组利得、政府补助、盘盈利得、捐赠利得、罚款收入、教育费附加返还款等。该账户贷方登记企业取得的营业外收入，借方登记期末转入“本年利润”账户的数额，期末结转后本账户应无余额。“营业外收入”账户应按收入项目设置明细账，进行明细分类核算。

2.“营业外支出”账户

“营业外支出”账户是损益类账户，用以核算和监督企业发生的与经营业务无直接关系的各项支出，具体包括：非流动资产处置损失、非货币性资产交换损失、债务重组损失、公益性捐赠支出、非常损失、盘亏损失、罚款支出等。该账户借方登记发生的各项营业外支出，贷方登记期末转入“本年利润”账户的数额，期末结转后本账户应无余额。“营业外支出”账户应按费用项目设置明细账，进行明细分类核算。

3.“投资收益”账户

“投资收益”账户是损益类账户，用以核算和监督企业确认的对外投资取得的收益及发生的损失。该账户贷方登记企业取得的投资收益，借方登记企业发生的投资损失，期末如为借方余额，表示发生的投资净损失，应从该账户贷方转入“本年利润”账户借方；如为贷方余额，表示取得的投资净收益，应从该账户借方转入“本年利润”账户贷方。期末结转后本账户应无余额。“投资收益”账户应按投资项目设置明细账，进行明细分类核算。

4.“所得税费用”账户

“所得税费用”账户是损益类账户，用以核算和监督企业确认的应从利润中扣除的所得税费用。该账户借方登记按相应方法计算出的所得税费用，贷方登记期末应转入“本年利润”账户的所得税费用，期末结转后本账户应无余额。本账户可按“当期所得税费用”“递延所得税费用”进行明细核算。

5.“本年利润”账户

“本年利润”账户是所有者权益类账户，用以核算和监督企业实现的利润净额或发生的亏损。该账户的贷方登记期末从各收入账户转入的本期获得的各项收入和投资净收益；借方登记期末从各费用、支出账户转入的本期发生的各项费用、支出和投资净损失；期末余额若在贷方，表示企业实现的净利润，期末余额若在借方，则表示企业发生的亏损。在年度中间，“本年利润”账户的余额保留在本账户，不予结转，表示截至本期累计实现的净利润或发生的亏损。年末，应将本年度实现的净利润或亏损总额转入“利润分配”账户，结转后该账户应无余额。

（二）利润形成主要经济业务的会计处理

【例4-36】 企业收到一笔罚款收入30 000元，存入银行。

该项经济业务的发生，一方面使企业银行存款增加30 000元，应记入“银行存款”账户的借方；另一方面，企业罚款收入增加30 000元，应记入“营业外收入”账户的贷方，会计分录为：

借：银行存款　　　　30 000

贷:营业外收入——罚款收入 30 000

【例 4-37】 大华公司用银行存款支付捐赠支出 7 700 元。

该项经济业务的发生,一方面使企业银行存款减少 7 700 元,应记入"银行存款"账户的贷方;另一方面,企业捐赠支出增加 7 700 元,应记入"营业外支出"账户的借方,会计分录为:

借:营业外支出 7 700
　贷:银行存款 7 700

【例 4-38】 企业收到向联营单位投资的收益 60 000 元,存入银行。

该项经济业务的发生,一方面使企业的银行存款增加 60 000 元,应记入"银行存款"账户的借方;另一方面,企业取得投资收益 60 000 元,应记入"投资收益"账户的贷方,会计分录为:

借:银行存款 60 000
　贷:投资收益 60 000

【例 4-39】 企业库存的产品意外遭受火灾,发生损失 25 000 元。

该项经济业务的发生,一方面使企业库存商品减少 25 000 元,应记入"库存商品"账户的贷方;另一方面使企业遭受意外损失增加 25 000 元,应记入"营业外支出"账户的借方,会计分录为:

借:营业外支出——非常损失 25 000
　贷:库存商品 25 000

【例 4-40】 企业期末将各损益账户的金额结转到"本年利润"账户。

各损益类账户本期发生额分别为:

"主营业务收入"账户贷方发生额: 800 000
"其他业务收入"账户贷方发生额: 5 000
"营业外收入"账户贷方发生额: 20 000
"投资收益"账户贷方发生额: 60 000
"主营业务成本"账户借方发生额: 500 000
"税金及附加"账户借方发生额: 20 000
"管理费用"账户借方发生额: 30 000
"财务费用"账户借方发生额: 8 000
"销售费用"账户借方发生额: 20 000
"其他业务成本"账户借方发生额: 4 000
"营业外支出"账户借方发生额: 10 000

将上述账户的贷方发生额,从各账户的借方转入"本年利润"账户的贷方;将各账户的借方发生额,从各账户的贷方转入"本年利润"账户的借方,会计分录为:

(1) 借:主营业务收入 800 000
　　其他业务收入 5 000
　　营业外收入 20 000
　　投资收益 60 000
　贷:本年利润 885 000

(2) 借:本年利润　　592 000

　贷:主营业务成本　　500 000

　　税金及附加　　20 000

　　管理费用　　30 000

　　财务费用　　8 000

　　销售费用　　20 000

　　其他业务成本　　4 000

　　营业外支出　　10 000

根据上述资料,计算本月最终财务成果:

本月利润总额＝885 000－592 000＝293 000(元)

【例 4-41】 根据[例 4-40]的计算并结转本期应交所得税 73 250 元(293 000×25%)。

所得税费用是企业依照税法的规定计算并交纳的一种费用。由于所得税费用属于企业在生产经营过程中的一项耗费,按照权责发生制原则应将其作为当期的一项费用支出在利润总额中扣除,企业利润总额扣除所得税后的余额为实现的净利润。在账务处理上应包括两个方面:首先要反映本期所得税费用和应交所得税的增加,应分别记入"所得税费用"和"应交税费"两个账户,会计分录为:

借:所得税费用　　73 250

　贷:应交税费——应交所得税　　73 250

其次,应将本期发生的所得税费用转入"本年利润"账户,会计分录为:

借:本年利润　　73 250

　贷:所得税费用　　73 250

所得税费用结转后,则企业 12 月份实现的净利润为:

293 000－73 250＝219 750 (元)

假定 12 月初"本年利润"账户有贷方余额 683 264 元,则该公司全年累计实现净利润为:

683 264＋219 750＝903 014 (元)

三、利润分配的核算

企业实现的净利润应按法定程序进行分配。首先可按净利润 10%的比例计提法定的盈余公积金,按 5%的比例计提公益金,其次按一定的比例分配投资者利润,最后可根据企业制度进行分配。利润分配后的余额为未分配利润。

(一)利润分配的核算应设置的主要账户

1."利润分配"账户

"利润分配"账户属于所有者权益类账户,核算企业利润的分配(亏损除外)和历年分配(或弥补)后的结存余额,借方登记已分配的利润和本年度发生的亏损;贷方登记年终从"本年利润"账户转入的本年度实现的利润总额;若余额在贷方,表示未分配的利润。"利润分配"账户应按利润分配去向设置明细账,进行明细核算。

2."盈余公积"账户

"盈余公积"账户属于所有者权益类账户,核算企业盈余公积的提取、使用和结余情况。

该账户贷方登记从净利润中按一定的比例提取的盈余公积；借方登记盈余公积的使用；期末贷方余额表示盈余公积结余数。盈余公积有法定盈余公积和任意盈余公积之分。

3. “应付利润”账户

“应付利润”账户属于负债类账户，核算企业应付给投资者的利润。该账户贷方登记企业计算出的应支付给投资者的利润；借方登记已支出的利润；期末贷方余额表示尚未支付的利润。

4. “应付股利”账户

“应付股利”账户属于负债类账户，核算企业确定分配的现金股利。该账户贷方登记企业计算出的应支付给投资者的股利的增加数；借方登记实际支付的现金股利；期末贷方余额表示尚未支付的现金股利。对于股份制企业来说，其分配的股利有现金股利和股票股利两种形式。

（二）利润分配主要经济业务的会计处理

【例 4-42】 大华公司本年全年实现利润总额 200 000 元，按 25%的所得税率计算，应缴纳所得税 50 000 元。

该项经济业务的发生，一方面使企业本期的所得税费用增加，应记入“所得税费用”账户的借方；另一方面使企业应交的税费增加，应记入“应交税费”账户的贷方，会计分录为：

借：所得税费用　　50 000
　贷：应交税费——应交所得税　　50 000

同时将“所得税费用”转入“本年利润”，会计分录为：

借：本年利润　　50 000
　贷：所得税费用　　50 000

【例 4-43】 年末，将全年实现的利润总额 150 000 元（200 000－50 000）转入“利润分配”账户。

借：本年利润　　150 000
　贷：利润分配——未分配利润　　150 000

【例 4-44】 按税后利润的 10%提取法定盈余公积 15 000 元。

借：利润分配——提取法定盈余公积　　15 000
　贷：盈余公积　　15 000

【例 4-45】 企业决定，向投资者分配利润 70 000 元。

借：利润分配——应付利润　　70 000
　贷：应付利润　　70 000

【例 4-46】 年末，将“利润分配”账户下其他明细账户的期末余额转入“未分配利润”明细账户。

借：利润分配——未分配利润　　85 000
　贷：利润分配——提取法定盈余公积　　15 000
　　　　　　——应付利润　　70 000

项目小结

经营过程 项目	采购过程	生产过程	销售及利润分配过程
主要经济业务	通过投资人投资和借款取得资金，购入设备和生产用的各种材料，材料入库	为生产产品消耗材料、人力、设备和其他各种资源，形成产品，产品验收合格后入库	销售产品获取收入，同时发生销售成本、税金、费用，计算本期的利润，并向国家纳税，净利润按国家规定再分配
涉及的主要会计分录	1. 接收投入资本 (1)货币资金投资 借：银行存款 贷：实收资本 (2)实物投资 借：固定资产 贷：实收资本 2. 向金融机构借款 (1)短期借款 ①借：银行存款 贷：短期借款 ②借：财务费用 贷：应付利息 ③借：短期借款 应付利息 贷：银行存款 (2)长期借款 借：银行存款 贷：长期借款 3. 购入材料，办理结算 借：在途物资 应交税费 贷：库存现金（银行存款，应付账款，应付票据） 4. 偿还货款 借：应付账款 贷：银行存款 5. 材料验收入库 借：原材料 贷：在途物资 6. 购入设备 借：固定资产 贷：银行存款	7. 领用原材料 借：生产成本 制造费用 管理费用 贷：原材料 8. 结算工资 借：生产成本 制造费用 管理费用 贷：应付职工薪酬 9. 计提福利费 借：生产成本 制造费用 管理费用 贷：应付职工薪酬 10. 计提折旧 借：制造费用 管理费用 贷：累计折旧 11. 支付费用 借：制造费用 管理费用 贷：银行存款 12. 结转制造费用 借：生产成本 贷：制造费用 13. 产成品 借：库存商品 贷：生产成本	14. 产品销售 借：应收账款 贷：主营业务收入 应交税费 15. 产品销售成本结转 借：主营业务成本 贷：库存商品 16. 支付销售费用 借：销售费用 贷：银行存款 17. 计算销售税金 借：税金及附加 贷：应交税费 18. 利润实现 借：主营业务收入 其他业务收入 营业外收入 贷：本年利润 借：本年利润 贷：主营业务成本 销售费用 税金及附加 其他业务成本 管理费用 财务费用 营业外支出 19. 计算所得税 借：所得税费用 贷：应交税费 借：本年利润 贷：所得税费用 20. 利润分配 借：利润分配 贷：盈余公积 应付利润

过关斩将

一、单项选择题

1. 以应收应付为标准确定本期收入和费用的方法称为(　　)。

A. 权责发生制　　B. 收付实现制　　C. 永续盘存制　　D. 经济责任制

2. 一般将企业所有者权益中的盈余公积和未分配的利润称为(　　)。

A. 实收资本　　B. 资本公积　　C. 留存收益　　D．所有者权益

3. 下列不应记入当期损益的是(　　)。

A. 主营业务成本　　B. 营业外支出　　C. 所得税费用　　D. 制造费用

4. 工业企业的“库存商品”账户是用来核算(　　)。

A. 完工产品的生产成本　　B. 库存产品的收发存情况

C. 已销产品的生产成本　　D. 生产过程中产品成本的形成情况

5. 产成品是指已完成(　　)。

A. 该产品全部生产工艺过程的产品

B. 本企业全部生产工艺过程正在检验的产品

C. 本企业全部生产工艺过程的产品

D. 本企业全部生产工艺过程并经验收入库可供销售的产品

6. 税金及附加账户中不包括企业应交纳的(　　)。

A. 城市维护建设税　　B. 消费税　　C. 资源税　　D. 增值税

7. 下列各项经济业务中，应列作管理费用处理的是(　　)。

A. 生产工人劳动保护费　　B. 固定资产盘亏净损失

C. 经营活动的业务招待费　　D. 销售产品的广告费

8. 下列各项中，属于工业企业的其他业务收入的是(　　)。

A. 罚款收入　　B. 出租固定资产收入

C. 销售原材料收入　　D. 保险赔偿收入

9. 企业为维持正常的生产经营所需资金向银行借入款项，期限在一年内一般称为(　　)。

A. 长期借款　　B. 短期借款　　C. 长期负债　　D. 流动负债

10. 与“制造费用”账户不可能发生对应关系的账户的是(　　)。

A. 累计折旧　　B. 生产成本　　C. 应付职工薪酬　　D. 库存商品

二、多项选择题

1. 工业企业主要经营过程核算的内容包括(　　)。

A. 供应过程的核算　　B. 生产过程的核算

C. 销售过程的核算　　D. 资金筹集业务的核算

E. 财务成果的核算

2. 在“税金及附加”账户借方登记的内容有(　　)。

A. 增值税　　B. 消费税　　C. 城市维护建设税　　D. 营业税　　E. 所得税

3. 下列账户中，月末一般没有余额的是(　　)。

A. 生产成本　　B. 制造费用　　C. 管理费用　　D. 销售费用　　E. 应付职工薪酬

4. 企业经营过程中的期间费用包括(　　)。

A. 主营业务成本　　B. 管理费用　　C. 销售费用　　D. 财务费用　　E. 制造费用

5. 下列项目中，影响营业利润的有（　　）。

A. 所得税费用　　B. 主营业务收入　　C. 投资收益　　D. 主营业务成本　　E. 管理费用

6. 下列账户中，月末一般有余额的有（　　）。

A. 生产成本　　B. 营业费用　　C. 在途物资　　D. 制造费用　　E. 累计折旧

7. 管理费用包括（　　）。

A. 厂部的办公费　　B. 职工报销医药费　　C. 厂部固定资产折旧　　D. 非常损失

8. 下列应计入制造费用的是（　　）。

A. 车间设备折旧费　　B. 车间管理人员的工资

C. 企业行政管理人员工资　　D. 在建工程人员的工资

9. 企业销售商品的业务可能的借记账户有（　　）。

A. 银行存款　　B. 预收账款　　C. 应交税费　　D. 应收账款

10. 下列各项应计入企业财务费用的是（　　）。

A. 生产经营期间发生的利息支出　　B. 金融机构手续费

C. 筹建期间发生的利息支出　　D. 建造固定资产期间发生的利息支出

三、判断题

1. 企业物资采购的买价和费用，在期末应全部转入"本年利润"账户的借方。（　　）

2. 车间领用一般性消耗的材料，在会计处理上属于增加"管理费用"。（　　）

3. 财务费用是一种期间费用，按月归集，月末全部转入"本年利润"。（　　）

4. 核算企业向银行或其他金融机构借入的款项，应通过"应付账款"和"其他应付款"两个账户核算。（　　）

5. 预收账款、应付账款、应付职工薪酬、预付账款均属于负债项目。（　　）

6. 固定资产折旧是指固定资产因损耗而减少的价值，因此在计提折旧时，应借记"成本费用"账户，贷记"固定资产"账户。（　　）

7. 企业在购入材料过程中发生的采购人员的差旅费和市内零星运杂费等不计入材料的采购成本，而是作为管理费用列支。（　　）

8. 企业收入的确认应以款项是否收到为标准。（　　）

9. 企业为职工缴纳的基本养老保险以及为职工购买的医疗保险均属于企业提供的职工薪酬。（　　）

10. 当企业投资者投入的资本高于其注册资本时，应当将超出部分记入"营业外支出"账户。（　　）

四、简答题

1. 简述产品成本项目及其构成内容。

2. 按照《企业会计制度》的规定，企业产品销售收入的确认必须同时符合哪些条件？

3. 如何计算和结转产品销售成本？

4. 产品销售税金是如何核算的？

5. 简述企业利润（或亏损）的构成。

6. 简述利润形成的核算方法。

7. 简述企业利润分配的内容。

8. 企业进行利润分配时，为什么不直接冲减"本年利润"账户，而要通过"利润分配"账户核算？

五、实务题

[习题一]

目的:练习资金筹集业务的核算。

资料:华夏公司 2018 年 6 月份发生如下经济业务:

(1)收到国家投入货币资金 350 000 元,存入银行。

(2)收到康立公司作为投资投入的新设备一台,该设备所确认的价值为25 000元。

(3)企业从银行取得期限为 6 个月的短期借款 50 000 元,存入银行。

(4)企业从银行借入期限为 3 年、年利率为 4%的长期借款 70 000 元,存入银行。

要求:根据上述经济业务编制会计分录。

[习题二]

目的:练习材料采购业务的核算。

资料:宣红公司 2018 年 6 月发生下列经济业务:

(1)从万达公司购进甲材料 1 000 千克,每千克 30 元;乙材料 800 千克,每千克 20 元,增值税进项税率为 16%。材料未入库,货款及税款用银行存款支付。

(2)从中星工厂购进丙材料 500 千克,每千克 40 元,增值税进项税率为 16%;发生运杂费 3 000 元,增值税进项税率为 17%,款项采用商业汇票结算,材料尚在途中。

(3)以银行存款向海河工厂预付购买乙材料的货款 166 000 元。

(4)企业收到海河工厂发运的乙材料,材料未入库。该批材料的买价为170 000元,增值税进项税额为 27 200 元,除冲销原预付货款 166 000 元外,不足部分用银行存款支付。

(5)结转上述材料的实际成本。

要求:根据上述经济业务编制会计分录。

[习题三]

目的:练习材料采购成本的计算。

资料:某公司 2018 年 6 月发生下列经济业务:

(1)向红星公司购进甲材料 50 吨,单价为 400 元;乙材料 15 吨,单价为 200 元,并按购价的 17%计算应交增值税。材料未入库,货款及税金已用银行存款支付。

(2)以银行存款支付购入上述甲、乙材料的运输费 650 元,按材料重量分配计入甲、乙两种材料的成本。

(3)上述甲、乙材料已验收入库,按实际采购成本结转。

要求:

(1)根据上述经济业务编制会计分录。

(2)计算甲、乙材料的采购成本。

[习题四]

目的:练习产品生产业务的总分类核算。

资料:某公司 2018 年 8 月发生下列经济业务:

(1)仓库发出材料 152 000 元,其中 A 产品耗用 40 000 元,B 产品耗用64 000元,车间一般耗用48 000元。

(2)结算本月应付职工薪酬 54 400 元,其中生产工人工资 46 400 元,车间管理人员工资 8 000 元。

(3)按上述工资总额的 14%提取职工福利费。

(4)计提本月生产车间固定资产折旧 3 000 元。

(5)用银行存款支付生产车间水电费 4 000 元。

(6)用现金支付生产车间办公费 800 元。

(7)月末,根据上述业务汇总并结转本月制造费用 64 920 元,将制造费用转入生产成本。

(8)月末,产品全部完工,计算并结转完工入库产品的实际生产成本 221 816 元。

要求:根据上述经济业务编制会计分录。

[习题五]

目的：练习产品销售业务的核算。

资料：某工业企业 2018 年 6 月发生下列经济业务：

(1)10 日，销售给黄河工厂 A 产品 600 件，每件 800 元，计 480 000 元，为黄河工厂代垫运费 960 元，以银行存款支付。应向黄河工厂收取的增值税销项税率为 16%。全部款项尚未收回。

(2)12 日，销售给长城工厂 B 产品 100 件，每件 300 元，计 30 000 元。应向长城工厂收取的增值税销项税率为 16%。全部款项收回，存入银行。

(3)15 日，以银行存款支付销售 A、B 产品的运输费、装卸费 1 600 元。

(4)20 日，采用商业汇票结算方式向红海公司销售 B 产品 160 件，每件 300 元，价款为48 000元，应收增值税 7 680 元，收到红海公司签发的 6 个月的商业承兑汇票。

(5)20 日，预收东北公司货款 200 000 元，存入银行。

(6)25 日，向东北公司发出 A 产品 200 件，每件售价为 800 元，货款计160 000元，增值税销项税额为25 600元。余款以银行存款退还东北公司。

(7)月末，结转本月销售 A、B 产品的生产成本。其中 A 产品销售 800 件，单位生产成本为 600 元；B 产品销售 260 件，单位生产成本为 200 元。

(8)以银行存款支付销售产品的广告费 4 000 元。

(9)月末，按照规定计算出本月应负担的消费税、城市维护建设税等税金（教育费附加从略），共计4 500元。

要求：根据上述经济业务编制会计分录。

［习题六］

目的：练习利润实现和利润分配的核算。

资料：某工业企业 2017 年 12 月发生下列经济业务：

(1)收到购货方的滞纳金（罚款收入）32 000 元，存入银行，经批准转为营业外收入。

(2)用银行存款支付希望工程捐款 30 000 元，经批准转为营业外支出。

(3)向东方公司销售 A 产品 400 件，每件售价为 1 500 元，共计 600 000 元，应向东方公司收取的增值税销项税额为 96 000 元，价款及税款通过银行转账已收讫。

(4)根据合同规定向北源公司销售 B 产品 600 件，每件 800 元，共计480 000元，以银行存款代垫运费3 000元，应收取的增值税销项税率为 16%。价税款及代垫运费均未收回。

(5)用银行存款支付罚款 2 000 元，经批准转为营业外支出。

(6)用银行存款支付管理部门的办公费 3 600 元。

(7)计算应由本月负担的短期借款利息 1 000 元。

(8)用银行存款支付广告费 2 400 元。

(9)月末，结转本月已销售产品的生产成本，其中：A 产品销售 400 件，单位生产成本为1 000 元；B 产品销售 600 件，单位生产成本为 500 元。

(10)月末，按照规定计算出本月应负担的消费税、城市维护建设税等税金（教育费附加从略），共计3 000元。

(11)月末，将“主营业务收入”1 080 000 元和“营业外收入”32 000 元的贷方余额转入“本年利润”账户。

(12)月末，将“主营业务成本”700 000 元、“税金及附加”3 000 元、“销售费用”2 400 元、“管理费用”3 600元、“财务费用”1 000 元、“营业外支出”32 000 元等账户本月借方余额转入“本年利润”账户。

(13)月末，按本月利润总额的 25%计算本月应交所得税，并将“所得税费用”转入“本年利润”账户。

(14) 月末，按净利润的 10%计提法定盈余公积。

(15)年末，企业决定向投资者分配利润 30 000 元。

要求：根据上述经济业务编制会计分录。

项目五 成本计算

学习目标

通过本项目的学习，应初步掌握计算工业企业的采购成本、生产成本、销售成本的基本方法。

任务导入

读大学期间，每个学生不仅有伙食费、教辅资料费、服装费、电话费、医药费等方面的开支，还会有电费、偶然聚餐费、小礼品、电脑耗材费等方面的支出，此外，国家每年也会为大学下拨一定数额的教育经费。

思考与讨论：

1. 大学本科四年学生或大学专科三年学生接受高等教育的成本是多少？
2. 上大学的成本应该由哪些项目构成？

任务一 成本计算概述

一、成本和成本计算的概念

马克思在《资本论》中对商品的价值和成本有精辟的论述：按照资本主义生产方式生产的每一个商品的价值 W，用公式表示是 $W=C+V+M$。对工业企业来讲，它所生产的产品价值包括：

(1) 已耗费的生产资料(劳动资料、劳动对象)转移的价值(C)；

(2) 活劳动中必要劳动所创造的价值——相当于工资(V)；

(3) 剩余劳动所创造的价值(纯收入)——税金、利润等(M)。

产品成本是产品价值的一部分，是产品价值中的 $C+V$ 部分。企业在生产经营过程中，需要耗费各种人力、物力和财力，这种耗费的货币表现，即称为生产费用。各种费用归集到一定的对象上，即为各该对象的成本。

按照马克思的观点，成本是产品生产过程中所耗费的物化劳动和活劳动中必要劳动的价值，即 $C+V$ 部分，成本是已经耗费而又必须在价值或实物中得以补偿的支出。

随着商品经济的不断发展，成本的内涵和外延都处于不断的发展和变化之中。美国会计学会曾对成本的含义做过这样的表述："成本是为了达到一定目的而付出的(或可能付出的)用货币测定的价值牺牲。"显然，这种成本含义的外延相当广泛，远远超出了产品成本概念。根据这个定义，材料采购成本、在建工程成本、产品生产成本、产品销售成本、期间成本、资金成本、直接成本、间接成本、单位成本、总成本等，不胜枚举的成本概念都可以包括于其中。具体到本章的学习中，成本是企业生产产品或提供劳务过程中所耗费资源的货币表现，这是狭义的成本概念。成本计算通常是指存货成本的计算，因此本章所说的“成本”实际上是指存货成本，包括存货采购成本、存货生产成本、存货销售成本。

1. 成本是经济资源的耗费

生产经营过程同时也是资产的耗费过程。例如，为生产产品需要耗费原材料、磨损固定资产以及用现金支付工资等。原材料、固定资产和现金，都是企业的资产。这些资产原本可以为企业换取经济利益，现在被耗用掉了。成本是经济资源的耗费，经常作为“耗费”、“花费”的同义词使用。根据成本归属理论，当任何原材料或设备在耗用之后，它们的原始购置成本就随之归属于产出物的成本。

2. 成本是以货币计量的耗费

生产经营成本是以货币计量的。它们若不是过去已经支付了货币，就是将来需要支付货币。没有支付货币的耗费，如生产对环境的损害等，只要企业对此不需要支付现金，就不能计入生产经营成本。根据成本流转观念，企业从购进设备和原材料开始，直到产品交给客户，随着实物的流转，成本亦在流转。会计人员追溯成本的流转过程，通过成本记录反映企业的经济活动，以最初购置资产的货币支出逐步归属到产品。因此，成本总是需要支付货币的，或者说，只有支付货币的耗费才属于存货成本。

3. 成本是特定对象的耗费

成本总是针对特定对象或目的的。成本是转嫁到一定产出物的耗费，是针对一定的产出物计算归集的。这个产出物称为成本计算对象，它可以是一件产品或者一项服务。

成本和费用的区别之一，就是成本有特定的对象，而费用没有特定的对象。费用一般与期间相联系，如月、季度、半年、年；成本一般与计算对象相联系，如产品。

4. 成本是正常生产经营活动的耗费

从理论上说，企业的全部经济活动应当分为生产经营活动、投资活动和筹集活动，这三项活动的损益在利润表中要分开报告，以便分别评价其业绩。企业经济活动的正常损益和非正常损益也要分开报告，以便分别评价企业的获利能力。只有生产经营活动的正常耗费才能计入生产经营成本并从营业收入中扣减，以便使“营业利润”能反映生产经营活动的正常获利能力。成本计算中的存货成本，是正常生产经营状态下的成本。非正常的、意外的耗费不计入存货成本，而将其直接列为期间费用或损失。

二、成本计算的作用

1. 成本计算是盈亏计算的基础

企业经营的目的就是为了谋取利润，而为了正确地计算和反映利润，会计上规定了收入和费用配比的原则。从会计处理上讲，在确定企业当期的经营成果时，需要用企业所取得的所有经济利益的流入，减去本期所发生的经济利益的流出，就得到了本期的经营成果。可以看出，成本计算是盈亏计算的重要环节。它和收入的确认与计算一起，构成了盈亏计算的基础。

2. 成本计算是耗费补偿的依据

为了维持企业的简单再生产，需要对企业生产过程中消耗的原材料和机器设备的价值进行补偿。那么，补偿的标准是什么？是一次性地全部予以补偿，还是分期地逐次进行补偿？补偿的金额是多少？按照何种计价模式进行弥补？这些都需要通过成本计算来完成。正确地计算生产中所发生的耗费，有助于企业进行生产经营中的决策，保证生产循环的运转和经营的持续进行。

3. 成本计算是真实反映财务状况的关键

财务状况反映的是企业在特定时点上的资产、负债和所有者权益的绝对水平和相对构成情况，这样一来，成本计算就具有非常重要的意义。首先，资产在确认入账时，是以其取得时所发生的成本费用为基础的。在进行成本计算时，哪些费用予以资本化，哪些直接做当期的损益处理，不仅直接影响到资产的金额，也会影响到对当期损益的计算。对企业的负债总额和所有者权益总额的成本进行正确的确认和计量，直接关系到各有关权益人的利益诉求的反映。同时，对于负债和所有者权益资金成本的正确反映，有助于企业作出合适的融资和投资决策。

不同的目的需要不同的成本信息。一个特定的成本计算系统，应尽可能同时满足多方面的需要。如果不能同时满足多种需要，就需要在账外提供补充的成本信息。

任务二　成本计算的原则和基本要求

一、成本计算的原则

（一）明确成本计算对象

成本计算对象是指费用归集的对象，或者说是成本归属的对象。进行成本计算，必须首先确定成本计算对象。如果成本计算对象不准确或不恰当，就会大大增加成本计算的难度，计算出来的成本不能满足企业管理的需要，甚至不能完成成本计算的任务。在工业生产中，不言而喻，产品或产品的类别是最终的成本计算对象。但是，最终的成本计算对象并非唯一的对象。除最简单的生产外，在成本计算到达最终阶段以前，由于生产过程的复杂性，往往还需要经过一个或几个中间性成本对象的计算。名目繁多的成本计算方法，实际上主要是根据对象的不同特点予以命名的。

成本计算不限于物质生产部门，成本计算对象也不限于产品。交通运输部门、财贸部门、各种服务性行业等都可以，而且也应该确定其成本计算对象，进行成本计算。例如，国内外贸易可以计算各种供应渠道、各种运送商品办法的成本。某些要求以收抵支的事业单位，以及某些向企业单位逐步过渡的事业单位，也都可以确定其成本计算对象，计算成本。例如，设计单位可以计算工程项目、工程图纸的成本。

（二）恰当确定成本计算期

成本计算期是指多长时间计算一次成本。从理论上说，产品成本计算期应该与产品的生产周期相一致。但这种情况只适合于企业的生产过程为一批（件）接一批（件），即第一批（件）完工了再生产第二批（件）的情况。而事实上，现代企业的生产大都采用流水线的形式，不是一批（件）接一批（件）地生产，而是不断投产，不断完工，绵延不断，无法分清前后批次。在这种情况下，按批计算成本显然是很困难的，只有人为地划分成本计算期（一般是以一个月作为一个成本计算期)，成本计算才有可行性。

(三)正确选择成本计算的方法

由于企业的情况千差万别，成本的具体计算方式也不可能有一个统一的模式。经过人们的长期实践，形成了几种常用的成本计算方法，即品种法、分批法和分步法等。

恰当地确定成本计算的对象，不是一件容易的事。因为企业的规模、生产组织形式和技术特点不同，成本计算的对象也会不一样。例如，有的企业只生产最终的产成品，而有的企业除生产最终的产成品外，还生产各种各样的半成品。有的企业是采用大批量生产，而有的企业是采用小批量生产，甚至是单件生产等。

如果企业的产品不是成批生产，且只有一个步骤，一般可以直接以产品品种为成本计算对象，这种方法称为品种法。如果产品生产是以按批生产为主，则以批次作为成本的计算对象，这种方法称为分批法。如果产品生产要分成若干个步骤，中间有半成品，并且产品是连续不断地大量生产或大批量地生产，则以每个步骤的半成品和最终产品为成本的计算对象，这种方法称为分步法。

(四)合理设置成本项目

为了比较全面、系统地反映产品的成本耗费情况，使成本计算能提供比较准确的信息，在计算产品成本时，不仅要计算产品的总成本和单位成本，而且要对总成本按用途分类，以反映产品成本的组成和结构。这样，既便于对成本进行控制，也便于分析产品生产中的经济效益问题和对生产部门进行考核评价。在计算产品成本时，一般把成本分成三个项目，即：① 直接材料；② 直接人工；③ 制造费用。有的企业规模比较大，生产过程比较复杂，成本项目分得比较细。如果单位的规模很小，生产过程也很简单，可以只划分为两个项目，即：① 材料费用；② 其他费用。

(五)合理选定费用分配标准

生产过程往往是比较复杂的，一项费用发生后，其用途往往不止一个，生产的产品不止一种，成本计算的对象也不止一个。这样，一项费用发生后，往往不能直接地、全部地记入反映某一个对象的明细账户，而需要把这项费用在几个对象之间进行分配。那么，哪个对象负担的费用应该多一点，哪个对象负担的费用应该少一点呢？其分配的原则是："谁耗费，谁负担"，或者是"谁受益，谁负担"。但是，要对费用进行精确的分配是比较困难的，要对一定对象所发生的成本消耗(受益)情况进行准确的计量，同样是比较困难的。

在实际工作中，尽管有各种各样的成本计算方法，但总体来看，总离不开两个方面：①确定一定的成本计算对象；②按一定的对象归集和分配生产费用。可以说，不同的成本计算对象与不同的归集和分配费用的程序结合起来，就构成了不同的成本计算方法。

在对费用进行具体分配时，一般是选择一定的标准来进行的。例如，材料费用一般可以按产品的重量、体积或定额消耗量进行分配，人工费用可以按工时进行分配等。选择分配标准存在一定的主观性，但应该选择比较客观、科学的标准来对费用进行分配，这样就能够比较真实地反映一定对象所实际发生的消耗情况。另外，某一种标准一旦被选定，不要轻易变更，否则就违反了一致性原则。因为分配标准的不同，也会人为地造成计算出来的成本不一样。

二、成本计算的基本要求

成本计算就是将企业在生产经营过程中各个阶段所发生的费用，按照一定的对象和标准进行归集和分配，以计算出各该对象的总成本和单位成本的一种会计核算的专门方法。工业企业的生产经营过程主要包括采购、生产和销售三个阶段。在这三个阶段中都要进行成本计算，即材料采购成本的计算、产品生产成本的计算和产品销售成本的计算。

成本计算过程实际上就是费用的归集和分配过程。因此，要做好成本计算工作，必须正确归集和分配各种费用。通常，对企业成本计算有以下基本要求：

1. 划清收益性支出与资本性支出的界限

凡支出的效益及于本年度(或一个营业周期)，应当作为收益性支出；凡支出的效益及于几个会计年度(或几个营业周期)，应当作为资本性支出。资本性支出应在多个会计年度分期摊配计入产品成本或期间费用，不应在发生当期直接列入产品成本；收益性支出则一般应计入当期产品成本或期间费用。

收益性支出计列于利润表中，作为成本或费用，计入当期损益，以正确地计算企业当期的经营成果；资本性支出计列于资产负债表中，作为资产反映，以真实地反映企业的财务状况。

2. 划清生产经营支出与营业外支出的界限

生产经营支出是指企业发生的与其生产经营活动直接相关的各项支出，包括资产购置支出、产品制造支出以及各种费用支出。

营业外支出是指企业发生的与其生产经营活动无直接关系的各项支出，包括固定资产盘亏、处置固定资产净损失、处置无形资产净损失、债务重组损失、计提的无形资产减值准备、计提的固定资产减值准备、计提的在建工程减值准备、罚款支出、捐赠支出、非常损失等。营业外支出与企业经营活动没有直接关系，不能作为企业的成本或费用。

3. 划清产品制造成本与期间费用的界限

制造成本是产品在制造过程中所发生的成本，包括一切与生产有关的直接和间接生产成本，从原材料投入生产至产品完工检验转入产成品仓库所发生的耗费。制造成本通常由直接材料、直接人工和制造费用构成。企业的期间费用包括销售费用、管理费用和财务费用。

企业发生的生产费用应计入产品的制造成本，制造成本要在产品销售以后才计入当期损益，而期间费用在发生时直接计入当期损益。划清产品制造成本与期间费用的界限，也就是要防止混淆成本和费用的界限，将应计入产品制造成本的生产耗费计入了期间费用，或者将应计入期间费用的支出计入了制造成本，借以调节各期产品成本和利润的错误做法。

4. 划清不同会计期间产品成本的界限

企业的会计核算应当以权责发生制为基础。凡是当期已经实现的收入和当期已经发生的或应当负担的费用，不论款项是否收付，都应当作为当期的收入和费用；凡是不属于当期的收入和费用，即使款项已在当期收付，也不应当作为当期的收入和费用。

如预付一年的保险费，应在12个月份内分期计入成本、费用；那些本期尚未支付，而应由本期负担的费用，应预提计入本期产品成本。

5. 划清不同产品成本的界限

产品成本中直接材料、直接工资一般都应直接计入各种产品成本，制造费用不能分清属于哪种产品，要选择合理的分配方法分配后计入。分清不同产品的成本，与它们的计划成本、标准成本相对比，能揭示产品成本的超支或节约情况。

6. 严格遵守成本开支范围

成本开支范围主要是国家根据成本的客观经济内涵、国家的分配方针和企业实行独立核算的要求而规定的，使产品成本能正确反映企业的生产消耗水平，使各企业的成本开支口径一致。成本开支范围一经规定，要保持相对稳定。但随着国家经济体制的改革、分配方针的改变和财务管理制度的变化，应作相应修改。

应该计入成本、费用的支出主要包括下列各项：① 生产经营过程中实际消耗的原材料、辅助材料、备品配件、外购半成品、燃料、动力、包装物的原价和运输、装卸、整理等费用；② 企业直接从事产品生产人员的工资和提取的福利费；③ 固定资产折旧费、租赁费和低值易耗品的摊销费等；④ 其他为组织管理生产、经营活动所发生的制造费用、管理费用、财务费用和营业费用，其中制造费用应计入产品成本，管理费用、财务费用和销售费用不计入产品成本。

企业发生的不应计入成本、费用的支出包括下列各项：① 购置和建造固定资产的支出，购入无形资产和其他资产的支出；② 对外界的投资以及分配给投资者的利润；③ 被没收的财物，违反法律支付的各项滞纳金、罚款以及企业自愿赞助、捐赠的支出；④ 在公积金、公益金中开支的支出；⑤ 国家法律、法规规定以外的各种支出；⑥ 国家规定不得列入成本、费用的其他支出。

任务三　成本计算的一般程序

工业企业成本计算的一般程序是指对企业在采购、生产、销售过程中发生的各项费用，按照成本核算的要求，逐步进行归集和分配，最后计算出各种材料的采购成本、产品生产成本和产品销售成本的基本过程。

一、收集、整理成本资料

成本计算，必须以正确、完整的成本资料为依据。收集、整理成本资料，提供有关数据，是成本计算的基础。为此，企业对购进、领用的各种材料，各项费用的支出，工时动力等的消耗，质量检验，在产品、半成品的内部转移和产成品入库、出库等，都应按照各项活动的特点，分别取得或填制不同格式的原始凭证。这些凭证中登记的原始记录可以提供企业活动的第一手资料，提供成本计算的各项数据，这些数据是否准确，直接影响成本计算工作的质量。

为了更好地收集、整理成本资料，必须建立健全原始成本记录，同时还要确定科学合理的数据加工程序和方法，以满足成本计算的需要。

二、确定成本计算对象

在进行成本计算时，首先要确定成本计算对象。成本计算对象是指费用的归属对象，也是成本的承担者。成本计算对象可以是一种产品、一批产品、一道工序、一个项目、一个顾客或一个部门等。为了确定成本计算对象，首先必须考虑所算成本的有用性，也就是说，所算成本能够有效地反映某一部门、单位、工序的工作质量。其次是在确定成本计算对象时，应该是主要产品从细，一般产品从粗。

三、确定成本计算期

所谓成本计算期，就是多长时间计算一次产品成本。从产品生产成本的形成过程看，产品生产完工之时，才是产品生产成本完全形成之日。产品成本计算期的确定受企业生产组织特点的影响。为了使产品生产成本的计算比较准确，产品生产成本计算期最好同产品的生产周期保持一致。

在大量、大批生产的情况下，由于产品生产的不间断性和品种的单一性，必然造成在每个月都有一部分产品完工、一部分产品尚未完工的现象。为了能及时计算完工产品成本，并按期计算产品销售利润，必须按月进行成本计算，这就使成本计算期与会计期间保持一致。

在单件、小批生产的情况下，无论生产周期的长短，往往都是投入一批产品，直到全部完工、整体对外出售、整体结转已销产品生产成本。为了能正确计算某一批次或某一订单的销售利润，只能等某一批次或某一订单产品全部完工后才能计算成本，这就使成本计算期具有不定期的性质，而与其生产周期保持一致。

至于产品销售成本计算期，一般是指产品销售实现的当期，未实现销售的产品不得计算其销售成本。

另外，为了正确把握成本计算期，必须分清成本计算期与会计期间的不同概念。无论成本计算是否定期，会计期间总是以月份为单位。也就是说，在任何情况下，各月发生的生产费用必须按月进行归集与分配。

四、确定成本项目

对于计入产品成本的生产费用，按其用途可以分为若干项目，在会计上称为产品成本项目。成本项目，就是对产品成本的构成内容所作的分类，通常按产品成本中费用的经济用途划分。

产品成本的项目，通常包括三项基本内容：直接材料、直接人工和制造费用。直接材料指加工后直接构成产品实体的原材料、主要材料与外购半成品，以及有助于产品形成的辅助材料等；直接人工，又称直接工资，指生产工人为生产产品而发生的工资及提取的福利费；制造费用是指企业在生产过程中发生的除了直接材料和直接人工以外的各项费用。

各企业根据生产特点和成本管理要求的不同，可对上述成本项目进行增减调整。例如，可增加“燃料和动力”“废品损失”等成本项目；又如，在高度自动化的企业中，直接人工在产品成本中所占比例很小，则可以将直接人工和制造费用合并成一个成本项目——加工成本。在进行成本计算时，必须正确确定成本项目，这对于分析和考核任务的完成情况具有重要意义。根据成本中所包括的成本项目，可以清楚地了解费用的经济用途和成本的经济构成。通过对某一对象的成本项目的分析，可以初步查明其成本升降的原因，以便挖掘降低成本的潜力。

五、正确地归集和分配各种费用

成本计算的过程，实际上就是按一定成本计算对象归集和分配费用的过程。为了正确地归集和分配各种费用，必须遵守成本开支范围，划清费用的补偿界限。各种不同用途的费用，应该由不同的资金来源补偿。凡是用于产品生产的费用支出，都应计入产品成本，由生产资金开支；不是用于产品生产的费用支出，不应计入产品成本，由特定的资金来源开支。遵守国家规定的成本开支范围，是正确归集和分配费用的前提，也是工业企业必须执行的一项重要的财经制度。

为了正确地归集和分配各种费用，对应计入产品成本的费用，还应划分为应由本期产品成本负担的费用和应由其他各期产品成本负担的费用、应由各种产品负担的费用以及应由产成品和在产品负担的费用，这对如实反映各期生产费用水平，正确计算各种产品成本是非常重要的。从费用的发生与成本计算对象的关系看，有些费用的发生只与某一个成本计算对象有关，这些费用应当直接计入该成本计算对象；有些费用的发生与许多成本计算对象有关，就必须按一定的标准分配计入各有关成本计算对象。对于可以直接计入成本计算对象的费用称为直接费用，而须经分配才能计入成本计算对象的费用称为间接费用。应注意的是，所选择的进行间接费用分配的标准是否适当，对成本计算的正确性影响很大，所以，分配标准的选用必须慎重，坚持按受益原则或因果关系原则进行分配。费用分配的标准一经选定，不应随意变更，以此保持各期成本计算口径的一致性。

六、设置和登记费用、成本明细账，编制成本计算表

在成本计算过程中，应按成本计算对象分别设置费用、成本明细分类账户，登记有关费用、成本的核算资料。然后，根据资料编制各种成本计算表，借以计算确定该成本计算对象的总成本和单位成本，全面、系统地反映各种成本指标的经济构成和形成情况。

任务四　工业企业经营过程中的成本计算

一、材料采购成本的计算

（一）采购过程核算的内容和材料采购成本的构成

工业企业采购过程的核算内容主要是采购各种材料的货款的结算、税金的支付、采购费用的归集和材料采购成本的计算等。

材料是指直接用于制造产品并构成产品的实体，或有助于产品形成但不构成产品实体的物品。它包括原材料及主要材料、辅助材料、外购半成品、修理用备件、包装材料、燃料等。

材料采购成本包括材料的买价加上采购费用。材料的买价，是指企业向供应单位按照经济合同规定支付的价款。采购费用是指企业在采购过程中发生的各项费用，具体包括：运杂费（装卸费、保险费、包装费、仓储费等）、运输途中的合理损耗、入库前的挑选整理费等。

对于发生的材料采购业务，会计部门一方面要反映各种款项的实际支付情况以及因采购材料而引起的库存材料的增加；另一方面，应将采购材料支付的买价和发生的采购费用按照购入材料的种类加以归集，计算各种材料的实际采购成本。

（二）材料采购成本的计算过程

在材料采购成本的计算过程中，对于有明确归属对象的材料的买价和采购费用，可以直接作为该材料采购成本的一部分计入该材料的实际采购成本，但有时采购费用可能同时归属于若干个对象，对于这部分采购费用，就需要选择合适的分配标准对其进行合理的分配，以确定某一特定材料应负担的采购费用。在采购费用的分配过程中，常按材料的重量、买价

及体积等比例进行分配。为了简化核算,实际工作中对某些本应计入材料采购成本的采购费用,如采购人员的差旅费、市内采购材料的运杂费、专设采购机构的经费等,不计入材料采购成本,而是列作“管理费用”。

采购费用分配率的计算公式为:

$$\text{采购费用分配率} = \frac{\text{采购费用}}{\text{购入材料的总重量(总买价、总体积等)}}$$

$$\begin{matrix}\text{某种材料应负担}\\\text{的采购费用}\end{matrix} = \begin{matrix}\text{该种材料的}\\\text{重量(买价、体积等)}\end{matrix} \times \begin{matrix}\text{采购费用}\\\text{分配率}\end{matrix}$$

下面举例说明如何计算材料采购成本。为了简便起见,下面例子一律使用的是实际成本法。

【例 5-1】 企业购入甲材料 500 千克,单价 200 元/千克,增值税计 16 000 元,运杂费计 2 000 元,以银行存款支付全部款项,材料未验收入库。

分析:运杂费 2 000 元是甲材料单独发生的采购费,所以该采购费可以直接计入甲材料的成本。

甲材料的采购成本=100 000(买价)+2 000(采购费)=102 000(元)

该项业务使“在途物资”增加,应记入借方;“应交税费”减少,应记入借方;而“银行存款”减少,应记入贷方,会计分录为:

借:在途物资——甲材料	102 000	
应交税费——应交增值税(进项税额)	16 000	
贷:银行存款		118 000

【例 5-2】 上述甲材料验收入库,结转甲材料的采购成本 102 000 元。

该项业务发生使库存材料增加,记入“原材料”账户的借方;“在途物资”减少,记入该账户的贷方,会计分录为:

借:原材料——甲材料	102 000	
贷:在途物资		102 000

【例 5-3】 武汉新兴工厂从广州龙田公司购买甲材料 10 000 千克,买价 98 000 元,乙材料 2 400 千克,买价 48 000 元,增值税率为 16%,增值税计 23 360 元,材料从广州运到武汉,运费共计 6 200 元,广州龙田公司已垫付运费,材料已入库,新兴工厂将全部款项以商业汇票结算。(运费按材料重量比例分配。)

运费分配率=6 200÷(10 000+2 400)=0.5(元/千克)

甲材料负担运费=10 000×0.5=5 000(元)

乙材料负担运费=2 400×0.5=1 200(元)

甲材料采购成本=98 000+5 000=103 000(元)

乙材料采购成本=48 000+1 200=49 200(元)

分析:该业务使“原材料”增加,“应付票据”增加,“应交税费”减少。“原材料”属于资产类账户,其增加记入借方;“应交税费”和“应付票据”均属于负债类账户,“支付票据”增加记入贷方,“应交税费”减少记入借方。

运费由卖方代垫,由买方武汉新兴工厂承担,运费应该计入材料采购成本。

应编制如下会计分录:

借:原材料——甲材料　　103 000
　　　　——乙材料　　49 200
　应交税费——应交增值税(进项税额)　　23 360
　贷:应付票据——广州龙田公司　　175 560

二、产品生产成本的计算

(一)生产过程核算的主要内容

生产阶段是制造业生产经营活动的中心环节,是从投入材料到产品完工验收入库的全过程。企业在生产过程中所发生的各种耗费,称为生产费用,主要包括为生产产品所消耗的材料,生产工人的工资及职工福利费,厂房、机器设备等的折旧费,以及为管理和组织生产而发生的各种费用。生产过程核算的主要任务是:核算生产费用的发生,并按一定种类的产品进行归集和分配,以计算确定产品的生产成本。

(二)产品生产成本计算的一般程序

产品生产成本的计算,简单地说,就是将生产过程中为生产产品而发生的各项生产费用,按照产品的品种或类别,分别归集、分配、计算其生产总成本和单位成本。产品生产成本计算的一般程序为:

1. 确定成本计算对象

成本计算对象是指产品成本计算过程中,确定归集和分配生产费用的对象,即成本的承担者。确定成本计算对象就是要明确到底需要算谁的成本,这是保证成本核算质量的关键环节。要正确计算成本,就必须按照生产经营过程、产品生产类型和成本管理要求来确定成本计算对象。比如在生产过程中,为生产某种产品而发生的各种费用,就应以该产品为成本计算对象来加以归集。

2. 确定成本计算期

成本计算期,是指两次成本计算之间的间隔期,也就是多长时间计算一次成本。考虑到企业生产类型的不同,企业的成本计算期可以选择产品的生产周期,即在产品完工时进行成本计算;也可以选择日历月份,定期进行成本计算。

3. 确定成本项目

成本项目是指对产品生产过程中所发生的各项生产费用按其经济性质所进行的分类。通常情况下,将产品生产成本分为直接材料、直接人工和制造费用三个成本计算项目。直接材料是指直接用于产品生产构成的原料和主要材料,以及有助于产品形成的辅助材料;直接人工是指直接参加产品生产的工人工资和按工资总额一定比例提取的职工福利费;制造费用是生产单位为组织和管理生产而发生的各项费用,包括生产单位管理人员的工资及福利费、车间使用的固定资产的折旧费、办公费、水电费、差旅费、保险费、劳动保护费、机物料消耗、季节性和修理期间的停工损失等。

4. 严格遵守成本开支范围,正确地归集与分配各项生产费用

成本开支范围是指国家对哪些开支应计入成本,哪些开支不应计入成本所作出的统一规定。这一步是整个产品成本计算过程中最重要的一个步骤。在这一步骤中,应严格按照成本开支范围和权责发生制原则的要求,准确划分费用的归属期,凡应由本期产品成本负担的费用,无论是否支付,都应全部计入本期产品成本;凡不由本期产品成本负担的费用,即使

已经支付，也不能计入本期产品成本。

将所发生的各项生产费用按其归属对象分别计入各个受益者。凡有特定的归属对象的直接费用就直接计入其受益者的生产成本明细账；对于无特定归属对象，不能直接计入某一受益者生产成本明细账的间接的制造费用，应选择一定的分配标准，通过合理地计算、分配计入各相关的成本明细账中。在制造费用的分配过程中，常按生产工人工资、生产工时等比例进行分配。制造费用分配率的计算公式为：

$$\text{制造费用分配率}=\frac{\text{制造费用}}{\text{生产工人工资总额(生产总工时等)}}$$

$$\begin{matrix}\text{某产品应负担}\\\text{的制造费用}\end{matrix}=\begin{matrix}\text{该产品生产工人}\\\text{工资(生产工时等)}\end{matrix}\times\text{制造费用分配率}$$

5. 将生产费用在完工产品和在产品之间进行合理的划分

在完成了生产费用的归集与分配以后，为了计算得到本期的完工产品成本，需要将所归集的全部生产费用在完工产品与在产品之间进行分配。若本期产品全部完工，则本期所发生的全部费用均为完工产品成本；若本期生产的产品全部未完工，则本期发生的全部生产费用均为未完工产品成本；若本期生产的产品有的完工、有的未完工，则生产费用要在完工产品与未完工产品之间进行合理的分配。

现举例说明产品生产成本计算的一般方法。

【例 5-4】 假设红旗工厂本期为生产 A、B 两种产品发生的费用如表 5-1 所示。

表 5-1 生产成本计算表

金额单位：元

产品名称	完工数量	生产所耗材料	生产工人工资	生产工人福利费	制造费用
A 产品	140 件	14 000	28 000	3 920	30 580
B 产品	无	19 000	16 000	2 240	
合计		33 000	44 000	6 160	30 580

根据上述资料，A、B 两种产品生产成本的计算过程如下：

(1) 确定成本计算对象是 A、B 两种产品，相应地设置“生产成本——A 产品”和“生产成本——B 产品”两个成本明细账户，并登记期初在产品成本（假设 A、B 两种产品均无期初在产品）。

(2) 根据本月发生的生产费用资料，将能直接计入各成本明细账的直接材料和直接人工分别计入各成本明细账的对应项目下。

借：生产成本——直接材料（A 产品） 14 000

  贷：原材料 14 000

借：生产成本——直接人工（A 产品） 31 920

  贷：应付职工薪酬 31 920

借：生产成本——直接材料（B 产品） 19 000

  贷：原材料 19 000

借：生产成本——直接人工（B 产品） 18 240

  贷：应付职工薪酬 18 240

(3) 本月发生的制造费用，应该由 A、B 两种产品共同负担，因此需要采用一定的分配方法，分配计入 A、B 两种产品的生产成本。在分配过程中，假设选择生产工人的直接工资为分配标准，则分配过程如下：

$$制造费用分配率=\frac{30\ 580}{28\ 000+16\ 000}=0.695$$

A 产品应负担的制造费用＝28 000×0.695＝19 460(元)

B 产品应负担的制造费用＝30 580－19 460＝11 120(元)

将上述计算结果分别登记在 A、B 两种产品的“生产成本”明细账中的相应成本项目下。

借:生产成本——制造费用(A 产品)　19 460

　贷:制造费用　19 460

借:生产成本——制造费用(B 产品)　11 120

　贷:制造费用　11 120

(4) 月末,A 产品全部完工,B 产品全部未完工,根据 A、B 两种产品“生产成本”明细账中登记的内容,完成 A 产品的成本计算,进行月末结账,并编制成完工产品生产成本计算表,如表 5-2 所示。

表 5-2　完工产品生产成本计算表

××年×月　　　　单位:元

成本项目	A 产品	
	总成本(140 件)	单位成本
直接材料	14 000	100
直接人工	31 920	228
制造费用	19 460	139
合计	65 380	467

根据表 5-2,编制会计分录如下:

借:库存商品——A 产品　65 380

　贷:生产成本——A 产品　65 380

三、产品销售成本的计算

(一)销售过程核算的主要内容

销售过程是工业企业生产经营活动的第三阶段。在这个阶段中,企业通过产品的销售,收回货币资金,以保证企业再生产的进行。企业应通过计算结转产品的销售成本,并将其与当期实现的销售收入相配比,从而计算出企业在一定时期内实现的产品销售利润或发生的亏损。

产品销售成本计算的对象是每一种已销售的产品。由于产品销售成本是已销售产品的生产成本,因而,产品销售成本的计算,实质上是已销售产品生产成本的计算。已销售产品的生产成本是将已销售产品的数量乘以已销售产品的单位生产成本计算出来的。

(二)产品销售成本的计算方法

计算已销售产品生产成本的方法有先进先出法、后进先出法、月末一次加权平均法、移动加权平均法及个别计价法等。

1. 先进先出法

先进先出法是以先收到的存货先发出为假定前提,并按这种假定的存货流转程序对发出存货和期末存货进行计价的方法。采用这种方法,收到存货时,应在存货明细分类账中逐笔登记每一批存货的数量、单价和金额,发出存货时,按照先进先出的原则确定单价,逐笔登记存货的发出金额和结存金额。

【例 5-5】 假设企业 2018 年 6 月份 A 产品收发结存资料如表 5-3 所示，采用先进先出法计算 A 产品的销售成本。

表 5-3　A 产品收发结存资料

业务	收入		销售数量（千克）	结存数量（千克）
	数量（千克）	单价（元/千克）		
6 月 1 日存货				1 500（单价 10 元/千克）
6 月 2 日销售			800	700
6 月 8 日收入	1 000	11.75		1 700
6 月 10 日销售			1 200	500
6 月 18 日收入	1 500	11.50		2 000
6 月 25 日销售			1 000	1 000

根据表 5-3 采用先进先出法分析计算 A 产品销售及结存数量、单价及金额，如表 5-4 所示。

表 5-4　A 产品收发结存明细分类账

名称及规格：A 产品　　　　数量单位：千克　金额单位：元

2018 年		凭证	摘要	收　入			销　售			结　存		
月	日	字号		数量	单价	金额	数量	单价	金额	数量	单价	金额
6	1	略	月初							1 500	10	15 000
	2		销售				800	10	8 000	700	10	7 000
	8		购入	1 000	11.75	11 750				700 1 000	10 11.75	7 000 11 750
	10		销售				700 500	10 11.75	7 000 5 875	500	11.75	5 875
	18		购入	1 500	11.50	17 250				500 1 500	11.75 11.50	5 875 17 250
	25		销售				500 500	11.75 11.50	5 875 5 750	1 000	11.50	11 500
	31		合计	2 500		29 000	3 000		32 500	1 000	11.50	11 500

由表 5-4 可以得出，

本月销售 A 产品的成本＝(800×10)＋(700×10＋500×11.75)＋(500×11.75＋500×11.50)

＝8 000＋7 000＋5 875＋5 875＋5 750＝32 500(元)

在结转产品销售成本时，编制如下会计分录：

借：主营业务成本　　32 500

　贷：库存商品——A 产品　　32 500

2. 月末一次加权平均法

若采用月末一次加权平均法计算已销售产品的单位生产成本，其计算公式如下：

$$\text{存货单位成本}=\frac{\begin{array}{c}\text{月初库存存货}\\\text{的实际成本}\end{array}+\sum\left(\begin{array}{c}\text{本月某批进货的}\\\text{实际单位成本}\end{array}\times\begin{array}{c}\text{本月某批}\\\text{进货数量}\end{array}\right)}{\text{月初库存存货的数量}+\text{本月各批进货数量之和}}$$

在计算出已销售产品的单位成本之后，就可据以算出当期的产品销售成本，其计算公式如下：

本月销售成本＝本月销售存货数量×存货单位成本

下面举例说明月末一次加权平均法的应用。

【例 5-6】 新华工厂 6 月份销售 A 产品 650 台、B 产品 1 100 件。本月初库存产品的情况如下：A 产品 200 台，单位成本 55.29 元/台；B 产品 400 件，单位成本 41.25 元/件。6 月份 A、B 产品完工数量及单位成本见表 5-5。

表 5-5 产品生产成本计算表

成本项目	A 产品(800 台)		B 产品(1 000 件)	
	总成本(元)	单位成本(元/台)	总成本(元)	单位成本(元/件)
直接材料	32 000	40	35 000	35
直接人工	3 192	3.99	5 000	5
制造费用	8 000	10	6 500	6.50
合计	43 192	53.99	46 500	46.50

A 产品的加权平均单位成本＝(55.29×200＋53.99×800)÷(200＋800)
＝54.25(元/台)

A 产品的销售成本＝54.25×650＝35 262.50(元)

B 产品的加权平均单位成本＝(41.25×400＋46.50×1 000)÷(400＋1 000)
＝45(元/件)

B 产品的销售成本＝45×1 100＝49 500(元)

在结转产品销售成本时，编制如下会计分录：

借：主营业务成本　　84 762.50
　贷：库存商品——A 产品　　35 262.50
　　　　　　——B 产品　　49 500

互动地带

运用例 5-5 的有关资料采用月末一次加权平均法计算 A 产品的销售成本，并比较两种不同的计算方法的结果，根据结果说明哪种方法对企业更有利。

项目小结

企业在生产经营中，需要耗费各种人力、物力和财力，这种耗费的货币表现为生产费用。各种费用归集到一定的对象上，即为各该对象的成本。成本计算要按要求和程序进行，并确定各个成本计算项目。生产企业成本计算的内容有：

原材料采购成本：材料买价＋采购费用(不包括采购人员工资等)。

产品生产成本：直接材料＋直接人工＋制造费用。

产品销售成本：以先进先出法、月末一次加权平均法、移动加权平均法、个别计价法等存货发出计价方法确定产品销售成本。

过关斩将

一、单项选择题

1. 按照马克思《资本论》的说法，成本是指商品产品价值构成中的(　　)。

A. 物化劳动价值部分　　B. 物化劳动价值与必要活劳动价值部分

C. 税金与利润部分　　D. 必要活劳动价值部分

2. 下列支出中不属于资本性支出的是(　　)。

A. 购置生产设备支出　　B. 车间生产工人的工资

C. 购买专利权支出　　D. 固定资产改良支出

3. 下列关于成本计算对象的说法错误的是(　　)。

A. 工业企业的成本计算对象一般是产品、半成品、产品批次等

B. 建筑设计企业的成本计算对象可能是一张图纸、一项工程

C. 流水线生产的企业可以方便地以批次作为成本计算对象

D. 多步骤生产企业可以选择分步法计算每个步骤的半成品和最终产品的成本

4. 下列项目中不属于产品生产成本的是(　　)。

A. 制造费用　　B. 直接人工费用　　C. 折旧费用　　D. 直接材料费用

5. 下列内容中不属于材料采购成本构成项目的是(　　)。

A. 材料的买价　　B. 运杂费

C. 运输途中的合理损耗　　D. 采购人员的工资

6. 某企业外购A、B两种材料，A材料买价为200 000元，B材料买价为300 000元，两种材料共发生运杂费5 000元。则B材料的取得成本为(　　)元。

A. 302 500　　B. 305 000　　C. 303 000　　D. 300 000

7. 某企业自制材料，领用材料的成本为100 000元，人工费用为10 000元，间接费用为8 000元，则自制材料的取得成本为(　　)元。

A. 100 000　　B. 110 000　　C. 118 000　　D. 108 000

8. 结转销售产品成本时，应借记(　　)科目，贷记“库存商品”科目。

A.“主营业务成本”　　B.“制造费用”　　C.“本年利润”　　D.“主营业务收入”

9. 计算本期产品的生产成本时，本期发生的生产费用(　　)。

A. 应全部计入　　B. 全部不应计入　　C. 应计入一部分　　D. 不一定全部计入

10. 产品的生产成本是由(　　)。

A. 材料成本加生产费用构成　　B. 生产费用加营业费用构成

C. 按一定种类产品归集的生产费用构成　　D. 产品的直接材料费加工资费用构成

11. 下列各项费用中，不能直接记入“生产成本”账户的是(　　)。

A. 构成产品实体的原材料费用　　B. 生产工人的工资

C. 生产工人的福利费　　D. 车间管理人员的薪酬

12. 决定商品价格，同时也影响商品竞争能力的基本条件是(　　)。

A. 商品的外观　　B．商品的数量　　C. 商品的成本　　D. 商品的生产周期

13. 产品制造成本的成本项目中不包括(　　)。

A. 直接材料　　B. 直接人工　　C. 制造费用　　D. 生产费用

14. 下列内容不属于材料采购成本构成项目的是(　　)。

A. 材料的买价　　B. 外地的运杂费

C. 运输途中的合理损耗　　D. 采购机构的经费

15. 月末对"制造费用"进行分配并结转，应转入（　　）。

A. 管理费用　　B. 主营业务成本　　C. 生产成本　　D. 本年利润

二、多项选择题

1. 成本计算是（　　）的基础。

A. 计算资产价值　　B. 计算损益　　C. 计算所有者权益　　D. 计算负债价值

2. 产品制造成本包括（　　）。

A. 直接材料　　B. 制造费用　　C. 直接人工　　D. 管理费用

3. 直接材料包括（　　）。

A. 主要原材料　　B. 辅助材料　　C. 车间一般耗用材料　　D. 燃料

4. 材料取得成本计算的正确性会影响（　　）。

A. 资产结存价值　　B. 净损益　　C. 资产发出价值　　D. 费用

5. 外购材料取得成本包括（　　）。

A. 买价　　B. 定额内的途中损耗　　C. 运杂费　　D. 非正常损耗

6. 下列账户中，用于归集资产成本的账户是（　　）。

A. 原材料　　B. 营业成本　　C. 制造费用　　D. 在建工程

7. 下列成本、费用账户中，月末一般无余额的是（　　）。

A. 生产成本　　B. 销售费用　　C. 制造费用　　D. 财务费用

8. 工业企业主要经营过程的成本计算内容包括（　　）。

A. 材料采购成本的核算　　B. 生产过程产品生产成本计算

C. 在建工程成本计算　　D. 销售过程产品销售成本计算

E. 基本建设的基建成本计算

三、判断题

1. 成本计算是对应计入完工产品的全部费用进行归集、计算，并确定各种产品的总成本和单位成本的会计方法。（　　）

2. 成本计算方法是复式记账法的基础，是正确计算损益的基础。（　　）

3. 费用和成本是既有联系又有区别的两个概念，费用与特定的计算对象相联系，成本与特定的会计期间相联系。（　　）

4. 广义的成本计算存在于企业经济活动的全过程，任何一项活动纳入会计核算系统，都涉及成本的计算。（　　）

5. 外购材料的采购成本应由材料的买价构成。（　　）

6. 某企业外购 A、B 两种材料，其中 A 材料的买价为 100 000 元，B 材料的买价为300 000元，共同负担的运杂费为 5 000 元，则 A 材料的取得成本为 102 500 元。（　　）

7. 自制材料生产成本是由领用材料成本和制造费用两部分构成的。（　　）

8. 产品制造成本中的直接材料和直接人工属于直接费用，制造费用属于间接费用。（　　）

9. 产品成本是制定产品销售价格的重要依据。（　　）

10. 生产过程中发生的直接费用计入产品的制造成本，间接费用计入管理费用。（　　）

四、简答题

1. 什么是费用？费用和成本有何区别？

2. 简述成本计算的作用。

3. 简述成本计算的基本原则。

4. 简述成本计算的基本程序。

5. 材料采购的成本构成内容有哪些?

6. 产品生产成本的构成项目有哪些?制造费用分配依据如何确定?

7. 产品销售成本的计算方法有哪些?产品销售成本与产品生产成本是否有关联?

五、实务题

[习题一]

目的:练习材料采购成本的计算。

资料:某公司 2018 年 6 月发生下列经济业务:

(1)向红星公司购进甲材料 50 吨,单价为 400 元;乙材料 15 吨,单价为 200 元,并按购价的 16%计算应交增值税。材料未入库,货款及税金已用银行存款支付。

(2)以银行存款支付购入上述甲、乙材料的运输费 650 元(不考虑运费增值税),按材料重量分配计入甲、乙两种材料的成本。

(3)上述甲、乙材料已验收入库,按实际采购成本转账。

要求:

(1)根据上述经济业务编制会计分录。

(2)计算甲、乙材料的采购成本。

[习题二]

目的:练习产品成本的计算。

资料:某企业生产 A 产品,本期领用材料 70 000 元,发放工资 20 000 元,提取折旧20 000 元,以银行存款 10 000 元支付各项制造费用,“生产成本——A 产品”期初结存20 000 元。

要求:

(1)根据上述资料编制归集生产费用的会计分录。

(2)如果本期 A 产品全部完工,计算完工产品成本并编制结转产品成本的会计分录。

(3)如果本期期末在产品为 15 000 元,计算完工产品成本并编制结转产品成本的会计分录。

[习题三]

根据例 5-5 的资料,采用月末一次加权平均法计算 A 产品的销售成本,试比较两种不同的计算方法的结果是否一致。根据结果说明哪种方法对企业更有利,并编制结转产品销售成本的会计分录。

项目六　账户的分类

学习目标

通过本项目的学习，应当了解账户以经济内容为分类标准、以用途和结构为分类标准的内容；理解各类账户之间的区别和联系；掌握各类账户在提供核算指标方面的规律性。

任务导入

老师讲课时说账户最能体现会计学专业的特征，账户分类是很重要的。小明是会计学专业的一名学生，问老师为什么。老师解释：首先，账户本身就是对企业经济活动内容进行分类的一种延伸，体现了认识论中"解剖麻雀"的基本思想；其次，账户不仅将零星、分散的原始信息按一定的规律予以系统化，而且为企业财务报表的编制提供了基本信息来源；最后，账户还能够提供企业最关键的、真正构成"商业秘密"的经济活动信息。老师还进一步解释说："其实会计和其他管理类课程一样，是一门分类的艺术，我们把单位的资金运动作为会计对象，会计对象往下分就是会计要素，会计有六大要素，会计要素再住下分就是会计账户，会计账户有不同的分类办法。其实你们学习的专业课程也是这样的，第一章是概论部分，讲述的是课程导入和课程的宏观内容，然后是按照一定的框架对整体进行分类，一一道来。"

思考与讨论：

为什么要对会计账户进行分类？有哪些具体的分类方法？

任务一　账户分类的意义和标准

一、账户分类的意义

企业的经济业务是复杂的，具有多样性，不同的经济业务包含不同的经济内容。在实际工作中，为了加强企业的经营管理，就需要会计提供不同的会计信息资料。为了全面反映各项会计要素的增减变化情况，为企业的经济管理提供必需的会计信息，必须设置和运用一系列的账户。每一个账户只能记录企业经济活动的某一方面，不可能对企业的全部经济业务加以记录。而企业的经济活动作为一个整体，是需要一个相互联系的账户体系加以反映的。因此，各个账户之间既相互联系，又彼此独立。由各个彼此独立、作用互补的具有内在联系的账户所组成的完整的账户系列，称为账户体系。

现代管理理论认为，分类是一种基本的管理。科学地进行账户的分类有助于科学地进行管理。账户分类就是研究账户体系中各账户之间存在的共性，寻求其规律，探明每一账户在账户体系中的地位和作用，以便加深对账户的认识，更好地运用账户对企业的经济业务进行反映。按不同的标准对账户进行分类，可以从不同的角度认识账户，并把全部账户划分为各种类别。它是将全部的账户，按照账户的本质特点，进行科学的概括。

研究账户分类的目的就是为了进一步了解各账户的具体内容，明确掌握账户之间的联系和区别以及账户的使用方法，以满足提供各项指标、促进管理的需要。具体地说，账户分类的作用有：

1. 便于设置完整的账户体系

账户的分类，有利于从理论上加深对账户的全面认识，了解账户体系的设置和运用在会计核算体系中的地位和作用，有助于正确运用设置账户这种会计核算的专门方法，建立起更加完善的会计核算体系。

2. 便于设置会计账簿的格式

账户的分类，便于进一步了解账户体系中各类账户的共性和特性，以及各个账户内容之间的联系与区别，从使用账户的技术方法的角度来研究账户的不同用途和结构，揭示账户使用中的规律，不断提高运用技能，从而做到正确、熟练地使用账户。

3. 便于编制会计报表

会计报表的来源主要是账簿记录。账户的分类，能够使我们正确认识各会计要素的经济内容，通过对数据按报表信息的要求进行分类，形成报表所需要揭示的财务信息和其他经济信息，为经济管理提供系统的、分门别类的会计资料。

4. 便于根据需要灵活选用会计账户

账户的分类，能够揭示全部账户在反映会计内容上存在的既分工又协作的关系，当会计制度确定的会计账户随各个时期经济管理的不同要求而变动时，能够尽快适应，并在统一会计制度许可的范围内，根据企业实际情况增设或合并会计账户。

二、账户分类的标准

账户分类有两个基本原则：一是以按账户经济内容分类为基础；二是在经济内容分类的基础上，按账户的用途、结构进行分类。

(1)以按账户经济内容分类为基础。账户的经济内容是指账户所核算和监督的会计要素的具体内容。它是建立账户体系的基础。企业的经济业务是复杂多样的，所反映的经济内容也不同，因此，需要不同的账户来反映。根据经济内容分类是其他分类的前提。

(2)按用途与结构的分类，是对账户按经济内容分类的必要补充。不同经济业务所反映的经济内容，在账户的用途和结构中所描述的具体内容是不同的。只有结合经济业务的具体内容来分析账户的用途和结构，才能充分揭示账户的特点和共性，并了解账户体系的内在联系及规律。

任务二　账户按经济内容分类

一、账户按经济内容分类的意义

账户的经济内容是指账户所核算和监督的会计对象的具体内容。账户的经济内容——

资本运动，决定着账户的本质。账户之间最本质的差别在于其反映的经济内容不同。各个会计主体设置和运用账户，主要是根据它所核算和监督的会计对象的具体内容而决定的。不同性质的会计主体，经济活动的内容不同，在会计核算中就必须设置和运用不同的账户，核算和监督经济业务所引起的会计对象的增减变化。所以，账户按经济内容分类是账户最主要的、最基本的一种分类。

研究账户按经济内容的分类，可以确切地了解每一个或每一类账户核算和监督的内容；可以正确地判断应记入的账户，以及如何正确地设置和运用账户，全部账户的设置能否适应有关单位经济活动的特点，能否满足有关单位经济管理的需要。将账户按经济内容分类，对于正确区分账户的经济性质，以便建立完善的账户体系，都是非常必要的。

企业的经济业务是复杂多样的，所反映的经济内容也不同，因此，明确按照经济内容分类，就能准确区分账户的性质。它是建立账户体系的基础，也是按其他标志分类的基础与前提。

二、账户按经济内容分类的基本内容

账户的经济内容就是企业的资产、负债、所有者权益、成本、损益等资金运动全过程的具体内容。一个单位所设置的全部账户能够综合反映和控制这个单位的会计内容，同样，会计核算和监督的具体内容又必须通过一个完整的账户体系实现。账户体系与会计具体内容（即会计要素）的一致性，就决定了账户体系的分类与会计具体内容的一致性。

企业进行生产经营活动，首先要拥有一定的场地、设备，同时也需要一定的周转资金，这些由企业拥有或控制的经济资源为资产。为反映资产的增减变动及结存情况，需设置一类账户，通过账户的发生额反映资产的增减变动，通过账户的余额反映资产的结存。

企业资产主要来源于债权人和所有者的投资。债权人提供的资产，须以企业未来的资产或劳务去偿付，此为企业的负债。为反映债权人提供资产及其偿还等情况，需设置一类账户，通过账户的发生额反映负债的形成和偿付，通过账户的余额反映未偿还的债务。

所有者权益是企业总资产减去总负债后的余额。在企业创建之时，它是投资者投入企业的资本；在企业进行生产经营活动取得盈利以后，所有者权益就是投入资本与未分配利润之和。为反映投入资本和未分配利润的增减变动及其结果，设置一类账户，通过账户的发生额反映投入资本和未分配利润的增减变动，通过账户的余额反映投资者的实有权益。

企业从不同来源取得各项资产后，投入生产经营活动。进行生产经营活动，必然要在销售商品或提供劳务等经营业务中取得各项收入，也必然相应地发生一些耗费。企业取得的各项收入在补偿生产经营活动中已消耗的各项支出后，形成了利润。为反映企业收入的取得、费用的发生和利润的形成，需设置三类账户，一类账户的发生额反映企业的收入情况，另一类账户的发生额反映生产经营过程中的成本费用情况，还有一类的发生额反映其利润。通过三类账户发生额的结转，结算出企业的利润形成情况。

因此，账户按经济内容划分，可以分为五大类，分别说明如下：

1. 资产类账户

资产类账户是反映企业资产要素的增减变动及其结存的账户。按照资产的流动性，分为流动资产账户和非流动资产账户两类。

反映流动资产的账户又分为货币性资产的账户，如“库存现金”“银行存款”“其他货币资金”等账户；反映短期投资的账户，如“交易性金融资产”账户；反映结算债权的账户，如“应收票

据”“应收账款”“其他应收款”等账户;反映存货资产的账户,如“库存商品”“原材料”等账户。

反映非流动资产的账户,如“可供出售金融资产”“长期股权投资”“持有至到期投资”“固定资产”“在建工程”“无形资产”等账户。

资产类账户的特点是这类账户一般都有余额,且在借方。

2. 负债类账户

负债类账户是反映企业负债要素的增减变动及其结存的账户。按照负债偿还期的长短或流动性,分为流动负债账户和长期负债账户。

反映流动负债账户的有“应付账款”“应付票据”“应付职工薪酬”“应付股利”“应交税费”等账户。

反映长期负债账户的有“长期借款”“应付债券”“长期应付款”等账户。

负债类账户的特点是这类账户一般都有余额,且在贷方。

3. 所有者权益类账户

所有者权益类账户是反映企业所有者权益要素增减变动及其结存的账户。按所有者权益形成的渠道,又分为反映原始投资的账户,如“实收资本”“股本”账户;反映收益形成的账户,如“盈余公积”账户;反映利润及其分配的账户,如“利润分配”账户和“本年利润”账户。

所有者权益类账户的特点是这类账户一般都有余额,且在贷方。

4. 成本类账户

成本类账户是用来反映与生产产品相关的直接材料、直接人工和制造费用的账户,包括“生产成本”账户和“制造费用”账户等。其中,“生产成本”账户用来反映全部生产费用,期末余额在借方,表示在产品的成本,所以,它同时又是一个资产类账户。“制造费用”账户用来专门归集和分配为生产产品而发生的间接费用,期末时该账户金额要全部转到“生产成本”账户,结转后该账户无余额。

5. 损益类账户

损益类账户是反映影响本期利润增减变动的各项收入和费用的账户。按其所反映的具体内容,又可以分为收入类账户和费用类账户两类。

收入类账户是反映企业发生的各种业务活动所取得的收入的账户。以工业企业为例,收入类账户有“主营业务收入”“其他业务收入”“营业外收入”“投资收益”等账户。这类账户期末一般没有余额。

费用类账户是反映企业发生的各种费用的账户,主要包括“主营业务成本”“其他业务成本”“税金及附加”“所得税费用”“营业外支出”“销售费用”“管理费用”“财务费用”等账户。

上述对账户按经济内容的分类如图 6-1 所示。

任务三　账户按用途和结构分类

一、账户按用途和结构分类的含义

由于各个账户的使用方法不同,在账户体系中起着不同的作用,从不同的角度反映经济活动的某一侧面,提供不同的信息,因此,通过账户按经济内容的分类,可以为账户的设置与

- 账户按经济内容分类
  - 资产类账户
    - 流动资产账户
      - 货币资产账户
        - “库存现金”账户
        - “银行存款”账户
        - “其他货币资金”账户
      - 短期投资账户——“交易性金融资产”账户
      - 结算债权账户
        - “应收票据”账户
        - “应收账款”账户
        - “其他应收款”账户
      - 存货账户
        - “库存商品”账户
        - “原材料”账户
    - 非流动资产账户
      - “可供出售金融资产”账户
      - “长期股权投资”账户
      - “持有至到期投资”账户
      - “固定资产”账户
      - “在建工程”账户
      - “无形资产”账户
  - 负债类账户
    - 流动负债账户
      - “应付职工薪酬”账户
      - “应付票据”账户
      - “应付账款”账户
      - “应交税费”账户
    - 长期负债账户
      - “长期应付款”账户
      - “长期借款”账户
      - “应付债券”账户
  - 所有者权益账户
    - “实收资本”账户
    - “股本”账户
    - “资本公积”账户
    - “盈余公积”账户
    - “利润分配”账户
  - 损益类账户
    - 收入类账户
      - “主营业务收入”账户
      - “其他业务收入”账户
      - “营业外收入”账户
      - “投资收益”账户
    - 费用类账户
      - “管理费用”账户
      - “财务费用”账户
      - “销售费用”账户
      - “主营业务成本”账户
      - “其他业务成本”账户
      - “税金及附加”账户
      - “营业外支出”账户
  - 成本类账户
    - “生产成本”账户
    - “制造费用”账户

图 6-1 账户按经济内容分类图

运用打下基础。但是，为了深入地了解和掌握账户在提供核算指标方面的规律性，正确地设置和运用账户来记录经济业务，为决策人提供有用的会计信息，须对账户进一步分析并归类。因为，账户按经济内容分类，并不能明确在什么情况下使用什么账户，即未能明确账户的用途是什么；同时，账户按经济内容的分类，也没有明确如何使用各类账户，如何提供经营管理所需要的各种指标，以及各类账户的基本结构、内容，即未能明确账户的结构是怎样的。因此，为了正确地运用账户来记录经济业务，掌握账户在提供核算指标方面的规律性，有必要在账户按经济内容分类的基础上,进一步对账户按用途和结构进行分类。

账户按用途与结构的分类,是对账户按经济内容分类的必要补充。不同经济业务所反映的经济内容,在账户的用途和结构中所描述的具体内容是不同的。只有结合经济业务的具体内容来分析账户的用途和结构,才能充分揭示账户的特点和共性,并了解账户体系的内在联系及规律。

账户的用途是指通过账户的记录能够提供哪些会计核算指标,也是指设置和运用账户的目的。

账户的结构是指在账户中怎样记录经济业务,如何取得所需的会计核算资料,也就是账户的借方登记什么,贷方登记什么,期末账户有没有余额,在一般情况下余额在哪一方,描述什么样的经济内容。

账户的用途和结构是否相同,一般取决于账户的性质。

二、账户按用途和结构分类的基本内容

账户按用途和结构通常可以分为:盘存类账户、资本类账户、结算类账户、集合分配类账户、跨期摊提类账户、成本计算类账户、财务成果类账户、损益计算类账户、调整类账户和暂记类账户十类。现以工业企业常用的账户为例,说明各类账户的用途、结构及其基本特点。

(一)盘存类账户

盘存类账户是用来核算那些能够盘点其数量,进而确定其金额的财产、物资和货币资产增减变动及其结存的账户。

盘存类账户的共同用途,是可以提供与财产、物资、货币资产的实存数额相互核对的期末账面结存额;可以通过财产清查或对账的方法,检查账面结存数是否与实存数相符,检查财产物资在经营管理上存在的问题。

盘存类账户的共同特点是所有的盘存账户都可以通过财产清查的方法确定其实有数,核对其实际结存数与账面结存数是否相符,检查实存的财产物资和货币资金在管理上和使用上是否存在问题。除“库存现金”和“银行存款” 账户以外,其他盘存类账户,如“原材料”“库存商品”“固定资产”等账户,都可以通过设置明细账,提供实物数量和金额两种指标。

盘存类账户的结构,其借方登记各项货币资金和实物资产的增加数,贷方登记各项货币资金和实物资产的减少数,期末余额总是在借方,表示期末各项货币资金和实物资产的结存数额。如表 6-1 所示。

表 6-1 盘存类账户

借方	贷方
期初余额:财产物资或货币资金的期初结存数 发生额:财产物资或货币资金的增加数	发生额:财产物资或货币资金的减少数
期末余额:财产物资或货币资金的期末结存数	

属于盘存类账户的主要有:“库存现金”“银行存款”“原材料”“库存商品”“固定资产”等账户。

(二)资本类账户

资本类账户,又叫所有者权益账户,是用来核算企业资本金的增减变动及其实有数额的

账户。这类账户反映的内容都是投资者的权益性质，既包括投资者的原始投入，又包括在经营过程中形成的归投资者享有的权益。

这类账户在结构上的共同特点是：贷方登记企业投资者投入的资本金以及形成的盈余积累资本的增加数，借方登记其减少数额；期末余额总是在贷方，表示投资者投入的资本金及盈余积累资本的实有数额。

资本类账户的特点是：总分类账户和明细分类账户只能提供货币指标。

资本类账户的结构如表 6-2 所示。

表 6-2　资本类账户

借方	贷方
发生额：本期资本金的减少数	期初余额：原始资本金实有数 发生额：本期资本金的增加数
	期末余额：资本金的期末结存数

属于资本类账户的有："实收资本""股本""资本公积""盈余公积"等账户。

（三）结算类账户

结算类账户是用来反映和监督企业同其他单位或个人之间债权、债务结算情况的账户。由于结算业务的性质不同，决定了不同结算账户具有不同的用途和结构。

结算类账户的共同用途，是核算应收、应付款项的增减变动情况，促使企业及时催收应收款项和及时偿付应付款项，准确确定企业债权、债务数额。按照账户的具体用途和结构，结算类账户又可分为资产结算账户、负债结算账户和资产负债结算账户三类。

1. 资产结算账户

资产结算账户又叫债权结算账户，是用来反映和监督企业同各债务单位或个人之间的债权结算业务的账户，即核算各种应收或预付款项的账户。这类账户的借方登记各种应收款项或预付款项的增加数额，贷方登记其减少数额，余额一般在借方，表示尚未收回的应收款项或尚未结算的预付款项等债权的实有数额。资产结算账户的结构如表 6-3 所示。

属于资产结算账户的主要有："应收账款""应收票据""预付账款""其他应收款"等账户。

表 6-3　资产结算账户

借方	贷方
期初余额：尚未结算的应收账款期初结存数 发生额：本期应收账款及预付账款的增加数	发生额：本期应收账款及预付账款的减少数
期末余额：尚未收回的应收款及预付款的期末结存数	

2. 负债结算账户

负债结算账户又称债务结算账户。它与资产结算账户正相反，是用来核算企业同各个债权单位或个人之间的结算业务的账户，即核算各种应付或预收款项的账户。负债结算账户的贷方登记本期借入款项、应付款项或预收款项的增加数，借方登记本期借入款项、应付款项或预收款项的减少数。债务结算账户如果有余额在贷方，表示结算的借入款项、应付款项或尚未结算的预收款项的实有数。

负债结算账户的结构如表 6-4 所示。

表 6-4 负债结算账户

借方	贷方
发生额:应付账款及预收账款的减少数	期初余额:期初应付账款及预收账款的结存数 发生额:应付账款及预收账款的增加数
	期末余额:应付账款及预收账款的期末结存数

属于负债结算账户的主要有:“应付账款”“应付票据”“预收账款”“短期借款”“长期借款”“应付职工薪酬”“应交税费”“应付利润”“其他应付款”“应付利息”等账户。

3. 资产负债结算账户

资产负债结算账户又称债权债务结算账户。顾名思义,这类账户既反映债权结算业务,又反映债务结算业务,是双重性质的结算账户,用来反映企业同其他单位或个人之间的往来结算款项。该类账户的借方既登记债权的增加,又登记债务的减少;贷方既登记债务的增加,又登记债权的减少;余额在借方,表示尚未收回的应收款项;余额在贷方,表示尚未偿付的应付款项。

资产负债结算账户的结构如表 6-5 所示。

表 6-5 资产负债结算账户

借方	贷方
期初余额:期初应收款项大于应付款项的差额 发生额:(1)本期应收款项的增加数 (2)本期应付账款的减少数	期初余额:期初应收款项小于应付款项的差额 发生额:(1)本期应收款项的减少数 (2)本期应付账款的增加数
期末余额:应收款项大于应付款项的总额	期末余额:应收款项小于应付款项的总额

属于资产负债结算账户的有“其他往来”等账户。

结算类账户的特点为:结算类账户必须采用查询的方式才能核实,因此需要按照结算业务的对应单位或个人开设明细分类账户。结算类账户只能提供货币指标。

“应收账款”账户是债权结算账户。在会计实务中,如果企业多收了销货款,多收部分就会转化为应退还给对方的款项,变为负债。另外,“应收账款”这个账户还可以登记“预收账款”这一负债项目的增减变动,因而,期末余额也可能出现在贷方。类似情况在其他账户中也存在,如“应付账款”账户。也就是说,这些账户实际上都是既反映资产又反映负债,既反映债权又反映债务的双重性质的账户。期末需根据账户余额的方向确定其反映的经济业务的性质是资产还是负债。

(四)集合分配类账户

集合分配类账户是用来归集和分配企业生产经营过程中某个阶段所发生的各种费用,反映和监督有关费用计划执行情况以及费用分配情况的账户。企业在生产经营过程中发生的一些应由各个成本计算对象共同负担的间接费用,不能直接计入某个成本计算对象,而应首先通过集合分配类账户进行归集,然后再按照一定标准进行分配,计入各个成本计算对象。企业可以通过集合分配类账户来核算和监督有关费用计划的执行情况和分配情况,加强间接费用的管理,正确确定产品的生产成本。

集合分配类账户的基本结构是:借方登记各种费用的发生数,贷方登记按照一定标准分配计入各个成本计算对象的费用分配数。除季节性生产的企业以外，这类账户借方归集的费用一般在当期的期末全部都分配计入各个成本计算对象中去，所以集合分配类账户一般在期末没有余额。

集合分配类账户的基本结构如表 6-6 所示。

表 6-6　集合分配类账户

借方	贷方
发生额：汇总归集某项成本或费用的本期发生额	发生额：期末按一定标准分配给受益产品的数额

属于集合分配类账户的主要是“制造费用”账户等。

（五）跨期摊提类账户

跨期摊提类账户是按照权责发生制的要求用来核算应由各个会计期间共同摊提的费用，并将这些费用在各个会计期间摊配或预提的账户。设置跨期摊提类账户的目的在于按照权责发生制原则和配比原则，合理地划清费用的受益期限，把应由几个会计期间共同负担的产品生产成本或期间费用，合理地分配到各个受益期，以便正确地计算各期产品成本和期间费用。跨期摊提类账户有“待摊费用”账户、“长期待摊费用”账户和“预提费用”账户。“待摊费用”“长期待摊费用”账户和“预提费用”账户是性质不同的账户，“待摊费用”“长期待摊费用”账户属于资产类账户，“预提费用”账户属于负债类账户。但是，这两类账户在结构上有相同之处，就是这两类账户的借方都是用来登记费用的支出额或发生数额，贷方都是用来登记应由各会计期间产品成本或期间费用负担的费用摊配数额，借方余额表示已经支付或发生但尚未摊配的数额，贷方余额表示已经预提但尚未支付的预提费用数额。

跨期摊提类账户的结构如表 6-7 所示。

表 6-7　跨期摊提类账户

借方	贷方
期初余额：以前支付但应由本期或以后各期产品成本负担的费用数额 发生额：（1）本期支付但应由本期或以后各期产品成本负担的费用数额 （2）已计入本期产品成本的各期成本的费用数	期初余额：已计入以前各期产品成本但应在本期或以后各期支付的费用数额 发生额：（1）按一定标准分配应由本期成本负担的费用数额 （2）本期已经支付但在以前尚未支付的费用数额
期末余额：在本期和以前各期支付但应计入以后各期产品成本的费用数额	期末余额：预先提取计入本期和以前各期产品成本但应在以后支付的费用数额

跨期摊提类账户的特点为：费用均由相连的若干会计期间共同负担；借方都登记费用的实际支出数，贷方都登记分摊或提取数。

按照 2006 年 2 月颁布的《企业会计准则》，现行制度取消了“待摊费用”和“预提费用”账户，保留了“长期待摊费用”账户。

（六）成本计算类账户

成本计算类账户是用来反映和监督企业生产经营过程中，某一阶段所发生的应计入成本的全部费用，并确定各个成本计算对象的实际成本的账户。

成本计算类账户的借方登记应计入成本的全部费用，包括直接计入各个成本计算对象的费用和按一定标准分配计入各个成本计算对象的费用。贷方登记转出的已完成某一过程的成本计算对象的实际成本。成本计算类账户期末余额在借方，表示尚未完成某一过程的成本计算对象的实际成本。成本计算类账户应按成本计算对象设置明细分类账户，进行明细分类核算。

成本计算类账户的结构如表 6-8 所示。

表 6-8　成本计算类账户

借方	贷方
期初余额：尚未完成生产经营过程的成本计算对象的实际成本 发生额：汇集生产经营过程发生的全部费用数额	发生额：分配转出已完成生产过程的成本计算对象的实际生产成本
期末余额：尚未完工的在产品的实际生产成本	

属于成本计算类账户的有“生产成本”“在建工程”等账户。

成本计算类账户的特点为：按照成本计算对象设置明细分类账，如果成本计算对象本期全部完工，则期末无余额；否则，成本计算对象部分完工，期末则有余额。

(七)财务成果类账户

财务成果类账户是用来核算企业在一定时期(月份、季度、年度)内全部生产经营活动的最终财务成果即利润或亏损的账户。

这类账户的基本结构是：借方登记一定时期内发生的，从费用账户转入的各项费用数额；贷方登记一定时期内发生的，从收入账户转入的各项收入数额。期末借贷双方相抵的计算结果，如为贷方余额，表示收入大于费用的差额，为企业实现的利润数额；如为借方余额，表示收入小于费用的差额，为企业发生的亏损数额。年末，本年实现的利润或发生的亏损都要结转记入利润分配账户，结转后财务成果类账户没有余额，由此可见，这类账户在年度中间，账户的余额无论是实现的利润，还是发生的亏损都不转账，要一直保留在这个账户内，目的是提供截至本期累计实现的利润或累计发生的亏损。因而，年度中间，该账户有余额，而且既可能在贷方，也可能在借方。年终结转，要将本年实现的利润或发生的亏损，从“本年利润”账户转入“利润分配”账户，因此，年末结转后，该账户没有余额。

财务成果类账户的基本结构如表 6-9 所示。

表 6-9　财务成果类账户

借方	贷方
发生额：从各费用账户转入数额	发生额：从各收入账户转入数额
期末余额：本年发生的亏损数	期末余额：本年实现的利润总额

常用的财务成果类账户有“本年利润”账户等。

(八)损益计算类账户

损益计算类账户是用来核算企业一定时期内财务成果形成的账户。这类账户的用途是全面反映和监督企业在一定时期内所取得的各种收入、发生的各种费用和支出的增减变动情况以及结转“本年利润”账户的数额。这类账户包括收入类账户和费用类账户。这些账户虽然性质不同，但是从平时所登记的内容来看，其结构有相同之处，即借方登记引起其财务成果减少的数额，贷方登记引起其财务成果增加的数额，期末应将账户的借贷方差额转入“本年利润”账户，结转后没有余额。

收入类账户是用来反映和监督企业在一定会计期间内所取得的各种收入的账户，贷方登记本期收入的增加额，借方登记本期收入的减少额和期末转入“本年利润”账户贷方的收入额。期末结转后，收入类账户没有余额。

常见的收入类账户有“主营业务收入”、“其他业务收入”、“营业外收入”账户等。其基本结构如表 6-10 所示。

表 6-10 收入类账户

借方	贷方
发生额：期末转入“本年利润”账户的合计	发生额：本期发生并确认的收入合计

费用类账户是用来反映和监督企业在一定会计期间内所发生的应计入当期损益的各种费用的账户。费用类账户的借方登记本期费用支出的增加数额，贷方登记本期费用支出的减少数额和期末转入“本年利润”账户借方的费用数额，期末结转后费用类账户没有余额。

常见的费用类账户有“主营业务成本”“税金及附加”“管理费用”“财务费用”“销售费用”“营业外支出”“所得税费用”账户等。其基本结构如表 6-11 所示。

表 6-11 费用类账户

借方	贷方
发生额：本期发生并确认的费用	发生额：期末转入“本年利润” 账户的合计

（九）调整类账户

在会计核算中，由于管理上的需要或其他方面的原因，对于某些会计要素，要求用两种数字从不同的方面进行反映。在这种情况下，就需要设置两个账户，一个用来反映其原始数字，另一个用来反映对原始数字的调整数字，将原始数字和调整数字相加或相减，就可以求出调整后的实际数字。

调整类账户是用来调整相关账户的账面金额，以表示相关账户实际余额的账户。调整类账户依赖于被调整账户而存在，两者核算的内容相同，但用途和结构不同；被调整类账户反映原始数据，调整类账户反映调整数额。这类账户与被调整类账户结合起来，才能确定某项资产、负债或所有者权益的实有数额。既有资产性质的调整类账户，又有权益性质的调整类账户，还有共同性质的调整类账户。调整类账户根据调整方式不同，又分为抵减账户、附加账户和抵减附加账户三种。

1. 抵减账户

抵减账户也叫备抵账户，是用来抵减被调整类账户的余额，以求得被调整类账户的实际余额的账户。抵减账户的余额与被调整类账户的余额必须方向相反。

调整类账户与被调整类账户之间的计算公式为：

被调整类账户的余额－调整类账户的余额＝被调整类账户的实际数额

按照被调整类账户的性质，抵减账户又可分资产性质的抵减账户和权益性质的抵减账户两种。

(1)资产性质的抵减账户。资产性质的抵减账户是用来抵减某一资产账户(被调整类账户)的余额,以求得该资产的实际数额的账户。抵减账户与被调整类账户的关系如表 6-12 所示。

表 6-12　资产性质的抵减账户与被调整类账户的关系

被调整账户		调整账户	
借方	贷方	借方	贷方
余额:某项资产的实有库存数			余额:该项资产的抵减数

常用的资产性质的抵减账户有:“坏账准备”账户,是“应收账款”账户的抵减账户;“累计折旧”和“固定资产减值准备”账户,是“固定资产”账户的抵减账户;“累计摊销”账户,是“无形资产”账户的抵减账户;“存货跌价准备”账户,是存货类账户的抵减账户;“长期股权投资减值准备”账户,是“长期股权投资”账户的抵减账户。

(2)权益性质的抵减账户。权益性质的抵减账户是用来抵减某一权益账户(被调整类账户)的余额,以求得该权益账户的实际余额的账户。权益性质的抵减账户与被调整类账户之间的关系如表 6-13 所示。

表 6-13　权益性质的抵减账户与被调整类账户的关系

被调整账户		调整账户	
借方	贷方	借方	贷方
	余额:某项权益的实有数	余额:该项权益的抵减数	

常用的权益性质的抵减账户有:“利润分配”账户,是“本年利润”账户的抵减账户。“本年利润”账户反映企业实现的累计利润,“利润分配”账户则反映累计利润分配数,用“利润分配”账户的借方余额抵减“本年利润”账户的贷方余额后的差额即为“本年利润”账户的实际余额(未分配利润)。

2. 附加账户

附加账户是用来增加被调整类账户的余额,以求得被调整类账户实际余额的账户。被调整类账户的余额与附加账户的余额一定在相同的方向。如果被调整类账户的余额在借方(或贷方),则附加账户的余额也一定在借方(或贷方)。

调整类账户与被调整类账户之间的计算公式为:

被调整类账户的余额+调整类账户的余额=被调整类账户的实际数额

附加账户与被调整类账户之间的关系如表 6-14 所示。

表 6-14　附加账户与被调整类账户的关系

被调整账户		调整账户	
借方	贷方	借方	贷方
	余额:某项权益的实有数	余额:该项权益的附加数	

常用的附加账户有:“利润分配”账户,是“本年利润”账户的附加账户。例如,政策性亏损企业,如果实际亏损较计划亏损少,按规定可以分配一部分利润时,“利润分配”账户就是“本年利润”账户的附加账户,用“本年利润”账户的借方余额(累计亏损额),加上“利润分配”账户的借方余额,即为“本年利润”账户的实际余额(应弥补的亏损额)。

3. 抵减附加账户

抵减附加账户，又叫备抵附加账户，是既用来抵减又用来增加被调整类账户的余额，以求得被调整类账户的实际余额的账户。抵减附加账户兼有抵减账户和附加账户的双重作用。当其余额与被调整类账户的余额在相反的方向时，它所起的是抵减账户的作用，其调整方式与抵减账户相同；当其余额与被调整类账户余额在相同方向时，它所起的是附加账户的作用，其调整方式与附加账户相同。调整类账户与被调整类账户之间的计算公式为：

被调整类账户的余额±调整类账户的余额＝被调整类账户的实际数额

实际工作中常用的抵减附加账户有："材料成本差异"账户，是"原材料"账户的抵减附加账户。例如，在材料按计划成本进行日常核算的企业，"材料成本差异"账户就是"原材料"账户的抵减附加账户。此时，"原材料"账户的余额在借方，表示结存材料的计划成本，而"材料成本差异"账户的余额方向不确定，如为借方余额，表示材料实际成本大于计划成本的超支数，超支数加上"原材料"账户的借方余额，就是库存材料的实际成本；反之，如"材料成本差异"账户为贷方余额，则表示实际成本小于计划成本的节约数，节约数抵减"原材料"账户的借方余额后的差额，就是库存材料的实际成本。

（十）暂记类账户

暂记类账户是用来核算和监督某些一时难以确定其应借应贷账户或最终转出金额的经济业务的账户。这类账户是一种过渡性账户，一旦确定了其应借应贷账户或计算出最终转出金额，即应进行转账。若企业发生财产物资的溢余或盘亏，在尚未查明原因或未经有关部门批准前不能确定其应借应贷账户，这时需要设置并应用"待处理财产损溢"账户予以反映，待查明原因，经有关部门批准之后，再作相应结转。"待处理财产损溢"账户便是一个暂记类账户。

此外，对于企业的固定资产清理业务，由于其最终结果（实现净收入或发生净损失）尚不清楚，所以，在清理中应设置"固定资产清理"账户，待清理结束时再将其最终成果转出。"固定资产清理"账户也是一个暂记类账户。

账户按用途和结构分类的账户体系如图 6-2 所示。

任务四　账户的其他分类

一、账户按所提供资料的详细程度分类

设置账户的目的就是为了获得经济管理所需要的会计核算指标。企业在进行经营管理和决策时所需的会计信息是多方面的，既需要企业财务状况的总括资料，也需要会计提供一些详细的资料。因此，为了获得经济管理和经营决策的各种资料，有必要对账户按照提供资料的详细程度进行分类。账户按照所提供的会计核算指标的详细程度，可分为总分类账户和明细分类账户两类。

（一）总分类账户

总分类账户是对企业经济活动的具体内容进行总括核算的账户，它能够提供某一具体内容的总括核算指标。总分类账户亦称总账账户、一级账户。在我国，为了保证会计核算指标口径规范一致，并具有可比性，保证会计核算资料能在一个部门、一个行业、一个地区乃至

- 账户按用途和结构分类
  - 盘存类账户
    - “库存现金”账户
    - “银行存款”账户
    - “原材料”账户
    - “库存商品”账户
    - “固定资产”账户
  - 结算类账户
    - 资产结算账户
      - “应收账款”账户
      - “预付账款”账户
      - “其他应收款”账户等
    - 负债结算账户
      - “应付利息”账户
      - “应付账款”账户
      - “短期借款”账户
      - “应付职工薪酬”账户
      - “预收账款”账户
      - “其他应付款”账户等
    - 资产负债结算账户——“其他往来”账户
  - 资本类账户——“实收资本”账户等
  - 集合分配类账户——“制造费用”账户
  - 跨期摊提类账户——“长期待摊费用”账户
  - 成本计算类账户
    - “生产成本”账户
    - “在建工程”账户
  - 财务成果类账户——“本年利润”账户
  - 损益计算类账户
    - 收入类账户
      - “主营业务收入”账户
      - “其他业务收入”账户
      - “营业外收入”账户
    - 费用类账户
      - “主营业务成本”账户
      - “其他业务成本”账户
      - “税金及附加”账户
      - “管理费用”账户
      - “销售费用”账户
      - “财务费用”账户
      - “营业外支出”账户等
  - 暂记类账户
    - “固定资产清理”账户
    - “待处理财产损溢”账户
  - 调整类账户
    - 抵减账户
      - 资产抵减账户
        - “累计折旧”账户
        - “坏账准备”账户
      - 权益抵减账户——“利润分配”账户
    - 附加账户——“利润分配”账户
    - 抵减附加账户——“材料成本差异”账户

图 6-2　账户按用途和结构分类图

全国范围内综合汇总、分析，同时，也为了便于企业编制会计凭证、汇总资料和编制会计报表，总分类账户的名称、核算内容及使用方法通常是统一制定的。每一个企业都要根据本企业业务的特点和统一制定的账户名称，设置若干个总分类账户。

总分类账户是根据总分类（一级）会计科目设置的，以货币作为计量单位，分类、连续地记录和反映各种资产、负债、所有者权益、成本、损益等总括情况的账户，如“原材料”“固定资产""应收账款"账户等。总分类账户在记录经济业务时，只提供货币指标。

(二)明细分类账户

明细分类账户，是根据总分类账户的核算内容，按实际需要和更详细的分类设置的。它的设置依据是明细分类科目和企业经济管理的要求。它对总分类账户起着补充说明的作用。在记录经济业务时，有的采用价值量度进行核算，有的还要使用实物量度进行核算。

明细分类账户是对企业某一经济业务进行明细核算的账户，它能够提供某一具体经济业务的明细核算指标。在实际工作中，除少数总分类账户，如"本年利润"账户，不必设置明细分类账户外，大多数总分类账户都须设置明细分类账户。如在"原材料"总分类账户下，按照材料的类别、品种或规格设置明细分类账户；在"应收账款"总分类账户下，按照赊购单位的名称设置明细分类账户。明细分类账户是依据企业经济业务的具体内容设置的，它所提供的明细核算资料主要是满足企业内部经营管理的需要。各个企业、单位的经济业务具体内容不同，经营管理的体制不一致，明细分类账户的名称、核算内容及使用方法也就不能统一规定，只能由各企业、单位根据经营管理的实际需要和经济业务的具体内容自行规定。

除总分类账户和明细分类账户外，基于经营管理的需要，有时还要设置二级账户。二级账户是介于总分类账户和明细分类账户之间的账户，主要起中间控制作用。它提供的核算资料比总分类账户详细，比明细分类账户概括。它也是由企业根据经营管理的实际需要和经济业务的具体内容自行确定的。如企业的材料类别、品种较多时，为便于控制，可在"原材料"总分类账户下，按材料的类别设置"原材料""燃料""辅助材料"等二级账户，在二级账户下再按材料的品种设置"钢材""木材"等明细分类账户。

二、账户按其与会计报表的关系分类

会计报表是总括反映企业财务状况和经营成果的书面文件，不同类别的账户所提供的会计核算资料是编制不同会计报表的主要依据。账户按其与会计报表的关系，可以分为资产负债表账户和损益表账户。

(一)资产负债表账户

资产类账户、负债类账户、所有者权益类账户和成本类账户的余额，是期末编制资产负债表的依据，被称为资产负债表账户。这类账户的特点是期末通常有余额，反映的是资金运动的静态状况，因此也称为"实账户"。在资产负债表中，资产类账户的余额填列在表的左方，负债类账户、所有者权益类账户的余额填列在表的右方，左右两方的余额总计完全相等。

(二)损益表账户

损益类收入账户、费用账户的发生额不能表示企业实际拥有或者控制的经济资源和对这些资源的要求权，但可以表示企业一定期间的损益形成情况。期末要根据这些账户的发生额编制损益表，因此，收入账户、费用账户被称为损益表账户。这类账户的数字特点是期末通常无余额，只有本期发生额，反映的是资金运动的动态状况。它包括收入账户、费用账户和利润账户。损益表账户又称为"虚账户"。

"实账户"与"虚账户"的实际差别，主要表现在期末是否有余额上。因此，账户按与会计报表的关系分类，也称为账户按有无期末余额分类，这种分类的目的，在于正确把握期末余额代表的经济内容及期末账户结转的规律性，以便正确组织会计核算。

互动地带

王强是会计学专业的一名学生,专业课学习成绩优秀,即将大学毕业。一天,来自不同专业的几个老乡聚会,交流大学四年的学习体会。学习电子商务专业的李明问王强一个问题:“你认为你所学习的什么问题最能体现会计学专业的特征?”王强略加思考后回答道:“账户和复式记账!”之后,王强对账户“当选”的理由做了进一步的解释:账户方法之所以成为会计技术的象征之一,首先是因为账户本身就是对企业经济活动复杂内容进行分类的一种延伸,体现了认识论中“解剖麻雀”的基本思想;其次,账户不仅将零星、分散的原始信息按一定的规律予以系统化,而且为企业财务报表的编制提供了基本信息来源;最后,账户还能够提供企业最关键的、真正构成“商业秘密”的经济活动信息。听了王强的这些观点,几位同学都十分钦佩他对专业问题的深刻认识。

你对王强的观点有何看法?

项目小结

账户体系
- 按经济内容分类:资产类账户、负债类账户、所有者权益类账户、成本类账户、损益类账户
- 按用途和结构分类:盘存类账户、资本类账户、结算类账户、集合分配类账户、跨期摊提类账户、成本计算类账户、财务成果类账户、损益计算类账户、调整类账户和暂记类账户
- 其他分类:按提供资料的详细程度分类:总分类账户、明细分类账户
  按其与会计报表的关系分类:资产负债表账户、利润表账户

关键名词

1. 账户的经济内容:是指账户所核算和监督的会计对象的具体内容,就是企业的资产、负债、所有者权益、成本、损益等资金运动全过程的具体内容。

2. 账户的用途:是指通过账户的记录能够提供哪些会计核算指标,也是指设置和运用账户的目的。

3. 账户的结构:是指在账户中怎样记录经济业务,如何取得所需的会计核算资料,也就是账户的借方登记什么,贷方登记什么,期末账户有没有余额,在一般情况下余额在哪一方,描述什么样的经济内容。

4. 总分类账:是对企业经济活动的具体内容进行总括核算的账户,它能够提供某一具体内容的总括核算指标,一般只提供金额指标,不提供数量指标。

5. 明细分类账:是根据总分类账户的核算内容,按实际需要和更详细的分类设置的。它的设置依据是明细分类科目和企业经济管理的要求。它对总分类账户起着补充说明的作用。在记录经济业务时,有的采用价值量度进行核算,有的还要使用实物量度进行核算。

过关斩将

一、单项选择题

1. 建立账户体系的基础是(　　)。

A. 账户的用途　　B. 账户的经济内容　　C. 账表关系　　D. 账户的结构

2. 盘存账户属于(　　)。

A. 负债账户　　B. 资产账户　　C. 收入账户　　D. 利润账户

3. 属于盘存账户的是(　　)。

A.“待处理财产损溢”账户　　B.“实收资本”账户

C.“在途物资”账户　　D.“固定资产”账户

4. 债权结算账户的贷方登记(　　)。

A. 应收账款的减少　　B. 应收账款的增加

C. 预收账款的增加　　D. 预收账款的减少

5. 属于抵减调整账户的是(　　)。

A.“坏账准备”账户　　B.“生产成本”账户

C.“材料成本差异”账户　　D.“财务费用”账户

6. 下列账户中属于债权债务结算账户的是(　　)。

A.“应付利润”账户　　B.“预收账款”账户

C.“其他应收款”账户　　D.“其他往来”账户

7. 关于集合分配账户,表述错误的是(　　)。

A. 借方登记发生数　　B. 期末余额一般在借方

C. 贷方登记分配数　　D. 期末一般无余额

8. 下列账户中,(　　)不属于调整账户。

A.“利润分配”账户　　B.“坏账准备”账户

C.“累计折旧”账户　　D.“应收账款”账户

9. 当调整类账户的余额与被调整类账户的余额在相同的方向时,应属于(　　)。

A. 附加调整账户　　B. 备抵附加调整账户　　C. 备抵调整账户　　D. 资产账户

10.“累计折旧”账户按用途和结构分类属于(　　)。

A. 成本计算账户　　B. 费用账户　　C. 附加调整账户　　D. 资产备抵账户

11. 下列账户中,按照用途和结构分类属于资产抵减账户的是(　　)。

A. 固定资产　　B. 应收账款　　C. 累计折旧　　D. 制造费用

12. 下列账户中,按照用途和结构分类属于资产负债结算账户的是(　　)。

A. 应付职工薪酬　　B. 短期借款　　C. 其他应收款　　D. 其他往来

13.“待处理财产损溢”账户是(　　)。

A. 调整类账户　　B. 盘存类账户　　C. 结算类账户　　D. 暂记类账户

14. 下列表述中错误的是(　　)。

A. 盘存类账户余额在借方

B. 资产负债结算账户的借方登记债权的增加、债务的减少

C.“应付账款”和“应收账款”都属于资产负债结算账户

D. 集合分配类账户的期末余额在借方

二、多项选择题

1. 账户的结构应该包括(　　)。

A. 账户借方登记的内容　　B. 账户贷方登记的内容

C. 账户期末余额的方向　　D. 账户余额反映的内容

2. 调整类账户按调整方式的不同可分为(　　)。

A. 附加调整账户　　B. 备抵附加调整账户

C. 备抵调整账户　　D. 资产账户

3. 下列盘存账户中,(　　)通过设置和运用明细账可以提供数量和金额两种指标。

A.“银行存款”账户　　B.“原材料”账户　　C.“库存商品”账户　　D.“库存现金”账户

4. 下列账户中,属于资产备抵账户的有(　　)。

A.“累计摊销”账户　　B.“坏账准备”账户　　C.“利润分配”账户　　D.“累计折旧”账户

5.“材料成本差异”账户是(　　)。

A. 资产账户　　B. 负债账户　　C. 抵减附加账户　　D. 损益表账户

6. 在生产过程中,用来归集制造产品的生产费用,计算产品成本的账户,有(　　)账户。

A.“制造费用”　　B.“库存商品”　　C.“生产成本”　　D.“主营业务成本”

7. 账户按用途和结构分类,属于成本计算账户的有(　　)。

A.“在建工程”账户　　B.“材料采购”账户

C.“生产成本”账户　　D.“主营业务成本”账户

8.“生产成本”账户按照经济内容分类,可同时列入的两个类别是(　　)。

A. 资产类账户　　B. 负债类账户　　C. 成本类账户　　D. 损益类账户

9. 下列账户中,反映流动资产账户的有(　　)。

A. 银行存款　　B. 其他货币资金　　C. 长期待摊费用　　D. 预付账款

10. 资产结算账户的结构是(　　)。

A. 借方登记债权增加数　　B. 期末余额一般在借方

C. 贷方登记债权减少数　　D. 借方登记债权减少数

11. 下列账户中,属于暂记类账户的有(　　)。

A. 待处理财产损溢　　B. 长期待摊费用

C. 固定资产清理　　D. 固定资产

12. 下列账户中,不属于负债结算账户的有(　　)。

A. 应收账款　　B. 应付账款　　C. 预付账款　　D. 预收账款

三、判断题

1. 账户之间最本质的差别在于其用途和结构的不同。(　　)

2.“固定资产”账户的备抵账户只有“累计折旧”账户。(　　)

3.“存货跌价准备”账户属于损益类账户。(　　)

4.“累计摊销”账户的本期发生增加额及余额在贷方,所以是负债类账户。(　　)

5. 属于资产负债结算账户的有“其他往来”等。在会计实务中,“应收账款”“应付账款”等也可以成为资产负债结算账户。(　　)

6.“税金及附加”“所得税”账户按用途和结构分类,都属于费用类账户。(　　)

7.“本年利润”账户,年度中间的余额可能在借方也可能在贷方,但年终结转后,该账户的余额只在贷方。(　　)

8. 盈利企业的“利润分配”账户是“本年利润”账户的备抵账户。(　　)

9. 调整类账户与被调整类账户的用途和结构是相同的，但反映的经济内容不同。（　）

10.“应付账款”账户和“预付账款”账户都属于负债结算账户。（　）

四、实务题

［习题一］

目的：练习债权和债务账户的应用。

资料：中兴公司有关会计核算资料如下：

(1)中兴公司在材料采购核算中设置“应付账款”和“预付账款”两个账户。2018 年 4 月，“应付账款”和“预付账款”两个账户及其所属明细账户的期初余额如下：

“应付账款”贷方余额	43 000 元
其中：“应付账款——A 公司”	21 000 元
“应付账款——B 公司”	22 000 元
“预付账款”借方余额	34 000 元
其中：“预付账款——C 公司”	12 000 元
“预付账款——D 公司”	22 000 元

(2)该企业本月发生下列经济业务：

①以银行存款 21 000 元归还所欠 A 公司的货款。

②收到 C 公司发来的材料共计 12 000 元，其中材料款 10 000 元、增值税进项税额 1 700 元，C 公司代垫的运费为 300 元，材料已验收入库，款项已于上月预付 12 000 元。

③以银行存款 22 000 元归还所欠 B 公司的货款。

要求：根据上述业务编制会计分录。

［习题二］

目的：练习集合分配账户及成本计算账户的运用。

资料：假设卫华公司×月有关会计核算资料如下：

(1)生产 A 产品耗用甲材料 500 吨，计 40 000 元；生产 B 产品耗用乙材料 200 吨，计20 000 元；车间耗用甲材料 50 吨、乙材料 10 吨，共计 5 000 元。

(2)计算应付职工工资：A 产品生产工人的工资 51 300 元，B 产品生产工人的工资34 200 元，车间管理人员的工资 3 420 元。

(3)计提生产用固定资产折旧 5 000 元。

(4)全月投产 A 产品 10 台、B 产品 5 台，已全部完工。

要求：

(1)根据上述资料汇集全月制造费用。

(2)将制造费用按工资比例在 A、B 产品之间分配。

(3)计算完工 A 产品、B 产品的总成本及单位成本。

项目七　会计凭证

学习目标

通过本项目的学习，应理解会计凭证的填制和审核的作用，掌握原始凭证、记账凭证的基本内容及填制与审核方法，了解会计凭证的传递和保管。

任务导入

公司业务员小王出差，到单位财务部门借支差旅费伍仟元整，一个星期后小王出差回来，实际支出陆仟元整。

思考与讨论：

1. 小王借支差旅费需要办理什么手续？
2. 小王应该如何办理报销手续？
3. 财务部门如何处理小王的费用开支？

任务一　填制会计凭证的意义

一、填制与审核会计凭证的意义

会计凭证是记录经济业务、明确经济责任的书面证明，也是登记账簿的依据。任何单位为了保证会计信息的客观、真实，对所发生的每一项经济业务都必须由经办业务的有关人员填制或取得会计凭证，记录经济业务发生或完成的日期，注明经济业务的内容，并在凭证上签名或盖章，明确经济责任。会计凭证必须经过会计机构、会计人员严格的审核，经确认无误后，才能作为登记账簿的依据。填制和审核会计凭证既是会计核算工作的起点、基础，也是会计核算的一个重要方法。认真做好会计凭证填制与审核，对于完成会计任务具有重要的意义：

（一）会计凭证可以正确、及时地反映各项经济业务的完成情况，为登记账簿提供依据

填制会计凭证是会计核算过程的最初阶段，任何一项经济业务都必须按照规定的程序和要求，及时取得和填制会计凭证，真实、详细地记录经济业务的发生和完成情况，通过会计凭证可把单位日常大量的经济活动及时、完整、如实地反映出来。会计凭证是登记账簿的依据，无论是总分类账还是明细分类账，都必须根据审核无误的会计凭证进行登记。

（二）通过会计凭证的审核，可以有效地发挥会计的监督作用

由于会计凭证是对经济业务的如实反映，通过对会计凭证的审核，可以检查会计凭证的合法性，检查凭证所记录的经济业务是否符合国家有关法规、制度的规定，是否符合企业计划、预算，有无违法乱纪行为，从而在会计的初始阶段发挥会计的监督作用，这对贯彻会计核算基本原则，制止和纠正经济管理工作中的问题和制度的漏洞具有重要意义。

（三）会计凭证有利于加强经济管理上的责任制

一切会计凭证都必须按照规定的手续办理，经办部门和人员都要签名盖章，对凭证内容的真实性、合法性负责，明确各自的经济责任。这样，不仅将所有经办人员联系在一起，而且有利于划清经济责任，即使发生了问题，也易于弄清情况，区分责任，作出正确判断。

二、会计凭证的种类

会计凭证多种多样，按其填制的程序和用途不同，可以分为原始凭证和记账凭证两大类。

任务二　原始凭证的填制和审核

原始凭证是指在经济业务发生或完成时取得或填制的，用来证明经济业务的发生或完成情况，并具有法律效力的最初的书面文件，是记账的原始依据。原始凭证是会计核算的原始资料，也是填制记账凭证的依据。

一、原始凭证的种类

原始凭证按照不同的标志进行分类可分为不同的类别。原始凭证按其来源不同，可以分为自制原始凭证和外来原始凭证。

（一）自制原始凭证

自制原始凭证是指由单位内部经办业务的部门或人员，在某项经济业务发生或完成时自行填制的凭证。自制原始凭证按其填制手续不同，可分为一次凭证、累计凭证、汇总原始凭证和记账编制凭证。

1. 一次凭证

一次凭证是指只反映一项经济业务或者同时反映若干项同类性质的经济业务，其填制手续是一次完成的会计凭证。如企业购进材料验收入库，由仓库保管员填制的“收料单”（其格式与内容见表7-1），车间或班组向仓库领用材料时填制的“领料单”（其格式与内容见表7-2）、发票、报销单等。

表7-1　收料单

（企业名称）

收料单

供货单位：南方薄板厂　　　　凭证编号：0102

发票编号：2668　　　　2018年6月8日

材料类别	材料编号	材料名称及规格	计量单位	数量		金额（元）			
				应收	实收	单价	买价	运杂费	合计
板材	4018	薄板	吨	100	100	2 000	200 000	1 000	201 000
备注									

仓库保管员：李利　　　　收料人：王军

表 7-2　领 料 单

<table>
<tr><td colspan="8" align="center">（企业名称）
领料单</td></tr>
<tr><td colspan="3">领料单位：一车间
用途：B 产品</td><td colspan="3" align="center">
2018 年 6 月 9 日</td><td colspan="2" align="right">凭证编号：2168
发料仓库：1 号仓库</td></tr>
<tr><td rowspan="2">材料类别</td><td rowspan="2">材料编号</td><td rowspan="2">材料名称及规格</td><td rowspan="2">计量单位</td><td colspan="2">数量</td><td colspan="2">金额（元）</td></tr>
<tr><td>应发</td><td>实发</td><td>单价</td><td>合计</td></tr>
<tr><td>钢材类</td><td>068</td><td>14＃圆钢</td><td>吨</td><td>200</td><td>200</td><td>3 000</td><td>600 000</td></tr>
<tr><td colspan="8">备注</td></tr>
</table>

记账：李云　　发料人：张萍　　领料部门主管：叶军　　领料人：李洋

2．累计凭证

累计凭证是指在一定时期内连续记载若干项同类经济业务的会计凭证。这类凭证的填制是随着经济业务的发生而分次进行的，如“限额领料单”（其格式与内容见表 7-3）。

表 7-3　限额领料单

<table>
<tr><td colspan="8" align="center">（企业名称）
限额领料单</td></tr>
<tr><td colspan="3">领料单位：三车间
用途：A 产品</td><td colspan="3" align="center">
2018 年 6 月</td><td colspan="2" align="right">发料仓库：3 号仓库
编号：3682</td></tr>
<tr><td rowspan="2">材料类别</td><td rowspan="2">材料编号</td><td rowspan="2">材料名称及规格</td><td rowspan="2">计量单位</td><td rowspan="2">单价</td><td rowspan="2">领用限额</td><td colspan="2">实际领用</td></tr>
<tr><td>数量（吨）</td><td>金额（元）</td></tr>
<tr><td>钢材</td><td>1869</td><td>18＃圆钢</td><td>吨</td><td>2 000</td><td>500</td><td>500</td><td>1 000 000</td></tr>
<tr><td colspan="5">供应部门负责人（签章）：董冬</td><td colspan="3">生产计划部门负责人（签章）：汪洋</td></tr>
</table>

<table>
<tr><td rowspan="2">日期</td><td colspan="2">请领</td><td colspan="3">实发</td><td rowspan="2">限领结余</td><td colspan="2">退库</td></tr>
<tr><td>数量（吨）</td><td>领料单位负责人（盖章）</td><td>数量（吨）</td><td>发料人</td><td>领料人</td><td>数量（吨）</td><td>退库单编号</td></tr>
<tr><td>3 月 5 日</td><td>100</td><td>何文</td><td>100</td><td>许丹</td><td>李晓</td><td>400</td><td></td><td></td></tr>
<tr><td>3 月 10 日</td><td>250</td><td>何文</td><td>250</td><td>许丹</td><td>李晓</td><td>150</td><td></td><td></td></tr>
<tr><td>3 月 20 日</td><td>150</td><td>何文</td><td>150</td><td>许丹</td><td>李晓</td><td>0</td><td></td><td></td></tr>
<tr><td>合计</td><td>500</td><td>何文</td><td>500</td><td>许丹</td><td>李晓</td><td>500</td><td></td><td></td></tr>
</table>

3．汇总原始凭证

汇总原始凭证是指将一定时期内若干份记录同类经济业务的原始凭证汇总编制的用以集中反映某项经济业务总括情况的会计凭证，如“发料凭证汇总表”（其格式与内容见表 7-4）。

表 7-4　发料凭证汇总表

2018 年 6 月 10 日　　附领料单 10 份

<table>
<tr><td colspan="2">用途：A 产品</td><td>原材料（元）</td><td>燃料（元）</td><td>合计（元）</td></tr>
<tr><td rowspan="3">生产产品</td><td>1～15 日</td><td>3 000</td><td>1 000</td><td>4 000</td></tr>
<tr><td>16～31 日</td><td>4 000</td><td>500</td><td>4 500</td></tr>
<tr><td>小计</td><td>7 000</td><td>1 500</td><td>8 500</td></tr>
<tr><td rowspan="3">生产车间</td><td>1～15 日</td><td>2 000</td><td></td><td>2 000</td></tr>
<tr><td>16～31 日</td><td>3 000</td><td>600</td><td>3 600</td></tr>
<tr><td>小计</td><td>5 000</td><td>600</td><td>5 600</td></tr>
</table>

续表 7-4

用途:A 产品		原材料(元)	燃料(元)	合计(元)
管理部门	1～15 日	1 200		1 200
	16～31 日	1 800		1 800
	小计	3 000		3 000
合计		15 000		17 100

4. 记账编制凭证

记账编制凭证是指会计人员根据账簿记录加以整理后重新编制的原始凭证,如“制造费用分配表”(其格式与内容见表 7-5)。

表 7-5　制造费用分配表

2018 年 6 月 16 日

产品名称	分配标准 (生产工人工资)	分配率	分配金额(元)
A 产品	4 000	3	12 000
B 产品	6 000	3	18 000
合计	10 000	3	30 000

(二)外来原始凭证

外来原始凭证是指在经济业务发生或完成时,从外部单位或个人处取得的原始凭证。外来原始凭证都是一次凭证。如购买货物取得的增值税发票(其格式与内容见表 7-6、表 7-7)。中国电信收费专用发票(其格式与内容见表 7-8)。

表 7-6　增值税专用发票

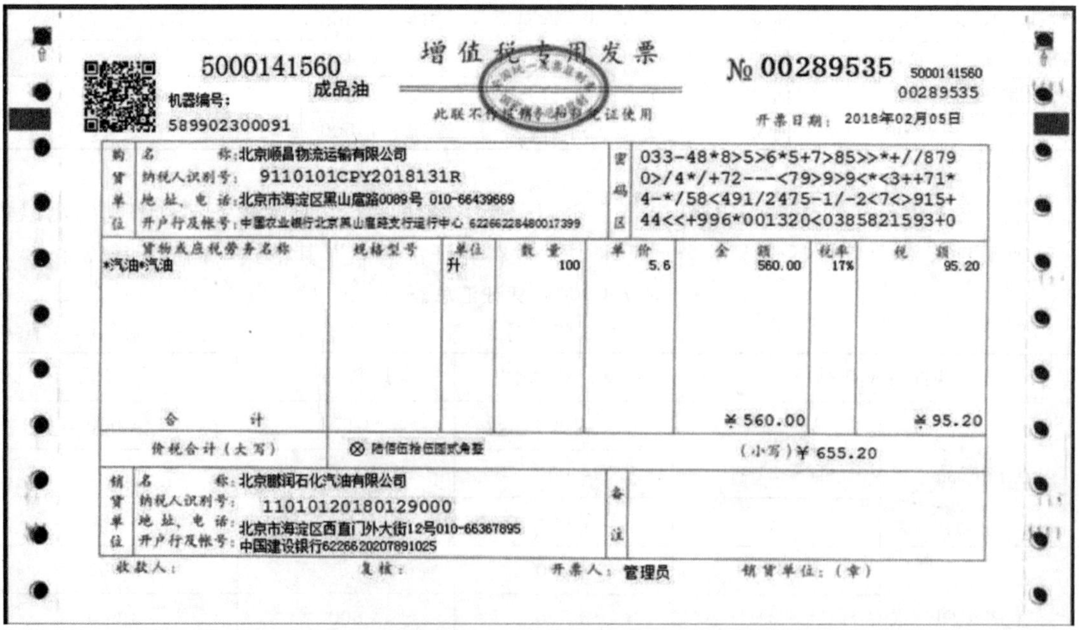

5000141560　成品油　增值税专用发票　№ 00289535　5000141560 00289535

机器编号: 589902300091　此联不作报销、扣税凭证使用　开票日期: 2018年02月05日

购货单位　名　　称:北京顺昌物流运输有限公司
纳税人识别号: 9110101CPY2018131R
地 址、电 话:北京市海淀区黑山扈路0089号 010-66439669
开户行及帐号:中国农业银行北京黑山扈路支行运行中心 62266228480017399

密码区
033-48*8>5>6*5+7>85>>*+//879
0>/4*/+72---<79>9>9<*<3++71*
4-*/58<491/2475-1/-2<7<>915+
44<<+996*001320<0385821593+0

货物或应税劳务名称	规格型号	单位	数量	单价	金额	税率	税额
*汽油*汽油		升	100	5.6	560.00	17%	95.20
合　计					¥560.00		¥95.20
价税合计(大写)	⊗陆佰伍拾伍圆贰角整				(小写)¥655.20		

销货单位　名　　称:北京鹏润石化汽油有限公司
纳税人识别号: 11010120180129000
地 址、电 话:北京市海淀区西直门外大街12号010-66367895
开户行及帐号:中国建设银行6226620207891025
备注

收款人:　复核:　开票人: 管理员　销货单位:(章)

表 7-7 购买货物取得的增值税发票

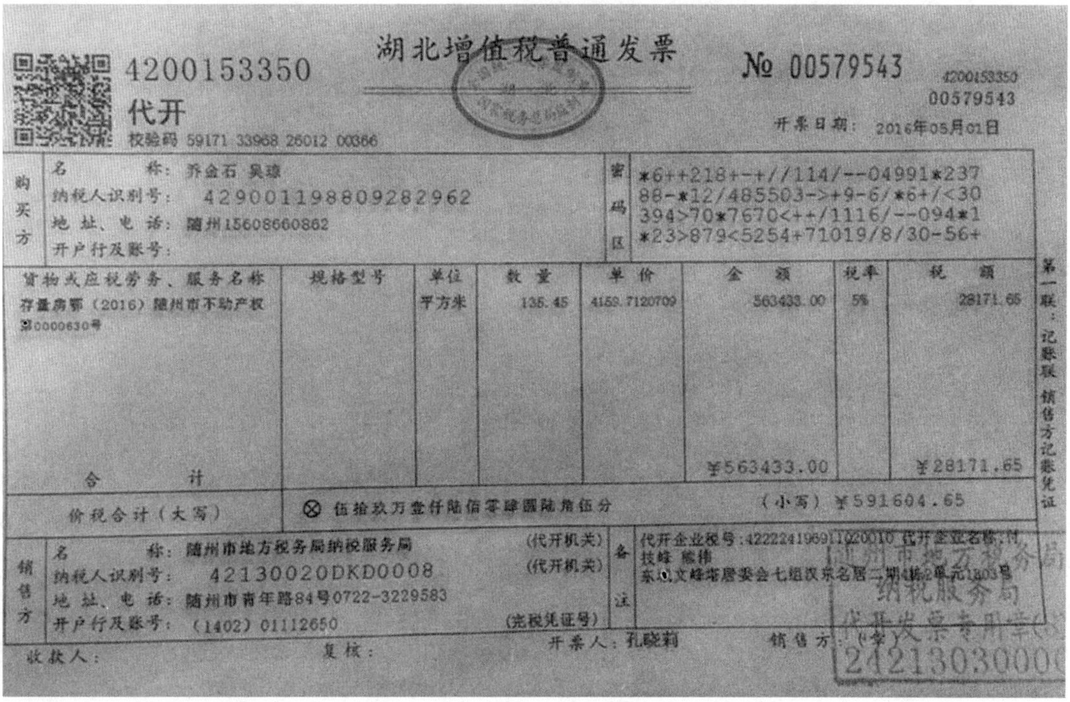

湖北增值税普通发票

4200153350 代开 № 00579543

4200153350 00579543

校验码 59171 33968 26012 00366 开票日期：2016年05月01日

购买方	名称：乔金石 吴琼 纳税人识别号：429001198809282962 地址、电话：随州15608660862 开户行及账号：	密码区	*6++218+-+//114/--04991*237 88-*12/485503->+9-6/*6+/<30 394>70*7670<++/1116/--094*1 *23>879<5254+71019/8/30-56+

货物或应税劳务、服务名称	规格型号	单位	数量	单价	金额	税率	税额
存量房鄂（2016）随州市不动产权第0000630号		平方米	135.45	4159.7120709	563433.00	5%	28171.65
合计					¥563433.00		¥28171.65
价税合计（大写）	⊗伍拾玖万壹仟陆佰零肆圆陆角伍分				（小写）¥591604.65		

销售方	名称：随州市地方税务局纳税服务局（代开机关） 纳税人识别号：42130020DKD0008（代开机关） 地址、电话：随州市青年路84号0722-3229583 开户行及账号：（1402）01112650（完税凭证号）	备注	代开企业税号：422224196911020010 代开企业名称：付技峰 熊伟 东城文峰塔居委会七组汉东名居二期4栋2单元1803号

第一联：记账联 销售方记账凭证

收款人： 复核： 开票人：孔晓莉 销售方：（章）

随州市地方税务局纳税服务局 代开发票专用章 242130300000

表 7-8 中国电信股份有限公司湖北分公司收费专用发票

中国电信　　　　发票代码：142011499028

收款日期：2018 年 6 月　　　　发　票　联　　　　发票号码：05384839

客户名称	黄河公司	流水号	121310893
合同号	100192258657	客户号码	
金额(大写)	伍佰元整	小写	500.00
款项性质	201502 电信业务费用	合同号码	008806

备注：通信服务费 500.00

开票人：472246　　　　复核：　　　　营业厅：小东门营业厅（收款方盖发票专用章有效）

二、原始凭证的基本内容

由于经济业务内容和经济管理要求不同，各种原始凭证的名称、格式和内容也是多种多样的。但是，为了满足会计工作的需要，无论哪一种原始凭证都必须详细地反映有关经济业务发生或完成情况，明确经办单位和经办人员的经济责任。因此，各种原始凭证都应该具备以下共同的基本内容，通称为凭证要素。主要有：

(1)原始凭证的名称；

(2)填制凭证的日期；

(3)填制凭证单位名称或者盖章；

(4)经办人员的签名或者盖章；

(5)接受凭证单位名称；

(6)经济业务内容(含数量、单价和金额)；

(7)原始凭证的附件(如与经济业务有关的经济合同、费用预算等)。

三、原始凭证的填制要求

一个单位的会计工作是从取得或填制原始凭证开始的，原始凭证填制得正确与否，直接影响会计核算的质量。因此，填制原始凭证必须符合规定的要求。

(一)原始凭证填制的基本要求

1. 真实可靠

即如实填列经济业务内容，不弄虚作假，不涂改、挖补。

2. 内容完整

即应该填写的项目要逐项填写(接受凭证方应注意逐项验明)，不可缺漏，尤其需要注意的是：年、月、日要按照填制原始凭证的实际日期填写；名称要写全，不能简化；品名或用途要填写明确，不能含糊不清；有关人员的签章必须齐全。

3. 填制及时

即每当一项经济业务发生或完成时，都要立即填制原始凭证，做到不积压、不误时、不事后补制。

4. 书写清楚规范

即字迹端正、易于辨认，做到数字书写符合会计上的技术要求，文字工整，不草、不乱、不“造”；复写的凭证，要不串格、不串行、不模糊。

5. 顺序使用

即收付款项或实物的凭证要顺序或分类编号，在填制时按照编号的次序使用，跳号的凭证应加盖“作废”戳记，不得撕毁。

6. 书写规范

(1)阿拉伯数字应逐个书写，不得连笔写。数字前应写币种符号，之间不留空格。凡数字前有币种符号的，数字后不再写货币单位。

(2)所有以元为单位的阿拉伯数字，除表示单价等情况外，一律填写到角分；无角分的，角分位可写成“00”或“—”；有角无分的，分位应写“0”，不得用“—”代替。

(3)汉字大写数字金额一律用正楷或行书体书写，不得用“0”、“—”代替，不得任意自造简化字。大写金额数字到元或到角为止的，在元或角后应写“整”或“正”字；大写金额数字有分的，分后不写“整”或“正”字。

(4)大写金额数字前未印有货币名称的，应当加填货币名称，货币名称与金额之间不得留有空格。

(5)阿拉伯数字金额中间有“0”时，汉字大写金额要写“零”字。连续有几个“0”时，可以只写一个“零”；元位是“0”，或数字中间连续有几个“0”，元位也是“0”，但角位不是“0”时，汉字金额可只写一个“零”，也可不写“零”。

(二)原始凭证填制的其他具体规定和要求

(1) 从外单位取得的原始凭证，必须盖有填制单位的公章；从个人取得的原始凭证，必须有填制人员的签名或者盖章。

自制原始凭证必须有经办部门负责人或其指定的人员的签名或者盖章。对外开出的原始凭证，必须加盖本单位的公章。“公章”应是具有法律效力和规定用途，能够证明单位身份和性质的印鉴，如业务公章、财务专用章、发票专用章、收款专用章或结算专用章等。

(2) 凡填有大写和小写金额的原始凭证，大写与小写的金额必须相符。

(3) 购买实物的原始凭证，必须有验收证明。实物购入以后，要按照规定办理验收手续，这有利于明确经济责任，保证账实相符，防止盲目采购，避免物资短缺和流失。实物验收工作应由有关人员负责办理，会计人员通过有关的原始凭证进行监督检查。需要入库的实物，必须填写入库验收单，由仓库保管人员按照采购计划或供货合同验证后，在入库验收单上如实填写实收数额，并签名或盖章。不需要入库的实物，由经办人员在凭证上签名或盖章以后，必须交由实物保管人员或使用人员进行验收，并由实物保管人员或使用人员在凭证上签名或盖章。经过购买人以外的第三者查证核实以后，会计人员才能据以报销付款并作进一步的会计处理。

(4) 一式几联的原始凭证，必须注明各联的用途，并且只能以一联用作报销凭证；一式几联的发票和收据，必须用双面复写纸套写，或本身具备复写功能，并连续编号，作废时应加盖“作废”戳记，连同存根一起保存。

(5) 发生销货退回及退还货款时，必须填制退货发票，附有退货验收证明和对方单位的收款收据，不得以退货发票代替收据。

如有特殊情况，可先用银行的有关凭证，如汇款回单等，作为临时收据，待收到收款单位的收款证明以后，再将其附在原付款凭证之后，作为正式原始凭证。在实际工作中，有的单位发生销货退回时，对收到的退货没有验收证明，造成退货流失；办理退款时，仅以所开出的红字发票的副本作为本单位退款的原始凭证，既不经过对方单位盖章收讫，也不附对方单位的收款收据。这种做法漏洞很大，容易发生舞弊行为，应该予以纠正。

(6) 职工公出借款的收据，必须附在记账凭证之后。职工公出借款时，应由本人按照规定填制借款单，由所在单位领导人或其指定的人员审核，并签名或盖章，然后办理借款。借款收据是此项借款业务的原始凭证，是办理有关会计手续、进行相应会计核算的依据。在收回借款时，应当另开收据或者退还借款收据的副本，不得退还原借款收据。因为借款和收回借款虽有联系，但又有区别，在会计上需要分别进行处理，如果将原借款收据退还给了借款人，就会损害会计资料的完整性，使其中一项业务的会计处理失去依据。

(7) 经上级有关部门批准的经济业务，应当将批准文件作为原始凭证附件。如果批准文件需要单独归档的，应当在凭证上注明批准机关名称、日期和文件字号。

(8) 发现原始凭证有错误的，应当由开出单位重开或者更正。在更正处应当加盖开出单位的公章。原始凭证金额有错误的，应当由出具单位重开，不得在原始凭证上更正。

四、原始凭证的审核

对原始凭证进行审核，是确保会计信息质量，充分发挥会计监督作用的重要环节，也是会计机构、会计人员的法定职责。审核原始凭证的主要内容有：

1. 审核原始凭证所记录的经济业务是否真实、合法、合理

真实，是指原始凭证确实是本单位经济业务的最初原始证明。注意审核原始凭证的日

期、经济业务内容和数据是否真实，外来原始凭证是否有填制单位公章和填制人员签字，而自制原始凭证是否有经办人员和部门的签名或盖章。合法，是指原始凭证所记录的经济业务符合国家的有关法律、法规、制度等，无违法违规行为。对不真实、不合法的原始凭证不予受理；对弄虚作假、严重违法的原始凭证在不予受理的同时应予以扣留，并及时向单位领导人报告，请求查明原因，追究当事人责任。

2. 审核原始凭证的填写是否准确、完整和清楚

原始凭证的审核要注意其中的各项内容是否填写完整齐全，各项填写是否按要求完成，手续是否齐备，书写是否规范清楚，对记载不准确、不完整的原始凭证予以退回，要求经办人员更正或补充。

原始凭证的审核是一项十分细致而又严肃的工作，会计人员在审核时必须坚持制度、坚持原则，履行会计人员的职责。

五、原始凭证审核结果的处理

(1)会计机构和会计人员审核原始凭证时，对于不真实、不合法的原始凭证有权不予接受，并向单位负责人报告。

(2)对记载不准确、不完整，手续不完备、数字有差错的原始凭证，应当予以退回，并要求按照国家统一的会计制度的规定更正或补充。

任务三　记账凭证的填制和审核

记账凭证是指由财会部门会计人员根据审核无误的原始凭证或原始凭证汇总表填制的，载明经济业务的简要内容，确定会计分录，并直接据以登记会计账簿的会计凭证(是会计核算的第二手资料)。

有了原始凭证，又编制记账凭证的原因是：便于记账、简化记账手续；便于会计监督和会计检查；便于将来进行账证核对。

一、记账凭证的种类

由于经济业务的种类和数量繁多，与其相关的原始凭证的格式和内容也各不相同，加上原始凭证一般都不能具体表明经济业务应记入的账户及其借贷方向，直接根据原始凭证登记账簿容易发生差错，所以，在记账之前需要根据审核无误的原始凭证，经过归类整理，填制具有统一格式的记账凭证，确定经济业务应借应贷的会计科目和金额，并将相关的原始凭证附在记账凭证的后面。这样，既方便了记账，减少了差错，也有利于原始凭证的保管，提高对账和查账的效率。

记账凭证按不同的标准分为不同的类别。

(一)按适用的经济业务分类

1. 专用记账凭证

专用记账凭证是指专门用来记录某一类经济业务的记账凭证。专用记账凭证按其所记录的经济业务是否与现金和银行存款收付业务有关，分为收款凭证、付款凭证和转账凭证。

(1)收款凭证。收款凭证是指专门用于登记现金和银行存款收入业务的记账凭证。收款

凭证分为现金收款凭证和银行存款收款凭证(如表 7-9 所示)。

表 7-9　收款凭证

借方科目：银行存款　　　　2018 年 6 月 10 日　　　　银收字第 38 号

摘要	贷方		借或贷	金额									
	总账科目	明细科目		千	百	十	万	千	百	十	元	角	分
销售产品	主营业务收入	略	贷				1	0	0	0	0	0	0
	应交税费	略	贷					1	7	0	0	0	0
合计							1	1	7	0	0	0	0

财务主管：程强　　记账：董辉　　出纳：刘力　　审核：汪严　　制单：刘力

(2)付款凭证。付款凭证是指专门用于登记现金和银行存款付出业务的记账凭证。付款凭证分为现金付款凭证和银行存款付款凭证。

收款凭证和付款凭证是分别根据有关现金、银行存款收付业务的原始凭证填制的，是登记现金日记账、银行存款日记账、有关明细分类账及总分类账的依据，也是出纳人员收付款项的依据(如表 7-10 所示)。

表 7-10　付款凭证

贷方科目：银行存款　　　　2018 年 6 月 10 日　　　　银付字第 28 号

摘要	借方		借或贷	金额									
	总账科目	明细科目		千	百	十	万	千	百	十	元	角	分
购买材料	材料采购	略	借				2	0	0	0	0	0	0
	应交税费	略	借					3	4	0	0	0	0
合计							2	3	4	0	0	0	0

财务主管：程强　　记账：董辉　　出纳：刘力　　审核：汪严　　制单：刘力

(3)转账凭证。转账凭证是指专门用于登记现金和银行存款收付业务以外的转账业务的记账凭证。转账凭证根据有关转账业务的原始凭证填制，是登记有关总分类账及明细账的依据(如表 7-11 所示)。

表 7-11　转账凭证

2018 年 6 月 10 日　　　　转字第 203 号

摘要	总账科目	明细科目	借方金额										贷方金额									
			千	百	十	万	千	百	十	元	角	分	千	百	十	万	千	百	十	元	角	分
车间领用材料	制造费用	略					2	0	0	0	0	0										
	原材料	略															2	0	0	0	0	0
合计							2	0	0	0	0	0					2	0	0	0	0	0

财务主管：程强　　记账：董辉　　审核：汪严　　制单：吴燕

2. 通用记账凭证

通用记账凭证是指适用于各类经济业务、具有统一格式的记账凭证，也称标准凭证。通用记账凭证是以一种格式记录全部经济业务（如表 7-12 所示）。

表 7-12 记账凭证

2018 年 6 月 8 日　　　　凭证编号 23 号

摘要	总账科目	明细科目	借方金额											贷方金额									
			千	百	十	万	千	百	十	元	角	分		千	百	十	万	千	百	十	元	角	分
车间领用材料	制造费用	略					2	0	0	0	0	0											
	原材料	略																2	0	0	0	0	0
合计							2	0	0	0	0	0						2	0	0	0	0	0

财务主管：程强　　记账：董辉　　审核：汪严　　制单：吴燕

（二）按包括的会计科目是否单一分类

按包括的会计科目是否单一，记账凭证可以分为复式记账凭证和单式记账凭证。

1. 复式记账凭证

复式记账凭证又叫多科目记账凭证，是指将某项经济业务所涉及的会计科目集中填列在一张记账凭证上。上述收款凭证、付款凭证和转账凭证都是复式记账凭证的格式。

复式记账凭证具有账户对应关系清楚，便于了解经济业务的全貌，可以减少记账凭证的数量，减轻登记账簿工作量的优点，同时也便于查账。但复式记账凭证不便于汇总计算每一会计科目的发生额，不便于分工记账。

2. 单式记账凭证

单式记账凭证又叫单科目记账凭证，是指将某项经济业务所涉及的每个会计科目，分别填制记账凭证，每张记账凭证中只填列一个会计科目，其对方科目只供参考不凭以记账。单式记账凭证反映的科目单一，便于分工记账和按会计科目进行汇总，但一张凭证不能反映每一项经济业务的全貌，填制记账凭证的工作量也比较大，而且出现差错不易查找（单式记账凭证如表 7-13、表 7-14 所示）。

表 7-13 单式记账凭证（一）：借项记账凭证

对应科目：累计折旧　　2018 年 6 月 28 日　　凭证编号：346 号(1/2)

摘要	总账科目	明细科目	金额	账页	记账
管理部门折旧费	管理费用	略	6 000		

财务主管：程强　　记账：董辉　　审核：汪严　　制单：吴燕

表 7-14 单式记账凭证（二）：贷项记账凭证

对应科目：管理费用　　2018 年 6 月 28 日　　凭证编号：346 号(2/2)

摘要	总账科目	明细科目	金额	账页	记账
管理部门折旧费	累计折旧	略	6 000		

财务主管：程强　　记账：董辉　　审核：汪严　　制单：吴燕

在实际工作中，为了减少登记总分类账的手续，可以把反映同类经济业务或多类经济业务的记账凭证汇总编制成汇总记账凭证或科目汇总表等。汇总方法有两种：一种是分类汇总；另一种是全部汇总。

分类汇总是定期按现金和银行存款的收付业务及转账业务分别汇总，编制成汇总记账凭证，包括汇总收款凭证、汇总付款凭证和汇总转账凭证。

全部汇总是将单位一定时期内编制的记账凭证按照相同科目归类，按每一会计科目的借方和贷方发生额汇总填列，编制成记账凭证汇总表，又称科目汇总表（其格式如表 7-15 所示）。

表 7-15 科目汇总表

2018 年 6 月 1 日至 10 日　　第 1 号

会计科目	总账页数	本期发生额		记账凭证起讫号数
		借方	贷方	
生产成本	15	30 000		
原材料	6		30 000	
银行存款	8	5 000	42 000	
应付账款	14	5 000		
应收账款	13		5 000	
应交税费	17	2 000		
利润分配	12	5 000		
材料采购	20	30 000		
合计		77 000	77 000	

根据记账凭证所编制的汇总记账凭证、科目汇总表等，也属于记账凭证的范畴。

二、记账凭证的基本内容

记账凭证的主要作用，在于对原始凭证进行分类、整理，按照借贷记账法的要求，运用会计科目编制会计分录，据以登记账簿，因此，记账凭证必须具备下列基本内容（也称记账凭证要素）：

（1）填制单位的名称；

（2）记账凭证的名称；

（3）填制凭证的日期；

（4）凭证的编号；

（5）经济业务内容的摘要；

（6）应借、应贷的会计科目（包括一级科目、二级科目或明细科目）和金额；

（7）所附原始凭证的张数；

（8）会计主管、制证、审核、记账等有关人员的签名或盖章。

三、记账凭证的填制要求

记账凭证填制得正确与否，直接关系到记账的真实性和正确性。因此，填制记账凭证，除了要遵守填制原始凭证的要求外，还必须注意以下几点：

(一)填制凭证必须有依据

记账凭证的填制必须以审核无误的原始凭证为依据。记账凭证可以根据每一张原始凭证单独填制，也可以根据若干张反映同类经济业务的原始凭证汇总填制。

(二)摘要简练概括

记账凭证的摘要是对经济业务的简要说明，也是登记账簿的重要依据，必须针对不同的经济业务内容，正确地、简明地概括业务内容，不可错填或漏填。

(三)科目运用准确、对应清晰，会计分录正确

会计科目的运用要以会计制度的规定为依据，不得任意变更会计科目的名称和它的核算内容，同时要依据经济内容的性质，正确编制会计分录，以确保会计科目的正确运用。

(四)金额必须按规范填写

记账凭证的金额、登记的方向必须正确，符合数字书写规定。

(五)各种记账凭证必须连续编号

记账凭证应当连续编号，以便查核。一笔经济业务需要编制多张记账凭证时，可采用“分数编号法”。如一笔经济业务需要编制两张转账记账凭证时，若凭证的顺序号为 30 号，可编转字 30(1/2)号、转字 30(2/2)号。

(六)附件数量完整

除结账和更正错误的记账凭证可以不附原始凭证外，其他记账凭证必须附有原始凭证。记账凭证上应注明所附原始凭证的张数，以便查对。如果原始凭证需要另行保管时，则应在附件栏内加以注明。

如果一张原始凭证所列支的费用需要几个单位共同负担的，该原始凭证由本单位保留，附在本单位的有关记账凭证后面，给共同负担费用的其他单位开出原始凭证分割单，供其结算使用。原始凭证分割单必须具备原始凭证所要求的基本内容。

(七)所有项目应填写准确、完整

记账凭证填写完毕，应进行复核，检查各项目是否均已填写，填写是否正确，有关人员是否签名、盖章。

注意：采用收款凭证、付款凭证和转账凭证的，当涉及货币资金内部增减的业务时，一般只填付款凭证。

四、记账凭证的审核

为了保证记账凭证账簿记录和会计信息的质量，记账凭证必须经过有关稽核人员的审核，才能登记账簿。记账凭证是根据审核无误的原始凭证填制的，所以记账凭证的审核应对下列内容进行审核：

(一)原始凭证与记账凭证是否相符

记账凭证是根据审核无误的原始凭证填制的，那么记账凭证的经济业务内容、金额、所附原始凭证张数是否与原始凭证相符。

记账凭证的附件就是所附的原始凭证，填制记账凭证所依据的原始凭证必须附在相应的记账凭证后面，并在记账凭证上标明所附原始凭证的张数。根据财政部《会计基础工作规范》第五十一条规定，对附件应当区别不同情况进行处理。

可以不附原始凭证的是：结账的记账凭证、更正错误的记账凭证。

一张原始凭证只对应一张记账凭证的，将原始凭证直接附在记账凭证后面。

一张原始凭证涉及几张记账凭证的，有两种方法可以使用：

第一种方法：将原始凭证附在一张主要的记账凭证后面，然后在其他记账凭证后面附该原始凭证的复印件。

第二种方法：将原始凭证附在一张主要的记账凭证后面，然后在其他记账凭证上注明附有该原始凭证的记账凭证的编号，便于查找。

（二）记账凭证主要项目是否填写正确、无误

摘要正确、简单明了；会计科目准确无误；金额填写的方向及数字正确、规范；合计正确无误。

（三）记账凭证的所有项目是否填写完整

如日期、编号等；手续是否齐全，如有关人员的签章等，以明确责任。

在审核记账凭证的过程中，如发现记账凭证填制有误，应查明原因，并按照规定的方法及时更正，只有经过审核无误的记账凭证才能据以登记账簿。对会计凭证进行审核，是保证会计信息质量，实施会计监督的重要手段。

任务四 会计凭证的传递和保管

一、会计凭证的传递

（一）会计凭证传递的意义

会计凭证传递是指会计凭证从填制到归档保管整个过程中，在单位内部有关部门和人员之间的传递程序和传递时间。

各种会计凭证所记录的经济业务不尽相同，所要据以办理的业务手续和所需的时间也不一样。因此，应当为每种会计凭证的传递规定合理的传递程序和在各个环节停留的时间。会计凭证的传递是会计制度设计的一个重要组成部分，应当在会计制度中作出明确的规定。正确地组织会计凭证的传递，对于及时地反映和监督经济业务的发生和完成情况，合理地组织经济活动，加强经济管理责任制，具有重要意义。只有正确地组织凭证的传递，才能及时地反映和监督经济业务的发生和完成情况，才能把有关部门和人员组织起来分工协作，使经济活动的目标得以顺利地实现，才能考核经办业务的有关部门和人员是否按照规定的手续办事，从而加强经营管理上的责任制，提高经营管理水平，提高经济活动的效率。

（二）会计凭证传递的内容

会计凭证传递的具体内容包括两部分：一是会计凭证在企业内部各部门及经办人员之间传递的线路，即会计凭证的传递程序；二是会计凭证在各环节及其有关人员中的停留及传送时间，即会计凭证的传递时间。

为了使会计凭证有序地传递，并符合内部牵制的原则，每个企业都应该根据其经济业务的主要特点以及经营管理和会计核算方面的要求，按照其不同部门、不同员工，设计一个合理的传递程序，以便使会计凭证流转线路通畅，提高传递速度，增强工作效率。

会计凭证的传递时间是指会计凭证从取得或填制至归档保管间隔的时间。各单位为了使每一个工作环节有序衔接，相互督促，提高工作效率，确保会计核算的质量，应当根据办理各项业务手续所需要的时间，规定会计凭证的传递时间。在规定中，应确定具体会计凭证在各部门、各业务环节的停留时间和有关人员的责任，保证及时反映会计信息。

（三）制订会计凭证传递程序应注意的问题

在制订会计凭证传递程序时，应当注意下列几方面的问题：

(1)确定传递的环节；

(2)明确每一环节的停留时间；

(3)制定会计凭证传递过程中的交接签收制度。

二、会计凭证的保管

会计凭证的保管是指会计凭证登账后的整理、装订和归档存查。会计凭证是重要的会计档案和历史资料，特别是在发生贪污、盗窃等违法乱纪行为时，会计凭证还是依法处理的有效证据。因此，企业在记账后，必须按规定的立卷归档制度，将会计凭证妥善保管，不得丢失或任意销毁。

（一）会计凭证的日常保管

(1) 会计凭证要及时传递，不得积压。及时传递会计凭证不仅可以保证会计核算的及时，而且可以降低会计凭证散失的可能性。

(2) 每月记账完毕，要将本月各种记账凭证加以整理，检查有无缺号和附件是否齐全，然后按顺序号排列，装订成册。

(3) 装订成册的会计凭证应由专人负责集中保管，按年分月顺序排列，以便查阅。查阅会计凭证时应有一定的手续制度。

（二）会计凭证归档

会计凭证存档后，保管责任随之转移到档案保管人员身上。保管人员应当按照会计档案管理的要求，对装订成册的会计凭证按年分月顺序排列，以便查阅。作为会计档案，会计凭证不得外借，其他单位如因特殊原因需要使用原始凭证时，经本单位领导批准可以复制。向外单位提供的会计凭证复制件，应在备查簿中登记，由提供人和收取人共同签章。

（三）会计凭证的保管期限和销毁

会计凭证的保管期限和销毁手续，应严格遵循《会计档案管理办法》的有关规定。一般会计凭证保管期限为30年，未满保管期限的会计凭证不得任意销毁。会计凭证保管期限满后，必须按照规定的审批手续，报经批准后才能销毁。但销毁前要填制“会计档案销毁目录”，交档案部门编入会计档案销毁清册。批准销毁后要进行监销，并取得销毁过程中有关人员的签字、盖章。

项目小结

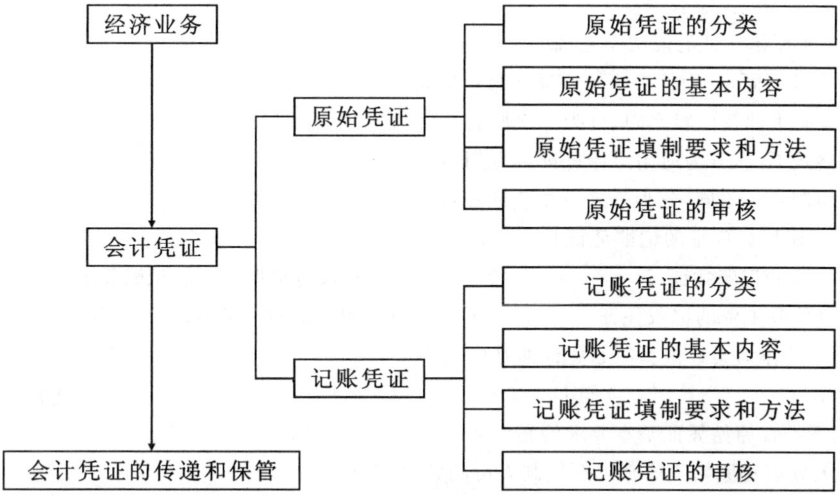

过关斩将

一、单项选择题

1. 当发现原始凭证有错误时，正确的处理方法是(　　)。

A. 向单位负责人报告　　B. 退回，不予接受

C. 由出具单位重开或更正　　D. 本单位代为更正

2. 关于会计凭证的保管，下列说法不正确的是(　　)。

A. 会计凭证应定期装订成册，防止散失

B. 会计主管人员和保管人员应在封面上签字

C. 经单位领导批准，会计凭证在保管期满可以销毁

D. 会计凭证不得外借，其他单位如有特殊原因确需使用时，经本单位领导批准可以复制

3. 付款凭证右上角的贷方科目可能登记的科目是(　　)。

A. 预付账款　　B. 银行存款　　C. 预收账款　　D. 其他应收款

4. 下列不属于自制原始凭证的是(　　)。

A. 领料单　　B. 成本计算单　　C. 入库单　　D. 火车票

5. 下列属于收款业务的是(　　)。

A. 以存款购买原材料　　B. 收到销售商品的款项

C. 购买固定资产，款未付　　D. 销售商品，收到商业汇票一张

6. 将库存现金送存银行，应填制的记账凭证是(　　)。

A. 库存现金收款凭证　　B. 库存现金付款凭证

C. 银行存款收款凭证　　D. 银行存款付款凭证

7. 下列属于累计原始凭证的是(　　)。

A. 领料单　　B. 限额领料单　　C. 耗用材料汇总表　　D. 工资汇总表

8. 填制记账凭证时，错误的做法是（　　）。
A. 根据每一张原始凭证填制
B. 根据若干张同类原始凭证汇总填制
C. 将若干张不同内容和类别的原始凭证汇总填制在一张记账凭证上
D. 根据原始凭证汇总表编制
9. 下列关于原始凭证的说法不正确的是（　　）。
A. 按照来源不同，分为外来原始凭证和自制原始凭证
B. 按照填制手续及内容不同，分为一次原始凭证、累计原始凭证和汇总原始凭证
C. 按照格式不同，分为通用原始凭证和专用原始凭证
D. 按照填制方法不同，分为外来原始凭证和自制原始凭证
10. 可以不附原始凭证的记账凭证是（　　）。
A. 更正错误的记账凭证　　B. 从银行提取现金的记账凭证
C. 以现金发放工资的记账凭证　　D. 职工临时性借款的记账凭证
11. 下列不能作为会计核算原始凭证的是（　　）。
A. 发货票　　B. 合同书　　C. 入库单　　D. 领料单
12. 下列不符合原始凭证基本要求的是（　　）。
A. 从个人处取得原始凭证必须有填制人员的签名、盖章
B. 原始凭证不得涂改、刮擦、挖补
C. 上级批准的经济合同应作原始凭证
D. 大写和小写金额必须相等
13. 记账凭证是根据（　　）编制的。
A. 经济业务　　B. 原始凭证　　C. 账簿记录　　D. 审核后的原始凭证
14. 单式记账凭证是指在一张凭证上（　　）的凭证。
A. 只填写一项经济业务　　B. 只填写一个会计科目
C. 只填写一个金额　　D. 只填写两个会计科目
15. “限额领料单”属于（　　）。
A. 一次凭证　　B. 汇总凭证　　C. 累计凭证　　D. 外来凭证

二、多项选择题

1. 原始凭证的基本内容中包括（　　）。
A. 原始凭证名称　　B. 接受原始凭证的单位名称
C. 经济业务的性质　　D. 凭证附件
2. 下列属于外来原始凭证的是（　　）。
A. 本单位的入库单　　B. 购买货物的发票
C. 职工出差的住宿费　　D. 银行收款通知单
3. 下列属于一次凭证的是（　　）。
A. 收据　　B. 发货票　　C. 工资结算单　　D. 工资汇总表
4. 原始凭证的审核内容包括（　　）。
A. 有关数量、单价、金额是否正确无误　　B. 是否符合有关的计划和预算
C. 记录经济业务发生的时间　　D. 有无违反财经制度的行为
5. 收款凭证右上角的借方科目可能登记的科目有（　　）。
A. 银行存款　　B. 应收账款　　C. 短期借款　　D. 库存现金　　E. 应付账款

三、判断题

1. 所有的记账凭证必须附有原始凭证，否则不能作为记账的依据。（　）
2. 原始凭证是会计核算的原始资料和重要依据，是登记会计账簿的直接依据。（　）
3. 对于真实、合法、合理但内容不够完善、填写有错误的原始凭证，会计机构和会计人员不予接受。（　）
4. 自制原始凭证绝大多数是一次凭证，外来凭证都是一次凭证。（　）
5. 记账凭证填制完经济业务事项后，如有空行，应当将自金额栏最后一笔金额数字下的空行处至合计数上的空行处用文字注销。（　）
6. 填制会计凭证是会计核算的方法之一，也是会计核算工作的起始环节。（　）
7. 企业使用的记账凭证可根据企业的业务量的大小选择通用记账凭证或专业记账凭证。（　）
8. 会计凭证按填制程序和用途分为原始凭证和专用记账凭证。（　）
9. 会计凭证的保管期限一般为 15 年，保管期满就可自行处理。（　）

四、简答题

1. 如何对会计凭证进行分类？
2. 什么是记账凭证？记账凭证应具备哪些内容？
3. 涉及现金和银行存款之间的收付款业务应填制什么凭证？为什么？
4. 填制和审核会计凭证的重要意义是什么？
5. 原始凭证审核的主要内容是什么？
6. 记账凭证审核的主要内容是什么？
7. 简述原始凭证与记账凭证之间的区别与联系。
8. 会计凭证作为重要的会计档案，应怎样保管？

五、实务题

目的：训练相关会计凭证的填制。

1. 资料：黄河公司供销科材料采购员王颖于 2018 年 6 月 12 日预借差旅费现金 2 000 元，王颖填制一联借款单，报经有关主管人员批准后，经财务稽核人员稽核，将审核后的借款单交会计编制现金付款凭证，再交由出纳员支付其现金 2 000 元。6 月 20 日，王颖出差归来，经审核其实际支出差旅费及补助款为1 800 元，交回剩余现金。

要求：填制差旅费借款单、差旅费报销单，编制现金付款凭证和报销差旅费的转账记账凭证（有关经手人不具体列出）。

2. 根据教师给出的业务资料填制下列原始单据并编制相应的记账凭证。

表 7-16　收料单

（企业名称）

收料单

供货单位：

发票编号：　　　　　　　　年　　月　　日　　　　　　　　凭证编号：

材料类别	材料编号	材料名称及规格	计量单位	数量		金额（元）			
				应收	实收	单价	买价	运杂费	合计
备注									

仓库保管员：　　　　　　　　　　　　　　　　收料人：

表 7-17　领料单

（企业名称）

领料单

领料单位：　　　　　　　　　　　　　　　　　　　　凭证编号：

用途：　　　　　　　年　　月　　日　　　　　　　　发料仓库：

材料类别	材料编号	材料名称及规格	计量单位	数量		金额(元)	
				应发	实发	单价	合计

备注

记账：　　　　发料人：　　　　领料部门主管：　　　　领料人：

表 7-18　限额领料单

限额领料单

领料单位：　　　　　　　　　　　　　　　　　　　　发料仓库：

用途：　　　　　　　年　　月　　日　　　　　　　　编号：

材料类别	材料编号	材料名称及规格	计量单位	单价	领用限额	实际领用	
						数量	金额

供应部门负责人(签章)：　　　　　　　　　　生产计划部门负责人(签章)：

日期	请领		实发			限领结余	退库	
	数量	领料单位负责人(盖章)	数量	发料人	领料人		数量	退库单编号
合计								

表 7-19　发料凭证汇总表

年　　月　　　　　　　　附领料单　　份

用途		原材料	燃料	合计
生产产品				
生产车间				
管理部门				
合计				

表 7-20　制造费用分配表

年　　月　　日

产品名称	分配标准（生产工人工资）	分配率	分配金额
A 产品			
B 产品			
合计			

要求：根据上述已填制好的原始凭证编制对应的记账凭证。

项目八　会计账簿

学习目标

通过本项目的学习，应当掌握会计账簿的概念和种类，以及主要会计账簿的设置和登记方法；了解设置和登记会计账簿的作用；了解会计账簿与会计凭证之间的钩稽关系；掌握对账的基本内容和结账的方法；掌握错账的更正方法。

任务导入

2016 年 3 月 28 日，李某、高某及朱某三人共同出资设立鑫飞有限责任公司，并分别持有股份 33%、27%、40%。公司章程约定，公司主营业务为电器配件的生产和销售，公司股东有权了解公司经营状况和财务状况，公司监事有权检查公司财务等。同年 4 月 5 日，高某被任命为公司执行董事兼总经理，李某被选举为公司监事。

2017 年 12 月，李某因公司经营管理事务与公司管理层发生矛盾。2018 年 10 月 10 日，李某向公安机关报案，举报公司总经理高某伙同公司会计挪用公款。公安机关收到举报后，要求李某进一步提供有关证据材料。后李某向公司提出查阅公司会计账簿的要求，遭到公司拒绝，遂将公司诉至法院。庭审中，鑫飞有限责任公司代表辩称，原告李某未向公司说明查阅会计账簿的目的；此外，李某之妻注册成立了与公司经营项目相同的企业，公司有合理根据认为李某查阅会计账簿有不正当目的，可能损害公司合法利益，故拒绝提供查阅。

思考与讨论：

李某是否有权查阅公司会计账簿？为什么？

任务一　会计账簿概述

一、会计账簿的概念

会计账簿是以会计凭证为依据，由具有一定格式、按一定形式相互联结的账页组成的，连续、系统、全面、综合地记录和反映各项经济业务的簿籍。设置和登记账簿是会计核算的专门方法之一。

企业在生产经营活动中，对发生的每一项经济业务，首先必须通过会计凭证进行记录反映。会计凭证虽能详细、具体地记载经济业务内容，但会计凭证零星分散、数量多，缺乏系统性，每张凭证只能反映个别经济业务的内容。因此，在会计核算过程中，对发生的每一笔经济业务，在完成会计凭证的填制和审核之后，还应将会计凭证中记载的内容登记到相应的账簿中，通过账簿记录将会计凭证提供的资料进行整理、归纳、分类、汇总，将同类经济业务连续、系统、全面、综合地反映出来。

二、会计账簿设置的原则

会计账簿的设置，包括确定账簿种类、内容、作用及登记方法。账簿设置必须做到组织严密、层次分明，账簿之间保持内在联系和钩稽关系，起到相互制约的作用。一般来说，设置账簿应当遵循下列原则：

1. 统一性原则

会计账簿的设置，必须遵守国家有关会计制度的统一规定，结合本单位的经营规模和业务特点，全面地反映经济活动情况，满足经营管理的需要。

2. 科学性原则

会计账簿的设置，必须做到总分类账和明细分类账、日记账相结合，程序科学，相互衔接，配合严密，要求简便实用，避免烦琐重复。

3. 实用性原则

会计账簿的设置，要根据经济单位规模大小、经济业务繁简、会计人员多少，从加强管理的实际需要和具体条件出发，既有利于财会部门内部的分工，又便于会计人员记账、算账和报账，节省记账时间。

4. 合法性原则

《会计法》规定，各单位发生的各项经济业务应当在依法设置的会计账簿上统一登记，不得违反规定私设会计账簿。

三、设置和登记账簿的作用

设置和登记账簿是会计核算的重要环节，对于全面反映企业、行政事业单位资产、权益的变动状况，以及提供真实、准确的会计核算资料，提高经济管理水平，具有重要的意义。

1. 账簿是连续、全面、分类地记录全部经济业务发生和结果的工具

通过登记账簿，使零星分散的会计资料转化为系统的、连续的、全面的资料，为加强经济核算提供总括及详细的会计信息，也便于进行各项指标的分析对比。

2. 账簿是监督财产物资安全完整的重要手段

通过登记账簿，可以随时了解和具体掌握各项财产物资的增减变化，将有关账簿的账面结存数额与对应的财产物资实存数额进行核对，可以监督检查账实是否相符，保证财产物资的安全完整。

3. 账簿是编制会计报表的依据

会计报表是依据账簿提供的信息资料来编制的，是对一定时期内经济活动的总结。因此，会计报表中反映的数字是否真实、正确，编制报表是否及时等，都与账簿记录有着密切的关系。

4. 账簿是会计分析、会计检查的依据

通过登记账簿，能够分类反映一定时期内资产、负债、所有者权益、收入、成本费用、利润的信息资料。根据账面提供的资料，并结合其他会计资料，采用特定的方法，就能进行会计检查与分析。通过检查与分析，有利于肯定成绩，找出存在的问题，对经济活动的合法性、真

实性和合理性做出客观公正的评价。同时，针对存在的问题提出改进措施，从而不断提高管理水平，提高经济效益。

四、会计账簿的分类

会计核算中使用的账簿，其种类和结构是多种多样的，记录和反映的内容也不完全一样。为了便于正确设置和使用各种账簿，首先需要了解账簿的分类。

账簿可以按照不同的标准进行分类。

(一) 账簿按其用途分类

账簿按照用途分类，一般可分为序时账簿、分类账簿和备查账簿三种。

1. 序时账簿

序时账簿是指按照经济业务发生或完成的时间顺序，逐日逐笔进行登记的账簿。

由于序时账簿是按时间顺序逐日逐笔记录反映经济业务内容的账簿，所以也称日记账。序时账簿一般有两种：一种是用于记录全部经济业务的，称为普通日记账；另一种是用于记录某一类经济业务的，称为特种日记账。实际工作中，应用比较广泛的是特种日记账。如"现金日记账"和"银行存款日记账"就属于特种日记账。通过这两种日记账分别把现金和银行存款的收支业务进行序时登记，以便详细掌握现金、银行存款的收、支、结存情况。企业、行政事业单位一般都应设置特种日记账。

2. 分类账簿

分类账簿是对全部经济业务按照账户进行分类登记的账簿，简称分类账。分类账簿对反映和监督资产、负债、所有者权益、成本费用、收入和财务成果的增减变化和结果，起着重要的记录作用。

根据账户分类的详细程度不同，分类账簿又分为总分类账簿和明细分类账簿。总分类账簿又称总分类账，简称总账。总账是根据总分类账户设置的，用于总括反映资产、负债、所有者权益、成本费用、收入和财务成果的情况。明细分类账簿，简称明细账，它是根据明细分类账户设置的，用于详细具体地反映资产、负债、所有者权益、成本费用、收入和财务成果的情况。

总账总括地记录和反映经济业务的概括情况，是对明细账的汇总、统制；明细账详细地记载了经济业务的具体内容，是对总账的补充。

3. 备查账簿

备查账簿是对某些序时账簿、分类账簿中未能记载的经济事项进行补充登记的账簿。备查账簿又称为辅助账簿，如租入固定资产备查账、委托加工材料备查账以及应收票据、应付票据登记簿等。备查账簿可以为其他账簿中某些经济业务的记录提供必要的备查详细资料。

(二) 账簿按照外表形式分类

账簿按照外表形式可分为订本式账簿、活页式账簿和卡片式账簿。

1. 订本式账簿

订本式账簿是在启用之前就将一定数量的、按顺序编号的账页固定装订成册的账簿。订本式账簿的优点是可以避免账页散失，防止随意抽换账页。缺点是由于这种账簿的账页在使用前就已经固定，并已按页次顺序编号，不便于分工记账，同时不能增减账页，容易造成预留账页不够或预留过多，影响账簿记录的连续性或造成账页浪费。所以，必须在使用订本式账簿之前，准确地估算出一定时期内每一个账户对账页的需求量。总分类账和特种日记账一般采用订本式账簿。

2. 活页式账簿

活页式账簿是把账页用账夹固定，可以随时根据实际需要添加或取出账页的账簿。活页式账簿的优点是可以根据经济业务的实际需要随时增补或取出账页，也便于分工记账。缺点是容易造成账页散失或被抽换。所以，使用活页式账簿时要注意妥善保管，在年终使用完毕后，必须将这些活页账页整理归类、装订成册，并对账页进行编号，归档保管。明细分类账簿采用活页式账簿。

3. 卡片式账簿

卡片式账簿是由具有专门格式、分散的卡片作为账页组成的账簿。卡片式账簿一般用卡片箱保管，可以随取随放。卡片式账簿除了具有活页式账簿的优缺点外，它还不需要每年更换，可以跨年使用。“固定资产”（表 8-1）、“低值易耗品”的明细账一般采用卡片式账簿。

表 8-1 “固定资产”卡片账页

固定资产卡片 第 号

资产类别		制造厂名			资金来源		
编 号		出厂编号			购置日期		
名 称		出厂日期			安装日期		
型 号		使用部门			开始使用日期		
项 目	金 额	折 旧			折 旧		
重置完全价值		年份	摊提额	累计额	年份	摊提额	累计额
改装或添置价值							
清理残值							
清理费用							
使用年限							
已使用年限							
尚可使用年限							
		原价变动记录					
		日期	增加	减少	变动后记录	变动原因	
年：基本折旧率	%						
年：基本折旧率	%						

（三）账簿按其账页格式分类

账簿按照所使用账页的格式，可以划分为两栏式账簿、三栏式账簿、多栏式账簿、数量金额式账簿和横线登记式账簿。

1. 两栏式账簿

两栏式账簿，是指只有借方和贷方两个基本金额栏目的账簿。普通日记账一般采用两栏式账簿。

2. 三栏式账簿

三栏式账簿是指设有“借方”“贷方”“余额”三个基本栏目的账簿。三栏式账簿适用于只需要进行金额核算的经济业务。特种日记账、总分类账，以及债权、债务等明细分类账簿采用三栏式账簿。

3．多栏式账簿

多栏式账簿，是指在账簿的两个基本栏目，即在“借方”和“贷方”栏下面根据需要分设若干专栏的账簿。其专栏是设置在借方（借方多栏），还是设置在贷方（贷方多栏），或者是在借贷两方同时（借贷双方多栏）设专栏，都应根据经济业务的特点和对会计资料的分析要求确定。多栏式账簿也可不分借方和贷方，直接设多项专栏。多栏式账簿一般适用于需要进行分项目具体反映的经济业务。收入、成本费用以及利润明细分类账簿一般采用这种形式。

4．数量金额式账簿

数量金额式账簿的基本结构同样也采用“借方”“贷方”“余额”三栏，但在每栏的下面再分别设置“数量”“单价”“金额”三个小栏目，以具体反映这三者之间的关系。

数量金额式账簿适用于既需要进行金额核算又需要进行数量核算的经济业务。如“库存商品”“原材料”等明细分类账簿一般采用这种形式。

5．横线登记式账簿

横线登记式账簿是指在一张账页的同一行，记录某一项经济业务从发生到结束的有关内容。这种账簿一般适用于需要逐笔进行结算的经济业务，这样可以对照反映一项经济活动的来龙去脉，对应关系清楚明了。这种账簿也称为平行式账簿。“材料采购”明细账一般可采用横线登记式账簿。

账簿的分类综合表示如图 8-1 所示。

- 账簿的分类
  - 账簿按用途分类
    - 序时账簿
      - 普通日记账
      - 特种日记账
    - 分类账簿
      - 总分类账簿
      - 明细分类账簿
    - 备查账簿
  - 账簿按外表形式分类
    - 订本式账簿
    - 活页式账簿
    - 卡片式账簿
  - 账簿按账页格式分类
    - 两栏式账簿
    - 三栏式账簿
    - 多栏式账簿
    - 数量金额式账簿
    - 横线登记式账簿

图 8-1 账簿的分类

任务二 账簿的格式和登记方法

一、账簿的基本结构

在实际工作中，账簿的格式是多种多样的，不同格式的账簿所包括的具体内容也不尽相同。但各种主要账簿都应具备以下要素：

（1）封面。主要是标明账簿的名称，如总分类账、材料明细账、现金日记账等。

(2)扉页。一般在账簿的封面之后、账页之前印有一张扉页。扉页主要记载账簿使用单位，账簿的名称、编号、使用起止日期、经管人员和交接记录。

(3)账页。账页是账簿中用来具体记录经济业务的部分，其格式因账簿的类别和记录内容而有所不同，但基本内容应该包括：

① 账户名称(填写总账科目或明细科目)；

② 日期栏(填写记账凭证的日期)；

③ 凭证(填写记账凭证的种类和编号)；

④ 摘要栏(填写经济业务的简要说明)；

⑤ 金额栏(填写经济业务项目增减的金额)。

二、账簿的启用和登记规则

(一)账簿的设置原则

会计账簿的设置，首先要考虑财政部门统一制度的规定，其次要根据企业规模大小、业务繁简、会计人员的多少，从加强管理的实际需要和具体条件出发设置相应的账簿，及时登记发生的各种经济业务。账簿的设置应该科学、合理、系统、严密，便于会计人员的操作使用，同时又要防止在账簿设置上搞烦琐哲学。设置会计账簿应遵循下列原则：

(1) 会计账簿的设置，必须遵守国家有关会计制度的规定，结合单位的经营规模和业务特点，全面地反映经济活动情况，满足经营管理的需要。

(2) 会计账簿的设置，必须做到总账和明细账、日记账相结合，既要保证账簿之间相互衔接、配合严密，又要避免重复设账。

(3) 会计账簿的设置，必须有利于财会部门内部的分工，便于会计人员记账、算账和报账，节省核算时间。

(二)账簿的启用规则

为了保证账簿记录的合法性和会计资料的完整性，明确记账责任，在启用会计账簿时，会计人员应遵守以下规则：

1. 启用新账应遵守的规则

启用新账时，应在扉页上填列账簿启用表，如表 8-2 所示，并注明以下内容：

(1)单位名称；

(2) 账簿名称；

(3) 账簿编号；

(4) 账簿页数；

(5) 启用日期；

(6) 记账有关人员的签名及盖章；

(7) 采用购买印花税票方式交纳印花税的单位，对应交纳印花税的账簿，应将印花税票粘贴在启用表的上角，并划线予以注销。

2. 账簿交接应遵守的规则

账簿交接时，原经管人员和新接办人员应按规定办理交接手续，并应正式填写账簿交接表，接办人员应签字盖章。

表 8-2　账簿启用表

<table>
<tr><td colspan="3">单位名称</td><td colspan="6"></td><td colspan="4">印　　鉴</td></tr>
<tr><td colspan="3">账簿名称</td><td colspan="6">（第　册）</td><td colspan="4" rowspan="4"></td></tr>
<tr><td colspan="3">账簿编号</td><td colspan="6"></td></tr>
<tr><td colspan="3">账簿页数</td><td colspan="6">本账簿共计　页</td></tr>
<tr><td colspan="3">启用日期</td><td colspan="6">公元　　年　月　日</td></tr>
<tr><td rowspan="3">经管人员</td><td colspan="2">负责人</td><td colspan="2">主管会计</td><td colspan="4">复　　核</td><td colspan="4">记　　账</td></tr>
<tr><td>姓名</td><td>印</td><td>姓名</td><td>印</td><td colspan="2">姓名</td><td colspan="2">印</td><td colspan="2">姓名</td><td colspan="2">印</td></tr>
<tr><td></td><td></td><td></td><td></td><td colspan="2"></td><td colspan="2"></td><td colspan="2"></td><td colspan="2"></td></tr>
<tr><td rowspan="6">交接记录</td><td colspan="4">经 管 人 员</td><td colspan="4">接　　管</td><td colspan="4">交　　管</td></tr>
<tr><td colspan="2">职别</td><td colspan="2">姓名</td><td>年</td><td>月</td><td>日</td><td>印</td><td>年</td><td>月</td><td>日</td><td>印</td></tr>
<tr><td colspan="2"></td><td colspan="2"></td><td></td><td></td><td></td><td></td><td></td><td></td><td></td><td></td></tr>
<tr><td colspan="2"></td><td colspan="2"></td><td></td><td></td><td></td><td></td><td></td><td></td><td></td><td></td></tr>
<tr><td colspan="2"></td><td colspan="2"></td><td></td><td></td><td></td><td></td><td></td><td></td><td></td><td></td></tr>
<tr><td colspan="2"></td><td colspan="2"></td><td></td><td></td><td></td><td></td><td></td><td></td><td></td><td></td></tr>
<tr><td>备注</td><td colspan="12"></td></tr>
</table>

3．按顺序编写页码

启用订本式账簿，从第一页到最后一页应按顺序编写页码，不得跳页或缺号。采用活页式账簿的，应按账户顺序编号，并须定期装订成册。装订后再按使用账页的顺序编定页码，另加目录，记明每个账户的名称和页码。

（三）账簿的登记规则

账簿记录是否客观、准确，内容是否清楚、完整，直接影响到会计核算的顺利进行和会计资料的质量，也影响到会计职能作用的正常发挥。因此，会计人员在登记账簿时必须遵循下面的规则：

（1）必须根据审核无误的会计凭证登记账簿，项目的登记必须齐全。为了保证账簿记录的真实、正确，必须根据审核无误的记账凭证及所附原始凭证登记账簿。没有会计凭证或会计凭证不符合规定的，不能随意登记账簿。

登记账簿时，必须将记账凭证的填写日期、种类和编号、经济业务内容摘要、金额和其他有关资料逐项填写入账。同时，将一笔经济业务记账完毕后，要在相应的记账凭证上签名或者盖章，并注明账簿的页数或用“√”符号表示已登记入账，以此防止重记或漏记，并便于查阅、核对。

（2）登记账簿必须使用蓝黑墨水笔或者碳素墨水笔书写，不得使用铅笔或圆珠笔（银行的复写账簿除外）记账。红色墨水必须按照规定使用。下列情况可以用红色墨水：

① 改错、结账时的划线；

② 按照红字冲账的记账凭证，冲销错误记录；

③ 在不设借贷栏的多栏式账页中，登记减少数；

④ 在余额栏中，未注明余额借贷方向的，在余额栏内登记负数余额；

⑤ 根据国家统一会计制度的规定可以用红字登记的其他会计记录。

(3) 账簿上记录的文字必须清晰、端正，摘要内容清楚、简洁明了；数字书写要规范化，并排列整齐，大小一致，上下位置对齐。文字、数字书写时要留有适当空格，不要写满行，紧靠本行底线书写，一般应占行距的1/2。

(4) 各种账簿必须按照编定的页次连续记录，不得隔页或跳行记录。如不慎发生隔页或跳行记录时，应将空行或空页划线注销，或者注明“此行空白”“此页空白”字样，并由记账人员在空白处签名或盖章。

(5) 凡需结出余额的账户，结出余额后，应当在“借或贷”等栏内写明“借”或“贷”等字样。没有余额的账户，应当在“借或贷”等栏内写“平”字，并在余额栏内用“0”表示。现金日记账和银行存款日记账必须逐日结出余额。

(6) 一张账页记录完毕转入下一页登记时，应在上一张账页最末一行和下一张账页的第一行办理转页手续。即在上一张账页最末一行加计本页借方、贷方发生额合计并结出余额，在摘要栏内注明“过次页”，同时将计算出的借、贷方发生额合计和余额记入下一页的第一行内的“借方”“贷方”“余额”栏内，并在摘要栏注明“承前页”。办理完转页手续后，再开始登记经济业务，以此保证账簿记录连续进行，相互衔接。

对需要结计本月发生额的账户，结计“过次页”的本页合计数应当为自本月初起至本页末止的发生额合计数；对需要结计本年累计发生额的账户，结计“过次页”的本页合计数应当为自年初起至本页末止的累计数；对既不需要结计本月发生额也不需要结计本年累计发生额的账户，可以只将每页末的余额结转次页。

(7) 账簿记录如果发生错误，应按照规定的方法进行更正，不准涂改、刮擦、挖补或用褪色药水更改消除字迹，不准撕毁账页，也不准重新抄写。

(8) 实行会计电算化的单位，总账和明细账应当定期打印。发生收款和付款业务的，在输入收款凭证和付款凭证的当天，必须打印出现金日记账和银行存款日记账，并与库存现金核对无误。

三、账簿的设置和登记方法

(一)序时账簿的设置与登记方法

序时账簿又称日记账，它是按照经济业务发生的时间先后顺序，逐日逐笔登记经济业务的账簿。

日记账分为普通日记账和特种日记账两类。由于我国各单位很少使用普通日记账，故不详述，重点是介绍特种日记账的设置和登记方法。特种日记账是用来专门序时登记某一类经济业务的日记账。企事业单位一般都应设置现金日记账、银行存款日记账两种特种日记账。下面分别说明现金日记账、银行存款日记账的设置和登记方法。

1. 现金日记账的设置和登记方法

现金日记账是用来逐日逐笔反映库存现金的收入、付出及结余情况的特种日记账。它由出纳人员按照经济业务发生的时间先后顺序，根据有关现金收付的记账凭证并结合现金收付的原始凭证，逐日逐笔进行登记，逐日结出余额。

现金日记账通常使用订本式账簿，采用设有“借方(或收入)”“贷方(或支出)”“余额(或结余)”三栏式结构的账簿。三栏式现金日记账的格式如表8-3所示。

表 8-3　现金日记账(三栏式)　　第　页

年		凭证编号	对方科目编码	摘要	借方金额	贷方金额	余额
月	日						

三栏式现金日记账的具体登记方法为：

(1)第一栏是记账日期栏，登记现金实际收付的日期。

(2)第二栏是凭证编号栏，登记收付款记账凭证的种类和编号。

(3)第三栏是对方科目编码栏，登记与现金收入的来源或支出的去向有关的会计科目。

(4)第四栏是摘要栏，登记经济业务的简要说明。

(5)第五栏是借方栏，根据反映现金收款的记账凭证登记实际收入现金的金额。需要注意的是，从银行提取现金时，采用收、付、转记账凭证的单位由于只填制了银行存款付款凭证，未填制现金收款凭证，所以从银行提取现金的业务，应根据银行付款凭证登记实际收入现金的金额。如果一张记账凭证反映了几笔现金收入的，应根据记账凭证后所附现金收入的原始凭证逐笔登记实际收入现金的金额。

(6)第六栏是贷方栏，根据反映现金付款的记账凭证登记实际付出现金的金额。如果一张记账凭证反映了几笔现金付款的，应根据记账凭证后所附现金付出的原始凭证逐笔登记实际付出现金的金额。

(7)第七栏是余额栏，登记每天按下列公式计算的现金余额。

$$\text{当日现金余额} = \text{昨日现金余额} + \text{当日收入现金合计} - \text{当日付出现金合计}$$

每日终了，应将余额数与实际库存现金进行核对，检查账实是否相符，做到日清日结。

为了便于反映每一笔现金收支的来龙去脉，分析和汇总对应科目的金额，现金日记账也可采用多栏式格式的账簿。其格式如表 8-4 所示。

表 8-4　现金日记账(多栏式)　　第　页

年		凭证号数	摘　要	收　入					支　出				
月	日			应贷科目				合计	应借科目				合计

如果会计科目较多，现金日记账就会篇幅太大，为了解决这个问题，可将上述格式一分为二，分设收入和支出两本日记账。其格式如表 8-5、表 8-6 所示。

多栏式现金收入日记账和现金支出日记账与三栏式现金日记账的登记方法基本相同。首先是逐笔登记现金收入日记账和现金支出日记账，然后每日终了将现金支出日记账支出合计数过入现金收入日记账，并在现金收入日记账上逐日结出余额。

表 8-5　现金收入日记账(多栏式)　　第　页

年		凭证号数	摘　　要	贷方科目						收入合计
月	日									

表 8-6　现金支出日记账(多栏式)　　第　页

年		凭证号数	摘　　要	借方科目						支出合计
月	日									

2. 银行存款日记账的设置和登记方法

银行存款日记账是用来逐日逐笔反映银行存款增减变化和结余情况的特种日记账。由出纳人员根据有关银行存款收支的记账凭证并结合原始凭证，按照经济业务发生的时间顺序，逐日逐笔登记，并逐日结出余额。通过银行存款日记账的设置和登记，可以加强对银行存款的日常监督和管理，并便于与开户银行进行对账。

银行存款日记账一般采用订本式账簿，使用设有“借方(或收入)”“贷方(或支出)”“余额(或结余)”三栏式基本结构的账页。银行存款日记账的格式如表 8-7 所示。

表 8-7　银行存款日记账(三栏式)　　第　页

年		凭证编号	对方科目编码	摘要	借方金额	贷方金额	余额
月	日						

三栏式银行存款日记账的具体登记方法为：

(1)第一栏是记账日期栏，登记银行存款实际收付的日期。

(2)第二栏是凭证编号栏，登记收付款记账凭证的种类和编号。

(3)第三栏是对方科目编码栏，登记与银行存款收入的来源或支出的去向有关的会计科目。

(4)第四栏是摘要栏，登记经济业务的简要说明。

(5)第五栏是借方栏，根据反映银行存款收款的记账凭证登记实际收入银行存款的金额。需要注意的是，将现金存入银行时，采用收、付、转记账凭证的单位由于只填制了现金付款凭证，未填制银行存款收款凭证，所以将现金存入银行的业务，应根据现金付款记账凭证登记实际收入现金的金额。如果一张记账凭证反映了几笔银行存款收入的，应根据记账凭证后所附银行存款收入的原始凭证逐笔登记实际收入银行存款的金额。

(6)第六栏是贷方栏，根据反映银行存款付款的记账凭证登记实际付出银行存款的金额。如果一张记账凭证反映了几笔银行存款付款的，应根据记账凭证后所附银行存款付出的原始凭证逐笔登记实际付出银行存款的金额。

(7)第七栏是余额栏，登记每天按下列公式计算的现金余额。

$$\text{当日银行存款余额}=\text{昨日银行存款余额}+\text{当日收入银行存款合计}-\text{当日付出银行存款合计}$$

每月终了，应将余额数与银行对账单进行核对，检查账实是否相符。

为了便于反映每一笔银行存款收支的来龙去脉，便于分析和汇总对应科目的金额，银行存款日记账也可采用多栏式的格式。其格式如表 8-8、表 8-9、表8-10所示。

表 8-8　银行存款日记账(多栏式)　　第　页

年		凭证号数	摘　要	收　入					支　出				
月	日			应贷科目				合计	应借科目				合计

表 8-9　银行存款收入日记账(多栏式)　　第　页

年		凭证号数	摘　要	贷方科目						收入合计
月	日									

表 8-10　银行存款支出日记账(多栏式)　　第　页

年		凭证号数	摘　要	借方科目						支出合计
月	日									

多栏式银行存款日记账与多栏式现金日记账的登记方法相同。

（二）分类账的设置和登记方法

1. 总分类账的设置和登记方法

总分类账简称总账，它是根据总分类科目开设账户，用于分类、连续记录经济业务总括情况的账簿。通过总账可以集中、全面地反映经济活动的总体状况，为进一步进行会计核算提供总括的信息资料。每个企业、行政事业单位都要根据本单位经济活动的实际情况设置相关的总分类账。

总分类账通常采用三栏式账页，其基本结构为“借方”“贷方”“余额”三栏。总分类账的格式如表8-11所示。

表8-11　总分类账

会计科目　　　　　　　　　　第　页

年		凭证编号	摘　要	对方科目编码	借方金额	贷方金额	借或贷	余额
月	日							

总分类账除一般采用三栏式格式外，企事业单位也可根据实际需要采用多栏式的格式。

多栏式总分类账是把所有的总账科目合设在一张账页上，但其具体设计又有两种方法：一种是按会计科目分设专栏，所有的经济业务根据记账凭证序时、分类地直接登记入账。这种格式的总分类账兼有序时账和分类账的作用，实际上是序时账与分类账结合的联合账簿。这种格式的总账称为日记总账，如表8-12所示。另一种是按照总账科目对应关系反映本期发生额和期初余额、期末余额的总账。一般是纵向设“应借科目名称”，横向依次设“期初余额”（分借、贷两栏）、“应贷科目及本期发生额”“期末余额”（分借、贷两栏）等。其格式如表8-13所示。

总分类账的登记方法，由于企业、行政事业单位采用的会计核算组织程序的不同而有所不同。一般登记方法如下：

表8-12　日记总账　　　　　　　　　　第　页

年		凭证		摘　要	发生额	科目		科目		科目		科目	
月	日	种类	编号			借	贷	借	贷	借	贷	借	贷
				发生额合计									
				月末余额									

表 8-13　多栏式总分类账

第　页

应借科目	期初余额		应贷科目及本期发生额						期末余额	
	借	贷	主营业务收入	其他业务收入	投资收益	营业外收入			借	贷
库存现金										
银行存款										

(1)采用记账凭证账务处理程序的单位,应定期根据记账凭证直接登记总分类账;

(2)采用科目汇总表账务处理程序的单位,应定期(一般是按旬)根据编制的科目汇总表登记总分类账;

(3)采用汇总记账凭证账务处理程序的单位,应定期根据记账凭证汇总编制汇总收款凭证、汇总付款凭证和汇总转账凭证,然后根据汇总收款凭证、汇总付款凭证和汇总转账凭证登记总分类账;

(4)定期结出余额。

2. 明细分类账的设置和登记方法

明细分类账简称明细账。它是根据明细科目设置,用于分类、连续记录经济活动具体情况的账簿。明细分类账提供详细、具体的会计核算资料,对总账中记载的总括资料起补充、辅助作用。通常对财产物资、债权、债务、收入、费用等总分类账户按照经济活动的实际需要设置相应的明细分类账。

根据经济活动的特点及记载反映的需要,明细分类账可采用三栏式账簿、数量金额式账簿、多栏式账簿、横线登记式账簿进行登记。

明细分类账应根据审核无误的记账凭证及所附的原始凭证逐日逐笔进行记录,也可以根据经济业务的实际情况和经营管理的需要进行汇总登记。

下面介绍几种形式的明细分类账格式及登记方法。

(1)三栏式明细分类账

三栏式明细分类账的格式与总分类账的格式相同,也使用“借方”“贷方”“余额”三栏式账簿。三栏式明细分类账适用于如“应收账款”“应付账款”“短期借款”“长期借款”等只需要对金额进行核算分析的经济业务。三栏式明细分类账的格式如表 8-14 所示。

表 8-14　三栏式明细分类账

二级或明细科目　　　　第　页

年		凭证号码	摘　要	借方	贷方	借或贷	余额
月	日						

(2)数量金额式明细分类账

数量金额式明细分类账采用“借方”“贷方”“余额”三栏式的基本结构，但在每栏下面又分别设置“数量”“单价”“金额”三个小栏目。数量金额式明细分类账适用于如“原材料”“库存商品”等既需要进行金额核算，又需要进行具体的实物数量核算分析的经济业务。数量金额式明细分类账的格式如表8-15所示。

表8-15　数量金额式明细分类账

类别：　　　　　　　　　　编号：
品名规格：　　　　　　　　存放地点：
储备定额：　　　　　　　　计量单位：　　　　　　第　页

年		凭证		摘　要	收入(借方)			发出(贷方)			余额		
月	日	字	号		数量	单价	金额	数量	单价	金额	数量	单价	金额

(3)多栏式明细分类账

多栏式明细分类账一般在“借方”或“贷方”栏下设立若干专栏，也可在借、贷双方栏下分别设立若干栏，以便具体、详细地记录反映某项资金的增减变动情况。企业、行政事业单位可根据其经济活动的特点和对所提供的数据资料的要求选择相应的多栏式账簿。多栏式明细分类账簿适用于成本、费用等需要详细核算分析其组成、消耗情况的经济业务。多栏式明细分类账的格式多种多样，表8-16、表8-17是其中的两种。

表8-16　多栏式费用明细分类账　　　　第　页

年		凭证		摘　要	借方项目				贷方	余额
月	日	字	号					合计		

表8-17　多栏式利润明细分类账　　　　第　页

年		凭证		摘　要	借方项目			贷方项目			余额
月	日	字	号				合计			合计	

对不分借贷方向设置的多栏式明细分类账，登记增加数额时用蓝字登记，登记减少数额时用红字登记。

(4)横线登记式明细分类账

横线登记式明细分类账是采用在同一账页的同一行分设若干栏,详细地记载一项经济业务从发生到结束的有关内容。

横线登记式明细分类账适用于需要进行逐笔对应反映的某些经济业务,如“物资采购”“应收票据”“应付票据”“其他应收款”等明细分类账。横线登记式明细分类账的格式如表8-18所示。

表 8-18　其他应收款——横线登记式明细分类账　　　　第　页

年		凭证		摘要	户名	借方（借支）	贷方（报销、收回）						备注
							年		凭证		报销金额	收回金额	
月	日	字	号				月	日	字	号			

(三)备查账簿的设置和登记方法

备查账簿又称辅助账簿,是对在序时账和分类账中未能反映和记录的事项进行补充登记的账簿。设置备查账簿的目的是为了备忘备查,提供管理需要的资料。通常设置备查账簿的业务有代为保管的材料物资登记簿,经营性租入固定资产、物资的登记簿等。

备查账簿与日记账和分类账相比,其格式和登记方法不同。备查账簿的主要栏目不记录金额,它更注重用文字来表达某项经济业务的发生情况。例如,租入固定资产登记簿,它登记的依据主要是租赁合同与企业内部使用单位收到设备的证明。这两者在企业一般经济业务的核算中不能充当正式原始凭证,只能作为原始凭证的附件(如作为支付租金的依据)。登记租入固定资产备查簿,也不需要编制记账凭证。该备查簿记录的内容主要有:出租单位,设备名称、规格、编号,设备原值、净值,租用时间,月份或年度租金数额,租金支付方式,租用期间修理或改造的有关规定及损坏赔偿规定和期满退租规定等。

四、错账更正方法

会计人员在登记账簿时,必须严肃认真、一丝不苟,按照有关手续和规定进行。但在实际工作中,由于各种原因还是会出现重记、漏记、错记等现象。当发现错误记录时,不得随意更正,必须按照规定的方法进行更正。

错账更正的方法一般包括三种:划线更正法、红字更正法、补充登记法。

(一)划线更正法

在结账前,如果记账凭证填制无误,但在账簿记录中,由于会计人员不慎出现笔误或计算失误,造成账上文字或数字错误,此类错误可采用“划线更正法”进行更正。

划线更正法的具体做法是:先在错误的文字或全部数字正中划一条红线,表示错误内容已被注销,但应保持原记录文字或数字的内容清晰,易于辨认。然后,将正确的文字或数字用蓝、黑色墨水书写在被注销的文字或数字上端的空白处,并由记账人员在更正处签名或盖章,保证会计核算的正确,同时明确相关人员的责任。

更正时须注意:如系文字写错,可以只更正个别错字;若系数字写错,必须将错误数字全部注销,不能只更正该数字中的个别错误数码。例如,根据记账凭证记账时,误把5 386元记录为5 836元。更正时,不能只将“83”划一红线注销,写上“38”了结。必须按照正确方法更正。

如果是记错账簿或记错方向，可将错误内容划红线注销，然后将正确的文字记录和数字重新过入应记的账簿或方向栏内，同时在注销处加盖记账人员印章。

（二）红字更正法

在记账以后，如果发现记账凭证中应借、应贷的科目、方向或金额发生错误时，可以用红字更正法进行更正。具体做法是：更正时，先用红字填写一张与错误记账凭证完全相同的记账凭证，并在摘要栏中写明"更正×月×日第×号凭证的错误"，并据以用红字金额登记账簿，冲销原有的错误，然后，再用蓝字重新填写一张正确的记账凭证，并据以登记账簿。

红字更正法一般在下述两种情况下使用：

(1)记账后在当年内发现记账凭证所记的会计科目或方向错误，从而引起的记账错误。

【例 8-1】 仓库发出一批材料用于生产产品，计 8 000 元，填制记账凭证时，误写应借科目为"制造费用"，并已登记入账。原错误分录如下：

① 借：制造费用　　8 000
　　贷：原材料　　8 000

发现这种错误时，应先用红字填制一张记账凭证，其分录如下：

② 借：制造费用　　$\boxed{8\ 000}$
　　贷：原材料　　$\boxed{8\ 000}$

用以冲销原错误分录（带框数字表示红字，下同），同时再用蓝字填制一张正确的记账凭证，其分录如下：

③ 借：生产成本　　8 000
　　贷：原材料　　8 000

将上述更正错误的凭证记入有关账户后，则有关账户中的错误记录得到更正，具体情况如表 8-19 所示。

表 8-19　红字更正法更正账户(一)

借　原材料	贷	借　制造费用	贷	借　生产成本	贷
	① 8 000	① 8 000			
	② $\boxed{8\ 000}$	② $\boxed{8\ 000}$		③ 8 000	
	③ 8 000				

(2) 记账后在当年内发现记账凭证会计科目或方向无误而所记金额大于应记金额，从而引起记账错误。

【例 8-2】 以银行存款购入原材料 5 000 元，填制记账凭证时，将金额误记为 50 000 元，并已登记入账。其错误分录如下：

① 借：原材料　　50 000
　　贷：银行存款　　50 000

更正时，用红字按多记的金额填制一张应借应贷会计科目与原错误相同的记账凭证，在"摘要"栏内注明"冲销凭证多记金额"，并据以用红字登记入账，以冲销多记的金额。其分录如下：

② 借：原材料　　$\boxed{45\ 000}$

贷:银行存款　　45 000

将上列更正错误的记录登记入账后,则有关账户中的原错误记录即得到更正,如表8-20所示。

表 8-20　红字更正法更正账户(二)

借　原材料　贷	
① 50 000	
② 45 000	

借　银行存款　贷	
	① 50 000
	② 45 000

(三) 补充登记法

在记账或结账以后,经核对发现记账凭证中使用的会计科目,应借、应贷方向没有错误,只是所记金额小于应记金额,并已据此登记入账,造成账簿记录相应出错,对这种类型的错账,可使用补充登记法。

补充登记法的具体做法是:核对时发现记账凭证上记载的金额小于经济业务的实际金额,并已在相应的账簿中记载下来,此时可按照少记的金额,用蓝字金额填写一张与原记账凭证中的会计科目,应借、应贷方向完全相同的记账凭证,在"摘要"栏注明"补充×月×日×字×号凭证少记金额",依此凭证记入相应的账簿中,在账簿的"摘要"栏注明"补充×月×日少记金额"。

【例 8-3】 某厂开出转账支票一张,支付上月欠外厂的货款 86 000 元。在填制记账凭证时,误将金额填为 68 000 元,并已登记入账。

原记账凭证填制如下:

①借:应付账款——某单位　　68 000

　贷:银行存款　　68 000

核对时,发现原记账凭证记录中误将 86 000 元写为 68 000 元,并已记入相应账簿中,造成少记 18 000 元的错误,对这种类型的账簿错误,可使用补充登记法更正。

更正时,按照少记金额 18 000 元填写一张记账凭证,其中使用的会计科目,应借、应贷方向应与原记账凭证相同,在凭证的"摘要"栏注明"补充×月×日×字×号凭证少记金额",据此登记入账,在账簿的"摘要"栏注明"补充×月×日少记金额"。

补充填制的记账凭证如下:

②借:应付账款——某单位　　18 000

　贷:银行存款　　18 000

账簿更正记录如表 8-21 所示。

表 8-21　补充更正法更正账户

借　应付账款　贷	
① 68 000	
② 18 000	

借　银行存款　贷	
	① 68 000
	② 18 000

使用红字更正法、补充登记法时,必须清楚注明所填记账凭证(或所改记账凭证)的日期、编号以及更正说明,以便于前后衔接,查实核对。

任务三　账簿记录的核对和期末结账

一、账簿记录的核对

(一)账簿核对的主要内容

账簿记录的核对简称对账，是指企业、行政事业单位定期对会计账簿记录的有关数字与相关的会计凭证、库存实物、货币资金、有价证券、往来单位或者个人等进行相互核对，以保证账账相符、账证相符、账实相符。对账工作每年至少进行一次。对账的主要内容如下：

1. 账证核对

账证核对就是核对会计账簿的记录与原始凭证、记账凭证记录的时间、凭证字号、内容、金额是否一致，记账方向是否相符。账证核对是会计人员日常会计核算工作的一项重要内容。账簿记录与会计凭证反映的经济业务内容必须一致，数额计算结果相等，保证做到账证相符。

2. 账账核对

账账核对就是将不同会计账簿进行相互核对，以保证账账相符。账账核对的主要内容包括：

(1) 将全部总分类账簿的本期借方发生额合计数与本期贷方发生额合计数进行核对；将全部总分类账簿的期末借方余额合计数与期末贷方余额合计数进行核对。从总体上检查总分类账记录的数据是否准确。

这种核对工作可以通过定期编制总分类账户试算平衡表进行。

(2) 将总分类账簿与其所属的明细分类账簿进行核对，检查总账和明细账双方记载的经济业务内容及记账方向是否一致，总账金额与其所属明细账金额之和是否一致。

这种核对可以通过定期编制明细分类账本期发生额与余额对照表等形式进行。

(3) 将“现金日记账”“银行存款日记账”的期末余额与总分类账中“现金”“银行存款”账上的期末余额核对，检查总账与日记账记录是否相符。

(4) 将财会部门财产物资明细分类账簿的期末结存数额与财产物资保管部门或使用部门的明细分类账簿期末结存数额核对，检查其是否相符。

3. 账实核对

账实核对是指核对会计账簿记录与各项财产实有数额是否相符。其具体核对内容包括：

(1) 将“现金日记账”账面余额与库存现金实际结余数额核对；

(2) 将“银行存款日记账”账面余额与银行转来的对账单上的余额核对；

(3) 将各种财产物资明细分类账簿账面结存数额与各种财产物资的实际结存数额核对；

(4) 将各种应收、应付款项的明细分类账簿账面余额与债权、债务的单位或个人进行核对，检查是否相符。

(二)查找错账的基本方法

对账过程中如果有记账错误，可采用以下方法进行查找：

1. 差数法

记账人员可以根据错账的差数，回忆查找所发生的经济业务在账簿、凭证中有无与错账相同的数字。差数是由于漏记、看错、抄错等原因造成的。如将 1 误写为 7，将 3 误写为 8，就会产生 6 和 5 的差数。

2. 除 2 法

错账有时是因为登账时记错了方向而造成的。如将应记入借方的误记入贷方，或者相反。用除 2 法很容易找出反方的错误。

3. 除 9 法

如果记账时把数字的位置写错了，可以采用除 9 法来检查。错位有两种情况：一是数字错位。如把 400 误写成 4 000 或 40，这就使正确的数字增加了 9 倍或减少了 9 倍。用除 9 法后得到的商数，加一位或减一位，便是写错的金额。二是数字颠倒。如把 37 写成了 73，错误的差数为 36。用错误的差数除以 9 得到的商便是前后错位两个数字的差数。根据计算得到商数，去查找可能颠倒的数字。

二、期末结账的方法

在会计期末，即月末、季末或年末，为了编制会计报表等需要，必须进行结账。结账就是在把一定时期内发生的全部经济业务登记入账的基础上，按照规定的方法，结算出账户的本期发生额和期末余额，并将余额结转下期或转入新账的方法。

(一)结账前的准备工作

(1) 检查本期所发生的各项经济业务是否都取得或填制了会计凭证，并据以登记入账。

(2) 检查是否按权责发生制的原则对有关应计的收入和费用进行了账项调整。

(3)检查各项成本、费用和收入是否在有关账户之间完成了结转。

(二)结账的方法

根据结账的时间不同，结账可分为月结、季结和年结。不得为了编制会计报表提前结账，更不得先编制会计报表后进行结账。

月度终了，要进行月结，即计算出各账户的本月发生额和月末余额。结账时，在记录本月最后一笔经济业务的行下面画一条通栏红单线，在红单线下的“摘要”栏内注明“月结”或“本月合计”字样，并将本月借、贷发生额及月末余额分别记入借方、贷方和余额栏。月结结束后，在该行下面再画一条通栏红单线，以示本月的账簿记录已结束。此后即可连续记录下月的经济业务。

季度终了，要进行季结，即计算各账户的本季发生额和季末余额。结账时，在月结的下一行进行，在“摘要栏”注明“季结”或“本季合计”字样，并将本季借、贷方发生额和季末余额分别记入借方、贷方和余额栏，在该行下面再画一条通栏红单线，以示本季的账簿记录已结束。

年度终了，要进行年结。年度终了结账时，在季结的下一行进行，在“摘要栏”注明“年结”或“本年合计”字样，并将本年借、贷方发生额和年末余额分别记入借方、贷方和余额栏，然后在其下面画两条通栏红线，也叫封账线，以表示该账户的记录已在本年底结束。具体格式如表 8-22 所示。

表 8-22　总分类账

会计科目:应收账款　　　　第　页

年		凭证号码	摘要	借方	贷方	借或贷	余额
月	日						
1	1	略	上年结转			借	8 000
	2		销售 A 产品	11 700		借	19 7 00
⋮	⋮	⋮	⋮	⋮	⋮	⋮	⋮
	31		月结	20 000	15 000	借	13 000
	⋮		⋮	⋮			⋮
	31		月结	25 000	⋮	借	20 400
3			季结	38 800	26 400	借	20 400
⋮	⋮		⋮	⋮			⋮
12	31		月结	42 000	16 500	借	9 100
			季结	187 250	194 500	借	9 100
			年结	497 000	495 900	借	9 100
			结转下年		9 100	平	0

注:波浪线表示红线。

三、账簿的更换和保管

(一)账簿的更换

总分类账、日记账和大部分明细分类账都要每年更换一次。只有变动较小的部分明细账,如固定资产明细账等可以继续使用,不必每年更换新账。账簿在年终结账后,账户的余额直接转入下一年新账簿的有关账户。新旧账簿之间余额的结转不需编制记账凭证。

结转账簿年度余额时,应在账簿年结记录的下一行“摘要栏”注明“结转下年”字样,将年末余额记入与余额方向相反的“借方(或贷方)”栏内,如:“应收账款”总分类账簿年末余额方向为借方,在结转下年度时,将余额列入“贷方”栏,在“余额”栏内注明“0”,在“借或贷”栏注明“平”。至此本账簿年末余额结转完毕。其格式如表 8-22 所示。

下一个会计年度设置新账时,在登记第一笔经济业务之前,首先应将上年账簿的余额转入新开设的账簿。其方法是:在新建会计账簿的第一行“摘要栏”注明上年结转,将上年结转的余额列入“余额”栏,并标明余额借贷方向,余额方向应与上一个会计年度账簿的余额方向相同。

(二)账簿的保管

各种账簿同会计凭证及报表一样,都是重要的会计档案,必须按照制度统一规定的保存年限妥善保管。现金和银行存款日记账以及总账和明细分类账均应保管 30 年,不得丢失和任意销毁。保管期满后,按照规定的审批手续报经批准以后,再行销毁。

会计档案的保管,既要做到安全完整,又要保证在需要的时候能从账簿中迅速查到所需要的资料。为此,会计人员必须在年度结束后,将各种活页账簿连同“账簿和经管人员一览表”装订成册,加上封面,统一编号,与各种订本式账簿一起归档保管。

互动地带

2018 年 8 月 20 日，人力资源部职员李四到财务部报销差旅费时，会计人员误将 1 300 元写成了 130 元，并已编制了会计凭证登入账簿：

借：管理费用　　130

　贷：其他应收款　　130

请问：会计人员应该如何进行错账更正？

项目小结

会计账簿
- 按用途分类：序时账簿、分类账簿和备查账簿
- 按外表形式分类：订本式账簿、活页式账簿和卡片式账簿
- 按账页格式分类：两栏式账簿、三栏式账簿、多栏式账簿、数量金额式账簿、横线登记式账簿

错账更正方法适用情况表

<table>
<tr><th rowspan="2">更正方法</th><th colspan="4">适用范围</th></tr>
<tr><th colspan="2">记账凭证</th><th colspan="2">账簿</th></tr>
<tr><td rowspan="2">划线更正法</td><td colspan="2" rowspan="2">正确</td><td rowspan="2">错误</td><td>文字</td></tr>
<tr><td>数字</td></tr>
<tr><td rowspan="2">红字更正法</td><td rowspan="2">错误</td><td>科目、方向</td><td colspan="2" rowspan="2">错误</td></tr>
<tr><td>金额多记</td></tr>
<tr><td>补充登记法</td><td>错误</td><td>金额少记</td><td colspan="2">错误</td></tr>
</table>

关键名词

1. 会计账簿：是以会计凭证为依据，由具有一定格式，按一定形式相互联结的账页组成的，连续、系统、全面、综合地记录和反映各项经济业务的簿籍。设置和登记账簿是会计核算的专门方法之一。

2. 序时账簿：指按照经济业务发生或完成的时间顺序，逐日逐笔进行登记的账簿。

3. 分类账簿：是对全部经济业务按照账户进行分类登记的账簿，简称分类账。分类账簿对反映和监督资产、负债、所有者权益、成本费用、收入和财务成果的增减变化和结果，起着重要的记录作用。

4. 备查账簿：是对某些序时账、分类账中未能记载的经济事项进行补充登记的账簿。备查账簿又称为辅助账簿。备查账簿可以为其他账簿中某些经济业务的记录提供必要的备查详细资料。

5. 现金日记账：是用来逐日逐笔反映库存现金的收入、付出及结余情况的特种日记账。

由出纳人员按照经济业务发生的时间先后顺序，根据有关现金收付的记账凭证并结合现金收付的原始凭证，逐日逐笔进行登记，逐日结出余额。

6. 银行存款日记账：是用来逐日逐笔反映银行存款增减变化和结余情况的特种日记账。由出纳人员根据银行存款收支的记账凭证并结合原始凭证，按照经济业务发生的时间顺序，逐日逐笔登记，并逐日结出余额。

过关斩将

一、单项选择题

1. 对于经营租赁租入固定资产登记的账簿是（　　）。

A. 总分类账　B. 日记账簿　C. 备查账簿　D. 明细分类账簿

2. 按照账簿用途分类，银行存款日记账属于（　　）。

A. 序时账簿　B. 分类账簿　C. 活页式账簿　D. 备查账簿

3. 库存商品明细账一般采用（　　）。

A. 订本式　B. 三栏式　C. 多栏式　D. 数量金额式

4. 下列账簿中，不需要每年更新的是（　　）。

A. 库存现金日记账　B. 银行存款日记账　C. 活页账　D. 卡片账

5. 账簿记录出现跳行，正确的处理是（　　）。

A. 用蓝色墨水划线注销　B. 用红色墨水划线注销

C. 用蓝色墨水划线，注明“此行空白”

D. 用红色墨水划线，注明“此行空白”，并由记账人员签章

6. 现金日记账的借方除了根据现金收款凭证登记外，有时还要根据（　　）登记。

A. 银行存款付款凭证　B. 银行存款收款凭证

C. 现金付款凭证　D. 转账凭证

7. 多栏式明细分类账适用于（　　）。

A. 应付账款明细账　B. 库存商品明细账

C. 原材料明细账　D. 管理费用明细账

8. 总分类账适用于（　　）账簿。

A. 订本式　B. 活页式　C. 卡片式　D. 数量金额式

9. 记账后，如发现账簿错误是由记账凭证所记会计科目有错误引起的，可采用（　　）。

A. 红字更正法　B. 划线更正法　C. 补充登记法　D. A、B均可

10. 必须逐日逐笔登记的账簿有（　　）。

A. 明细账　B. 总账　C. 日记账　D. 备查账

11.（　　）是按照经济业务发生和完成的时间先后顺序，逐日逐笔登记经济业务的账簿。

A. 序时账　B. 分类账　C. 明细账　D. 备查账

12. 明细账一般采用（　　）。

A. 订本账　B. 活页账　C. 卡片账　D. 以上均可

13. 现金日记账必须（　　）结计出余额。

A. 每日　B. 每周　C. 每旬　D. 每月

14.（　　）采用数量金额式明细账。

A. 本年利润明细账　B. 短期借款明细账

C. 其他应收款明细账　　D. 原材料明细账

15.(　　)只能在结账、划线、改错和冲账时采用。

A. 蓝黑墨水笔　　B. 红色墨水笔　　C. 铅笔　　D. 圆珠笔

16. 在结账前,若发现记账凭证中应借应贷科目用错或用反,并已过账,应用(　　)更正。

A. 红字更正法　　B. 补充登记法　　C. 划线更正法　　D. 涂改更正法

17. 下列适合采用多栏式明细账格式核算的是(　　)。

A. 原材料　　B. 制造费用　　C. 应付账款　　D. 库存商品

18. 下列做法错误的是(　　)。

A. 现金日记账采用三栏式账簿　　B. 产成品明细账采用数量金额式账簿

C. 生产成本明细账采用三栏式账簿　　D. 制造费用明细账采用多栏式账簿

二、多项选择题

1. 企业将现金 500 元存入银行,此项业务应在(　　)中登记。

A. 现金日记账　　B. 银行存款日记账　　C. 总分类账　　D. 明细分类账

2. 对账的内容包括(　　)。

A. 账证核对　　B. 账账核对　　C. 账表核对　　D. 账实核对

3. 对于现金收、付款业务较多且复杂的企业,可以分别设置(　　)。

A. 现金日记账　　B. 现金收入日记账　　C. 现金支出日记账　　D. 现金备查账

4. 必须采用订本式账簿的有(　　)。

A. 原材料明细账　　B. 现金日记账　　C. 银行存款日记账　　D. 总分类账

5. 会计上允许使用的更正错误方法有(　　)。

A. 红字更正法　　B. 划线更正法　　C. 补充登记法　　D. 用涂改液修正

三、判断题

1. 一般单位都必须设置总分类账和明细分类账,但可以不设置备查账簿。(　　)

2. 三栏式账簿一般适用于成本、费用类明细账。(　　)

3. 会计人员根据记账凭证记账时,误将 2 000 元记为 200 元,更正此类错误应采用红字更正法。(　　)

4. 总分类账必须逐日结出余额。(　　)

5. 总分类账应根据原始凭证登记。(　　)

四、业务题

[习题一]

光明企业有关会计资料及经济业务如下:

(1)光明企业 2018 年 6 月份部分账户的期初余额如下:

现　金　1 000 元　　短期借款　20 000 元

银行存款　28 000 元　　应付账款　10 000 元(长江厂 10 000 元)

其他应收款　6 000 元(李洁 6 000 元)　　实收资本　30 000 元

应收账款　25 000 元(甲公司 15 000 元,乙公司 10 000 元)

(2)该企业 6 月份发生的部分经济业务如下:

①从银行提取现金 1 000 元。

②以现金支付张妮借支差旅费 400 元,王武借支差旅费 600 元。

③收到李洁所欠其他应收款 6 000 元,存入银行。

④收回甲公司原欠货款 10 000 元,乙公司原欠货款 5 000 元,分别收到转账支票。

⑤开出转账支票支付所欠长江厂货款 5 000 元。

⑥向长江厂购进材料 20 000 元，向东山厂购进材料 30 000 元，材料入库，款未付（不考虑增值税）。

⑦开出转账支票支付所欠长江厂货款 15 000 元，支付所欠东山厂货款 20 000 元。

⑧张妮实际报销差旅费 300 元，退回现金 100 元；王武实际报销差旅费 400 元，退回现金 200 元。

要求：

(1)根据上述发生的经济业务编制会计分录。

(2)根据上述账户的期初余额开设现金日记账、银行存款日记账、总分类账和应收账款、其他应收款、应付账款的明细账。

(3)根据会计分录登记各类账簿，并结出各账户的发生额和期末余额。

[习题二]

光明企业会计人员在结账前进行对账时，查找出以下错账：

(1)用银行存款支付建造固定资产的工程价款 86 000 元，编制的会计分录为：

借：在建工程　　86 000

　贷：银行存款　　86 000

在过账时，“在建工程”账户记录为 68 000 元。

(2)用现金支付职工生活困难补助 300 元，编制的会计分录为：

借：管理费用　　300

　贷：库存现金　　300

(3)计提车间生产用固定资产折旧 35 000 元，编制的会计分录为：

借：制造费用　　35 000

　贷：累计折旧　　35 000

(4)用现金支付工人工资 4 500 元，编制的会计分录为：

借：应付职工薪酬——工资　　4 500

　贷：库存现金　　4 500

要求：指出上述错账应采用何种更正方法，并编制需更正的会计分录。

项目九　财产清查

学习目标

通过本项目的学习，应当了解财产清查的意义和种类，熟悉财产物资的盘存制度，掌握各种财产物资的清查方法，掌握财产清查结果的处理方法。

任务导入

C 公司 2017 年的工作中出现以下情况：

1. 张某将公司正在使用的一台设备借给其朋友使用，未办理任何手续。清查人员在年底盘点时发现盘亏了一台设备，原值为 20 万元，已提折旧 5 万元，净值为 15 万元。经查，正是张某所为。于是，公司派人向借方追索。但借方声称，该设备已被人偷走。当问及张某对此的处理意见时，张某建议按正常报废处理。

2. 出纳员小李在 12 月 6 日和 20 日两天的现金清查中，分别发现现金溢余 20 元和现金短缺 30 元，经反复查找也没有找出原因。为保全面子，同时考虑到金额较小，小李自掏腰包补齐短缺的 30 元现金，暂时收起溢余的 20 元现金。

思考与讨论：

1. 出纳员小李的做法是否正确？
2. 盘亏的设备按正常报废处理是否符合会计制度的要求？

任务一　财产清查概述

一、财产清查的概念

财产清查也叫财产检查，是指在一定日期，通过对各项财产物资的盘点或核对，查明其实存数，与账面结存数核对，来确定其实有数和账面结存数是否相符，并查明账实不符原因的一种会计核算方法。财产清查的范围包括对货币资金、存货、固定资产、债权债务等的清查。

财产物资的管理是通过两方面的工作共同进行的：一方面是财产物资的实物负责人管理。实物负责人对所保管的财产物资的每一次增减变动都要作详细的数量记录，并随时清点实物，掌握结存情况，以避免差错。另一方面是财产物资的会计管理。会计人员对财产物资的日常增减变动都要根据原始凭证编制记账凭证，登记账簿，计算结存数，并通过账证核对、账账核对来保证账簿记录的正确性。从理论上讲，财产物资的实存数应与账面结存数一致。但在实际工作中，有很多原因造成了财产物资的账面结存数额和实际结存数额发生差异，即账实不符。造成账实不符的原因很多，主要可以从主观原因和客观原因两个方面进行分析。

（一）主观原因

（1）由于规章制度不健全、管理不善或工作人员失职而造成财产物资的损坏、变质或短缺，以及货币资金、往来款项的差错而使账实不符。

（2）在财产物资收发过程中，由于计量、计算或检验不准而发生的品种、数量上多收或少收、多发或少发的差错而造成账实不符。

（3）当财产物资发生增减变动时，由于会计人员工作疏忽未登记凭证、账簿，或账簿记录混乱，或账簿记录不及时、不准确而发生登记上及计算上的错误，或会计人员违反财经纪律，未严格遵守结算制度而造成账实不符。

（二）客观原因

（1）财产物资在保管过程中由于自然条件产生升溢和损耗，从而造成账实不符。

（2）财产物资在收发过程中，由于某些财产物资整进零出而发生计量偏差致使账实不符。

（3）由于度、量、衡器具不准确而造成账实不符。

（4）财产物资在运输、保管或收发过程中，由于物资运转过程中的未达账项而造成账实不符。

（5）因发生贪污盗窃、营私舞弊等不法行为而造成账实不符。

（6）由于非常损失而造成账实不符。

以上原因都会造成财产物资的账实不符，为了保证会计账簿记录的真实准确，确保财产物资的完整无损，就必须运用财产清查这一会计核算方法，对财产物资进行清查，做到账实相符。对账实不符的情况要查明差异产生的原因和责任，按有关规定作相应的处理。

二、财产清查的作用

按《会计法》的规定，各单位应当定期将会计账簿记录与实物、款项及有关资料相互核对，保证会计账簿记录与实物及款项的实有数相等。财产清查是会计核算的专门方法之一，对完善财产物资管理制度，保证会计核算资料的客观真实性，保护财产物资的安全、完整及挖掘财产物资的使用潜力等都具有十分重要的作用。

（一）保证会计核算资料的真实可靠

通过财产清查，可以确定各项财产物资的实有数，并通过实有数与账存数之间的相互核对，确定账实相符的程度，查明发生盈亏的原因及责任，以便及时调整账簿记录，做到账实相符，保证会计核算资料的真实可靠。

（二）保护各项财产物资的安全、完整

通过财产清查，可以查明单位的财产物资是否完整，有无缺损、霉变、损失浪费和非法挪用、贪污盗窃等现象，以便改进工作，建立健全各种责任制，铲除一些危及财产物资安全的隐患，切实保证财产的安全和完整。

（三）挖掘财产物资的潜力，发挥财产物资的效用

通过财产清查，可以查明各项财产物资的储备和利用情况，及时处理积压、超储、呆滞、

闲置的资产，提高物资的使用效率，调剂余缺，充分挖掘财产物资的潜力，减少财产物资价值和使用价值的损失，做到物尽其用，加速资金周转，提高资金使用效果，提高经济效益。

（四）监督财经法规和财经纪律的执行

通过对财产物资、货币资金以及往来账款的清查，可以查明单位有关业务人员是否遵守财经纪律和结算制度，有无贪污盗窃、挪用公款的情况；查明各项资金使用是否合理，是否符合党和国家的方针政策和法规，从而使工作人员更加自觉地遵纪守法，自觉维护和遵守财经纪律。

（五）完善财产物资管理制度

通过财产清查，能发现财产物资日常收、发、保管过程中存在的问题，可查明有关人员是否失职而造成财产损失，以严格对有关人员的责任管理，加强实物管理的内部牵制。通过财产清查，可查明财产物资在会计核算上存在的问题，检查会计人员是否遵守财经纪律和结算制度。通过财产清查，可查明财产物资的使用是否符合国家有关的政策、法律、法规。针对财产清查中查出的问题，进一步建立和健全财产物资管理制度，堵塞漏洞，防患于未然。

三、财产清查的种类

财产清查的种类很多，由于清查对象和范围的不同、清查时间的不一致，可以依据不同的标准进行分类。

（一）按财产清查的对象和范围划分

1. 全面清查

全面清查是指对全部财产进行全面清查、盘点和核对。全面清查由于涉及面广、工作量大一般在年终决算之前、企业改变隶属关系和经营方式之前或发生重大经济违法事件时进行。就制造企业来说，全面清查的对象一般包括以下内容：

(1) 现金、银行存款和银行借款等各种货币资金；

(2) 固定资产、原材料、在产品、半成品、产成品以及其他物资；

(3) 应收及预付各种债权；

(4) 各种有价证券及其他对外投资；

(5) 在途的各种材料物资、货币资金等；

(6) 接受委托加工的材料物资和委托其他单位代为加工或代为保管的各项材料物资。

下列情况必须进行全面清查：

(1) 年终决算之前；

(2)单位撤销、合并或改变隶属关系时；

(3)开展全面的资产评估和清产核资时；

(4)单位主要负责人调离工作岗位时。

由于全面清查涉及的范围广，内容多，参与人员多，费用开支大，需要时间长，因此不宜经常进行。

2. 局部清查

局部清查就是根据经营管理的需要或有关规定，对企业的一部分财产物资、债权债务进行的盘点和核对。一般情况下，除年度清查外，应有计划地针对重要财产和流动性较大的财产进行局部清查，如对现金、原材料、产成品以及其他贵重物资进行清查盘点。

由于局部清查涉及范围小、参与人员少，因此企业可以经常进行局部清查。局部清查的对象一般包括：

(1)对于现金，应由出纳员在每日业务终了时清点核对；

(2)对于银行存款、银行借款，应由出纳员至少每月与银行核对一次对账单；

(3)对于原材料、产成品、在产品及在途材料、贵重物品，应每月清查盘点一次；

(4)对于债权、债务，每年至少要同对方核对一至两次。

(二) 按财产清查的时间划分

1. 定期清查

定期清查是根据预先安排的时间对财产物资进行的清查。定期清查一般在财产物资管理制度中予以规定，其时间一般在年末、季末、月末结账前进行，其显著特点是具有一定的规律性。

定期清查可以是局部清查，也可以是全面清查。通常情况下，年末进行全面清查，季末、月末进行局部清查。

2. 不定期清查

不定期清查也叫临时清查，是根据实际情况的需要对财产物资进行的临时清查和核对。不定期清查的显著特点是不可能预先计划，具有一定的突然性。不定期清查一般是局部清查，也可以是全面清查。不定期清查一般在下列情况进行：

(1)更换财产、物资和现金的经管人员时；

(2)财产物资发生非常灾害或意外损失时；

(3)开展临时性清产核资时；

(4)国家有关行政管理机关或上级主管部门对企业进行会计检查时；

(5)其他需要临时清查的情况。

(三)按财产清查的执行单位划分

1. 内部清查

内部清查是由企业自行组织清查工作小组所进行的财产清查，也称自查。财产清查多数属于内部清查。

2. 外部清查

外部清查是指由上级主管部门、审计机关、司法部门、注册会计师等企业外部有关部门根据国家的有关法律、法规、制度的规定对企业所进行的财产清查。外部清查可以是定期清查或不定期清查、全面清查或局部清查。

任务二　财产清查的方法

一、财产清查的准备工作

财产清查是一项复杂细致的工作，它涉及面广、政策性强、工作量大、参与人员多。因此，为了如期、高质量地完成这项工作，必须认真做好各方面的准备工作，以保证财产清查工作有条不紊地进行。

(一)组织上的准备

根据财产清查的有关任务与要求，企业在进行财产清查时，应在本单位的总会计师、单位主要负责人的领导下，由财会、设备、技术、生产及行政等有关部门的人员，组成财产清查的专门班子(如财产清查领导小组)，具体负责财产清查的组织和领导工作。

财产清查领导小组的主要任务是：

(1) 制订清查计划，确定清查的对象和范围，配备清查人员，安排清查工作的进度，明确清查任务；

(2) 检查督促清查工作，及时解决清查工作中出现的问题；

(3) 在清查工作结束后，总结清查工作的经验和教训，写出清查工作的总结报告，并对财产清查结果提出处理意见，将清查结果上报有关部门。

(二)业务上的准备

业务上的准备是财产清查的关键前提条件。各有关部门必须做好以下准备工作：

(1) 会计部门和会计人员必须在财产清查前将所有的经济业务登记入账并结出余额，做到账簿记录完整，计算正确，账证相符，账账相符，为财产清查提供可靠依据。

(2) 财产物资保管部门和保管人员必须在财产清查之前将所保管的所有的财产物资登记入账，结出账户余额，与会计核对，并将各种财产物资分门别类整理，排列整齐，挂上标签，标明品种、规格及结存数量，以便进行实物盘点。

(3) 财产清查人员必须按国家标准校正各种必要的计量器具，准备好清查中使用的各种表格。

二、财产物资的盘存制度

(一)永续盘存制

永续盘存制，亦称账面盘存制，它是指通过设置详细的财产物资明细账，平时根据凭证逐笔或逐日地记录财产物资的收入和发出的数量，并随时结出结余财产物资的数量，然后与实存数相核对的一种财产物资的盘存制度，是以账簿记录为依据来确认财产物资结存数量的方法。采用这种方法，对财产物资的明细账要按每一个品名、规格设置，在明细账中，不仅要登记收入的数量，而且要登记发出的数量，并且随时结出结存的数量，有的还要登记金额，并随时结出账面结存数。财产物资账面结存数的计算公式为：

账面期末结存数＝账面期初结存数＋本期增加数额－本期减少数额

采用永续盘存制，对财产物资仍须定期或不定期地进行实地盘点。

【例 9-1】 某企业甲材料 2018 年 6 月初结存数量为 2 000 千克，材料单价为 2.50 元/千克。该月 4 日购进入库 1000 千克，实际成本为 2 500 元。该月 6 日生产须用1 800千克，实际成本为 4 500 元。该月 10 日购进入库 1 500 千克，实际成本为 3 750 元。该月 13 日生产领用 1 700 千克，实际成本为 4 250 元。该月 19 日生产领用 400 千克，实际成本为 1 000 元。该月 26 日购进 2 000 千克，实际成本为 5 000 元。

按永续盘存制，该种材料在明细账上的记录如表 9-1 所示。

永续盘存制最大的优点是有利于加强财产物资的管理。在财产物资明细账中，可以随时反映每种财产物资的收入、发出及结存情况，并在数量和金额两方面进行控制。明细账的结存数量可以通过实地盘点与实存数量相核对，当发生溢余或短缺时，可以及时查明原因并纠正。此外，通过明细账上记录的结存数，还可以随时与财产物资的最高和最低库存限额相比较，了解财产物资是否积压或不足，以便处理或补充，加速资金周转。永续盘存制的主要缺点是登记明细账的工作量较大。

表 9-1　材料明细分类账

材料名称：甲材料

2018年		凭证		摘要	单价（元/千克）	收入		发出		结存	
月	日	字	号			数量（千克）	金额（元）	数量（千克）	金额（元）	数量（千克）	金额（元）
6	1			月初余额	2.50					2 000	5 000
	4			购　进	2.50	1 000	2 500			3 000	7 500
	6			生产领用	2.50			1 800	4 500	1 200	3 000
	10			购　进	2.50	1 500	3 750			2 700	6 750
	13			生产领用	2.50			1 700	4 250	1 000	2 500
	19			生产领用	2.50			400	1 000	600	1 500
	26			购　进	2.50	2 000	5 000			2 600	6 500
	30			月　结	2.50	4 500	11 250	3 900	9 750	2 600	6 500

（二）实地盘存制

实地盘存制，也称定期盘存制，是指会计期末通过对全部财产进行实地盘点，确定期末财产的数量，并据以计算期末财产的成本和销售或耗用成本的一种会计处理方法。采用这一方法，平时在账簿上对财产物资只登记增加数，不登记减少数，财产物资的结存数通过期末实地盘点来确定，本期减少数采用倒挤的方式来求得。其公式为：

期末实际结存数＝期末实地盘点数量×进货单价

本期减少数＝账面期初结存数＋本期购进数额－期末实际结存数

【例 9-2】　承[例 9-1]，假定期末实地盘点甲材料的期末结存数量为2 500千克，每千克2.50 元，计 6 250 元，则该月本期发出数量及金额计算如下：

本期发出数量＝2 000＋1 000＋1 500＋2 000－2 500＝4 000（千克）

本月发出金额＝5 000＋2 500＋3 750＋5 000－6 250＝10 000（元）

该月甲材料在账簿上的登记如表 9-2 所示。

表 9-2　材料明细分类账

材料名称：甲材料

2018年		凭证		摘要	单价（元/千克）	收入		发出		结存	
月	日	字	号			数量（千克）	金额（元）	数量（千克）	金额（元）	数量（千克）	金额（元）
6	1			期初结存	2.50					2 000	5 000
	4			购　进	2.50	1 000	2 500				
	10			购　进	2.50	1 500	3 750				
	26			购　进	2.50	2 000	5 000				
	30			本月发出				4 000	10 000		
	30			月　结	2.50	4 500	11 250	4 000	10 000	2 500	6 250

由上例可以看出，在实地盘存制下，首先要确定期末库存数量，然后计算期末财产物资成本与本期耗用或销货成本。

实地盘存制下，由于平时账上只记录购进或收入，对销售或耗用及结存的数量可不作记录,因此,日常核算工作比较简单。但其手续不够严密,无法通过账面记录随时反映和监督财产物资的收发与结存情况,而且“以存计销”和“以存计耗”倒挤成本,使非正常销售或耗用的财产物资损失、差错,甚至盗窃等原因所引起的短缺,全部挤入耗用或销货成本之内,倒挤的发出数字容易隐瞒财产物资管理中存在的问题,掩盖了财产物资管理上存在的问题。该方法一般适用于价格较低的财产物资。

三、财产清查的具体方法

(一)货币资金的清查方法

货币资金的清查主要包括对库存现金、银行存款和其他货币资金的清查。

1. 库存现金的清查

库存现金是存放在企业财会部门,由出纳人员保管的货币资金。它是企业流动性最强的资产,不仅要进行定期清查,还要进行不定期清查。库存现金的清查采用实地盘点的方法来进行,即通过对库存现金的实地盘点数与现金日记账的余额相核对,以查明库存现金是否账实相符。库存现金的清查工作由清查人员会同现金出纳人员共同完成。

库存现金的清查工作包括两个方面的内容:一是要求出纳人员核对现金的收、付、结存情况,必须做到日清日结库存现金实有金额,并与现金日记账余额核对。二是要求清查工作人员对库存现金除查明实有数外,还应查明有无违反现金管理制度的行为,如有无“白条”抵库、有无超过库存限额等。

库存现金清查的内容与方法如下:

(1)在盘点前,现金出纳人员应先将现金收、付款凭证全部登记入账,并结出余额。

(2)在盘点时,为了明确经济责任,出纳人员必须在场。清查人员要仔细逐一清点库存现金纸币、硬币,并认真审核收、付款凭证和账簿记录,检查经济业务的合理和合法性,如检查企业是否以“白条”或“借据”抵充现金,有无坐支现金等。

(3)在盘点结束后,应根据清查的结果填制“库存现金盘点报告表”,并由清查人员和出纳人员共同签名或盖章。“库存现金盘点报告表”是反映现金实存数并用以调整账簿记录的重要原始凭证,也是分析账实不符原因、明确经济责任的依据。“库存现金盘点报告表”的格式如表 9-3 所示。

表 9-3 库存现金盘点报告表

单位名称: 年 月 日

实存金额	账存金额	实存与账存对比		备 注
		盘 盈	盘 亏	

盘点人签章: 出纳员签章:

2. 银行存款的清查

银行存款是企业存放于银行的货币资金,其清查方法与库存现金清查方法不同,是采用企业的银行存款日记账与开户银行的“对账单”核对账目的方法进行。在核对双方账目前,存款单位应事先检查银行存款是否完整正确,逐一核对银行存款的收款凭证和付款凭证是否全部入账,以保证账证相符。在收到银行送来的对账单后,应将银行存款账户上的每笔业务与银行送来的对账单逐笔核对。银行存款日记账与开户银行对账单上都登记着企业在对账期内存款的增减变化及结存情况，但在通常情况下，二者记录的余额往往不相符。

当发现双方不一致时，一方面可能是由于双方账簿记录发生错误，应予以清查更正；另一方面则可能是由于双方凭证传递时间上有差异，而发生未达账项所致。

未达账项是指在开户行和企业之间，对于同一经济业务由于凭证传递的时间不同，导致双方记账时间不一致，发生一方已经登记入账而另一方由于尚未接到有关结算凭证而未入账的会计事项。未达账项有以下四种情况：

(1)企业已收而开户银行未收的款项。例如，企业销售产品收到支票，送存银行后即可凭银行盖章退回的“进账单”回单联登记银行存款的增加，而银行要等到款项收妥后再记增加。如果此时对账，则形成企业已收而开户银行未收的情况。

(2)企业已付而开户银行未付的款项。例如，企业为购买原材料开出一张支票，企业可根据支票存根、发货票及收料单等凭证登记银行存款的减少，而银行由于尚未接到支付款项的凭证未记减少。如果此时对账，则形成企业已付而开户银行未付的情况。

(3)开户银行已收而企业未收的款项。例如，外地某公司给企业汇来款项，银行收到汇款单后即登记存款增加，而票据还没有到达企业，企业尚未登记银行存款增加。如果此时对账，则形成开户银行已收而企业未收的情况。

(4)开户银行已付而企业未付的款项。例如，银行代收企业利息，已经收到，银行对账单记减少，而票据尚未到达企业，企业未记减少。如果此时对账，则形成开户银行已付而企业未付的情况。

在与银行对账时，应首先查明有无未达账项，如果存在未达账项，可编制“银行存款余额调节表”。“银行存款余额调节表”的编制应在企业银行存款日记账余额和银行对账单余额的基础上，分别加减未达账项，调整后的双方余额相符，则为企业可以动用的资金。

下面举例说明“银行存款余额调节表”的具体编制方法。

【例 9-3】 某企业 2018 年 6 月 30 日银行存款日记账的余额为 9 000 元，银行对账单的余额为 10 000 元，假设双方记账均无误，核对银行对账单所列各项收支活动并与企业银行存款日记账比较，发现有下列事项：

(1)6 月 29 日，企业开出一张 1 000 元的转账支票，支付某单位货款。企业已经根据支票存根、发票及收料单位等凭证登记银行存款减少，银行尚未接到支付款项的凭证，尚未登记减少。

(2)6 月 30 日，银行代企业支付电费 500 元，银行已经登记减少，企业尚未接到付款结算凭证，未登记减少。

(3)6 月 30 日，企业存入一张银行汇票 2 500 元，已经登记银行存款增加，银行尚未登记增加。

(4)6 月 30 日，银行收到购货单位汇来的货款 3 000 元，银行已经登记增加，企业未接到收款凭证，尚未登记增加。

分析：2018 年 6 月 30 日企业银行存款日记账余额和银行对账单余额不一致。因为双方记账均无误，所以不一致的原因只有一个，即存在未达账项。

事项(1)属于企业已付款入账，而银行尚未付款入账的款项；

事项(2)属于银行已付款入账，而企业尚未付款入账的款项；

事项(3)属于企业已收款入账,而银行尚未收款入账的款项;

事项(4)属于银行已收款入账,而企业尚未收款入账的款项。

根据上述资料编制"银行存款余额调节表",如表9-4所示。

表9-4　银行存款余额调节表

2018年6月30日　　单位:元

项　目	金　额	项　目	金　额
企业银行存款日记账余额	9 000	银行对账单余额	10 000
加:银行已记收,企业尚未记收	3 000	加:企业已记收,银行尚未记收	2 500
减:银行已记付,企业尚未记付	500	减:企业已记付,银行尚未记付	1 000
调节后的存款余额	11 500	调节后的存款余额	11 500

需要说明的是,"银行存款余额调节表"只是在银行存款的清查中用来调整未达账项、确定企业银行存款实有数额的一个手段,不是原始凭证,不能作为企业进行账务处理的依据。银行存款余额调节表上调节后重新求得的余额,既不等于本企业的账面余额,也不等于银行账面余额,而是企业存放在银行的存款的真正实有数额。

上述清查方法也适用于银行借款。

(二)往来款项的清查方法

往来款项主要包括应收款、应付款和暂收款等款项。

各项往来款项的清查与银行存款的清查一样,也是采取与对方单位核对账目的方法。清查单位应在其各种往来款项记录准确的基础上,编制"往来款项对账单",寄发或派人送交对方单位进行核对。核对的内容包括往来款项的原始记录发生的时间、原因及金额,已付款的时间、金额、付款方式及余额等。具体做法是先将本企业往来账目核对清楚,确认准确无误后,再向对方填发对账单。对账单的格式如表9-5。对账单应按明细账逐笔抄列,一式两联,其中一联作为回单。对方单位收到"往来款项对账单"后,应与其相关账目进行核对,如核对相符,应在回单上盖章后退回;如果发现数字不符,应将不符情况在回单上注明或另抄对账单退回,作为进一步核对的依据。

清查单位在收到对方回单后,应填制"往来账项清查表",其格式如表9-6所示。

表9-5　往来款项对账单

__________单位:

贵单位2018年5月11日到我公司购A产品1 000件,已付货款12 000元,尚有5 000元货款未付,请核对后将回联单寄回。

清查单位:(盖章)

2018年6月20日

沿此虚线裁下,将以下回联单寄回。

往来款项对账单(回联)

__________清查单位:

贵单位寄来的"往来款项对账单"已收到,经核对,相符无误。

对方单位:(盖章)

2018年6月25日

表 9-6 往来账项清查表

总分类账户名称： 年 月 日

明细分类账户		清查结果		核对不符原因分析					备注
单位名称	账面余额	核对相符金额	核对不符金额	未达账项金额	有争议款项金额	拖付款项	无法收回	其他	

记账员签章： 清查人员签章：

进行往来账项的清查后，要及时催收该收回的账项，偿还该偿还的账款，对呆账和死账也应及时进行研究处理。

（三）实物财产的清查方法

实物财产的清查是指对材料、在产品、库存商品、固定资产等具有实物形态的各种财产物资的清查。

1. 实物财产清查的基本方法

实物财产清查一般包括对财产物资的数量清查和价值清查两方面。数量清查方法包括实地盘点法、技术推算盘点法、抽样盘点法、函证核对法等，而价值清查方法包括评估确认法、账面价值法、现值法等。不同品种的实物财产，由于其实物形态、体积、重量、堆放方式等都不尽相同，因此所采用的清查方法也不尽相同。

（1）实地盘点法

实地盘点法，是指在财产清查过程中，对各项实物财产通过逐一盘点或通过计量器具计数、计量以确定其实存数量的方法。这种方法适用范围较广，要求严格，数字准确可靠，清查质量高，但工作量大，可事先按存货实物形态进行科学码放，以提高清查的效率。这种方法主要适用于量少、有形，并且可以逐一点数、量尺、过磅的实物财产的清查，如库存现金、材料、在产品、产成品及固定资产等。

（2）技术推算盘点法

技术推算盘点法，是指在财产清查中，按照一定的标准，通过技术的方法对实物财产的实存数进行推算的方法。如对大量堆放的燃煤可用量方计尺的方法，利用单位体积重量对实物财产的实存数进行推算。这种方法一般适用于大量成堆或价值低廉，难以逐一清点的大宗财产物资的清查。

（3）抽样盘点法

抽样盘点法，是指在财产清查过程中，从总体中随机选取部分财产物资进行清查，通过盘点个体的数量，推断出总体数量的方法。这种方法一般适用于价值小、数量多、重量比较均匀、有规律堆放并且易于清点的材料、在产品、产成品等实物财产的清查。

（4）函证核对法

函证核对法，是指在财产清查过程中，对于委托外单位加工或存放在外单位的财产物资，采用向对方单位发函调查，再与本单位的账存数相核对的方法。

2. 存货的清查

存货的清查是指对企业各种原材料、燃料、包装物、低值易耗品、在产品、库存商品等进行的清查。由于存货品种多、收发频繁，在日常收发过程中发生计量错误、计算错误、自然损耗、损坏变质以及违法、盗窃等可能性很大，造成账实不符。因此，存货清查是企业财产清查的重点。

存货的清查可以采用实地盘点法和技术推算盘点法。

存货清查的内容和方法如下：首先，清查前应由存货保管人员将所有存货整理清楚，码放整齐，将存货保管账登记完整，结存数额。其次，清点时，逐一点数、计件、称重、丈量或抽检，确定其实有数额，如实将盘点结果登记在“物资盘点表”（如表 9-7 所示）上，同时查看其质量情况。

表 9-7 物资盘点表

编号：

编 号	品 名	规格型号	计量单位	实存数量	单价	金额	备注

盘点时间： 财产类别： 存放地点：

盘点人签章： 保管人签章：

为了明确经济责任，在进行盘点清查时，有关财产物资的保管人员必须在场，盘点结果应如实登记在盘点表上，并由盘点人员和保管人员同时签字盖章后生效。盘点表是记录各项财产物资实物盘点结果的书面证明，也是反映实物财产实有数量的原始凭证之一。

最后，盘点结束后，应由清查人员根据“物资盘点表”和相应的存货明细账记录情况进行核对，编制“实存账存对比表”。“实存账存对比表”是一个重要的原始凭证，它不仅是调整账簿记录的原始依据，也是分析账存数和实存数发生差异的原因、明确经济责任的重要凭证。“实存账存对比表”的一般格式如表 9-8 所示。

表 9-8 实存账存对比表

单位名称： 年 月 日

编号	类别及名称	规格及型号	计量单位	单价	实存		账存		盘盈		盘亏	
					数量	金额	数量	金额	数量	金额	数量	金额

盘点人：（签章） 实物保管员：（签章） 会计：（签章）

3. 固定资产的清查

固定资产在使用过程中，由于客观、人为或不可抗力的原因，经常会出现账实不符的情况。为保证企业固定资产的安全、完整，应定期或不定期地对固定资产进行清查。固定资产的清查应采用实地盘点法。

清查前，会计人员和固定资产的管理人员应将各自负责的有关固定资产的账簿核对准确，在固定资产的清查过程中，不但要核实固定资产的实有数量，而且还要查明固定资产的使用、保管、维护保养等方面的情况。盘点结束后，应根据固定资产清查过程中发现的盘盈盘亏情况，编制“固定资产盘盈盘亏报告表”，详细记录盘盈、盘亏固定资产的编号、名称、原价或累计折旧、净值以及盘盈盘亏的原因等资料，作为调整账面记录和处理清查结果的依据。“固定资产盘盈盘亏报告表”的格式如表 9-9 所示。

表 9-9　固定资产盘盈盘亏报告表

部门：　　　　　　　　　　　　年　月　日

编号	名称	规格及型号	盘盈			盘亏			毁损			原因
			数量	重置价值	累计折旧	数量	原价	已提折旧	数量	原价	已提折旧	
处理意见			审批部门			清查小组			使用保管部门			

盘点人:(签章)　　　　　　　　　　　　实物保管人:(签章)

任务三　财产清查结果的账务处理

财产清查的结果有两种，一种是账实相符，一种是账实不相符。账实不符是指实存数与账存数有差异，账存数大于实存数，财产物资发生短缺，出现盘亏；账存数小于实存数，财产物资发生溢余，出现盘盈。财产清查结果必须严格遵循国家财务制度的有关规定，严肃认真地处理。对财产清查中发现的盘盈或盘亏的情况，首先要核准金额，查明各种差异的性质和原因，提出改进措施，确定处理方法；其次要调整账簿，做到账实相符；最后根据差异的性质和原因报经有关部门审批，批准后才能进行会计处理。

一、财产清查结果的账务处理步骤

财产清查结果的账务处理分两步进行：

1. 审批前的处理

根据已查明属实的财产盘盈、盘亏或毁损的数字，编制“实存账存对比表”，填制记账凭证，据以登记账簿，调整账簿记录，使各项财产的账存数与实存数一致。但对于应收而收不回的应收款项、应付而无法支付的应付款项，在批准前不做调整账簿记录，待批准后再作处理。在做好上述账簿调整工作后，将财产清查结果报送股东大会或董事会，或经理(厂长)会议或类似机构批准。

2. 审批后的处理

根据上述机构批复的意见进行账务处理，编制记账凭证，登记有关账簿，分别将盘盈数或盘亏数记入有关账户中。

二、财产清查结果的具体账务处理

为了核算和监督财产清查中查明的各种财产盘盈、盘亏和毁损及其处理情况，应设置“待处理财产损溢”账户。该账户借方登记财产盘亏、毁损的价值以及经批准结转的盘盈数；贷方登记财产盘盈的价值以及经批准结转的盘亏、毁损数。期末如为借方余额，反映企业尚未处理的各种财产的净损失；如为贷方余额，反映企业尚未处理的各种财产的净溢余。该账户下应设置“待处理流动资产损溢”和“待处理固定资产损溢”两个明细账户进行核算。企业清查的各种财产的损溢，应在期末前查明原因，并根据企业的管理权限，经股东大会或董事会，或经理(厂长)会议或类似机构批准后，在期末结账前处理完毕。因此，期末处理后本账户应无余额。

“待处理财产损溢”账户的结构如表 9-10 所示。

表 9-10　“待处理财产损溢”账户

借方	贷方
1.发生待处理财产盘亏和毁损的价值 2.结转经批准处理的财产盘盈数	1.发生待处理财产盘盈的价值 2.结转经批准处理的财产盘亏和毁损数

(一)库存现金清查结果的处理

在库存现金清查中，发现现金短缺(短款)或盈余(长款)时，应根据“库存现金盘点报告表”，在报经有关部门批准前，先通过“待处理财产损溢——待处理流动资产损溢”账户进行核算。按管理权限报经批准后，再根据不同的情况进行相应的处理。

一般的处理方法是：现金盈余时，若查明原因，多收款应退还，记入“其他应付款”账户；若无法查明原因，则作营业外收入处理。现金短缺时，若查明原因，是出纳员的收发错误，由出纳员赔偿，记入“其他应收款”账户；非正常损失的，记入“营业外支出”账户；若无法查明原因，则作管理费用处理。

1. 库存现金盘盈的账务处理

【例 9-4】 企业在库存现金清查中，发现库存现金较账面余额盈余298 元。

(1) 在批准前，根据“库存现金盘点报告单”所确定的盘盈数编制以下会计分录：

借:库存现金　　298

　贷:待处理财产损溢——待处理流动资产损溢　　298

(2) 经核查，发现上述现金盈余中，有应支付给 A 公司的款项 200 元，应转作其他应付款；其余 98 元盈余未查明原因，经批准作营业外收入处理。

借:待处理财产损溢——待处理流动资产损溢　　298

　贷:营业外收入——现金溢余　　98

　　其他应付款——A 公司　　200

2. 库存现金短缺的账务处理

【例 9-5】 企业在库存现金清查中，发现库存现金较账面余额短缺158 元。

(1) 在批准前，根据“库存现金盘点报告单”所确定的盘亏数，编制以下会计分录：

借:待处理财产损溢——待处理流动资产损溢　　158

　贷:库存现金　　158

(2) 经核查，查明上述短缺现金中，有 50 元为出纳员收发错误造成短缺，应由出纳员赔偿；其余的 108 元未查明原因，经批准核销，转作管理费用处理。

借:其他应收款——应收现金短缺　　50

　管理费用——现金短缺　　108

　贷:待处理财产损溢——待处理流动资产损溢　　158

(二)往来款项清查结果的处理

企业在财产清查过程中，发现确实无法收回的应收账款和确实无法支付的应付账款，应按照规定程序报经批准后，直接转账冲销，不需要通过“待处理财产损溢”账户核算。对无法收回的应收账款，即坏账，若企业提取坏账准备，应冲减已提取的坏账准备；若企业没有提取坏账准备，则直接记入“管理费用”账户。对无法支付的应付款项，经批准后直接转入“营业外收入”账户。

长期无法收回的应收款项，按规定程序报经批准后，作如下会计分录：

借：坏账准备/管理费用

　贷：应收账款/其他应收款

长期无法支付的应付款项，经批准做销账处理，作如下会计分录：

借：应付账款/其他应付款

　贷：营业外收入

【例 9-6】 某企业在财产清查中，发现有一笔应收账款 6 000 元，因债务人已经破产无法收回。企业计提坏账准备。经批准，确认为坏账损失。编制会计分录如下：

借：坏账准备　　6 000

　贷：应收账款　　6 000

【例 9-7】 某企业在财产清查中，发现对方长期拖欠的应收账款一笔，金额为 34 000 元，债务人已无法支付。经批准，确认为坏账损失。编制会计分录如下：

借：坏账准备　　34 000

　贷：应收账款　　34 000

【例 9-8】 某企业在财产清查中，发现有一笔无法支付的账款 12 000 元，经查实对方单位已撤销，经批准作销账处理。编制会计分录如下：

借：应付账款　　12 000

　贷：营业外收入　　12 000

(三)存货清查结果的处理

企业存货发生盘盈、盘亏或毁损，在报经有关部门批准前，先通过“待处理财产损溢——待处理流动资产损溢”账户进行核算。按管理权限报经批准后，再根据不同的情况进行相应的处理。

一般的处理方法是：盘盈的存货，作冲减管理费用处理。盘亏的存货，根据造成存货盘亏或毁损的原因，分别以下情况处理：属于自然原因产生的定额内的损耗和计量收发错误及管理不善等原因造成的存货短缺，应先扣除残料价值、可以收回的保险赔偿和过失人赔偿，然后将净损失计入管理费用；属于自然灾害等非常原因造成的存货毁损，应先扣除残料的价值、可以收回的保险赔偿和过失人的赔偿，然后将净损失计入营业外支出。

1. 存货盘盈的账务处理

【例 9-9】 某企业对甲材料进行清查时，盘点结束后发现甲材料盘盈 10 千克，每千克 200 元。

(1) 在批准前，根据盘点结果作如下会计处理：

借：原材料　　2 000

　贷：待处理财产损溢——待处理流动资产损溢　　2 000

(2) 经查明，盘盈的原材料是由于计量不准造成的收发错误，经批准冲减管理费用，编制会计分录如下：

借：待处理财产损溢——待处理流动资产损溢　　2 000

贷:管理费用　　2 000

2. 存货盘亏的账务处理

【例 9-10】 某企业在财产清查中,发现 A 材料盘亏了 60 千克,每千克账面价值 200 元。

(1) 在批准前,根据盘点结果作如下会计处理:

借:待处理财产损溢——待处理流动资产损溢　　12 000

　贷:原材料　　12 000

(2)经查明,上述短缺的 A 材料中,20 千克为自然灾害造成的损失,因为保管人员的责任造成毁损的数额为 10 千克,其余的 30 千克属于定额损耗。根据各原因编制会计分录如下:

借:营业外支出——非常支出　　4 000

　其他应收款——保管人员　　2 000

　管理费用　　6 000

　贷:待处理财产损溢——待处理流动资产损溢　　12 000

(四)固定资产清查结果的处理

在财产清查中,发生盘亏和毁损固定资产时,通过"待处理财产损溢——待处理固定资产损溢"明细账户核算。发生固定资产盘盈时,不通过"待处理财产损溢——待处理固定资产损溢"明细账户核算,而是作为前期会计差错来进行更正。

发生固定资产盘盈,应按同类或类似固定资产的市场价格,减去按该项资产的新旧程度估计的价值损耗后的余额,即固定资产账面净值,借记"固定资产"账户,贷记"以前年度损益调整"账户。

企业在财产清查中发生固定资产盘亏时,按照盘亏固定资产的净值,借记"待处理财产损溢——待处理固定资产损溢"账户,按已提折旧,借记"累计折旧"账户,按固定资产的原值,贷记"固定资产"账户。盘亏的固定资产报经批准以后,计入营业外支出,借记"营业外支出——固定资产盘亏"账户,贷记"待处理财产损溢——待处理固定资产损溢"账户。

1. 固定资产盘盈的账务处理

【例 9-11】 某企业在财产清查中发现账外设备一台,其市场价值为30 000元,估计六成新。

编制如下会计分录:

借:固定资产　　18 000

　贷:以前年度损益调整　　18 000

2. 固定资产盘亏的账务处理

【例 9-12】 某企业在财产清查中发现盘亏机器设备一台,账面原值40 000元,已提折旧16 000 元。

(1) 在批准前,根据"固定资产盘盈盘亏报告表"所确定的盘亏数编制以下会计分录:

借:待处理财产损溢——待处理固定资产损溢　　24 000

　累计折旧　　16 000

　贷:固定资产　　40 000

(2) 经批准,盘亏固定资产的净值作为营业外支出予以转销,编制以下会计分录:

借：营业外支出——固定资产盘亏　　24 000

　贷：待处理财产损溢——待处理固定资产损溢　　24 000

互动地带

每年年底是各个单位财务部门最繁忙的时候，除了要编制年度财务报告、年底清缴税金外，还要进行全单位范围内的大规模财产清查。财产清查是以财务部门牵头，各个部门抽调人手组成盘点小组来进行的。春节将至，对于财务人员来说就是“年关”，是一年中最繁忙的一段日子。你对财产清查的意义和财务人员的“年关”怎么看？

项目小结

财产清查也叫财产检查，是通过对各项财产物资的盘点和核查，将一定时点的实存数与账面结存数核对，来确定其实有数和账面结存数是否相符的一种专门方法。

财产清查是会计核算的专门方法之一，对完善财产物资管理制度、保证会计核算资料的客观真实性、保护财产物资的安全完整及挖掘财产物资的使用潜力等都具有十分重要的作用。

财产清查按清查的对象和范围可分为全面清查和局部清查；按清查时间可分为定期清查和不定期清查；按清查的执行单位可分为内部清查和外部清查。财产清查的具体方法主要有实地盘点法、核对账目法、函证核对法、技术推算法、抽样盘点法等。

财产清查结果处理一般分为两个步骤：首先，根据盘点结果调整财产物资账面记录，做到账实相符，将盘点盈亏差异记入“待处理财产损溢”账户；然后，根据相关管理部门的批准处理意见，将盘点盈亏差异从“待处理财产损溢”账户结转到有关账户。

关键名词

1. 财产清查：也叫财产检查，是指通过对各项财产物资、现金的实地盘点和对银行存款、各种债权债务的核查，将一定时点的实存数与账面结存数核对，来确定其实有数和账面结存数是否相符的一种专门方法。

2. 全面清查：是指对全部财产进行全面清查、盘点和核对。一般在年终决算之前，企业改变隶属关系和经营方式之前或发生重大经济违法事件时进行。

3. 局部清查：是指根据经营管理的需要，对企业的一部分财产物资、债权债务进行的盘点和核对。局部清查一般是针对重要财产和流动性较大的财产进行的。

4. 定期清查：是指根据预先安排的时间对财产进行的清查。定期清查一般在财产物资管理制度中予以规定，一般在年末、季末、月末结账前进行。

5. 不定期清查：也叫临时清查，是指根据需要对财产物资进行的临时清查。不定期清查一般是局部清查，也可以是全面清查。

6. 内部清查：是指由企业自行组织清查工作小组所进行的财产清查。财产清查多数属于内部清查。

7.外部清查：是指由上级主管部门、审计机关、司法部门、会计师事务所等企业外部有关部门根据国家的有关法律、法规、制度的规定对企业所进行的财产清查。

8.永续盘存制：也称账面盘存制，是指通过设置详细的财产物资明细账，根据凭证逐笔或逐日地记录财产物资的收入、发出的数量，并随时结出结余财产物资数量的一种财产物资的盘存制度。是以账簿记录为依据来确认财产物资结存数量的方法。

9.实地盘存制：也称定期盘存制，是指对财产物资日常只是在账簿中登记其增加数额而不记录其减少数额，月末，根据实地盘点的结存数额倒挤出减少数额，并据以登记入账。

10.未达账项：是指在开户行和企业之间，对于同一经济业务由于凭证传递的时间和记账时间不同，发生一方已经入账而另一方未入账的会计事项。

11.实地盘点法：是指在财产清查过程中，对各项实物财产通过逐一盘点或通过计量器具计数、计量以确定其实存数量的方法。

12.技术推算法：是通过技术的方法对实物财产的实存数进行推算的方法。

13.抽样盘点法：是指在财产清查过程中，从总体中随机选取部分财产物资进行清查，通过盘点个体的数量，推断出总体数量的方法。

14.函证核对法：是指在财产清查过程中，对于委托外单位加工或存放在外单位的财产物资，采用向对方单位发函调查，再与本单位的账存数相核对的方法。

过关斩将

一、单项选择题

1.企业年终决算前，需要(　　)。

A.对所有财产进行实物盘点　　B.对重要财产进行局部清查

C.对所有财产进行全面清查　　D.对流动性较大的财产进行重点清查

2.银行存款的清查一般采用的方法是(　　)。

A.核对账目　　B.技术推算　　C.实地盘点　　D.抽查盘点

3.因企业合并、撤销进行的财产清查，属于(　　)。

A.重点清查　　B.全面清查　　C.局部清查　　D.定期清查

4.实地盘存制与永续盘存制相比，其优点是(　　)。

A.可随时结出账面结存数　　B.简化日常核算工作

C.有利于强化存货控制与监督　　D.减少盘存工作量

5.对于盘盈的固定资产的净值经批准后，应贷记的会计科目是(　　)。

A.营业外收入　　B.待处理财产损溢

C.以前年度损益调整　　D.营业外支出

6.下列凭证中，不可以作为记账原始依据的是(　　)。

A.银行存款余额调节表　　B.发货单　　C.收料单　　D.差旅费报销单

7.由于自然灾害造成的流动资产损失应借记的账户是(　　)。

A.“管理费用”　　B.“生产成本”　　C.“其他应收款”　　D.“营业外支出”

8.对于财产清查中所发现的财产物资盘盈、盘亏和毁损，财会部门进行账务处理依据的原始凭证是(　　)。

A. 银行存款余额调节表　　B. 实存账存对比表
C. 入库单　　D. 盘存单
9. 在清查中发现的存货盘亏，若属于自然损耗产生的定额内损耗，应于批准时列入（　　）。
A. 营业外支出科目　　B. 其他应收款科目
C. 管理费用科目　　D. 财务费用科目
10. 企业应每日清点一次的财产是（　　）。
A. 银行存款　　B. 库存现金　　C. 应收账款　　D. 原材料
11. 在财产清查中，实物盘点的结果应如实登记在（　　）上。
A. 银行存款余额调节表　　B. 对账单
C. 盘亏盘盈报告表　　D. 账存实存对比表
12. 对库存现金的清查应采用的方法是（　　）。
A. 实地盘点法　　B. 检查现金日记账　　C. 倒挤法　　D. 抽查法
13. 对往来款项的清查通常采用的方法是（　　）。
A. 实地盘点法　　B. 复核法　　C. 抽查法　　D. 询证法
14. 银行存款余额调节表调节后的余额是（　　）。
A. 企业日记账的账面余额　　B. 银行对账单余额
C. 未达账项余额　　D. 企业实际可动用的存款余额
15. 采用永续盘存制时，平时（　　）。
A. 对各项财产物资的增加、减少都不在账簿中登记
B. 只在账簿中登记增加，不登记减少
C. 只在账簿中登记减少，不登记增加
D. 在账簿中既登记增加，又登记减少

二、多项选择题

1. 对于盘亏的财产物资，经批准后进行会计处理，可能涉及的借方账户有（　　）。
A. 营业外支出　　B. 营业外收入　　C. 管理费用　　D. 其他应收款
2. 下列情况中，需要进行全面财产清查的有（　　）。
A. 年终决算之前　　B. 清产核资
C. 单位撤销、合并　　D. 资产重组或改变隶属关系
3. 财产清查按清查时间可分为（　　）。
A. 局部清查　　B. 全面清查　　C. 不定期清查　　D. 定期清查
4. 财产清查按清查的范围可分为（　　）。
A. 定期清查　　B. 全面清查　　C. 不定期清查　　D. 局部清查
5. 对下列项目的清查，应采用函证核对法的有（　　）。
A. 固定资产的清查　　B. 库存现金的清查
C. 银行存款的清查　　D. 应付账款的清查
6. 下列各项中，应采用实地盘点法进行清查的有（　　）。
A. 固定资产　　B. 库存商品　　C. 库存现金　　D. 银行存款
7. 实物财产清查常用的方法有（　　）。
A. 实地盘点法　　B. 函证核对法
C. 核对账目法　　D. 技术推算盘点法
8. 下列关于"银行存款余额调节表"的表述中，正确的有（　　）。
A. 属于原始凭证　　B. 只起对账的作用

C. 可据以调整银行存款日记账的记录　　D. 编制的目的是检查账簿记录的正确性

9. 财产清查的内容包括(　　)。

A. 货币资金　　B. 财产物资　　C. 应收、应付款项　　D. 对外投资

10. 适合使用技术推算法盘点数量的财产物资是(　　)。

A. 露天存放的煤　　B. 矿石　　C. 灯具　　D. 现金

11. 财产物资的盘存制度有(　　)。

A. 永续盘存制　　B. 实地盘存制

C. 实地盘点法　　D. 技术推算盘点法

12. 财产清查中发现因保管员失职造成材料短缺，审批后的会计分录应为(　　)。

A. 借:其他应收款　　B. 借:管理费用

C. 贷:待处理财产损溢　　D. 借:待处理财产损溢

E. 贷:营业外支出

三、判断题

1. 财产清查结果的账务处理一般分两步进行，即审批前先调整有关账面记录，审批后转入有关账户。(　　)

2. 对于银行存款的未达账项，应编制“银行存款余额调节表”进行调节，同时将未达账项编成记账凭证登记入账。(　　)

3. 进行财产清查，如发现账面数大于实存数，即为盘亏。(　　)

4. 对实物财产进行清查时，既要清查数量，又要检验质量。(　　)

5. 财产清查就是对各种实物财产进行的清查盘点。(　　)

6. “待处理财产损溢”账户是损益类账户。(　　)

7. 内部清查一定是全面清查。(　　)

8. 对贵重的物资一般要经常进行局部清查，至少每月应清查盘点一次。(　　)

9. 通过财产清查，可以挖掘财产物资的潜力，有效利用财产物资，加速资金周转。(　　)

10. 定期清查和不定期清查的范围均既可以是全面清查，也可以是局部清查。(　　)

11. 非正常原因造成的存货盘亏损失，经批准，应记入“营业外支出”账户。(　　)

12. 对库存现金和存货进行清查时，出纳员和存货保管员不得在场。(　　)

四、简答题

1. 什么是财产清查?

2. 造成财产物资账实不符的原因有哪些?

3. 简述财产清查的作用。

4. 财产清查应如何进行分类?

5. 什么是永续盘存制和实地盘存制？其适用范围和优缺点是什么?

6. 什么是未达账项？如何进行调整?

五、业务题

[习题一]

目的:练习对财产清查结果的处理。

资料:本期财产清查结果如下:

(1)甲材料盘亏 35 千克，每千克 35 元;

(2)乙材料盘盈 20 千克，每千克 50 元;

(3)库存现金长款 300 元；

(4)盘亏设备一台，该设备原始价值为 60 000 元，已提折旧 20 000 元。

经查实，上述盘盈、盘亏原因如下：

(1)甲材料盘亏 35 千克，其中 15 千克为管理人员过失造成，由其赔偿；20 千克被盗，经批准列作"营业外支出"。

(2)乙材料盘盈 20 千克系自然升溢，经批准冲减管理费用。

(3)库存现金长款系多收款，应退还客户。

(4)盘亏设备系非常损失，经批准列作"营业外支出"。

要求：根据上述资料编制会计分录。

[习题二]

目的：练习存货盘盈、盘亏的账务处理。

资料：某企业财产清查结果如下：

(1)某企业在财产清查中发现 A 材料盘盈 15 吨，每吨 100 元。经查明，盘盈的 A 材料系计量仪器不准而形成的溢余，经批准冲减管理费用。

(2)某企业在财产清查中发现 B 材料盘亏 23 千克，每千克 210 元。上述盘亏的乙材料，经查明自然损耗为 10 千克，意外灾害造成的损失为 5 千克，过失人造成的毁损为 8 千克。

要求：

(1)编制审批前会计分录；

(2)根据批准情况作会计处理。

[习题三]

目的：练习固定资产盘盈、盘亏的账务处理。

资料：某公司财产清查资料如下：

(1)某公司在年终进行财产清查时，发现账外机器设备一台，估计重置价为 80 000 元，七成新。

(2)盘亏机床一台，原价为 76 000 元，账面已提折旧 45 000 元。经查明盘亏机床系因保管不善造成，保管员责任赔偿 2 000 元，其余做非常损失处理，赔款已收存银行。

要求：

根据以上情况编制会计分录。

[习题四]

目的：练习银行存款余额调节表的编制。

资料：某企业 2018 年 6 月 30 日接到其开户银行对账单，银行对账单余额为 3 670 990 元，企业银行存款日记账余额为 3 672 000 元。经核对找出如下未达账项：

(1)企业采用托收承付结算方式，委托银行收取外地销售货款 13 990 元，银行已收款入账，而企业尚未接到收款通知，因而企业尚未入账；

(2)银行代企业支付水电费 15 000 元，企业尚未收到付款通知，因而尚未入账；

(3)企业月末收到一笔应收账款 11 900 元，企业已作银行存款增加，银行未入账；

(4)企业月末开出现金支票一张，金额为 18 000 元，持票人尚未到银行提取款项，因而银行尚未入账。

要求：根据以上资料编制银行存款余额调节表。

[习题五]

目的：练习对财产清查结果的处理。

资料：某企业 2018 年 6 月 30 日财产清查结果如下：

(1)盘亏设备一台，账面原值为 20 000 元，已提折旧 12 000 元；

(2)盘盈设备一台，重置价值为 40 000 元，估计已提折旧 20 000 元；

(3)库存现金短缺 1 000 元；

(4)原材料账面结存与盘点情况如表 9-11 和表 9-12 所示。

表 9-11 账面结存

材料名称	单 位	单价(元/千克)	数 量	金 额(元)
甲材料	千克	30	1 200	36 000
乙材料	千克	25	800	20 000
丙材料	千克	9	2 200	19 800

表 9-12 盘点资料

材料名称	单 位	单价(元/千克)	数 量	金 额(元)
甲材料	千克	30	1 120	33 600
乙材料	千克	25	780	19 500
丙材料	千克	9	700	6 300

上列盘盈和盘亏已核实,原因查明,根据有关部门批复的结果作如下处理:

(1)盘亏设备,列作营业外支出;

(2)盘盈设备,作为前期会计差错来处理;

(3)库存现金短缺,应由出纳员赔偿;

(4)甲材料盘亏中,定额损耗为 30 千克,收发计量错误为 50 千克,均列作管理费用;

(5)乙材料盘亏,系保管员失职造成,应由该人赔偿;

(6)丙材料盘亏,系火灾所致损失,保险公司同意赔付 4 500 元,其余列作营业外支出。

要求:根据上述经济业务分别编制审批前和审批后的会计分录。

[习题六]

目的:练习银行存款余额调节表的编制。

资料:某企业 2018 年 6 月 20 日至 30 日的银行存款的经济业务如下:

(1)20 日,开出支票,支付购料款 14 000 元;

(2)21 日,存入销货款 24 000 元;

(3)25 日,开出支票,支付材料运费 700 元;

(4)26 日,开出支票,支付本季度的房租 16 000 元;

(5)28 日,收到销货款 97 000 元;

(6)30 日,开出支票,支付零星费用 2 000 元;

(7)30 日,银行存款日记账余额为 330 060 元。

取得的银行对账单所列该企业 2018 年 6 月 20 日至 30 日的所有经济业务如下:

(1)20 日,结算银行存款利息 792 元;

(2)21 日,收到企业开出的支票,划出款项 14 000 元;

(3)23 日,收到销货款 24 000 元;

(4)25 日,代企业支付水电费 13 200 元;

(5)27 日,收到企业开出的支票,划出款项 700 元;

(6)29 日,代收货款 14 000 元;

(7)30 日,银行对账单余额为 252 652 元。

要求:根据上述资料,编制银行存款余额调节表。

六、实训题

【实训项目】

模拟财产清查的过程和方法。

【实训目的】

指导学生掌握财产清查前、财产清查时、财产清查后这些环节中，各项工作的内容、方法和会计处理。

【实训内容】

组织学生对财会、计算机等实验室进行财产清查。将学生分为若干个清查小组，由学生自己安排模拟岗位，把实训过程做详细记录，将清查结果作会计处理。

【实训检测】

1. 根据实训记录检查各模拟小组的情况；

2. 根据实训作业检查学生对财产清查方法的掌握情况。

项目十　会计核算形式

学习目标

通过本项目的学习，应了解会计核算形式的意义和基本程序，明确各种会计核算形式的核算要求、步骤和使用范围，掌握记账凭证、科目汇总表、汇总记账凭证这三种主要会计核算形式的核算步骤及每种会计核算形式下会计凭证和会计账簿的设置，了解上述三种会计核算形式的优缺点及适用范围。

任务导入

小明说自己学会填制凭证和账簿了，但每填制一张记账凭证就登记一次账簿太麻烦了，特别是对一个业务很多的大公司，每填制一张记账凭证就登记一次账簿更麻烦。

思考与讨论：

有没有更好的办法来减轻登记总账的工作量呢？

任务一　会计核算形式概述

为了合理地组织会计工作，使记账工作有条不紊地进行，确保会计账簿记录正确无误，为企业经营管理提供有用的会计信息，有必要将会计凭证的填制、会计账簿的设置和登记方法及会计报表的编制，按照一定的要求和形式有机地组织起来，形成一个完整的体系。在实际工作中，设置账户、填制和审核会计凭证、登记会计账簿和编制会计报表等会计方法都不是孤立的，而是以一定的形式相互联系、相互结合，构成一个完整的会计方法体系。

一、会计核算形式的概念

会计核算形式也称“会计核算组织程序”或“账务处理程序”。它是以账簿体系为核心，把会计凭证、会计账簿、记账程序和记账方法有机结合起来的技术组织形式。账簿体系是指账簿的种类、格式和各种账簿之间的相互关系。记账程序和记账方法，就是指从审核、整理原始凭证开始，到记账凭证的填制，登记各种账簿，以及编制会计报表等一系列工作的顺序和方法。不同的凭证账簿组织、记账程序和记账方法互相结合在一起，就形成不同的会计核算形式。

由于会计账簿，特别是总分类账的格式和登记方法不同，就决定了不同的记账凭证的格式和不同的记账程序，所以账簿组织是会计核算形式的核心内容。

由于各单位的规模大小不同，业务性质不一样，管理要求也各不相同，因而其使用的凭证、账簿的格式及记账顺序也应有所不同。

不同单位合理选择会计核算形式，对于完善账簿组织、加强会计分工协作、简化会计手续、提高工作效率、充分发挥会计的职能作用都具有重要意义。

二、会计核算形式的基本模式

各个企业单位会计核算的具体做法虽然不同，但是会计核算的基本程序是相同的。一般都是在经济业务发生后运用以下几个步骤：

(1) 取得或填制原始凭证作为原始记录；

(2) 根据原始凭证编制记账凭证作为会计分录；

(3) 根据记账凭证，按经济业务发生时间的先后顺序登记日记账，实际上是按记账凭证填制的先后顺序登记日记账，作为序时记录；

(4) 根据记账凭证，按经济业务所涉及的会计账户登记分类账；

(5) 根据分类账并参考日记账编制发生额和余额对照表，进行账项试算；

(6) 根据发生额和余额对照表编制各种会计报表，作结算报告。

会计核算方式的基本模式如图 10-1 所示。

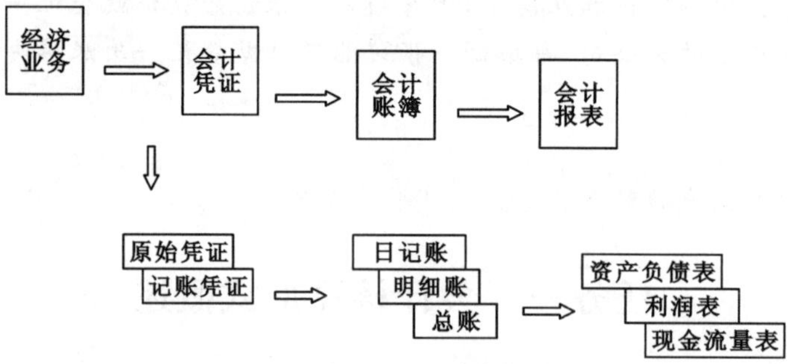

图 10-1　会计核算形式的基本模式

这种典型的会计核算方式的基本模式是在传统会计循环理论与实践的基础上建立起来的。

三、建立会计核算形式的基本原则

各企业单位的具体情况有所不同，在建立会计核算形式时，必须符合以下几项基本原则：

（一）要贯彻会计核算与经济管理密切配合的原则

会计是管理经济的重要工具，因此，会计核算必须与经济管理要求密切配合，为经济管理提供必要的会计核算资料。各单位在建立会计核算形式时，要认真研究本单位在经济管理上的具体要求，并根据这些要求来设计、设置所需要的凭证账簿和报表，以便通过会计核算，能正确、及时地反映单位的经济活动情况，实现会计反映和监督的职能，促进单位改进和提高经济管理工作。

（二）要贯彻按照统一规定和从实际出发相结合的原则

为满足国家经济管理和综合平衡工作的需要，保证会计指标在全国范围内口径一致，便于会计资料的汇总和分析利用，国家财政部门制定出了若干种全国统一的会计核算形式。

这些统一制定的会计核算形式虽然具有科学性，但只能规定一些原则，提出一些基本要求和基本做法，不可能也不必要规定得十分具体。各单位建立什么样的会计核算形式，首先应考虑全国的统一规定，然后要考虑本单位的实际情况，做到既不违背统一规定，又能切合实际。

(三)要贯彻如实反映情况与合理减少工作量相结合的原则

会计核算形式的建立，一方面要有利于如实地反映经济活动情况，提供必要的总括核算资料和明细核算资料；另一方面，也必须注意减少核算工作量，提高会计人员的工作效率，节约人力、物力，在不影响核算质量的前提下，力求简化。

总之，各企业、机关和事业单位建立会计核算形式时，既要符合国家统一规定，又要符合本单位的实际情况，既要有利于简化核算工作，又要有利于经济管理。

各企业、机关和事业单位的经营规模有大有小，经济业务有繁有简，经营管理要求也不尽相同，在会计核算形式上自然不应强求一律。因此，各单位可根据本身的具体情况，在上述基本会计核算程序精神的指导下，分别建立各种不同的会计核算形式，以便取得必需的会计核算资料，并简化不必要的会计核算工作。

任务二　会计核算形式的种类

我国的会计核算工作在长期实践中形成了五种核算组织程序：记账凭证会计核算形式、科目汇总表会计核算形式、汇总记账凭证会计核算形式、日记总账会计核算形式、多栏式日记账会计核算形式。本节只介绍前三种。

一、记账凭证会计核算形式

(一)记账凭证会计核算形式的含义

记账凭证会计核算形式是最基本的一种会计核算形式，它是直接根据各种记账凭证逐笔登记总分类账的会计核算形式，是其他会计核算形式的基础。

采用记账凭证会计核算形式时，通常采用收款凭证、付款凭证和转账凭证，也可以采用通用记账凭证；库存现金日记账、银行存款日记账一般采用借(收入)、贷(支出)、余(结余)三栏式的日记账簿；明细分类账的格式可根据单位实际情况和管理的要求分别采用三栏式、数量金额式、多栏式的账页格式；总分类账的格式一般采用借、贷、余三栏式。

(二)记账凭证会计核算形式图示

记账凭证会计核算形式如图10-2所示。

程序说明：

(1)根据原始凭证或原始凭证汇总表编制收、付、转凭证或通用记账凭证；

(2)根据收、付款凭证逐日逐笔登记库存现金日记账和银行存款日记账；

(3)根据各种记账凭证、原始凭证或原始凭证汇总表登记各种明细分类账；

(4)根据各种记账凭证逐笔登记总分类账；

(5)月末，按照对账要求，将总分类账与日记账、总分类账与明细分类账相互核对；

(6)月末，根据核对无误的账簿记录编制财务会计报表。

记账凭证会计核算形式的特点是直接根据记账凭证逐笔登记总分类账，因而核算程序简单明了，层次清楚，易于理解，便于对账和查账。但是，当单位的业务量较大时，逐笔登记

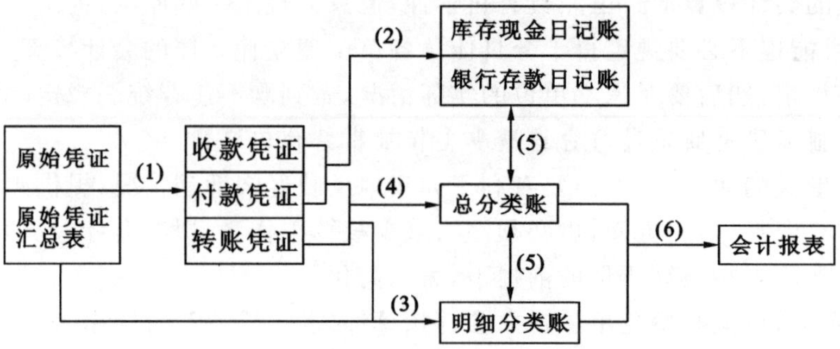

图 10-2　记账凭证会计核算形式图示

总分类账会增加登记账簿的工作量，而且不便于总分类账与明细分类账的分工协作。这种会计核算形式适用于一些规模小、业务量少、凭证不多的单位。

二、科目汇总表会计核算形式

（一）科目汇总表会计核算形式的含义

科目汇总表会计核算形式是根据一定会计期间的全部记账凭证，将相同的会计科目归类汇总编制科目汇总表，然后根据科目汇总表登记总分类账的一种会计核算形式。这种会计核算形式是从记账凭证会计核算形式中发展、演变而来的，其主要特点是：定期根据所有的记账凭证编制科目汇总表，然后根据科目汇总表登记总分类账。

采用科目汇总表会计核算形式时，通常采用收款凭证、付款凭证和转账凭证，也可以采用通用记账凭证；库存现金日记账、银行存款日记账一般采用借（收入）、贷（支出）、余（结余）三栏式的日记账簿；明细分类账的格式可根据单位实际情况和管理的要求分别采用三栏式、数量金额式、多栏式的账页格式；为了定期对全部记账凭证进行汇总，应设置科目汇总表；总分类账的格式一般采用借、贷、余三栏式。

（二）科目汇总表会计核算形式图示

科目汇总表会计核算形式如图 10-3 所示。

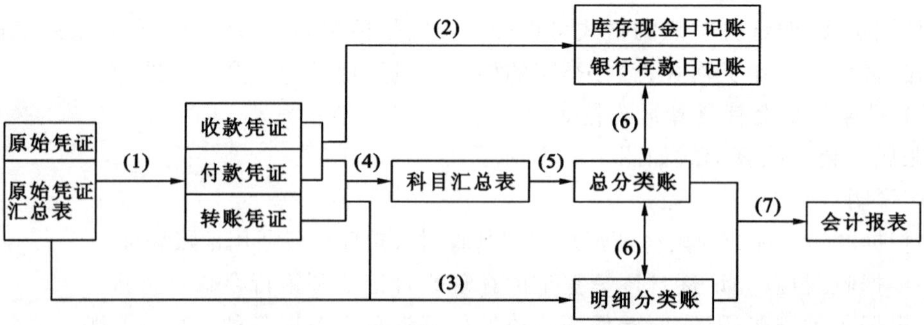

图 10-3　科目汇总表会计核算形式图示

程序说明：

（1）根据原始凭证或原始凭证汇总表编制收、付、转凭证或通用记账凭证；

（2）根据收、付款凭证逐日逐笔登记库存现金日记账和银行存款日记账；

（3）根据各种记账凭证、原始凭证或原始凭证汇总表登记各种明细分类账；

(4)根据各种记账凭证定期编制科目汇总表；

(5)根据科目汇总表登记总分类账；

(6)月末，按照对账要求，将总分类账与日记账、总分类账与明细分类账相互核对；

(7)月末，根据核对无误的账簿记录编制财务会计报表。

(三)科目汇总表的编制方法

编制科目汇总表时，首先，应将汇总期内的各项经济业务所用到的会计科目填列在科目汇总表的“会计科目”栏内。为了便于总分类账的登记，科目汇总表中的“会计科目”的排列顺序最好采用总账中会计科目的先后顺序。而为了在编制会计报表时获取数据的方便，应采用国家财政部制定的《企业会计制度》中的“会计科目表”中所列的顺序。其次，依据汇总期内的全部记账凭证，按照相同总分类账账户(即一级会计科目)归类，分别汇总出每个总分类账账户的借方发生额和贷方发生额，并将各账户的借方发生额合计、贷方发生额合计填入科目汇总表中各对应会计账户“本期发生额”的“借方”“贷方”栏内。最后，在对汇总期内的全部记账凭证汇总完毕后，应计算出所有总分类账账户的借方发生额合计数和贷方发生额合计数，由此进行本期发生额的试算平衡。待试算平衡后，则可根据科目汇总表登记总分类账。

科目汇总表的编制时间，应根据各单位经济业务量的大小而定。经济业务量较大的企业，可以每日汇总编制科目汇总表；经济业务量较小的企业，可以 3 天、5 天或 10 天一次汇总编制科目汇总表。其格式一般有两种，如表 10-1和表 10-2 所示。

表 10-1　科目汇总表(格式一)

年　　月　　日　　至　　日　　　　　　　　　　第　　号

会计科目	本期发生额		记账凭证起讫号数
	借方	贷方	
合计			

表 10-2　科目汇总表(格式二)

年　　月　　日

会计科目	1 日—10 日		11 日—20 日		21 日—30 日		本月合计	
	借方	贷方	借方	贷方	借方	贷方	借方	贷方
合计								

科目汇总表会计核算形式能大大减少登记总账的工作量，并能进行登记账簿前的试算平衡，会计凭证汇总工作也较为简便，便于操作。但是，按照相同科目归类编制的科目汇总表只能反映各账户的本期借方发生额和本期贷方发生额，不能反映各账户间的对应关系和经济业务的发生情况，不便于查账和对账。这种会计核算形式一般适用于业务量较大、记账凭证较多的单位。

三、汇总记账凭证会计核算形式

（一）汇总记账凭证会计核算形式的含义

汇总记账凭证会计核算形式是定期将所有记账凭证汇总编制成汇总记账凭证，然后再根据汇总记账凭证登记总分类账的核算组织程序。

采用汇总记账凭证会计核算形式时，除了采用收款凭证、付款凭证和转账凭证外，还应设置汇总收款凭证、汇总付款凭证和汇总转账凭证，作为登记总分类账的依据；库存现金日记账、银行存款日记账一般采用借（收入）、贷（支出）、余（结余）三栏式的日记账簿；明细分类账的格式可根据单位实际情况和管理的要求分别采用三栏式、数量金额式、多栏式的账页格式；总分类账的格式一般采用借、贷、余三栏式。

（二）汇总记账凭证会计核算形式图示

汇总记账凭证会计核算形式如图 10-4 所示。

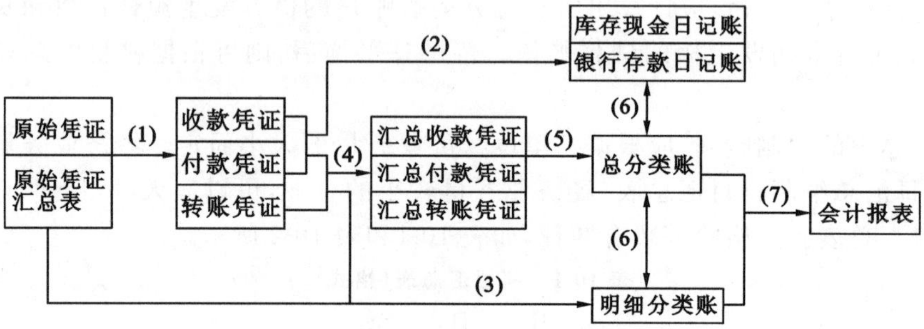

图 10-4　汇总记账凭证会计核算形式图示

程序说明：

(1)根据原始凭证或原始凭证汇总表编制收、付、转凭证；

(2)根据收、付款凭证逐日逐笔登记库存现金日记账和银行存款日记账；

(3)根据各种记账凭证、原始凭证或原始凭证汇总表登记各种明细分类账；

(4)根据各种记账凭证定期编制汇总收款凭证、汇总付款凭证、汇总转账凭证；

(5)根据汇总收款凭证、汇总付款凭证、汇总转账凭证登记总分类账；

(6)月末，按照对账要求，将总分类账与日记账、总分类账与明细分类账相互核对；

(7)月末，根据核对无误的账簿记录编制财务会计报表。

（三）汇总记账凭证的编制方法

汇总收款凭证是根据收款凭证（库存现金收款凭证和银行存款收款凭证），按库存现金或银行存款科目的借方分别设置的，并按贷方科目加以归类汇总，定期（5 天或 10 天）填列一次，每月汇总编制一张。月份终了，计算出汇总收款凭证的合计数后，分别登记在库存现金或银行存款总分类账的借方，以及各个对应账户的贷方。汇总收款凭证如表 10-3 所示。

汇总付款凭证是根据付款凭证（库存现金付款凭证和银行存款付款凭证），按库存现金或银行存款科目的贷方分别设置的，并按借方科目加以归类汇总，定期（5 天或 10 天）填列一次，每月汇总编制一张。月份终了，计算出汇总付款凭证的合计数后，分别登记库存现金或银行存款总分类账的贷方，以及各个对应账户的借方。汇总付款凭证如表 10-4 所示。

表 10-3　汇总收款凭证

借方科目:库存现金(银行存款)　　　　年　　月　　　　汇收第　号

贷方科目	金　　额				总账页数	
	1—10 日 收款凭证 第　号至第　号	11—20 日 收款凭证 第　号至第　号	21—30 日 收款凭证 第　号至第　号	合计	借方	贷方
合　计						

表 10-4　汇总付款凭证

贷方科目:库存现金(银行存款)　　　　年　　月　　　　汇付第　号

借方科目	金　　额				总账页数	
	1—10 日 付款凭证 第　号至第　号	11—20 日 付款凭证 第　号至第　号	21—30 日 付款凭证 第　号至第　号	合计	借方	贷方
合　计						

汇总转账凭证是根据一定时期的转账凭证,按月汇总编制而成的。转账凭证的借、贷方科目均无规律性,为避免混乱,规定汇总转账凭证一律按转账凭证的贷方科目分别设置,并按与设置科目相对应的借方科目归类汇总,定期(5 天或 10 天)填列一次,每月汇总编制一张。月份终了,计算出汇总转账凭证的合计数后,分别登记各有关总分类账的借方和贷方。汇总转账凭证如表 10-5所示。

表 10-5　汇总转账凭证

贷方科目:　　　　年　　月　　　　汇转第　号

借方科目	金　　额				总账页数	
	1—10 日 转账凭证 第　号至第　号	11—20 日 转账凭证 第　号至第　号	21—30 日 转账凭证 第　号至第　号	合计	借方	贷方
合　计						

在实际工作中,有些转账凭证中编制的复合会计分录,会出现一个借方科目和多个贷方科目相对应的情况,这就给编制汇总转账凭证带来不便,为此,采用这种会计核算形式时,应尽量避免编制一借多贷的转账凭证。在转账凭证不多的情况下,也可以不编制转账凭证,而直接根据转账凭证逐笔登记总分类账。

采用汇总记账凭证会计核算形式的优点是可以简化总分类账的登记工作,能清晰地反映各账户之间的对应关系，有利于经济活动的分析和检查。但是，编制汇总记账凭证的工作量大，且由于记账凭证是按有关账户的借方或贷方汇总，而不是按经济业务性质归类汇总的，不利于日常会计核算工作的合理分工。这种核算组织程序一般适用于规模较大、业务量较多的单位。

四、三种会计核算形式的比较

上述三种会计核算形式既有许多共同之处，又有着各自的特点。各种会计核算形式的共同点是编制记账凭证的依据和方法、登记日记账的依据和方法、登记明细账的依据和方法以及编制会计报表的依据均是相同的，它们的特点主要表现在登记总分类账的依据和方法不同。其中，记账凭证会计核算形式是最基本的一种会计核算形式，另外两种会计核算形式都是在此基础上发展、演变而来的。

每种会计核算形式都有自己的优点和局限性，因此，各单位应根据实际工作的需要，选用一种或多种会计核算形式，以满足本单位会计核算和经营管理的需要。

任务三　其他会计核算形式

一、多栏式日记账会计核算形式

（一）多栏式日记账会计核算形式的特点和核算要求

多栏式日记账会计核算形式的特点是：根据收款凭证、付款凭证逐日逐笔登记多栏式现金日记账和银行存款日记账，然后根据现金、银行存款日记账登记总分类账。

多栏式日记账会计核算形式所采用的凭证与记账凭证会计核算形式相同，可以采用专用凭证，也可以采用通用凭证。会计账簿应设置多栏式现金日记账和多栏式银行存款日记账，以及各种明细分类账和总分类账。

多栏式的现金和银行存款日记账，具有科目汇总表的作用，月终就可根据这些日记账的本月收、付发生额和各对应科目的发生额直接登记总分类账。

运用这种程序应注意两点：

(1) 现金与银行存款之间的相互划转数额，已经包含在有关日记账的收、付合计数里，因此，要避免重复计算。

(2) 业务不多的单位不必使用转账凭证科目汇总表，可仍保留转账凭证过账的方法。

（二）多栏式日记账会计核算形式的核算步骤

(1) 根据原始凭证或原始凭证汇总表填制记账凭证。

(2) 根据收款凭证和付款凭证登记多栏式现金日记账和多栏式银行存款日记账。

(3) 根据原始凭证或原始凭证汇总表以及记账凭证登记各种明细分类账。

(4) 月末，根据多栏式现金日记账和多栏式银行存款日记账登记有关总分类账；同时，根据转账凭证或转账凭证科目汇总表登记有关总分类账。

(5) 月末，各种明细分类账的余额合计数，应分别与总分类账中有关账户的余额核对相符。

(6) 月末，根据总分类账和有关明细分类账的记录编制会计报表。

多栏式日记账会计核算形式如图 10-5 所示。

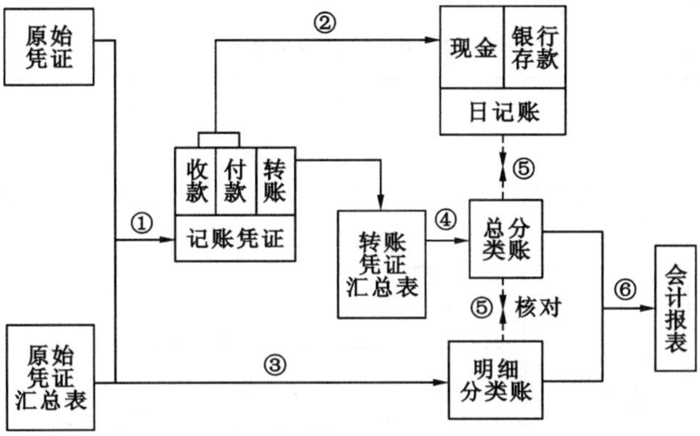

图 10-5　多栏式日记账会计核算形式图示

多栏式现金日记账的格式如表 10-6 所示。

表 10-6　现金日记账(多栏式)

年		凭证		摘　要	收入				支出				结　余
月	日	字	号		其他业务收入	银行存款	……	合计	管理费用	营业外支出	……	合计	

(三)多栏式日记账会计核算形式的优缺点和适用范围

多栏式日记账会计核算形式的优点是:由于收款业务、付款业务都是通过多栏式日记账汇总后登记总分类账的,因此,可以简化登记总分类账的工作。但是,由于多栏式日记账借方、贷方设置的专栏较多,致使账页过长,不便于记账和查账。另外,总分类账的现金、银行存款账户根据多栏式日记账的借方、贷方合计数填列,不利于日记账和总账之间相互核对。

这种会计核算形式一般只适用于规模较大、收付款业务较多的单位。

二、日记总账会计核算形式

(一)日记总账会计核算形式的特点和核算要求

日记总账会计核算形式,就是设置一本把日记账和总分类账结合起来的联合账簿——日记总账,单位日常发生的各项经济业务都要根据记账凭证直接记入日记总账的一种核算形式。

在日记总账会计核算形式下,除应设置一本“日记总账”用以序时分类地记录单位的全部经济业务外,仍应设置收款凭证、付款凭证和转账凭证三种记账凭证以及现金日记账和银行存款日记账,以便对货币资金的收、付和结存情况加强监督,并应设置一定种类的明细分类账,进行必要的明细分类核算。

现金日记账和银行存款日记账可采用“三栏式”账簿,明细分类账可根据具体情况分别采用“三栏式”或“多栏式”“数量金额式”账簿。其总分类账采用日记总账，日记总账每月登记一张。其格式如表 10-7 所示。

表 10-7 日记总账

年		凭证号数	摘 要	发生额	物资采购		原材料		固定资产		银行存款	
月	日				借方	贷方	借方	贷方	借方	贷方	借方	贷方
			上月(年)结转									
			本月发生额合计									
			本月结余									

在采用日记总账会计核算形式时，关键在于把握日记总账的登记方法。日记总账的登记要注意以下几点：

(1) 根据记账凭证逐笔登记日记总账时，除写明业务的简要内容外，每一笔业务的借方发生额和贷方发生额，应该在同一行的有关科目的借方和贷方栏内分别登记，并将金额计入“发生额”栏。

(2) 对于收款和付款业务，可以根据收款凭证和付款凭证逐日汇总登记。

(3) 月终，应结算各科目的发生额合计数，计算出各科目的月末借方或贷方金额。“发生额”栏所列本月发生额合计数，应该与全部科目本月借方发生额合计、本月贷方发生额合计核对相符；各科目的借方余额合计应该与贷方余额合计核对相符。

(二)日记总账会计核算形式的核算步骤

(1) 根据原始凭证或原始凭证汇总表填制记账凭证。

(2) 根据收款凭证和付款凭证登记现金日记账和银行存款日记账。

(3) 根据原始凭证或原始凭证汇总表以及记账凭证登记各种明细分类账。

(4) 根据收款凭证、付款凭证和转账凭证登记日记总账。

(5) 现金日记账、银行存款日记账的余额与日记总账中的现金、银行存款科目的余额核对相符，各明细分类账的余额合计与日记总账相应科目的余额核对相符。

(6) 月末，根据日记总账和有关明细分类账的记录编制会计报表。

日记总账会计核算形式如图 10-6 所示。

(三)日记总账会计核算形式的优缺点和适用范围

日记总账会计核算形式的主要优点是记账凭证不需要汇总，会计凭证的处理比较简单；日记总账采用多栏式格式，按全部科目设置专栏，因而账面上可以全面反映各个账户之间的对应关系，便于了解经济业务的来龙去脉。缺点是：采用这种核算形式，会计科目全部集中在一张账页上，不便于分工记账；如果会计科目多，日记总账的账页加大、加长，不便于登账，也不便于查账。

这种会计核算形式一般适用于业务简单、使用会计科目较少、规模较小的单位。

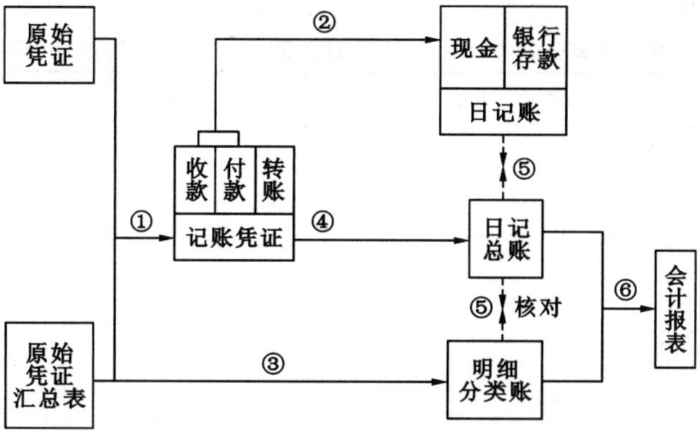

图 10-6　日记总账会计核算形式图示

任务四　会计核算形式的运用举例

一、记账凭证会计核算形式运用举例

【例 10-1】　资料:依星公司 2018 年 10 月各总分类账户的期初余额如表 10-8所示。

表 10-8　依星公司 2018 年 10 月各总分类账户的期初余额表　　单位:元

账 户 名 称	借 方 余 额	贷 方 余 额
库存现金	1 000	
银行存款	450 000	
应收账款	65 000	
其他应收款	1 800	
原材料	800 000	
库存商品	600 000	
预付账款	1 200	
周转材料	50 000	
固定资产	3 500 000	
累计折旧		980 000
应付账款		86 000
短期借款		20 000
预收账款		4 600
应付职工薪酬		217 400
应交税费		81 000
实收资本		3 400 000
盈余公积		680 000
合　计	5 469 000	5 469 000

依星公司2018年10月有关明细分类账户的期初余额如表10-9所示。

表10-9 依星公司2018年10月有关明细分类账户的期初余额表 金额单位:元

账户名称	数　量	单　价	金　额	
应收账款			65 000	
东风公司				30 000
西南公司				35 000
应付账款			86 000	
中信公司				50 000
四方公司				36 000
原材料			800 000	
甲材料	3 000千克	200元/千克		600 000
乙材料	2 000千克	100元/千克		200 000
库存商品			600 000	
A产品	700件	400元/件		280 000
B产品	400件	800元/件		320 000

2018年10月份发生下列经济业务：

(1) 1日，向中信公司购入甲材料500千克，每千克200元，增值税税率为16%，款项尚未支付。

(2) 1日，根据购货合同，以银行存款24 000元预付购料款。

(3) 2日，以银行存款1 800元偿还短期借款。

(4) 2日，接银行收款通知，收到东风公司前欠货款20 000元，已存入银行。

(5) 4日，向四方公司购入乙材料1 500千克，每千克100元，增值税税率为16%，款项已通过银行支付。

(6) 4日，以银行存款3 000元支付购买甲、乙材料的运杂费。(按材料重量比例分配运杂费)

(7) 5日，上述购入的甲、乙材料已办理入库手续，结转入库材料的实际成本。

(8) 7日，归还前欠四方公司的货款32 000元。

(9) 8日，收到某公司的投资款100 000元，存入银行。

(10) 9日，向东风公司销售A产品200件，每件400元，增值税税率为16%，款项尚未收到。

(11) 11日，接银行收款通知，收到西南公司前欠货款15 000元，已存入银行。

(12) 12日，从银行提取现金120 000元备发工资。

(13) 12日，以现金120 000元发放工人工资。

(14) 15日，向银行借入为期6个月的借款28 000元，存入银行户头。

(15) 16日，销售B产品600件，每件800元，增值税税率为16%，款项已存入银行。

(16) 19日，以银行存款43 500元支付应交税费。

(17) 22日，向西南公司销售A产品1 000件，每件400元，增值税税率为16%，款项尚未收到。

(18) 24日，以银行存款18 000元支付销售产品的展览费。

(19) 25日，收到东风公司前欠货款32 000元，存入银行。

(20) 27日，以库存现金500元购买行政管理部门的办公用品。

(21) 28 日,以银行存款归还前欠中信公司的货款 27 000 元。

(22) 30 日,收到一笔罚款收入 1 000 元,存入银行。

(23) 31 日,根据本月发料单汇总公司材料使用情况如表 10-10 所示。

表 10-10 发料凭证汇总表

单位:元

项 目	甲材料	乙材料	合计
A 产品生产投料	200 000	150 000	350 000
B 产品生产投料	210 000	100 000	310 000
车间一般耗用	9 200		9 200
行政管理部门一般耗用		20 000	20 000
合 计	419 200	270 000	689 200

(24) 31 日,计提本月生产用固定资产折旧 2 000 元,行政管理部门用固定资产折旧 1 000 元。

(25) 31 日,分配本月工资费用,应付工资总额为 120 000 元。

其中:A 产品生产工人工资　　40 000 元

B 产品生产工人工资　　45 000 元

车间技术管理人员工资　　20 000 元

厂部行政管理人员工资　　15 000 元

(26) 31 日,按本月职工工资总额的 14%提取应付福利费。

(27) 31 日,按生产工人工资比例分配并结转本月制造费用 34 000 元。

(28) 31 日,结转本月全部完工 A 产品的实际生产成本 411 600 元,全部完工 B 产品的实际生产成本 379 300 元。

(29) 31 日,结转本月已销 A 产品的实际成本 300 000 元,已销 B 产品的实际成本 360 000 元。

(30) 31 日,结转收入类账户和费用类账户至"本年利润"账户。

分析:

(1) 根据上述经济业务编制记账凭证(见表 10-11 至表 10-41)。

表 10-11 转账凭证(一)

2018 年 10 月 1 日　　转字第 1 号

摘 要	一级科目	二级或明细科目	借方金额	贷方金额	记 账
采购甲材料,货款未付	材料采购	甲材料	100 000		
	应交税费	应交增值税(进项税额)	16 000		
	应付账款	中信公司		116 000	
合 计			116 000	116 000	

表 10-12 付款凭证(一)

贷方科目:银行存款　　2018 年 10 月 1 日　　付字第 1 号

摘 要	借方科目		金 额	记 账
	一级科目	二级或明细科目		
预付购料款	预付账款		24 000	
合 计			24 000	

表 10-13 付款凭证(二)

贷方科目:银行存款　　2018 年 10 月 2 日　　付字第 2 号

摘　要	借方科目		金　额	记　账
	一级科目	二级或明细科目		
偿还短期借款	短期借款		1 800	
合　计			1 800	

表 10-14 收款凭证(一)

借方科目:银行存款　　2018 年 10 月 2 日　　收字第 1 号

摘　要	贷方科目		金　额	记　账
	一级科目	二级或明细科目		
收到前欠货款	应收账款	东风公司	20 000	
合　计			20 000	

表 10-15 付款凭证(三)

贷方科目:银行存款　　2018 年 10 月 4 日　　付字第 3 号

摘　要	借方科目		金　额	记　账
	一级科目	二级或明细科目		
采购乙材料	材料采购 应交税费	乙材料 应交增值税 （进项税额）	150 000 24 000	
合　计			174 000	

表 10-16 付款凭证(四)

贷方科目:银行存款　　2018 年 10 月 4 日　　付字第 4 号

摘　要	借方科目		金　额	记　账
	一级科目	二级或明细科目		
支付购买甲、乙材料的运杂费	材料采购	甲材料 乙材料	750 2 250	
合　计			3 000	

表 10-17 转账凭证(二)

2018 年 10 月 5 日　　转字第 2 号

摘　要	一级科目	二级或明细科目	借方金额	贷方金额	记　账
结转甲、乙材料入库成本	原材料	甲材料 乙材料	100 750 152 250		
	材料采购	甲材料 乙材料		100 750 152 250	
合　计			253 000	253 000	

表 10-18　付款凭证(五)

贷方科目:银行存款　　2018 年 10 月 7 日　　付字第 5 号

摘　要	借方科目		金　额	记　账
	一级科目	二级或明细科目		
支付前欠货款	应付账款	四方公司	32 000	
合　计			32 000	

表 10-19　收款凭证(二)

借方科目:银行存款　　2018 年 10 月 8 日　　收字第 2 号

摘　要	贷方科目		金　额	记　账
	一级科目	二级或明细科目		
收到投资款	实收资本	某公司	100 000	
合　计			100 000	

表 10-20　转账凭证(三)

2018 年 10 月 9 日　　转字第 3 号

摘　要	一级科目	二级或明细科目	借方金额	贷方金额	记　账
销售产品,款项未收	应收账款	东风公司	92 800		
	主营业务收入	A 产品		80 000	
	应交税费	应交增值税(销项税额)		12 800	
合　计			92 800	92 800	

表 10-21　收款凭证(三)

借方科目:银行存款　　2018 年 10 月 11 日　　收字第 3 号

摘　要	贷方科目		金　额	记　账
	一级科目	二级或明细科目		
收到前欠货款	应收账款	西南公司	15 000	
合　计			15 000	

表 10-22　付款凭证(六)

贷方科目:银行存款　　2018 年 10 月 12 日　　付字第 6 号

摘　要	借方科目		金　额	记　账
	一级科目	二级或明细科目		
提现备发工资	库存现金		120 000	
合　计			120 000	

表 10-23　付款凭证(七)

贷方科目:库存现金　　2018 年 10 月 12 日　　付字第 7 号

摘　要	借方科目		金　额	记　账
	一级科目	二级或明细科目		
以库存现金发放工资	应付职工薪酬	工资	120 000	
合　计			120 000	

表 10-24　收款凭证(四)

借方科目:银行存款　　2018 年 10 月 15 日　　收字第 4 号

摘　要	贷方科目		金　额	记　账
	一级科目	二级或明细科目		
借入短期借款	短期借款		28 000	
合　计			28 000	

表 10-25　收款凭证(五)

借方科目:银行存款　　2018 年 10 月 16 日　　收字第 5 号

摘　要	贷方科目		金　额	记　账
	一级科目	二级或明细科目		
销售产品	主营业务收入 应交税费	B 产品 应交增值税 （销项税额）	480 000 76 800	
合　计			556 800	

表 10-26　付款凭证(八)

贷方科目:银行存款　　2018 年 10 月 19 日　　付字第 8 号

摘　要	借方科目		金　额	记　账
	一级科目	二级或明细科目		
上交税金	应交税费		43 500	
合　计			43 500	

表 10-27　转账凭证(四)

2018 年 10 月 22 日　　转字第 4 号

摘　要	一级科目	二级或明细科目	借方金额	贷方金额	记　账
销售产品，款项未收	应收账款 主营业务收入 应交税费	西南公司 A 产品 应交增值税 （销项税额）	464 000	 400 000 64 000	
合　计			464 000	464 000	

表 10-28 付款凭证(九)

贷方科目:银行存款　　2018 年 10 月 24 日　　付字第 9 号

摘要	借方科目		金额	记账
	一级科目	二级或明细科目		
支付展览费	销售费用		18 000	
合计			18 000	

表 10-29 收款凭证(六)

借方科目:银行存款　　2018 年 10 月 25 日　　收字第 6 号

摘要	贷方科目		金额	记账
	一级科目	二级或明细科目		
收到前欠货款	应收账款	东风公司	32 000	
合计			32 000	

表 10-30 付款凭证(十)

贷方科目:库存现金　　2018 年 10 月 27 日　　付字第 10 号

摘要	借方科目		金额	记账
	一级科目	二级或明细科目		
购买办公用品	管理费用		500	
合计			500	

表 10-31 付款凭证(十一)

贷方科目:银行存款　　2018 年 10 月 28 日　　付字第 11 号

摘要	借方科目		金额	记账
	一级科目	二级或明细科目		
支付前欠货款	应付账款	中信公司	27 000	
合计			27 000	

表 10-32 收款凭证(七)

借方科目:银行存款　　2018 年 10 月 30 日　　收字第 7 号

摘要	贷方科目		金额	记账
	一级科目	二级或明细科目		
收到罚款收入	营业外收入		1 000	
合计			1 000	

表 10-33　转账凭证(五)

2018 年 10 月 31 日　　　　转字第 5 号

摘　要	一级科目	二级或明细科目	借方金额	贷方金额	记　账
分配材料费用	生产成本	A 产品	350 000		
		B 产品	310 000		
	制造费用		9 200		
	管理费用		20 000		
	原材料	甲材料		419 200	
		乙材料		270 000	
合　计			689 200	689 200	

表 10-34　转账凭证(六)

2018 年 10 月 31 日　　　　转字第 6 号

摘　要	一级科目	二级或明细科目	借方金额	贷方金额	记　账
计提折旧费用	制造费用		2 000		
	管理费用		1 000		
	累计折旧			3 000	
合　计			3 000	3 000	

表 10-35　转账凭证(七)

2018 年 10 月 31 日　　　　转字第 7 号

摘　要	一级科目	二级或明细科目	借方金额	贷方金额	记　账
分配工资费用	生产成本	A 产品	40 000		
		B 产品	45 000		
	制造费用		20 000		
	管理费用		15 000		
	应付职工薪酬	工　资		120 000	
合　计			120 000	120 000	

表 10-36　转账凭证(八)

2018 年 10 月 31 日　　　　转字第 8 号

摘　要	一级科目	二级或明细科目	借方金额	贷方金额	记　账
计提福利费	生产成本	A 产品	5 600		
		B 产品	6 300		
	制造费用		2 800		
	管理费用		2 100		
	应付职工薪酬	职工福利		16 800	
合　计			16 800	16 800	

表 10-37　转账凭证(九)

2018 年 10 月 31 日　　转字第 9 号

摘　要	一级科目	二级或明细科目	借方金额	贷方金额	记　账
分配制造费用	生产成本	A 产品	16 000		
		B 产品	18 000		
	制造费用			34 000	
合　计			34 000	34 000	

表 10-38　转账凭证(十)

2018 年 10 月 31 日　　转字第 10 号

摘　要	一级科目	二级或明细科目	借方金额	贷方金额	记　账
结转完工入库产品生产成本	库存商品	A 产品	411 600		
		B 产品	379 300		
	生产成本	A 产品		411 600	
		B 产品		379 300	
合　计			790 900	790 900	

表 10-39　转账凭证(十一)

2018 年 10 月 31 日　　转字第 11 号

摘　要	一级科目	二级或明细科目	借方金额	贷方金额	记　账
结转已销产品生产成本	主营业务成本	A 产品	300 000		
		B 产品	360 000		
	库存商品	A 产品		300 000	
		B 产品		360 000	
合　计			660 000	660 000	

表 10-40　转账凭证(十二)

2018 年 10 月 31 日　　转字第 12 号

摘　要	一级科目	二级或明细科目	借方金额	贷方金额	记　账
结转收入	主营业务收入		960 000		
	营业外收入		1 000		
	本年利润			961 000	
合　计			961 000	961 000	

表 10-41　转账凭证(十三)

2018 年 10 月 31 日　　转字第 13 号

摘　要	一级科目	二级或明细科目	借方金额	贷方金额	记　账
结转费用	本年利润		716 600		
	主营业务成本			660 000	
	销售费用			18 000	
	管理费用			38 600	
合　计			716 600	716 600	

(2)根据收、付款凭证逐日逐笔登记库存现金日记账和银行存款日记账(见表 10-42 和表 10-43)。

表 10-42　库存现金日记账

2018 年		凭证字号		摘　　要	对方科目	借　方	贷　方	余　额
月	日	字	号					
10	1			期初余额				1 000
10	12	付	6	提现备发工资	银行存款	120 000		121 000
10	12	付	7	发放工资	应付职工薪酬		120 000	1 000
10	27	付	10	购买办公用品	管理费用		500	500
10	31			本月合计		120 000	120 500	500

表 10-43　银行存款日记账

2018 年		凭证字号		摘　　要	对方科目	借　方	贷　方	余　额
月	日	字	号					
10	1			期初余额				450 000
10	1	付	1	预付购料款	预付账款		24 000	426 000
10	2	付	2	偿还短期借款	短期借款		1 800	424 200
10	2	收	1	收回前欠货款	应收账款	20 000		444 200
10	4	付	3	支付材料款	材料采购		174 000	270 200
10	4	付	4	支付购料运杂费	材料采购		3 000	267 200
10	7	付	5	支付前欠货款	应付账款		32 000	235 200
10	8	收	2	收到投资款	实收资本	100 000		335 200
10	11	收	3	收回前欠货款	应收账款	15 000		350 200
10	12	付	6	提现备发工资	库存现金		120 000	230 200
10	15	收	4	向银行借款	短期借款	28 000		258 200
10	16	收	5	销售 B 产品	主营业务收入	556 800		815 000
10	19	付	8	上交税金	应交税费		43 500	771 500
10	24	付	9	支付展览费	销售费用		18 000	753 500
10	25	收	6	收回前欠货款	应收账款	32 000		785 500
10	28	付	11	支付前欠货款	应付账款		27 000	758 500
10	30	收	7	收到罚款	营业外收入	1 000		759 500
10	31			本月合计		752 800	443 300	759 500

(3)根据记账凭证、原始凭证或原始凭证汇总表登记部分明细分类账(见表 10-44 至表 10-47)。

表 10-44　应收账款明细账

二级或明细科目：东风公司

2018 年		凭证字号		摘　　要	借　方	贷　方	借或贷	余　额
月	日	字	号					
10	1			期初余额			借	30 000
10	2	收	1	收回前欠货款		20 000	借	10 000
10	9	转	3	销售产品，货款未收	92 800		借	102 800
10	25	收	6	收回前欠货款		32 000	借	70 800
10	31			本月合计	92 800	52 000	借	70 800

表 10-45　应收账款明细账

二级或明细科目：西南公司

2018 年		凭证字号		摘　　要	借　方	贷　方	借或贷	余　额
月	日	字	号					
10	1			期初余额			借	35 000
10	11	收	3	收回前欠货款		15 000	借	20 000
10	22	转	4	销售产品，货款未收	464 000		借	484 000
10	31			本月合计	464 000	15 000	借	484 000

表 10-46　应付账款明细账

二级或明细科目：中信公司

2018 年		凭证字号		摘　　要	借　方	贷　方	借或贷	余　额
月	日	字	号					
10	1			期初余额			贷	50 000
10	1	转	1	采购材料，货款未付		116 000	贷	166 000
10	28	付	11	偿还前欠货款	27 000		贷	139 000
10	31			本月合计	27 000	116 000	贷	139 000

表 10-47　应付账款明细账

二级或明细科目：四方公司

2018 年		凭证字号		摘　　要	借　方	贷　方	借或贷	余　额
月	日	字	号					
10	1			期初余额			贷	36 000
10	7	付	5	偿还前欠货款	32 000		贷	4 000
10	31			本月合计	32 000		贷	4 000

(4)根据记账凭证逐笔登记总分类账(见表 10-48 至表 10-51)。

表 10-48　总分类账(一)

账户名称:库存现金

2018 年		凭证字号		摘　　要	借　方	贷　方	借或贷	余　额
月	日	字	号					
10	1			期初余额			借	1 000
10	12	付	6	提现备发工资	120 000		借	121 000
10	12	付	7	发放工资		120 000	借	1 000
10	27	付	10	购买办公用品		500	借	500
10	31			本月合计	120 000	120 500	借	500

表 10-49　总分类账(二)

账户名称:银行存款

2018 年		凭证字号		摘　　要	借　方	贷　方	借或贷	余　额
月	日	字	号					
10	1			期初余额			借	450 000
10	1	付	1	预付购料款		24 000	借	426 000
10	2	付	2	偿还短期借款		1 800	借	424 200
10	2	收	1	收回前欠货款	20 000		借	444 200
10	4	付	3	支付材料款		174 000	借	270 200
10	4	付	4	支付购料运杂费		3 000	借	267 200
10	7	付	5	支付前欠货款		32 000	借	235 200
10	8	收	2	收到投资款	100 000		借	335 200
10	11	收	3	收回前欠货款	15 000		借	350 200
10	12	付	6	提现备发工资		120 000	借	230 200
10	15	收	4	向银行借款	28 000		借	258 200
10	16	收	5	销售 B 产品	556 800		借	815 000
10	19	付	8	上交税金		43 500	借	771 500
10	24	付	9	支付展览费		18 000	借	753 500
10	25	收	6	收回前欠货款	32 000		借	785 500
10	28	付	11	支付前欠货款		27 000	借	758 500
10	30	收	7	收到罚款	1 000		借	759 500
10	31			本月合计	752 800	443 300	借	759 500

表 10-50　总分类账(三)

账户名称:应收账款

2018 年		凭证字号		摘　　要	借　方	贷　方	借或贷	余　额
月	日	字	号					
10	1			期初余额			借	65 000
10	4	收	1	收回前欠货款		20 000	借	45 000
10	9	转	3	销售产品,货款未收	92 800		借	137 800
10	11	收	3	收回前欠货款		15 000	借	122 800
10	22	转	4	销售产品,货款未收	464 000		借	586 800
10	25	收	6	收回前欠货款		32 000	借	554 800
10	31			本月合计	556 800	67 000	借	554 800

表 10-51　总分类账(四)

账户名称:应付账款

2018年		凭证字号		摘要	借方	贷方	借或贷	余额
月	日	字	号					
10	1			期初余额			贷	86 000
10	1	转	1	采购材料,货款未付		116 000	贷	202 000
10	7	付	5	偿还前欠货款	32 000		贷	170 000
10	28	付	11	偿还前欠货款	27 000		贷	143 000
10	31			本月合计	59 000	116 000	贷	143 000

其余总分类账的登记略。

(5)将总分类账与日记账、总分类账与其所属明细账进行核对。

(6)根据核对无误的总分类账和明细分类账资料编制会计报表(略)。

二、科目汇总表会计核算形式运用举例

【例 10-2】 各账户期初余额及所需经济业务同记账凭证会计核算形式运用举例。

分析:

(1)根据经济业务编制记账凭证(同表 10-11 至表 10-41)。

(2)根据收、付款凭证逐日逐笔登记库存现金日记账和银行存款日记账(分别同表 10-42 和表 10-43)。

(3)根据记账凭证、原始凭证或原始凭证汇总表登记部分明细分类账(同表 10-44 至表 10-47)。

(4)根据记账凭证编制科目汇总表,如表 10-52 所示。

表 10-52　科目汇总表

2018 年 10 月 31 日

单位:元

会计科目	1日—10日		11日—20日		21日—31日		本月合计	
	借方	贷方	借方	贷方	借方	贷方	借方	贷方
库存现金			120 000	120 000		500	120 000	120 500
银行存款	120 000	234 800	599 800	163 500	33 000	45 000	752 800	443 300
应收账款	92 800	20 000		15 000	464 000	32 000	556 800	67 000
材料采购	253 000	253 000					253 000	253 000
原材料	253 000					689 200	253 000	689 200
预付账款	24 000						24 000	
库存商品					790 900	660 000	790 900	660 000
累计折旧						3 000		3 000
应付账款	32 000	116 000			27 000		59 000	116 000
短期借款	1 800			28 000			1 800	28 000

续表 10-52

会计科目	1日—10日		11日—20日		21日—31日		本月合计	
	借方	贷方	借方	贷方	借方	贷方	借方	贷方
应付职工薪酬			120 000			136 800	120 000	136 800
应交税费	40 000	12 800	43 500	76 800		64 000	83 500	153 600
实收资本		100 000						100 000
本年利润					716 600	961 000	716 600	961 000
生产成本					790 900	790 900	790 900	790 900
制造费用					34 000	34 000	34 000	34 000
主营业务收入		80 000		480 000	960 000	400 000	960 000	960 000
主营业务成本					660 000	660 000	660 000	660 000
销售费用					18 000	18 000	18 000	18 000
管理费用					38 600	38 600	38 600	38 600
营业外收入					1 000	1 000	1 000	1 000
合　计	816 600	816 600	883 300	883 300	4 534 000	4 534 000	6 233 900	6 233 900

(5)根据科目汇总表登记总分类账，如表 10-53 至表 10-78 所示。

表 10-53　总分类账(五)

账户名称：库存现金

2018年		凭证字号		摘　要	借　方	贷　方	借或贷	余　额
月	日	字	号					
10	1			期初余额			借	1 000
10	20	科汇	1	11—20日发生额	120 000	120 000	借	1 000
10	31	科汇	1	21—31日发生额		500	借	500
10	31			本月合计	120 000	120 500	借	500

表 10-54　总分类账(六)

账户名称：银行存款

2018年		凭证字号		摘　要	借　方	贷　方	借或贷	余　额
月	日	字	号					
10	1			期初余额			借	450 000
10	10	科汇	1	1—10日发生额	120 000	234 800	借	335 200
10	20	科汇	1	11—20日发生额	599 800	163 500	借	771 500
10	31	科汇	1	21—31日发生额	33 000	45 000	借	759 500
10	31			本月合计	757 600	444 800	借	759 500

表 10-55　总分类账(七)

账户名称:应收账款

2018 年		凭证字号		摘　要	借　方	贷　方	借或贷	余　额
月	日	字	号					
10	1			期初余额			借	65 000
10	10	科汇	1	1—10 日发生额	92 800	20 000	借	137 800
10	20	科汇	1	11—20 日发生额		15 000	借	122 800
10	31	科汇	1	21—31 日发生额	464 000	32 000	借	554 800
10	31			本 月 合 计	556 800	67 000	借	554 800

表 10-56　总分类账(八)

账户名称:其他应收款

2018 年		凭证字号		摘　要	借　方	贷　方	借或贷	余　额
月	日	字	号					
10	1			期初余额			借	1 800
10	31			本 月 合 计			借	1 800

表 10-57　总分类账(九)

账户名称:材料采购

2018 年		凭证字号		摘　要	借　方	贷　方	借或贷	余　额
月	日	字	号					
10	10	科汇	1	1—10 日发生额	253 000	253 000	平	0
10	31			本 月 合 计	253 000	253 000	平	0

表 10-58　总分类账(十)

账户名称:原材料

2018 年		凭证字号		摘　要	借　方	贷　方	借或贷	余　额
月	日	字	号					
10	1			期初余额			借	800 000
10	10	科汇	1	1—10 日发生额	253 000		借	1 053 000
10	31	科汇	1	21—31 日发生额		689 200	借	363 800
10	31			本 月 合 计	253 000	689 200	借	363 800

表 10-59　总分类账(十一)

账户名称:预付账款

2018 年		凭证字号		摘　要	借　方	贷　方	借或贷	余　额
月	日	字	号					
10	1			期初余额			借	1 200
10	10	科汇	1	1—10 日发生额	24 000		借	25 200
10	31			本 月 合 计	24 000		借	25 200

表 10-60　总分类账(十二)

账户名称:库存商品

2018年		凭证字号		摘　要	借　方	贷　方	借或贷	余　额
月	日	字	号					
10	1			期初余额			借	600 000
10	31	科汇	1	21—31日发生额	790 900	660 000	借	730 900
10	31			本 月 合 计	790 900	660 000	借	730 900

表 10-61　总分类账(十三)

账户名称:周转材料

2018年		凭证字号		摘　要	借　方	贷　方	借或贷	余　额
月	日	字	号					
10	1			期初余额			借	50 000
10	31			本 月 合 计			借	50 000

表 10-62　总分类账(十四)

账户名称:固定资产

2018年		凭证字号		摘　要	借　方	贷　方	借或贷	余　额
月	日	字	号					
10	1			期初余额			借	3 500 000
10	31			本 月 合 计			借	3 500 000

表 10-63　总分类账(十五)

账户名称:累计折旧

2018年		凭证字号		摘　要	借　方	贷　方	借或贷	余　额
月	日	字	号					
10	1			期初余额			贷	980 000
10	31	科汇	1	21—31日发生额		3 000	贷	983 000
10	31			本 月 合 计		3 000	贷	983 000

表 10-64　总分类账(十六)

账户名称:应付账款

2018年		凭证字号		摘　要	借　方	贷　方	借或贷	余　额
月	日	字	号					
10	1			期初余额			贷	86 000
10	10	科汇	1	1—10日发生额	32 000	116 000	贷	170 000
10	31	科汇	1	21—31日发生额	27 000		贷	143 000
10	31			本 月 合 计	59 000	116 000	贷	143 000

表 10-65　总分类账(十七)

账户名称:短期借款

2018 年		凭证字号		摘　　要	借　方	贷　方	借或贷	余　额
月	日	字	号					
10	1			期初余额			贷	20 000
10	10	科汇	1	1—10 日发生额	1 800		贷	18 200
10	20	科汇	1	11—20 日发生额		28 000	贷	46 200
10	31			本 月 合 计	1 800	28 000	贷	46 200

表 10-66　总分类账(十八)

账户名称:应付职工薪酬

2018 年		凭证字号		摘　　要	借　方	贷　方	借或贷	余　额
月	日	字	号					
10	1			期初余额			贷	217 400
10	20	科汇	1	11—20 日发生额	120 000		贷	97 400
10	31	科汇	1	21—31 日发生额		136 800	贷	234 200
10	31			本 月 合 计	120 000	136 800	贷	234 200

表 10-67　总分类账(十九)

账户名称:应交税费

2018 年		凭证字号		摘　　要	借　方	贷　方	借或贷	余　额
月	日	字	号					
10	1			期初余额			贷	81 000
10	10	科汇	1	1—10 日发生额	40 000	12 800	贷	53 800
10	20	科汇	1	11—20 日发生额	43 500	76 800	贷	87 100
10	31	科汇	1	21—31 日发生额		64 000	贷	151 100
10	31			本 月 合 计	83 500	153 600	贷	151 100

表 10-68　总分类账(二十)

账户名称:预收账款

2018 年		凭证字号		摘　　要	借　方	贷　方	借或贷	余　额
月	日	字	号					
10	1			期初余额			贷	4 600
10	31			本 月 合 计			贷	4 600

表 10-69　总分类账(二十一)

账户名称:实收资本

2018 年		凭证字号		摘　　要	借　方	贷　方	借或贷	余　额
月	日	字	号					
10	1			期初余额			贷	3 400 000
10	10	科汇	1	1—10 日发生额		100 000	贷	3 500 000
10	31			本 月 合 计		100 000	贷	3 500 000

表 10-70　总分类账(二十二)

账户名称:盈余公积

2018 年		凭证字号		摘　　要	借　方	贷　方	借或贷	余　额
月	日	字	号					
10	1			期初余额			贷	680 000
10	31			本 月 合 计			贷	680 000

表 10-71　总分类账(二十三)

账户名称:本年利润

2018 年		凭证字号		摘　　要	借　方	贷　方	借或贷	余　额
月	日	字	号					
10	31	科汇	1	21—31 日发生额	716 600	961 000	贷	244 400
10	31			本 月 合 计	716 600	961 000	贷	244 400

表 10-72　总分类账(二十四)

账户名称:生产成本

2018 年		凭证字号		摘　　要	借　方	贷　方	借或贷	余　额
月	日	字	号					
10	31	科汇	1	21—31 日发生额	790 900	790 900	平	0
10	31			本 月 合 计	790 900	790 900	平	0

表 10-73　总分类账(二十五)

账户名称:制造费用

2018 年		凭证字号		摘　　要	借　方	贷　方	借或贷	余　额
月	日	字	号					
10	31	科汇	1	21—31 日发生额	34 000	34 000	平	0
10	31			本 月 合 计	34 000	34 000	平	0

表 10-74　总分类账(二十六)

账户名称:主营业务收入

2018 年		凭证字号		摘　　要	借　方	贷　方	借或贷	余　额
月	日	字	号					
10	10	科汇	1	1—10 日发生额		80 000	贷	80 000
10	20	科汇	1	11—20 日发生额		480 000	贷	560 000
10	31	科汇	1	21—31 日发生额	960 000	400 000	平	0
10	31			本 月 合 计	960 000	960 000	平	0

表 10-75　总分类账(二十七)

账户名称:主营业务成本

2018 年		凭证字号		摘　　要	借　方	贷　方	借或贷	余　额
月	日	字	号					
10	31	科汇	1	21—31 日发生额	660 000	660 000	平	0
10	31			本 月 合 计	660 000	660 000	平	0

表 10-76　总分类账(二十八)

账户名称:销售费用

2018 年		凭证字号		摘　　要	借　方	贷　方	借或贷	余　额
月	日	字	号					
10	31	科汇	1	21—31 日发生额	18 000	18 000	平	0
10	31			本 月 合 计	18 000	18 000	平	0

表 10-77　总分类账(二十九)

账户名称:管理费用

2018 年		凭证字号		摘　　要	借　方	贷　方	借或贷	余　额
月	日	字	号					
10	31	科汇	1	21—31 日发生额	38 600	38 600	平	0
10	31			本 月 合 计	38 600	38 600	平	0

表 10-78　总分类账(三十)

账户名称:营业外收入

2018 年		凭证字号		摘　　要	借　方	贷　方	借或贷	余　额
月	日	字	号					
10	31	科汇	1	21—31 日发生额	1 000	1 000	平	0
10	31			本 月 合 计	1 000	1 000	平	0

(6)将总分类账与日记账及所属明细账进行核对。

(7)根据核对无误的总分类账和明细分类账资料编制会计报表(略)。

三、汇总记账凭证会计核算形式运用举例

【例 10-3】 各账户期初余额及所需经济业务同记账凭证会计核算形式运用举例。

分析:

(1)根据经济业务编制记账凭证(同表 10-11 至表 10-41)。

(2)根据收、付款凭证逐日逐笔登记库存现金日记账和银行存款日记账(分别同表 10-42 和表 10-43)。

(3)根据记账凭证、原始凭证或原始凭证汇总表登记部分明细分类账(同表 10-44 至表 10-47)。

(4)根据记账凭证编制汇总记账凭证,如表 10-79 至表 10-86 所示(为简化起见,仅列部

分汇总记账凭证)。

表 10-79　汇总收款凭证

借方科目:银行存款　　　　2018 年 10 月　　　　汇收第 1 号

贷方科目	金　额				总账页数	
	1—10 日 收款凭证 第 1 号至第 2 号	11—20 日 收款凭证 第 3 号至第 5 号	21—31 日 收款凭证 第 6 号至第 7 号	合　计	借方	贷方
应收账款	20 000	15 000	32 000	67 000		
实收资本	100 000			100 000		
短期借款		28 000		28 000		
主营业务收入		480 000		480 000		
应交税费		76 800		76 800		
营业外收入			1 000	1 000		
合　计	120 000	599 800	33 000	752 800		

表 10-80　汇总付款凭证(一)

贷方科目:银行存款　　　　2018 年 10 月　　　　汇付第 1 号

借方科目	金　额				总账页数	
	1—10 日 付款凭证 第 1 号至第 5 号	11—20 日 付款凭证 第 6 号至第 8 号	21—31 日 付款凭证 第 9 号至第 11 号	合　计	借方	贷方
预付账款	24 000			24 000		
短期借款	1 800			1 800		
材料采购	153 000			153 000		
应交税费	24 000	43 500		67 500		
应付账款	32 000		27 000	59 000		
库存现金		120 000		120 000		
销售费用			18 000	18 000		
合　计	234 800	163 500	45 000	443 300		

表 10-81　汇总付款凭证(二)

贷方科目:库存现金　　　　2018 年 10 月　　　　汇付第 2 号

借方科目	金　额				总账页数	
	1—10 日 付款凭证 第　号至第　号	11—20 日 付款凭证 第　号至第　号	21—31 日 付款凭证 第　号至第　号	合　计	借方	贷方
应付职工薪酬		120 000		120 000		
管理费用				500	500	
合　计		120 000	500	120 500		

表 10-82　汇总转账凭证(一)

贷方科目:原材料　　2018 年 10 月　　汇转第 1 号

借方科目	金额				总账页数	
	1—10 日 转账凭证 第　号至第　号	11—20 日 转账凭证 第　号至第　号	21—31 日 转账凭证 第　号至第　号	合　计	借方	贷方
生产成本 制造费用 管理费用			660 000 9 200 20 000	660 000 9 200 20 000		
合　计			689 200	689 200		

表 10-83　汇总转账凭证(二)

贷方科目:累计折旧　　2018 年 10 月　　汇转第 2 号

借方科目	金额				总账页数	
	1—10 日 转账凭证 第　号至第　号	11—20 日 转账凭证 第　号至第　号	21—31 日 转账凭证 第　号至第　号	合　计	借方	贷方
制造费用 管理费用			2 000 1 000	2 000 1 000		
合　计			3 000	3 000		

表 10-84　汇总转账凭证(三)

贷方科目:应付职工薪酬　　2018 年 10 月　　汇转第 3 号

借方科目	金额				总账页数	
	1—10 日 转账凭证 第　号至第　号	11—20 日 转账凭证 第　号至第　号	21—31 日 转账凭证 第　号至第　号	合　计	借方	贷方
生产成本 制造费用 管理费用			96 900 22 800 17 100	96 900 22 800 17 100		
合　计			136 800	136 800		

表 10-85　汇总转账凭证(四)

贷方科目:制造费用　　2018 年 10 月　　汇转第 4 号

借方科目	金额				总账页数	
	1—10 日 转账凭证 第　号至第　号	11—20 日 转账凭证 第　号至第　号	21—31 日 转账凭证 第　号至第　号	合　计	借方	贷方
生产成本			34 000	34 000		
合　计			34 000	34 000		

表 10-86　汇总转账凭证(五)

贷方科目:生产成本　　2018 年 10 月　　汇转第 5 号

借方科目	金额				总账页数	
	1—10 日 转账凭证 第　号至第　号	11—20 日 转账凭证 第　号至第　号	21—31 日 转账凭证 第　号至第　号	合　计	借方	贷方
库存商品			790 900	790 900		
合　　计			790 900	790 900		

(5)根据汇总记账凭证登记总分类账,如表 10-87 至表 10-90 所示(为简化起见,仅列部分总分类账)。

表 10-87　总分类账(三十一)

账户名称:库存现金

2018 年		凭证字号		摘　　要	借　方	贷　方	借或贷	余　额
月	日	字	号					
10	1			期初余额			借	10 000
10	31	汇付	1	本月汇总	120 000		借	130 000
10	31	汇付	2	本月汇总		120 500	借	500
10	31			本 月 合 计	120 000	120 500	借	500

表 10-88　总分类账(三十二)

账户名称:银行存款

2018 年		凭证字号		摘　　要	借　方	贷　方	借或贷	余　额
月	日	字	号					
10	1			期初余额			借	450 000
10	31	汇收	1	本月汇总	752 800		借	1 202 800
10	31	汇付	1	本月汇总		443 300	借	759 500
10	31			本 月 合 计	752 800	443 300	借	759 500

表 10-89　总分类账(三十三)

账户名称:生产成本

2018 年		凭证字号		摘　　要	借　方	贷　方	借或贷	余　额
月	日	字	号					
10	1			期初余额			平	0
10	31	汇转	1	本月汇总	660 000		借	660 000
10	31	汇转	3	本月汇总	96 900		借	756 900
10	31	汇转	4	本月汇总	34 000		借	790 900
10	31	汇转	5	本月汇总		790 900	平	0
10	31			本 月 合 计	790 900	790 900	平	0

表 10-90　总分类账(三十四)

账户名称:制造费用

2018 年		凭证字号		摘　　要	借　方	贷　方	借或贷	余　额
月	日	字	号					
10	1			期初余额			平	0
10	31	汇转	1	本月汇总	9 200		借	9 200
10	31	汇转	2	本月汇总	2 000		借	11 200
10	31	汇转	3	本月汇总	22 800		借	34 000
10	31	汇转	4	本月汇总		34 000	平	0
10	31			本 月 合 计	34 000	34 000	平	0

(5)将总分类账与日记账及所属明细账进行核对。

(6)根据核对无误的总分类账和明细分类账资料编制会计报表(略)。

互动地带

学习完本章内容后,小王、小张、小李三位会计专业的学生展开了讨论。

小王认为,记账凭证会计核算形式的优点是记账程序比较简单,且易于理解,操作方便;缺点在于登记总分类账是直接根据记账凭证逐笔登记,当一个企业规模较大、业务量较多、记账凭证数量较多时,登记总分类账的工作量就很大,因而就难以保证登账的工作效率和工作质量。

小张认为,科目汇总表会计核算形式根据记账凭证编制科目汇总表,并以此于期末一次性登记总账,可以大大地简化登记总分类账的手续,减少登记总账的工作量,同时由于科目汇总表本身具有入账前的试算平衡作用,可以大大降低登账的错误。其缺点在于定期根据记账凭证编制的科目汇总表,破坏了账户与总分类账的对应关系,难以通过总分类账来了解经济业务的来龙去脉,给审核经济业务带来了困难。

小李认为,汇总记账凭证会计核算形式的主要特点是:先定期将一定期间内所有的收款凭证、付款凭证、转账凭证归类编成汇总收款凭证、汇总付款凭证、汇总转账凭证,然后再根据汇总记账凭证登记总分类账。该方法简化了登记总账的工作手续,同时汇总记账凭证中的汇总收款凭证、汇总付款凭证、汇总转账凭证均是按会计科目的对应关系归类汇总的,既有利于了解经济业务的来龙去脉,又便于核对账目。该方法的缺点是工作量较大,而且汇总转账凭证不是按经济业务的性质归类汇总的,不利于会计工作的分工核算。

请你评价一下小王、小张、小李三位学生的观点。

项目小结

会计核算形式是指在会计核算工作中,以账簿组织为中心,将账簿组织、记账程序和记账方法有机结合的一种方式。其中,账簿组织是指账簿的种类、账页格式和各种账簿之间的关系；记账程序和记账方法是指凭证的编制传递，根据凭证登记账簿、编制报表的顺序和方法。目前，我国会计工作中主要应用五种会计核算形式：(1)记账凭证核算形式；(2)科目汇总表核算形式；(3)汇总记账凭证核算形式；(4)日记总账核算形式；(5)多栏式日记账核算形式。会计实务中，前三种会计核算形式应用较为广泛。各种会计核算形式的核算程序基本相同，所不同的是登记总账的依据和方法。每种会计核算形式都有其优缺点和适用范围。

关键名词

1. 会计核算形式：也称"会计核算组织程序"或"账务处理程序"。它是以账簿体系为核心，把会计凭证、会计账簿、记账程序和记账方法有机结合起来的技术组织形式。

2. 记账凭证会计核算形式：是最基本的一种会计核算形式，它是直接根据各种记账凭证逐笔登记总分类账的会计核算形式，是其他会计核算形式的基础。

3. 科目汇总表会计核算形式：是根据一定会计期间的全部记账凭证，将相同的会计科目归类汇总编制科目汇总表，然后根据科目汇总表登记总分类账的一种会计核算形式。这种会计核算形式是从记账凭证会计核算形式中发展、演变而来的，其主要特点是：定期根据所有的记账凭证编制科目汇总表，然后根据科目汇总表登记总分类账。

4. 汇总记账凭证会计核算形式：是定期将所有记账凭证编制成汇总记账凭证，然后再根据汇总记账凭证登记总分类账的核算组织程序。

5. 日记总账会计核算形式：就是设置一本把日记账和总分类账结合起来的联合账簿——日记总账，单位日常发生的各项经济业务都要根据记账凭证直接记入日记总账的一种核算形式。

过关斩将

一、单项选择题

1. 根据记账凭证逐笔登记总分类账，这种会计核算形式是(　　)。

A. 记账凭证会计核算形式　　B. 汇总记账凭证会计核算形式

C. 科目汇总表会计核算形式　　D. 日记总账会计核算形式

2. 科目汇总表的汇总范围是(　　)。

A. 全部账户的借方余额　　B. 全部账户的借方、贷方发生额

C. 全部账户的贷方余额　　D. 部分账户的借方、贷方发生额

3. (　　)是一种最基本的会计核算形式，也是其他会计核算形式的基础。

A. 科目汇总表会计核算形式　　B. 日记总账会计核算形式

C. 记账凭证会计核算形式　　D. 汇总记账凭证会计核算形式

4. 各种会计核算形式之间的主要区别在于(　　)。

A. 会计凭证的种类不同　　B. 总分类账的格式不同

C. 登记总分类账的依据不同　　D. 登记明细分类账的依据不同

5. 汇总记账凭证会计核算形式是根据(　　)登记总分类账。

A. 日记账　　B. 汇总记账凭证　　C. 科目汇总表　　D. 记账凭证

6. 科目汇总表会计核算形式的主要缺点是(　　)。
A. 能反映账户之间的对应关系　B. 登记总分类账的工作量大
C. 不利于会计核算的分工　D. 不能反映账户之间的对应关系
7. 汇总记账凭证会计核算形式适用于(　　)的单位。
A. 规模较大、经济业务不多　B. 规模较小、经济业务不多
C. 规模较小、经济业务较多　D. 规模较大、经济业务较多
8. 业务简单、使用会计科目很少的小型单位适用(　　)。
A. 日记总账会计核算形式　B. 科目汇总表会计核算形式
C. 汇总记账凭证会计核算形式　D. 记账凭证会计核算形式
9. 汇总付款凭证是根据(　　)汇总编制而成的。
A. 汇总原始凭证　B. 付款凭证　C. 原始凭证　D. 收款凭证
10. 科目汇总表会计核算形式是根据(　　)登记总分类账的。
A. 日记账　B. 汇总记账凭证　C. 记账凭证　D. 科目汇总表

二、多项选择题

1. 采用科目汇总表会计核算形式时,月末应将(　　)与总分类账进行核对。
A. 银行存款日记账　B. 库存现金日记账　C. 明细分类账　D. 科目汇总表
2. 采用汇总记账凭证会计核算形式时,总分类账是根据(　　)登记的。
A. 汇总付款凭证　B. 汇总转账凭证　C. 原始凭证　D. 汇总收款凭证
3. 在记账凭证会计核算形式中,登记总账的依据是(　　)。
A. 收款凭证　B. 原始凭证或原始凭证汇总表　C. 转账凭证　D. 付款凭证
4. 各种会计核算形式的相同之处是(　　)。
A. 根据原始凭证编制汇总原始凭证　B. 根据原始凭证及记账凭证登记明细分类账
C. 根据收、付款凭证登记日记账　D. 根据总分类账和明细分类账编制会计报表
5. 以记账凭证为依据,按有关账户的贷方设置,按借方账户归类的有(　　)。
A. 汇总付款凭证　B. 科目汇总表　C. 汇总转账凭证　D. 汇总收款凭证
6. 科目汇总表能够(　　)。
A. 反映各账户的期末余额　B. 反映各账户的借、贷方本期发生额
C. 起到试算平衡的作用　D. 反映各账户之间的对应关系
7. 一般情况下,记账凭证较多的大、中型企业适用的会计核算形式是(　　)。
A. 记账凭证会计核算形式　B. 日记总账会计核算形式
C. 科目汇总表会计核算形式　D. 汇总记账凭证会计核算形式
8. 记账凭证会计核算形式适用于(　　)的单位。
A. 规模大　B. 经济业务量少　C. 规模小　D. 凭证不多

三、判断题

1. 在汇总记账凭证会计核算形式下,若某一贷方账户的转账凭证数量不多,则可以根据转账凭证登记总分类账。(　　)
2. 科目汇总表不仅可以起到试算平衡的作用,还能反映各账户之间的对应关系。(　　)
3. 汇总记账凭证可以明确地反映各账户之间的对应关系。(　　)
4. 记账凭证会计核算形式是其他会计核算形式的基础。(　　)
5. 由于各单位的经营规模、业务性质和管理要求不同,其采用的会计核算形式也应有所不同。(　　)
6. 在科目汇总表会计核算形式下,总分类账均应依据科目汇总表登记。(　　)

7. 会计核算形式不同，登记日记账的依据也不同。（　）
8. 任何会计核算形式的第一步必须将所有的原始凭证都汇总编制成汇总原始凭证。（　）
9. 在记账凭证会计核算形式下，总分类账须逐日逐笔进行登记。（　）
10. 汇总收款凭证是按贷方账户设置，按借方账户归类，定期汇总、按月编制的。（　）

四、实务题

资料：王子公司 2018 年 9 月有关账户的期初余额如表 10-91 所示。

表 10-91　王子公司 2018 年 9 月各有关账户的期初余额表　　单位：元

账户名称	借方余额	贷方余额
库存现金	1 200	
银行存款	498 000	
应收账款——华邦公司	36 000	
原材料	670 000	
库存商品	450 000	
预付账款	24 000	
固定资产	4 230 000	
累计折旧		526 000
应付账款——众诚公司		13 400
短期借款		25 000
预收账款		1 200
应付职工薪酬		184 000
应交税费		2 000
实收资本		3 980 000
盈余公积		1 177 600
合　计	5 909 200	5 909 200

王子公司 2018 年 9 月份发生下列经济业务：

(1) 1 日，向众诚公司购入材料 52 000 元，增值税税率为 16%，款项尚未支付，材料已入库。

(2) 1 日，车间生产产品领用材料 382 000 元。

(3) 3 日，以银行存款 4 000 元购买行政管理部门办公用品。

(4) 3 日，收到华邦公司前欠货款 15 000 元，存入银行。

(5) 4 日，向友和公司购入材料 468 000 元，增值税税率为 16%，款项已通过银行支付。

(6) 5 日，以银行存款 1 200 元支付 4 日购买材料的运杂费。

(7) 5 日，对 4 日购入的材料办理入库手续，结转入库材料的实际成本。

(8) 6 日，收到某公司对本企业的投资款 362 000 元，款项存入银行。

(9) 8 日，向华邦公司销售产品 246 000 元，增值税税率为 16%，款项尚未收到。

(10) 10 日，以银行存款 12 000 元偿还前欠众诚公司货款。

(11) 11 日，用银行存款 3 000 元支付广告费。

(12) 12 日，从银行提取现金 113 000 元备发工资。

(13) 12 日，以现金 113 000 元发放职工工资。

(14) 15 日，销售产品 785 000 元，增值税税率为 16%，款项已存入银行。

(15) 16 日，以银行存款 22 600 元偿还短期借款。

(16) 18 日，职工小李出差预借差旅费 2 400 元，出纳开出库存现金支票一张。

(17) 19 日，以银行存款 39 200 元支付应交税费。

(18) 20 日，收到华邦公司前欠货款 40 000 元，存入银行。

(19) 23 日，职工小李报销差旅费 2 500 元，差额 100 元用库存现金支付。

(20) 26 日，车间一般性耗用材料 15 000 元。

(21) 27 日，以银行存款 1 100 元支付罚款。

(22) 29 日，出售残料一批，取得一笔 800 元现金收入。

(23) 30 日，以银行存款 3 600 元支付本月短期借款利息。

(24) 30 日，计提本月生产车间使用的固定资产折旧 32 000 元，行政管理部门使用的固定资产折旧 24 000元。

(25) 30 日，分配本月应付职工工资。其中，生产工人工资 60 000 元，车间管理人员工资 18 000 元，行政管理人员工资 35 000 元。

(26) 30 日，按本月职工工资总额的 14%提取应付福利费。

(27) 30 日，结转本月制造费用。

(28) 30 日，本月产品全部完工，结转完工产品的实际生产成本。

(29) 30 日，结转本月已销产品的实际成本 600 000 元。

(30) 30 日，结转收入类账户和费用类账户至“本年利润”账户。

要求：

(1) 根据资料编制记账凭证；

(2) 根据记账凭证编制科目汇总表；

(3) 根据科目汇总表登记总分类账。

项目十一　财务会计报告

学习目标

通过本项目的学习，应当掌握资产负债表和利润表的结构、内容及编制方法，熟悉财务会计报告体系的内容、编制要求，了解现金流量表、所有者权益变动表的结构与编制方法。

任务导入

中国建筑股份有限公司（简称“中建股份”）是根据中国法律、行政法规的有关规定，经国务院国有资产监督管理委员会于2007年12月6日以国资改革〔2007〕1495号文批准，由中国建筑工程总公司、中国石油天然气集团公司、宝钢集团有限公司和中国中化集团公司作为发起人共同发起设立的股份有限公司。该公司成立于2007年12月10日，设立时的总股本为人民币180亿元。2009年7月，中国证券监督管理委员会以证监发行字〔2009〕627号文《关于核准中国建筑股份有限公司首次公开发行股票的通知》核准该公司首次公开发行不超过1 200 000万股人民币普通股（A股）股票。当月，该公司公开发行人民币普通股（A股）股票计1 200 000万股，并在上海证券交易所上市，股票交易代码为“601668”。2018年6月30日，该公司的总股本为人民币约420亿元，每股面值为人民币1元。

2017年中建股份财务报告披露的主要财务指标如下：营业收入为10 541.06亿元，营业利润为596.97亿元，利润总额为603.99亿元，净利润总额为466.49亿元，每股收益为1.05元，净资产收益率为15.82%，经营活动现金流量为－434.56亿元。

思考与讨论：

公司财务会计报告应披露哪些内容？这种披露有何意义？

任务一　财务会计报告概述

一、财务会计报告的内容

财务会计报告是指企业对外提供的反映企业某一特定日期财务状况和某一会计期间经营成果、现金流量的文件。完整的财务会计报告体系包括会计报表和会计报表附注两个基本部分。

（一）会计报表

1. 编制会计报表的意义

会计报表是反映企事业单位财务状况和经营成果的总结性书面文件。它以日常核算为依据，是财务报告的主体内容，也是会计核算的最终产品。在日常的会计核算中，企业通过记账、算账工作，把各项经济业务分类登记在会计账簿中，通过日常会计记录反映企业的经营业绩。在账簿中记录会计信息，虽然比会计凭证反映的信息更加条理化、系统化，但是就某一会计期间的经济活动整体情况而言，所提供的仍然是分散的、部分的会计信息，因而不能集中揭示和反映该会计期间的经营活动和财务收支的全貌。为了进一步发挥会计的职能作用，必须对日常核算的资料进行整理、分类、计算、汇总，编制成相应的会计报表，为有关各方提供总结性的信息资料。

会计报表编制的目的是为企业现在和潜在的投资者、信贷者以及经营管理者和其他信息使用者提供能使他们做出合理决策的信息，如投资、贷款、经营管理和其他经济行为的决策，提供能帮助他们估量企业涉及现金流量的数额、时间和不确定性的信息，提供关于企业的经济资源、企业对其他实体的债务和所有者权益变动的各种业务、事项和情况的信息。这些信息包括财务信息和非财务信息。

2. 会计报表的种类

会计报表包括资产负债表、利润表、现金流量表和所有者权益变动表四大报表。资产负债表是反映企业一定日期全部资产、负债和所有者权益情况的书面报告；利润表是反映企业在一定期间内利润（亏损）实现的书面报告；现金流量表是反映企业在一定会计期间现金和现金等价物流入和流出的报表；所有者权益变动表是反映企业所有者权益（股东权益）的各个组成部分当期的增减变动情况的书面报告。企事业单位的会计报表种类很多，按照不同标志可以分为不同的种类。

(1)按照反映的经济内容分类

会计报表按照反映的经济内容来分，可分为两类：一类是反映财务状况及其变动情况的报表，如资产负债表、现金流量表、所有者权益变动表；另一类是反映经营成果的报表，如利润表。

(2)按照编制单位分类

会计报表按照编制单位分类，可分为单位报表、合并报表和汇总报表。单位报表是由独立核算的基层单位编制的反映本单位情况的报表；合并报表是指总公司或集团性公司将公司本身的会计报表与所属独立公司财务会计报表合并汇总编制的会计报表；汇总报表是指上级主管部门本身的会计报表与所属单位会计报表合并汇总编制的会计报表。

(3)按照报送服务对象分类

会计报表按照报送服务对象分类，可分为对外报表和对内报表。对外报表是指企业向外部使用者编报的会计报表，包括资产负债表、利润表、现金流量表、所有者权益变动表；对内报表是指为满足企业内部管理需要而编制的会计报表，其种类、格式、编制方法、编制日期及报送对象等由企业自行确定。

(4)按照报告的会计期间长短分类

会计报表按照报告的会计期间长短分类，可分为年度、半年度、季度和月度财务会计报表。月度、季度、半年度财务会计报表称为中期报表，其中月度、季度会计报表至少包括资产负债表和利润表。年度和半年度会计报表应当包括资产负债表、利润表、现金流量表和所有者权益变动表。

（二）会计报表附注

财务会计报告体系是连接会计信息的提供者和使用者的桥梁，会计信息使用者通过它来获得信息。为了达到信息的决策有用性，除了按照会计原则进行日常的会计处理外，财务会计报告体系在体系构成及其各个组成部分的项目设置上，必须简明易懂。所以，对于会计报表中仅仅用金额无法说清楚的部分，必须用文字来辅助说明，使得会计信息能够成为一般信息使用者可用的信息。会计报表附注是对资产负债表、利润表、所有者权益变动表和现金流量表等报表中列示项目的文字描述或明细资料，以及对未能在这些报表中列示项目的说明等。

会计报表附注一般应该按照以下顺序披露：

（1）企业基本情况；

（2）会计报表的编制基础；

（3）遵循会计原则的声明；

（4）重要会计政策和会计估计；

（5）会计政策和会计估计变更以及差错更正说明；

（6）重要报表项目说明；

（7）或有事项的说明；

（8）资产负债表日后事项的说明；

（9）关联方关系及其交易的说明。

二、财务会计报告的编制要求

按照我国财务会计报告条例的要求，财务会计报告的编制要注意以下几点：

（一）全面真实

企业应该按照国家统一的会计制度规定的会计报告格式和内容，根据登记完整、核对无误的会计账簿记录和其他有关资料编制会计报表，做到内容完整、数字真实、计算准确，不得漏报或者任意取舍。

（二）符合规范

企业应当于年度终了编报年度财务会计报告。国家统一的会计制度规定企业应当编制半年度、季度和月度财务会计报告的，从其规定。企业编制财务会计报告，应当根据真实的交易事项以及完整、准确的账簿记录等资料，并按照国家统一的企业会计准则规定的编制要求进行编制，不得随意改变。企业应当根据企业会计准则对会计报表中的各会计要素进行正确的列报，不得随意改变会计要素的确认和计量标准。当客观情况发生变化，保持统一性和连贯性显得不合时宜时，可以作必要的变更，但应说明变化了的情况、变更的必要性以及变更的影响。

（三）报告及时

为了使企业，企业的投资人、债权人以及其他财务会计报告使用人能够充分利用财务会计报告，应该在会计期间结束后及时结账，及时编制财务会计报告，并在规定期限内迅速上报。

企业应当依照企业财务会计报告条例规定的结账日进行结账，不得提前或者延迟。年度结账日为公历年度每年的12月31日；半年度、季度、月度结账日分别为公历年度每半年、每季、每月的最后一天。

为了保证财务会计报告及时报出，我国有关制度规定了报出时间。按照制度规定，月度中期财务会计报告应当于月度终了后6天内(节假日顺延，下同)对外提供；季度中期财务会计报告应当于季度终了后15天内对外提供；半年度中期财务会计报告应当于年度中期结束后60天内(相当于两个连续的月份)对外提供；年度财务会计报告应当于年度终了后4个月内对外提供。

(四)数据一致

财务会计报告之间、财务会计报告各项目之间，凡有对应关系的数字应当相互一致，财务会计报告中本期和上期的有关数字应当相互衔接。

企业向有关各方提供的财务会计报告，其编制基础、编制依据、编制原则和方法应当一致，不得提供编制基础、编制依据、编制原则和方法不同的财务会计报告。

(五)全面完整

企业财务会计报告应当全面披露企业的财务状况、经营成果和现金流动情况，完整反映企业财务活动的过程和结果，以满足各有关方面对财务信息的需要。为了保证财务会计报告的全面完整，企业对外提供的财务会计报告应当依次编定页数，加具封面，装订成册，加盖公章。封面上应当注明企业名称、企业统一代码、组织形式、地址、报告所属年度或者月度、报出日期，并由企业负责人和主管会计工作的负责人、会计机构负责人(会计主管人员)签名并盖章。设置总会计师的企业，还应由总会计师签名并盖章。在编制财务会计报告时，应当按照有关准则、制度规定的格式和内容填写，特别重要的事项，应当按照要求在会计报表附注中说明，不得漏编、漏报。

(六)便于理解

可理解性是指财务会计报告提供的信息可以被使用者理解。企业对外提供的财务会计报告是为广大报告使用者提供企业过去、现在和未来的有关资料，为企业目前或潜在的投资者和债权人提供决策所需要的财务信息。因此，编制财务报告应当清晰明了，如果提供的会计报告不可理解，使用者就不能据以作出准确的判断，所提供的财务会计报告也会毫无用处。

任务二　资产负债表

一、资产负债表的概念和作用

资产负债表是反映企业在某一特定日期(如月末、季末、半年末、年末等)财务状况的会计报表。它表明企业在某一特定日期所拥有或控制的经济资源、所承担的义务和所有者对其资产的要求权。其作用表现在：能帮助人们了解企业所掌握的经济资源及这些资源的分布与结构；能准确反映企业的资金来源构成以及所承担债务和所有者权益的结构。通过对资产负债表的分析，可以了解企业的财务实力、短期偿债能力和盈利能力；通过不同时期指标的对比，可以看出企业资金结构的变动情况及财务状况的发展趋势。

二、资产负债表的结构

资产负债表的基本结构是以“资产＝负债＋所有者权益”这个会计平衡公式为基础开展

的。资产负债表的格式有两种：一种是报告式资产负债表，另一种是账户式资产负债表。报告式资产负债表，又称垂直式资产负债表，是将资产权益采用上下垂直排列，上列资产，下列负债和所有者权益，上下平衡。账户式资产负债表又称平行式资产负债表，是将资产和权益分列左右两方，相互平行，左右平衡。账户式资产负债表的优点是报表格式和账户的结构相似，直观清晰，左右对应平行排列，便于对比分析。我国的资产负债表采用账户式结构。

账户式资产负债表分为左右两方，左方为资产项目，按照资产的流动性大小排列：流动性大的排在前面，主要将资产分为流动资产和非流动资产两大类，非流动资产按照其性质划分为长期性的投资、固定资产、无形资产、商誉、递延所得税款资产等。右方为负债及所有者权益项目，一般按照要求偿还时间的先后顺序排列。流动负债排在前面，长期负债排在中间，在企业清算之前不需要偿还的所有者权益项目排在后面。账户式资产负债表中的资产各项目的合计数等于负债和所有者权益各项目的合计数，即资产负债表的左右两方平衡。因此，通过账户式资产负债表，可以反映资产、负债、所有者权益之间的内在关系，即“资产＝负债＋所有者权益”。

三、资产负债表编制的方法

资产负债表是按月编制的会计报表，其表首主要填明企业或某一会计主体的名称、报表的名称、编制报表的日期和计量单位。

资产负债表各项目的数字应根据企业或会计主体期末总分类账户或明细分类账户的余额直接填列或者进行分析加工处理后填列。我国资产负债表是一种比较资产负债表，需要列示“年初余额”和“期末余额”。以下分别说明各栏目的填列方法。

资产负债表的“年初余额”栏内各项数字应根据上年年末资产负债表的“期末余额”栏内所列示数字填列。如果本年度资产负债表规定的各项目的名称和内容与上年不一致，则应对上年年末资产负债表各项目的名称和数字按照本年度的规定进行调整，填入本表“年初余额”栏内。

“期末余额”是指某一会计期末的数据，即月末、季末、半年末或年末的数字。资产负债表各项目“期末余额”的数据来源，可以通过以下几种方式取得：

（一）直接根据总账余额填列

大多数的资产负债表项目是直接根据相对应的账户总账的余额填列的，例如“应收票据”“应收股利”“短期借款”“固定资产清理”“应付职工薪酬”“资本公积”等。

（二）根据几个总账账户的余额合计数填列

例如流动资产中的“货币资金”项目就是根据“库存现金”“银行存款”“其他货币资金”三个账户的余额合计数填列的；“未分配利润”是根据“本年利润”和“利润分配”账户的余额之和填列的。

（三）根据有关明细账户的余额计算填列

例如“应收账款”项目是根据“应收账款”和“预收账款”所属明细账的借方余额合计数再减去相关的“坏账准备”填列的。类似的还有“预收款项”项目、“应付账款”项目、“预付款项”项目。

（四）根据总账科目和明细账科目的余额分析填列

例如“长期借款”项目就是根据“长期借款”总账账户余额扣除“长期借款明细账”账户中

反映的将于一年内到期的长期借款部分分析计算填列的。类似的还有“一年内到期的非流动资产”项目，根据“长期应收款”“持有至到期投资”“长期待摊费用”等账户明细账分析填列。

(五) 根据相关的账户余额相加减后填列

主要是资产类的项目在资产负债表中用净额来反映。“存货”项目是根据“在途物资”“原材料”“生产成本”“库存商品”“包装物”等若干个账户之和抵减“存货跌价准备”余额填列的。“固定资产”项目是根据该账户的余额减去“累计折旧”账户余额再减去“固定资产减值准备”账户余额填列的。

四、资产负债表的编制举例

【例 11-1】 A 企业为增值税一般纳税人，其 2017 年 12 月 31 日有关账户的期末余额如表 11-1 所示。

表 11-1　A 企业 2017 年 12 月 31 日科目余额表　　单位：元

科目名称	借方余额	科目名称	贷方余额
库存现金	14 900	短期借款	250 000
银行存款	1 600 000	应付票据	200 000
应收票据	102 000	应付账款	1 605 000
应收账款	1 500 000	其他应付款	100 000
预付账款	200 000	应付职工薪酬	324 000
其他应收款	20 000	应交税费	320 000
原材料	3 000 000	长期借款	2 100 000
低值易耗品	145 000	实收资本	10 000 000
库存商品	2 200 000	盈余公积	253 400
长期股权投资	600 000	累计折旧	560 000
固定资产	6 205 000	坏账准备	5 000
无形资产	250 000	未分配利润	683 500
在建工程	564 000		

根据上述资料编制 2017 年年末资产负债表，如表 11-2 所示。

表 11-2　资产负债表

会企 01 表

编制单位：A 企业　　2017 年 12 月 31 日　　单位：元

资　产	期末余额	年初余额	负债和所有者权益（或股东权益）	期末余额	年初余额
流动资产：			流动负债：		
货币资金	1 614 900		短期借款	250 000	
交易性金融资产			交易性金融负债		
应收票据	102 000		应付票据	200 000	
应收账款	1 495 000		应付账款	1 605 000	

续表 11-2

资　产	期末余额	年初余额	负债和所有者权益（或股东权益）	期末余额	年初余额
预付款项	200 000		预收款项		
应收利息			应付职工薪酬	324 000	
应收股利			应交税费	320 000	
其他应收款	20 000		应付利息		
存货	5 345 000		应付股利		
一年内到期的非流动资产			其他应付款	100 000	
其他流动资产			一年内到期非流动负债		
流动资产合计	8 776 900		其他流动负债		
非流动资产：			流动负债合计	2 799 000	
可供出售金融资产			非流动负债：		
持有至到期投资			长期借款	2 100 000	
长期应收款			应付债券		
长期股权投资	600 000		长期应付款		
投资性房地产			专项应付款		
固定资产	5 645 000		预计负债		
在建工程	564 000		递延所得税负债		
工程物资			其他非流动负债		
固定资产清理			非流动负债合计	2 100 000	
生产性生物资产			负债合计	4 899 000	
油气资产			所有者权益(或股东权益)：		
无形资产	250 000		实收资本(或股本)	10 000 000	
开发支出			资本公积		
商誉			减:库存股		
长期待摊费用			盈余公积	253 400	
递延所得税资产			未分配利润	683 500	
其他非流动资产			所有者权益(或股东权益)合计	10 936 900	
非流动资产合计	7 059 000				
资产总计	15 835 900		负债和所有者权益(或股东权益)总计	15 835 900	

任务三　利　润　表

一、利润表的概念和作用

利润表是反映企业一定会计期间经营成果的报表。通过利润表，可以从总体上了解企业从事经营业务取得的收入、对外投资取得的收入和非经营业务收入及相应的成本费用，以及净利润的实现和构成情况；同时，通过利润表提供的不同时期的比较数字（本月数、本年累计数、上年数），可以分析企业的获利能力及利润的未来发展趋势，了解投资者投入资本的保值增值情况。由于利润表既是企业经营业绩的综合体现，又是企业进行利润分配的主要依据，因此利润表是会计报表中的主要报表。

二、利润表的格式和编制步骤

利润表是以“收入－支出＝利润（亏损）”这一会计等式为基础确定的。利润表一般分为单步式利润表和多步式利润表。

单步式利润表是将本期收入加在一起，然后再把所有支出加在一起，两者相减，一次计算出损益，所以也称一步式利润表。这种表比较直观、简单，编制也方便，但缺点是没有揭示出收入和费用之间的联系，满足不了报表使用者进行具体分析的需要，也不利于同行业之间对报表进行比较评价。

多步式利润表的结构是将利润的计算分为若干步骤进行。我国的利润表采用多步式，其主要编制步骤和内容如下：

第一步，以营业收入为基础，减去营业成本、税金及附加，减去销售费用、管理费用、财务费用、资产减值损失，再加上公允价值变动收益和投资收益，计算出营业利润。

第二步，以营业利润为基础，加上营业外收入，减去营业外支出，计算出利润总额。

第三步，以利润总额为基础，减去所得税费用，计算出净利润。

第四步，根据净利润和总股本，计算出每股收益。

多步式利润表可以反映从不同途径取得的收入及不同环节发生的费用，可以反映出营业利润、利润总额、净利润各要素的情况，有助于使用者了解企业经营成果的不同来源。

三、利润表的编制方法

利润表按月编制。按照我国企业利润表的格式要求，利润表一般设有“本期金额”和“上期金额”两栏。报表中的“本期金额”栏反映各项目的本期实际发生数，在编制月度报表时，应根据有关损益类账户的本月发生额分析填列；报表中的“上期金额”栏反映各项目上期实际发生数。在编制年度报表时，“本期金额”是指全年累计数，“上期金额”即为上年的累计实际发生数。

报表中的各个项目主要根据各损益账户的发生额分析填列。具体填列方法为：

“营业收入”根据“主营业务收入”和“其他业务收入”账户的发生额之和填列。

“营业成本”根据“主营业务成本”和“其他业务成本”账户的发生额之和填列。

“税金及附加”根据“税金及附加”账户的发生额填列。其他项目如“管理费用”“财务费用”“销售费用”“资产减值损失”“公允价值变动收益”“投资收益”“营业外支出”“营业外收入”“所得税费用”等账户分别根据其账户的发生额填列。“非流动资产处置损失”应根据“营业外支出”账户的明细科目发生额分析填列。

利润表中的“营业利润”“利润总额”“净利润”应按表中的顺序计算得出、填列。

现举例说明利润表的编制方法。

【例 11-2】 A 企业 2017 年度利润表账户本年累计发生额如表 11-3所示。

表 11-3　A 企业 2017 年度利润表账户本年累计发生额　　单位：元

科目名称	借方发生额	贷方发生额	科目名称	借方发生额	贷方发生额
主营业务收入		7 500 000	财务费用	249 000	
主营业务成本	4 500 000		投资收益		309 000
税金及附加	12 000		营业外收入		300 000
销售费用	420 000		营业外支出	118 000	
管理费用	648 000		所得税费用	604 890	
资产减值损失	20 000				

根据上述资料编制该企业 2017 年度利润表如表 11-4 所示。

表 11-4　利润表

会企 02 表

编制单位：A 企业　　2017 年12 月31 日　　单位：元

项　目	本期金额	上期金额（略）
一、营业收入	7 500 000	
减：营业成本	4 500 000	
税金及附加	12 000	
销售费用	420 000	
管理费用	648 000	
财务费用	249 000	
资产减值损失	20 000	
加：公允价值变动收益（损失以“－”号填列）		
投资收益（损失以“－”号填列）	309 000	
其中：对联营企业和合营企业的投资收益		
二、营业利润（亏损以“－”号填列）	1 960 000	
加：营业外收入	300 000	
减：营业外支出	118 000	
其中：非流动资产处置损失		
三、利润总额（亏损以“－”号填列）	2 142 000	
减：所得税费用	604 890	

续表 11-4

项　目	本期金额	上期金额(略)
四、净利润(净亏损以"－"号填列)	1 537 110	
五、每股收益		
(一)基本每股收益		
(二)稀释每股收益		

任务四　现金流量表

一、现金流量表的作用

现金流量表是反映企业在一定会计期间内现金和现金等价物的流入和流出情况的会计报表。该表是四大主要报表之一。编制现金流量表的目的,是为了给会计报表使用者提供一定会计期间内现金和现金等价物流入和流出的信息,以便于报表使用者了解和评价企业获取现金和现金等价物的能力,并据以预测企业未来的现金流量。

现金流量表的主要作用是能帮助企业投资者、债权人及其他报表使用者从以下几个方面评估、分析了解企业的财务状况:

(1)未来获取净现金流量的能力。

(2)企业偿还债务及支付股东股利的能力以及企业今后对外融资的需求。

(3)本期损益与经营活动产生的现金流量差异的原因。

(4)本期现金和非现金的投资理财活动对财务状况的影响。

二、现金流量的概念和分类

(一)现金流量的概念

1. 现金

现金是指企业的库存现金以及可以随时用于支付的存款,包括"库存现金"账户核算的库存现金,"银行存款"账户核算的存入金融企业随时可以用于支付的存款,"其他货币资金"账户核算的外埠存款、银行汇票存款等其他货币资金。

应注意的是,"银行存款"和"其他货币资金"账户核算的存款并不都能作为现金,如不能随时支取的定期存款等。但提前通知金融企业便可以支取的定期存款应包括在现金范围内。

2. 现金等价物

现金等价物是指企业持有的期限短(一般指从购买日起三个月内到期)、流动性强、易于转换为已知金额现金、价值变动风险很小的投资。现金等价物虽然不是现金,但其支付能力和现金差别不大,可视为现金,如企业拥有的、可在证券市场上流通的三个月内到期的短期债券投资等。

在现金流量表中,将上述两个概念统一称为"现金"。"现金流量"含义中的"现金"是由前述"现金"和"现金等价物"两部分组成的。

3.现金流量

现金流量是某一段时期内现金流入和流出的数量。形成企业现金流入的经济事项一般有:销售商品、提供劳务、出售固定资产、向银行借款等;形成现金流出的经济事项一般有:采购材料、接受劳务、购建固定资产、对外投资、偿还债务等。

一笔经济事项是否构成现金流量,关键在于其是否引起现金总额的变动。企业现金形式的转换,并未引起现金总量的变动,只是现金结构的变动,因而不构成现金流量。

(二)现金流量的分类

企业的现金流量可分为三类:

1.经营活动产生的现金流量

经营活动是指企业投资活动和筹资活动以外的所有交易和事项。由经营活动而取得的现金收入和发生的现金支出构成经营活动产生的现金流量。在现金流量表上,经营活动产生的现金流量应当按照该经营活动引起的现金流入和流出的性质分项列示。经营活动产生的现金流量主要包括销售商品、提供劳务收到的现金,收到的税费返还,收到其他与经营活动有关的现金,购买商品、接受劳务支付的现金,支付给职工以及为职工支付的现金,支付的各项税费,支付其他与经营活动有关的现金等项目。

2.投资活动产生的现金流量

投资活动是指企业长期资产的购建和不包括在现金等价物范围内的投资及其处置活动。由投资活动取得的现金收入和发生的现金支出构成投资活动产生的现金流量。在现金流量表上,投资活动有关的现金流量应当按照该投资活动产生的现金流入和流出的性质分项列示。主要包括:收回投资收到的现金,取得投资收益收到的现金,处置固定资产、无形资产和其他长期资产收回的现金净额,处置子公司及其他营业单位收到的现金净额,收到其他与投资活动有关的现金,购建固定资产、无形资产和其他长期资产支付的现金,投资支付的现金,取得子公司及其他营业单位支付的现金净额,支付其他与投资活动有关的现金等。

3.筹资活动产生的现金流量

筹资活动是指导致企业资本及债务规模和构成发生变化的活动。由筹资活动取得的现金收入和发生的现金支出构成筹资活动产生的现金流量。在现金流量表上,筹资活动产生的现金流量应当按照该筹资活动引起的现金流入和现金流出的性质分项列示。筹资活动产生的现金流量主要包括:吸收投资收到的现金,取得借款收到的现金,收到其他与筹资活动有关的现金,偿还债务支付的现金,分配股利、利润或偿还利息支付的现金,支付其他与筹资活动有关的现金等项目。

三、现金流量表的结构

现金流量表按照前述的现金流量的分类,分别反映企业在会计年度内经营活动、投资活动和筹资活动产生的各项现金流入和流出,共由五个部分组成。

(1)经营活动产生的现金流量;

(2)投资活动产生的现金流量;

(3)筹资活动产生的现金流量;

(4)汇率变动对现金及现金等价物的影响;

(5)现金及现金等价物净增加额。

其具体结构如表 11-5 所示。

表 11-5　现金流量表

企会 03 表

编制单位：　　　　　　　　　　　　年　月　日　　　　　　　　　　　单位：

项　目	本期金额	上期金额(略)
一、经营活动产生的现金流量：		
销售商品、提供劳务收到的现金		
收到的税费返还		
收到其他与经营活动有关的现金		
经营活动现金流入小计		
购买商品、接受劳务支付的现金		
支付给职工以及为职工支付的现金		
支付的各项税费		
支付其他与经营活动有关的现金		
经营活动现金流出小计		
经营活动产生的现金流量净额		
二、投资活动产生的现金流量：		
收回投资收到的现金		
取得投资收益收到的现金		
处置固定资产、无形资产和其他长期资产收回的现金净额		
处置子公司及其他营业单位收到的现金净额		
收到其他与投资活动有关的现金		
投资活动现金流入小计		
购建固定资产、无形资产和其他长期资产支付的现金		
投资支付的现金		
取得子公司及其他营业单位支付的现金净额		
支付其他与投资活动有关的现金		
投资活动现金流出小计		
投资活动产生的现金流量净额		
三、筹资活动产生的现金流量：		
吸收投资收到的现金		
取得借款收到的现金		
收到其他与筹资活动有关的现金		
筹资活动现金流入小计		
偿还债务支付的现金		
分配股利、利润或偿付利息支付的现金		
支付其他与筹资活动有关的现金		
筹资活动现金流出小计		
筹资活动产生的现金流量净额		
四、汇率变动对现金及现金等价物的影响		
五、现金及现金等价物净增加额		
期初现金及现金等价物余额		
期末现金及现金等价物余额		

编制现金流量表的操作方法比较复杂，一般采用直接法编制。通过现金收入和支出的主要类别直接反映企业经营活动产生的现金流量。即从利润表中将以权责发生制为基础的收入和费用直接转换成以收付实现制为基础的收入和支出，计算出经营活动各项目的现金流量。

四、现金流量表附注

现金流量表附注应披露的内容包括三个部分：一是将利润调节为经营活动现金流量的信息。企业应当采用间接法在现金流量表附注中披露将利润调节为经营活动现金流量的信息。以利润为起点，调整不涉及现金流量的收入、费用、营业外收入等项目，剔除投资活动、筹资活动对现金流量的影响，据此计算出经营活动产生的现金流量，如表 11-6 所示。二是以总额披露当期取得或处置子公司及其他营业单位的信息。三是披露与现金及现金等价物有关的信息。

表 11-6　现金流量表附注一

补充资料	本年金额	上年金额
1. 将净利润调节为经营活动现金流量：		
净利润		
加：资产减值准备		
固定资产折旧、油气资产折耗、生产性生物资产折旧		
无形资产摊销		
长期待摊费用摊销		
处置固定资产、无形资产和其他长期资产的损失（收益以“－”号填列）		
固定资产报废损失（收益以“－”号填列）		
公允价值变动损失（收益以“－”号填列）		
财务费用（收益以“－”号填列）		
投资损失（收益以“－”号填列）		
递延所得税资产减少（增加以“－”号填列）		
递延所得税负债增加（减少以“－”号填列）		
存货的减少（增加以“－”号填列）		
经营性应收项目的减少（增加以“－”号填列）		
经营性应付项目的增加（减少以“－”号填列）		
其他		
经营活动产生的现金流量净额		
2. 不涉及现金收支的重大投资和筹资活动：		
债务转为资本		
一年内到期的可转换公司债券		

续表 11-6

补充资料	本年金额	上年金额
融资租入固定资产		
3．现金及现金等价物净变动情况：		
现金的期末余额		
减：现金的期初余额		
加：现金等价物的期末余额		
减：现金等价物的期初余额		
现金及现金等价物净增加额		

任务五　所有者权益变动表

所有者权益变动表反映构成所有者权益的各组成部分当期的增减变动情况，包括当期损益直接计入所有者权益的利得和损失，以及与所有者（或股东，下同）的资本交易导致的所有者权益的变动，应当分别列示。

一、所有者权益变动表的结构

所有者权益变动表的结构如表 11-7 所示。它反映实收资本（或股本）、资本公积、盈余公积和未分配利润四大内容的本年金额和上年金额。

表 11-7　所有者权益变动表

会企 04 表

编制单位：　　　　　　　　年度　　　　　　　　单位：元

项目	本年金额						上年金额					
	实收资本（或股本）	资本公积	减：库存股	盈余公积	未分配利润	所有者权益合计	实收资本（或股本）	资本公积	减：库存股	盈余公积	未分配利润	所有者权益合计
一、上年年末余额												
加：会计政策变更												
前期差错更正												
二、本年年初余额												
三、本年增减变动金额（减少以“－”号填列）												
（一）净利润												

续表 11-7

项目	本年金额						上年金额					
	实收资本（或股本）	资本公积	减：库存股	盈余公积	未分配利润	所有者权益合计	实收资本（或股本）	资本公积	减：库存股	盈余公积	未分配利润	所有者权益合计
（二）直接计入所有者权益的利得和损失												
1. 可供出售金融资产公允价值变动净额												
2. 权益法下被投资单位其他所有者权益变动的影响												
3. 与计入所有者权益项目相关的所得税影响												
4. 其他												
上述（一）和（二）小计												
（三）所有者投入和减少资本												
1. 所有者投入资本												
2. 股份支付计入所有者权益金额												
3. 其他												
（四）利润分配												
1. 提取盈余公积												
2. 对所有者（或股东）的分配												
3. 其他												
（五）所有者权益内部结转												
1. 资本公积转增资本（股本）												
2. 盈余公积转增资本（股本）												
3. 盈余公积弥补亏损												
4. 其他												
四、本年年末余额												

所有者权益变动表一般应单独列报以下项目：

(1)净利润；

(2)直接计入所有者权益的利得和损失项目及其金额；

(3)会计政策变更和会计差错更正的累积影响金额；

(4)所有者投入资本和向所有者分配利润等；

(5)按照规定提取的盈余公积；

(6)实收资本、资本公积、盈余公积、未分配利润期初和期末余额及其调整情况。

权益的增减变动直接反映了会计主体在一定期间的总收益和总费用。

二、所有者权益变动表的填列方法

本表各项目应当根据当期净利润、直接计入所有者权益的利得和损失项目、所有者投入资本和向所有者分配利润、提取盈余公积等情况分析填列。在本表中，直接计入当期损益的利得和损失应当包含在净利润中。直接计入所有者权益的利得和损失主要包括：可供出售金融资产公允价值变动净额、现金流量套期工具公允价值变动净额等，单列项目反映。

任务六　会计报表附注的披露

会计报表通过一定的格式、一定的项目内容，反映企业的财务状况、经营业绩和现金流量。由于会计报表格式中所规定的项目较为固定，只能提供有限数量的信息，同时，列入会计报表的各项信息都必须符合会计要素的定义和确认标准，因此，会计报表本身能反映的财务信息受到一定的限制。为使报表使用者能获得完整的会计信息，需要对会计报表的有关内容加以注释和说明。

会计报表附注是财务报表不可或缺的组成部分，是为便于报表使用者理解会计报表的内容而对会计报表的编制基础、编制依据、编制方法及主要项目等做的解释。它是对报表正文信息的补充说明，提供与会计报表反映的信息相关的其他财务信息。

我国的会计准则规定会计报表附注应当按照一定的结构进行系统合理的排列和分类，有顺序地披露信息。就一般企业而言，会计报表附注应该披露以下内容：

(一)企业的基本情况

(1) 企业注册地、组织形式和总部地址。

(2) 企业的业务性质和主要经营活动。

(3) 母公司以及集团最终母公司的名称。

(4) 财务报告的批准报出者和批准报出日。

(二)财务报表的编制基础

(1) 会计年度。

(2) 记账本位币。

(3) 会计计量所运用的计量基础。

(4) 现金和现金等价物的构成。

(三)遵循企业会计准则的声明

企业应当明确说明编制的财务报表符合企业会计准则体系的要求，真实、公允地反映了企业的财务状况、经营成果和现金流量。

（四）重要会计政策和会计估计

企业应当披露采用的重要会计政策和会计估计，不重要的会计政策和会计估计可以不披露。在披露重要会计政策和会计估计时，应当披露重要会计政策的确定依据和财务报表项目的计量基础，以及会计估计采用的关键假设和不确定因素。

（五）会计政策和会计估计变更以及差错更正的说明

（六）重要报表项目的说明

企业应当尽可能以列表形式披露重要报表项目的构成或当期增减变动情况。

对重要报表项目的明细说明，应当按照资产负债表、利润表、现金流量表、所有者权益变动表的顺序以及报表项目列示的顺序进行披露，应当以文字和数字描述相结合的方式进行披露，并与报表项目相互参照。主要包括：

(1) 交易性金融资产；
(2) 应收款项；
(3) 存货；
(4) 其他流动资产；
(5) 可供出售金融资产；
(6) 持有至到期投资；
(7) 长期股权投资；
(8) 投资性房地产；
(9) 固定资产；
(10) 生物性资产和公益性生物资产；
(11) 油气资产；
(12) 无形资产；
(13) 商誉的形成来源、账面价值的增减变动情况；
(14) 递延所得税资产和递延所得税负债；
(15) 资产减值准备；
(16) 所有权受到限制的资产；
(17) 交易性金融负债；
(18) 职工薪酬；
(19) 应交税费；
(20) 其他流动负债；
(21) 短期借款和长期借款；
(22) 应付债券；
(23) 长期应付款；
(24) 营业收入；
(25) 公允价值变动收益；
(26) 投资收益；
(27) 资产减值损失；
(28) 营业外收入；

（29）营业外支出；

（30）所得税费用；

（31）政府补助；

（32）每股收益；

（33）企业按费用的性质分类披露利润表；

（34）非货币性资产交换；

（35）股份支付；

（36）债务重组；

（37）借款费用；

（38）外币折算；

（39）企业合并；

（40）租赁；

（41）终止营业；

（42）分部报告。

（七）或有和承诺事项的说明

（1）预计负债的种类、形成原因以及经济利益流出不确定性的说明。

（2）与预计负债有关的预期补偿金额和本期已确认的预期补偿金额。

（3）或有负债的种类、形成原因及经济利益流出不确定性的说明。

（4）或有负债预计产生的财务影响，以及获得补偿的可能性；无法预计的，应当说明原因。

（5）或有资产很可能会给企业带来经济利益的，其形成的原因、预计产生的财务影响等。

（6）在涉及未决诉讼、未决仲裁的情况下，披露全部或部分信息预期对企业造成重大不利影响的，该未决诉讼、未决仲裁的性质以及没有披露这些信息的事实和原因。

（八）资产负债表日后事项的说明

每项重要的资产负债表日后非调整事项的性质、内容，及其对财务状况和经营成果的影响。无法做出估计的，应当说明原因。

（九）关联方关系及其交易的说明

（1）母公司和子公司的名称。母公司不是该企业最终控制方的，说明最终控制方名称。母公司和最终控制方均不对外提供财务报表的，说明母公司之上与其最相近的对外提供财务报表的母公司名称。

（2）母公司和子公司的业务性质、注册地、注册资本（或实收资本、股本）。

任务七　财务会计报告的报送和审批

为了发挥财务会计报告的作用，各单位在编好财务会计报告后，应按照规定的日期和程序及时报送上级主管部门和其他管理部门，上级主管部门对上报的财务会计报告应及时组织审查、汇总和批复。

一、财务会计报告的报送

企业编好财务会计报告后，为了保证财务会计报告符合规定的质量要求，对编制的财务会计报告要进行认真的复核。复核的内容包括：报表的内容是否完整，应填列的会计报表是否都已填报；各项目的数字计算是否正确，填写是否清晰，是否和账簿记录一致；会计报表之间、会计报表各项目之间，凡有对应关系的数字，是否相互一致；本期报表和上期报表中各项目的数字是否相互衔接；不同年度的会计报表中各项目的内容和核算方法有变更的，在年度会计报表中是否加以说明等。

企业应当按照国家规定的期限对外报送财务会计报告。

对外报送的财务会计报告，应当依次编写页码，加具封面，装订成册，加盖公章。封面上应当注明：单位名称，单位地址，财务报告所属的年度、季度、月度，送出日期，并由单位领导人、总会计师、会计机构负责人、会计主管人员签名或盖章。

单位领导人对财务会计报告的合法性、真实性负法律责任。任何人不得篡改或者授意、指使、强令他人篡改会计报表的有关数字。会计机构、会计人员对指令、强令编造、篡改财务会计报告的行为，应当制止和纠正；制止和纠正无效的，应当向上级主管单位报告，请求处理。

为了提高信息的客观性，财务会计报告须经注册会计师审计的，财务会计报告编制单位应当先行委托注册会计师进行审计，并将注册会计师出具的审计报告随同财务报告按照规定的期限报送有关部门。

一般情况下，财务会计报告报送的对象主要是上级主管部门，负责税收、利润监缴的财政、税务机关以及开户银行。国有企业、国有控股的或者占主导地位的企业应当至少每年一次向本企业职工代表大会公布财务会计报告。

二、财务会计报告的审批

企业主管部门、财政等机关对企业报送的财务会计报告，必须认真加以审核，并对年度决算财务会计报告提出批复意见。

企业主管部门对所属企业的财务会计报告审核的内容主要是：一是对报表编制技术的审核。审核应报的报表是否齐全，报表各项目的内容是否完整，数字计算是否正确，报表与报表之间的有关指标是否一致等。二是对企业在经营活动中执行政策、遵守财经纪律、完成有关计划等情况进行审核。在审核中如果发现报表编制有错误或者不符合制度规定的，必须及时通知原报送单位更正；如果发现有违反政策、法令等情况的，应当查明原因，严肃处理并责令纠正。

财政税务、银行等部门也应当对企业财务会计报告进行审核。其审核的内容主要是企业遵守财政信贷纪律的情况；企业的各种信贷资金的运用是否符合银行结算纪律；企业是否正确计算了利润；税收是否及时足额上交等。通过审核，协助企业改善经营管理，发挥财政税务、银行的监督作用。

中国注册会计师也要对企业年度财务会计报告进行查证，其内容有：企业会计事项的处理和会计报告的编制是否符合国家法律、行政法规、会计准则和有关协议、合同、章程的要求；会计报告是否能够真实地反映编制单位的财务状况、经营成果和资金变动情况；会计事项的处理和会计报告各项目的分类及编制方法是否与前期一致等。查证后，应出具审计报告。

对审核后的财务会计报告应进行批复。一般说来，各企业的财务会计报告由其主管部门批复。各企业对主管部门批复意见无异议的，应加以执行，并在账务上作出相应处理。

项目小结

- 财务会计报告
  - 会计报表
    - 资产负债表
    - 利润表
    - 现金流量表
    - 所有者权益变动表
  - 会计报表附注

关键名词

1. 财务会计报告：是指企业对外提供的反映企业某一特定日期财务状况和某一会计期间经营成果、现金流量的文件。完整的财务会计报告体系包括会计报表和会计报表附注两个基本部分。会计报表包括资产负债表、利润表、现金流量表、所有者权益变动表等。

2. 资产负债表：是反映企业在某一特定日期（如月末、季末、半年末、年末等）财务状况的会计报表。它表明企业在某一特定日期所拥有或控制的经济资源、所承担的义务和所有者对其资产的要求权。我国的资产负债表，左边是资产，右边是负债和所有者权益，体现了“资产＝负债＋所有者权益”会计恒等式的思想。

3. 利润表：是反映企业一定会计期间经营成果的报表。通过利润表可以从总体上了解企业从事经营业务取得的收入、对外投资取得的收入和非经营业务收入及相应的成本费用，以及净利润的实现和构成情况；同时，通过利润表提供的不同时期的比较数字（本月数、本年累计数、上年数），可以分析企业获利能力及利润的未来发展趋势，了解投资者投入资本的保值增值情况。

4. 现金流量表：是反映企业在一定会计期间现金和现金等价物的流入和流出情况的会计报表。该表是四大主要报表的一种。编制现金流量表的目的，是给会计报表使用者提供一定会计期间现金和现金等价物流入和流出的信息，以便于报表使用者了解和评价企业获取现金和现金等价物的能力，并据以预测企业未来的现金流量。

5. 所有者权益变动表：是反映构成所有者权益的各组成部分当期的增减变动情况的会计报表。当期损益、直接计入所有者权益的利得和损失，以及与所有者（或股东）的资本交易导致的所有者权益的变动，应当在表内分别列示。

过关斩将

一、单项选择题

1. 按照经济内容分类，资产负债表属于(　　)。

A. 财务状况报表　　B. 财务成果报表　　C. 费用成本报表　　D. 对外报表

2. 利润表是反映企业(　　)利润或亏损实际形成情况的会计报表。

A. 相邻时期内　　B. 特定日期　　C. 一定时期内　　D. 相邻时期

3. 资产负债表是依据(　　)会计等式的基本原理设置的。

A. 资产－负债＝所有者权益　　B. 利润＝收入－费用

C. 资产＝负债＋所有者权益　　D. 资金来源总额＝资金运用总额

4. 资产负债表项目(　　)。

A. 都可以按照账户余额直接填列

B. 必须对账户发生额进行分析计算才能填列

C. 大多数项目可以直接根据账户余额填列，少数报表项目需要根据账户发生额分析计算后才能填列

D. 大多数项目可以直接根据账户余额填列，少数报表项目需要根据账户余额分析计算后才能填列

二、多项选择题

1. 关于会计报表的作用，下列说法中正确的有(　　)。

A. 企业的投资人和债权人可以据以进行投资决策

B. 企业管理人员可据以总括了解本单位的财务状况和经营成果，进行经营决策

C. 可以维护企业财产物资的安全、完整

D. 企业各级主管部门可以据以评价企业的经营业绩

2. 资产负债表中，流动资产包括(　　)。

A. 货币资金　　B. 应收及预付账款

C. 长期待摊费用　　D. 一年内到期的长期债券投资

3. 资产负债表中的“货币资金”项目应根据(　　)账户的期末借方余额合计数填列。

A. 库存现金　　B. 银行存款

C. 其他货币资金　　D. 交易性金融资产

4. 下列账户中，应填列在资产负债表的“存货”项目的有(　　)。

A. 原材料　　B. 生产成本　　C. 制造费用　　D. 库存商品

5. 下列资产负债表项目可根据其总分类账户期末余额计算填列的是(　　)。

A. 应收账款　　B. 实收资本　　C. 应付票据　　D. 未分配利润

6. 利润表中，“营业成本”项目一般包括(　　)。

A. 企业销售产品的制造成本

B. 销售材料的全部成本

C. 反映销售产品的销售成本，包括全部成本和销售费用

D. 根据“主营业务成本”和“其他业务成本”账户的发生额相加填列

三、实务题

[习题一]

目的：练习资产负债表的编制。

资料：宇鑫工厂2017年7月31日有关账户的余额如表11-8所示。

表11-8　宇鑫工厂2017年7月31日账户余额表　　单位：元

账　　户	借方余额	账　　户	贷方余额
库存现金	500	短期借款	80 000
银行存款	56 000	应付账款	43 000
应收账款	31 900	其他应付款	2 500
其他应收款	500	应付职工薪酬	26 000
原材料	156 000	应交税费	7 500
生产成本	62 000	预提费用	3 000
库存商品	42 000	长期借款	120 000
长期股权投资	60 000	累计折旧	145 000
固定资产	500 000	实收资本	400 000
无形资产	20 000	盈余公积	30 000
利润分配	20 000	本年利润	91 900
合　计	948 900	合　计	948 900

"应收账款"明细账余额：甲工厂41 900元(借)
乙工厂10 000元(贷)

"应付账款"明细账余额：丙工厂60 000元(贷)
丁工厂17 000元(借)

要求：根据上述资料编制宇鑫工厂2017年7月31日的资产负债表(表11-9)。

表11-9　资产负债表

会企01表

编制单位：　　　　____年____月____日　　　　单位：元

资　　产	期末余额	负债和所有者权益（或股东权益）	期末余额
流动资产：		流动负债：	
货币资金		短期借款	
交易性金融资产		交易性金融负债	
应收票据		应付票据	
应收账款		应付账款	
预付款项		预收款项	
应收利息		应付职工薪酬	
应收股利		应交税费	

续表 11-9

资　　产	期末余额	负债和所有者权益（或股东权益）	期末余额
其他应收款		应付利息	
存货		应付股利	
一年内到期的非流动资产		其他应付款	
其他流动资产		一年内到期非流动负债	
流动资产合计		其他流动负债	
非流动资产：		流动负债合计	
可供出售金融资产		非流动负债：	
持有至到期投资		长期借款	
长期应收款		应付债券	
长期股权投资		长期应付款	
投资性房地产		专项应付款	
固定资产		预计负债	
在建工程		递延所得税负债	
工程物资		其他非流动负债	
固定资产清理		非流动负债合计	
生产性生物资产		负债合计	
油气资产		所有者权益(或股东权益)：	
无形资产		实收资本(或股本)	
开发支出		资本公积	
商誉		减:库存股	
长期待摊费用		盈余公积	
递延所得税资产		未分配利润	
其他非流动资产		所有者权益(或股东权益)合计	
非流动资产合计			
资产总计		负债和所有者权益(或股东权益)总计	

［习题二］

目的:练习利润表的编制。

资料:宇鑫工厂 2017 年 7 月 31 日结账前各损益类的账户余额如表 11-10 所示。

表 11-10　宇鑫工厂 2017 年 7 月 31 日各损益类账户余额　　单位:元

账　　户	借方余额	账　　户	贷方余额
主营业务成本	214 500	主营业务收入	364 000
其他业务成本	16 800	其他业务收入	30 000
销售费用	32 000	投资收益	8 000
财务费用	12 500	营业外收入	2 400
营业外支出	4 000		
管理费用	60 400		
所得税费用	21 186		

要求:根据上述资料编制宇鑫工厂 2017 年 7 月份的利润表(表 11-11)。

表 11-11　利润表

会企 02 表

编制单位：　　　　____年____月____日　　　　单位：元

项　　目	本期金额	上期金额
一、营业收入		
减：营业成本		
税金及附加		
销售费用		
管理费用		
财务费用		
资产减值损失		
加：公允价值变动收益(损失以“－”号填列)		
投资收益(损失以“－”号填列)		
其中：对联营企业和合营企业的投资收益		
二、营业利润(亏损以“－”号填列)		
加：营业外收入		
减：营业外支出		
其中：非流动资产处置损失		
三、利润总额(亏损以“－”号填列)		
减：所得税费用		
四、净利润(净亏损以“－”号填列)		
五、每股收益		
(一)基本每股收益		
(二)稀释每股收益		

项目十二 会计规范

学习目标

通过本项目的学习，应当了解会计工作基础规范的基本内容，正确认识组织会计工作的重要意义，明确会计工作的组织形式和会计人员的职责、权限，熟悉会计机构的设置和岗位责任制，了解会计监督机制的要求和单位内部会计管理制度建立的原则，重点掌握会计法规体系的构成内容、会计人员的职业道德规范和会计档案的归档要求。

任务导入

2018 年 6 月初，群众举报范冰冰“阴阳合同”涉税问题后，国家税务总局高度重视，即责成江苏等地税务机关依法开展调查核实，目前案件事实已经查清。

从调查核实情况看，范冰冰在电影《大轰炸》剧组拍摄过程中实际取得片酬 3 000 万元，其中 1 000 万元已经申报纳税，其余 2 000 万元以拆分合同方式偷逃个人所得税 618 万元，少缴营业税及附加 112 万元，合计 730 万元。此外，还查出范冰冰及其担任法定代表人的企业少缴税款 2.48 亿元，其中偷逃税款 1.34 亿元。

对于上述违法行为，根据国家税务总局指定管辖，江苏省税务局依据《中华人民共和国税收征管法》第三十二、五十二条的规定，对范冰冰及其担任法定代表人的企业追缴税款 2.55亿元，加收滞纳金 0.33 亿元；依据《中华人民共和国税收征管法》第六十三条的规定，对范冰冰采取拆分合同手段隐瞒真实收入偷逃税款处 4 倍罚款(计 2.4 亿元)，对其利用工作室账户隐匿个人报酬的真实性质偷逃税款处 3 倍罚款(计 2.39 亿元)；对其担任法定代表人的企业少计收入偷逃税款处 1 倍罚款(计 94.6 万元)；依据《中华人民共和国税收征管法》第六十九条和《中华人民共和国税收征管法实施细则》第九十三条的规定，对其担任法定代表人的两户企业未代扣代缴个人所得税和非法提供便利协助少缴税款各处 0.5 倍罚款，分别计 0.51 亿元、0.65 亿元。

依据《中华人民共和国行政处罚法》第四十二条以及《江苏省行政处罚听证程序规则》的相关规定，2018 年 9 月 26 日，江苏省税务局依法先向范冰冰下达“税务行政处罚事项告知书”，对此范冰冰未提出听证申请。2018 年 9 月 30 日，江苏省税务局依法已向范冰冰正式下达“税务处理决定书”和“税务行政处罚决定书”，要求其将追缴的税款、滞纳金、罚款在收到上述处理处罚决定后在规定期限内缴清。

依据《中华人民共和国刑法》第二百零一条的规定，由于范冰冰属于首次被税务机关按偷税予以行政处罚且此前未因逃避缴纳税款受过刑事处罚，上述定性为偷税的税款、滞纳金、罚款在税务机关下达追缴通知后在规定期限内缴纳的，依法不予追究刑事责任。超过规定期限不缴纳税款和滞纳金、不接受行政处罚的，税务机关将依法移送公安机关处理。

经查,2018 年 6 月,在税务机关对范冰冰及其经纪人牟某广所控制的相关公司展开调查期间,牟某广指使公司员工隐匿、故意销毁涉案公司会计凭证、会计账簿,阻挠税务机关依法调查,涉嫌犯罪。现牟某广等人已被公安机关依法采取强制措施,案件正在进一步侦查中。

国家税务总局已责成江苏省税务局对原无锡市地方税务局、原无锡市地方税务局第六分局等主管税务机关的有关负责人和相关责任人员依法依规进行问责。同时,国家税务总局已部署开展规范影视行业税收秩序工作。对在 2018 年 12 月 31 日前自查自纠并到主管税务机关补缴税款的影视企业及相关从业人员,免予行政处罚,不予罚款;对个别拒不纠正的依法严肃处理;对出现严重偷逃税行为且未依法履职的地区税务机关负责人及相关人员,将根据不同情形依法依规严肃问责或追究法律责任。

思考与讨论:

假如你是范冰冰公司的会计,你该如何做?

任务一　会计规范体系

一、会计规范的含义与分类

规范意指"标准""法式",如道德规范、技术规范等。会计规范是关于经济组织(或单位)会计行为的标准或法式。如我国针对企业等经济组织的会计机构及其会计人员的会计核算、会计监督行为所制定的《中华人民共和国会计法》,针对企业会计确认、计量、记录和报告行为所制定的《企业会计准则》,均属于会计规范的内容。

会计规范可以按不同标准分类。从规范的对象或内容来看,会计规范包括关于会计组织的规范、关于会计人员素质的规范、关于会计信息加工与披露的规范、关于会计职业道德的规范等;从规范的形成方式来看,会计规范分为从会计实践中自发形成的规范和由人们通过一定形式制定的规范两类,前者源自于长期会计实务经验总结的各种"会计惯例",后者是由国家立法机构、政府部门、会计专业团体以及企业自身等制定的各种法律、法规和制度;从规范的制约方式来看,会计规范分为强制(他律)性会计规范、自律性会计规范以及他律与自律相结合的会计规范等。在我国,由全国人民代表大会、国务院及其下属中央部委等制定和颁布的会计法律、法规与制度等,均属于强制性会计规范。

在会计规范体系中,关于企业经济组织的会计确认、计量、记录和报告的规范(即企业会计准则或会计制度)是核心会计规范。鉴于企业会计信息在社会经济活动的特殊功能,各国政府都十分重视企业会计准则或会计制度的制定。

二、我国会计法律法规制度体系结构

会计法律法规是指有关会计方面的法律和规范的总称。会计法规是规范会计工作的依据和标准,它是组织会计工作必须遵循的法律和行政法规,以及协调、统一会计处理过程中对不同处理方法作出合理选择的假设、原则、制度等的总和,是会计行为的标准。在不同的国家,会计法规体系是不同的,我国的会计法规体系一般包括:

（一）会计基本法律

会计首先表现为单位内部的一项管理活动，即对本单位的经济活动进行核算和监督。但会计在处理经济业务事项中所涉及的经济利益关系则超出了本单位的范围，直接或间接地影响有关方面的利益。因为一个单位的经济活动不可能是孤立进行的，必须与方方面面发生直接与间接的联系，会计如何处理各种经济关系，不仅会对本单位的财务收支、利益分配等产生影响，而且还会对国家、其他经济组织、职工个人产生影响。因此，会计处理各种经济业务事项必须具有约束力的规范，这是包括国家在内的各方面利益关系者的客观要求。调整经济关系中各种会计关系的法律规范——会计法由此而产生。

对会计法的理解，有广义和狭义之分。广义的会计法是指国家权力机关和行政机关制定的各种会计规范性文件的总称，包括会计法律、会计行政法规、会计规章等。狭义的会计法仅指国家最高权力机关通过一定立法程序颁布施行的会计法律，即《中华人民共和国会计法》（以下简称《会计法》）。

会计法律制度，是指国家权力机关和行政机关制定的各种有关会计工作的规范性文件的总称。会计法律制度是调整会计关系的法律规范。会计关系是会计机构和会计人员在办理会计业务过程中以及国家在管理会计工作过程中发生的经济关系。为了保证会计工作的有序进行，国家通过制定一系列会计法律制度，调整和规范各种会计关系。

（二）会计行政法规

会计行政法规，是指国务院制定发布或者国务院有关部门拟订、经国务院批准发布，调整经济生活中某些方面会计关系的法律规范，包括1990年12月31日国务院发布的《总会计师条例》，2000年6月21日国务院发布的《企业财务会计报告条例》等。

《总会计师条例》是对《会计法》中有关规定的细化和补充，共分五章二十三条，主要规定了单位总会计师的职责、权限、任免、奖惩等。

《企业财务会计报告条例》自2001年1月1日起施行，共分六章四十六条，主要规定了企业财务会计报告的构成、编制和对外提供的要求、法律责任等。它是对《会计法》中有关财务会计报告的规定的细化。该条例要求企业负责人对本企业的财务会计报告的真实性和完整性负责；强调任何组织或者个人不得授意、指使、强令企业编制和对外提供虚假的或者隐瞒重要事实的财务会计报告；规定有关部门或机构必须依据法律法规，索要企业财务会计报告。条例还对违法违规行为应承担的法律责任作了明确规定。

（三）会计准则和会计制度

《企业会计准则》是我国会计核算工作的基本规范，它以《会计法》为指导，是企业会计确认、计量和报告行为的规范，也是保证会计信息质量的标准。

国家统一的会计制度，是指国务院财政部门根据《会计法》制定的符合《企业会计准则》的要求，结合企业生产经营具体情况制定的关于会计核算、会计监督、会计机构和会计人员以及会计工作管理的制度。

1.《企业会计制度》的颁布与实施

财政部于2000年12月29日发布了统一的、适用于不同行业和不同经济成分的《企业会计制度》。它适用于除不对外筹集资金、经营规模较小的企业和金融保险企业外，在中华人民共和国境内设立的所有企业。国家采取了暂时先在会计人员素质相对较高、会计工作基础相对较好的股份有限公司中执行，并同时选择一些国有企业进行试点；然后，逐步推广

至所有企业(除小规模企业和金融保险等特殊行业外),从而逐步取代现有的分行业、分经济成分的会计制度。其主要内容有:

(1) 企业会计制度原则的规定,包括企业会计制度制定的依据、实施范围,会计核算的基本前提,会计核算的一般原则规定,以及会计要素和主要经济业务事项的确认等方面。

(2) 会计核算的具体规定,包括会计科目的设置和使用说明、会计报表的格式和编制说明,以及记账方法、成本计算、会计政策变更、会计调整、会计差错更正等具体规定。

(3) 附录,包括主要会计事项分录举例,以及其他有关会计法规。

2.《小企业会计制度》的颁布与实施

财政部于 2004 年 4 月 27 日颁布了《小企业会计制度》,适用于在中华人民共和国境内设立的不对外筹集资金、经营规模较小的企业。不对外筹集资金、经营规模较小的企业是指不公开发行股票或债券,符合原国家经济贸易委员会、原国家发展计划委员会、财政部、国家统计局 2003 年制定的《中小企业标准暂行规定》中界定的小企业,不包括以个人独资及合伙形式设立的小企业。该制度于 2005 年 1 月 1 日起在小企业范围执行。按《小企业会计制度》的规定,符合该制度规定的小企业可以按照《小企业会计制度》进行核算,也可以选择执行《企业会计制度》。但是,不能在执行《小企业会计制度》的同时,选择执行《企业会计制度》的有关规定;选择执行《企业会计制度》的小企业,也不能在执行《企业会计制度》的同时,选择执行《小企业会计制度》的有关规定。集团公司内部母子公司分属不同规模的情况下,为统一会计政策及合并报表等目的,集团内的小企业应执行《企业会计制度》。按照《小企业会计制度》进行核算的小企业,如果需要公开发行股票或债券等,应转为执行《企业会计制度》;如果因经营规模的变化导致连续三年不符合小企业标准的,应转为执行《企业会计制度》。

(四)综合性会计规范

综合性会计规范文件是指国务院财政部门制定发布的《会计基础工作规范》、《会计从业资格管理办法》以及财政部门与国家档案局联合发布的《会计档案管理办法》等。

《会计基础工作规范》是财政部于 1996 年 6 月 17 日发布并开始实施的。它对会计机构的设置和会计人员的职责、会计核算、会计监督和内部会计管理制度的制定原则、方法、内容及要求等作出了相应的规定。

为了加强会计从业资格管理、规范会计人员行为,2005 年 1 月 22 日,财政部新发布了《会计从业资格管理办法》,自 2005 年 3 月 1 日起施行。它明确了会计从业资格证书的适用范围、会计从业资格的取得、证书的管理和会计人员继续教育的特点、内容、形式及要求。

《会计档案管理办法》规定了对记录和反映的经济业务事项的重要历史资料和证据进行保管和销毁的办法。它明确了会计档案的范围和种类、归档和移交、保管期限、销毁的程序和要求等。

(五)单位内部会计制度

单位内部会计制度是根据《会计法》和国家统一会计制度的规定,结合单位类型和内部管理的需要,建立和健全的相应的内部会计管理制度;是贯彻执行会计法律、法规、规章、制度,保证单位会计工作有序进行的重要措施;也是加强会计基础工作的重要手段。

任务二　会 计 法

一、会计法的制定

《会计法》于1985年1月21日第六届全国人民代表大会常务委员会第九次会议通过，自1985年5月1日起施行。1993年12月29日，第八届全国人民代表大会常务委员会第五次会议修正；1999年10月31日，第九届全国人民代表大会常务委员会第十二次会议修订；2017年11月4日，第十二届全国人民代表大会常务委员会第三十次会议修正。《会计法》的修订与实施，是我国会计法制建设中的一件大事，目的是为了规范会计行为，保证会计资料的真实、完整；加强经济管理和财务管理，提高经济效益；维护社会主义市场经济秩序。会计行为是指对单位的经济业务进行确认、计量、记录、报告的行为，以及保证单位会计信息质量的管理行为和监督行为；会计资料是指在会计核算过程中所形成和提供的书面文件，包括会计凭证、会计账簿、财务会计报告、其他会计核算载体中记录提供的信息，它既包括会计资料所记录的内容（即会计信息），也包括会计资料的种类、格式和记录要求以及会计资料的质量特征，即真实性和完整性。会计资料的真实性就是会计资料应该真实地反映经济业务的实际情况；会计资料的完整性就是其提供的会计资料要符合规定的要求，附件要齐全，手续要齐备。

二、会计法的主要内容

新修订的《会计法》共分七章五十二条，其中包括：总则，会计核算，公司、企业会计核算的特别规定，会计监督，会计机构和会计人员，法律责任，附则。其主要内容简述如下：

（一）会计核算

《会计法》规定，“各单位必须根据实际发生的经济业务事项进行会计核算”，“不得以虚假的经济业务事项或者资料进行会计核算”。各单位应当办理会计手续，进行会计核算的经济业务事项包括：款项和有价证券的收付；财物的收发、增减和使用；债权、债务的发生和结算；资本、基金的增减；收入、支出、费用、成本的计算；财务成果的计算和处理；需要办理会计手续，进行会计核算的其他事项。

《会计法》还规定了对会计核算的基本要求，包括对会计年度、记账本位币的规定，对会计凭证、会计账簿、会计报表和其他会计资料的规定，以及会计核算程序的规定等。修改后的《会计法》对强化会计核算提出了以下三点要求：

1. 要求确保会计资料的真实和完整

会计资料的真实和完整是会计工作的基本要求。《会计法》要求“各单位必须根据实际发生的经济业务事项进行会计核算，填制会计凭证，登记会计账簿，编制财务会计报告”；“任何单位和个人不得伪造、变造会计凭证、会计账簿及其他会计资料，不得提供虚假的财务会计报告”。《会计法》强化了单位负责人对本单位会计工作和会计资料的真实性、完整性负责的责任制，明确指出“单位负责人应当保证财务会计报告真实、完整”。

2. 确立记账基本规则，保证会计核算依法进行

我国原有的《会计法》没有明确规定记账规则，而《企业会计准则》和《企业财务通则》又没有规定相应的法律责任，造成管理松弛，甚至出现了私设假账等情况。为此，新《会计法》

对账簿登记确立了基本的登账规则，对会计凭证、财务会计报告等也提出了相应的要求。

3. 针对公司、企业会计的特点，增加了“公司、企业会计核算的特别规定”

公司、企业的经济核算比较复杂，《会计法》针对企业会计的特点，借鉴国际上规范公司、企业会计行为的一般做法，增加了“公司、企业会计核算的特别规定”一章，要求公司、企业除应当遵守本章的规定外，不得有下列行为：

(1)随意改变资产、负债、所有者权益的确认标准或者计量方法，虚列、多列、不列或者少列资产、负债、所有者权益。

(2)虚列或者隐瞒收入，推迟或者提前确认收入。

(3)随意改造费用、成本的确认标准或者计量方法，虚列、多列、不列或者少列费用、成本。

(4)随意调整利润的计算、分配方法，编造虚假利润或者隐瞒利润。

(5)违反国家统一的会计制度规定的其他行为。

(二)会计监督

《会计法》规定了会计监督的主体和对象以及会计监督的内容。会计监督的主体是本单位的会计机构和会计人员，监督的对象是本单位的经济活动，即内部会计监督。内部会计监督的内容有原始凭证、财产物资和财务收支三个方面。内部会计监督的具体要求是：

1. 建立并健全内部会计监督制度

《会计法》规定，各单位应当建立并健全本单位内部会计监督制度，明确单位责任人、社会中介组织、政府有关部门在会计监督中的责任，并对会计人员的职责权限和经济业务处理提出了具体要求。

2. 明确各有关部门在会计监督中的责任

(1)规定单位负责人应当保证会计机构、会计人员依法履行职责，不得授意、指使、强令会计机构、会计人员违法办理会计事项。

(2)规定会计机构、会计人员对违反《会计法》和统一会计制度规定的会计事项，有权拒绝办理或者按照职权予以纠正，并有权检举。

(3)按规定须经注册会计师进行审计的单位，应向受委托单位如实提供会计凭证、账簿、财务会计报告和其他会计资料及有关情况。任何单位和个人不得以任何方式要求或示意受委托方出具不实或者不当的审计报告。

(4)财政部门对各单位的账簿设置，各项会计资料是否真实、完整，会计核算是否符合规定，以及会计工作人员是否具备从业资格等情况实施监督，并有权对会计师事务所出具审计报告的程序和内容进行监督。

(5)财政、审计、税务、银行、证券监管、保险监管等部门应当依照有关法规规定对有关单位的会计资料实施监督检查。有关单位应接受检查，并如实提供会计资料及有关情况。有关监督检查部门已经作出的检查结论能满足其他部门需要的应当加以利用，避免重复查账，并负有保密义务。

(三)会计机构和会计人员

1. 会计机构

《会计法》规定，各单位应当根据会计业务的需要设置会计机构，或者在有关机构中设置会计人员并指定会计主管人员；不具备设置条件的，应当委托经批准设立从事会计代理记账业务的中介机构代理记账。国有的和国有资产占控股地位或者主导地位的大、中型企业必须设置总会计师。会计机构内部应建立稽核制度。出纳人员不得兼任稽核、会计档案保管以及收入、支出、费用、债权和债务账目的登记工作。

2. 会计人员

《会计法》规定，从事会计工作的人员必须取得会计从业资格证书。单位会计机构负责人和会计主管人员还应具备会计师以上专业技术资格或从事会计工作3年以上经历；会计人员调动工作或离职，必须办理交接和监交手续。

因提供虚假财务会计报告，做假账，隐匿或者故意销毁会计凭证、会计账簿、财务会计报告，贪污，挪用公款，职务侵占等与会计职务有关的违法行为而被依法追究刑事责任的会计人员，不得取得或者重新取得会计从业资格证书。因违法违纪行为被吊销会计从业资格证书的人员，自被吊销会计从业资格证书之日起5年内，不得重新取得会计从业资格证书。

(四)法律责任

1. 下列行为应负的法律责任

《会计法》规定，凡违反《会计法》规定，有下列行为之一的，由县级以上财政部门责令限期改正，并对单位处以3 000元以上、50 000元以下的罚款；对直接负责的主管人员和其他责任人员处以2 000元以上、20 000元以下的罚款；属于国家工作人员的，还应由所在单位或有关单位依法给予行政处分。内容包括：

(1)不依法设置会计账簿的；

(2)私设会计账簿的；

(3)未按照规定填制、取得原始凭证或者填制、取得的原始凭证不符合规定的；

(4)以未经审核的会计凭证为依据登记会计账簿或者登记会计账簿不符合规定的；

(5)随意变更会计处理方法的；

(6)向不同的会计资料使用者提供的财务会计报告编制依据不一致的；

(7)未按照规定使用会计记录文字或者记账本位币的；

(8)未按照规定保管会计资料，致使会计资料毁损、灭失的；

(9)未按照规定建立并实施单位内部会计监督制度或者拒绝依法实施监督或者不如实提供有关会计资料及有关情况的；

(10)任用会计人员不符合《会计法》规定的。

2. 下列行为应追究的刑事责任

《会计法》规定，凡有以下各条，构成犯罪的，依法追究刑事责任。内容包括：

(1)伪造、变造会计凭证、会计账簿，编制虚假财务会计报告；

(2)隐匿或者故意销毁依法应当保存的会计凭证、会计账簿、财务会计报告；

(3)授意、指使、强令会计机构、会计人员及其他人员伪造、变造会计凭证、会计账簿，编制虚假财务会计报告或者隐匿、故意销毁依法应当保存的会计凭证、会计账簿、财务会计报告；

(4)单位负责人对依法履行职责、抵制违反法规行为的会计人员以降级、撤职、调离工作岗位、解聘或者开除等方式实行打击报复。

以上各条如果尚不构成犯罪的，可以分别情况依法处以不同的罚款。属于国家工作人员的还应当由其所在单位或者有关单位依法给予行政处分，并由县级以上财政部门吊销其会计从业资格证书。

任务三 会计准则

一、我国会计准则的制定

企业会计准则也称企业会计原则,它是企业会计确认、计量和报告行为的规范,制定会计制度的依据,也是保证会计信息质量的标准。为了适应社会主义市场经济和对外开放的需要,经国务院批准,1992 年 11 月,财政部以第 5 号令的形式,发布了我国第一个《企业会计准则》,此准则在当时就被定为基本会计准则。为规范企业会计确认、计量和报告行为,保证会计信息质量,根据《会计法》等国家有关法律、行政法规,2006 年 2 月 15 日,财政部发布了《企业会计准则——基本准则》和《企业会计准则第 1 号——存货》等 38 个具体准则,这是我国会计改革发展史上一个新的里程碑,标志着我国会计制度与国际会计惯例的进一步趋同,对完善我国市场经济体制、全面提高我国对外开放水平、加速融入全球经济都具有重要意义。

二、企业会计准则的主要内容

2006 年修订的《企业会计准则》已于 2007 年 1 月 1 日起在上市公司范围内施行,同时鼓励其他企业执行。执行该 38 项具体准则的企业不再执行现行准则、《企业会计制度》和《金融企业会计制度》。我国企业会计准则体系包括基本准则和具体准则两个方面。

(一)基本准则

基本准则是进行会计核算工作必须遵守的基本要求,其主要内容包括会计基本前提、会计信息质量要求、会计要素、会计计量、财务会计报告等方面。会计要素和财务会计报告的内容已在前面相关内容进行论述,现仅就会计基本前提、会计信息质量要求及会计计量的内容简述如下:

1. 会计基本前提

会计基本前提也称会计假设,它是对会计所处的时间和空间环境所作的合理假定,即对会计领域里某些无法正面加以论证的事物,根据客观的、正常的情况和趋势经过逐步认识所作的合理的判断。如为了及时计算企业的损益情况,就有必要将企业的生产过程人为地划分为一定期间;为了反映企业的经营情况,就有必要选择确立一定的计量单位;为了对计量的时间进行确认,就有必要对业务活动的反映确定一个计价基础等。会计基本前提包括会计主体、持续经营、会计分期、货币计量四个方面,会计核算的四项基本前提具有相互依存、相互补充的关系。会计主体确立了会计核算的空间范围,持续经营与会计分期确立了会计核算的时间长度,而货币计量则为会计核算提供了必要手段。没有会计主体,就不会有持续经营;没有持续经营,就不会有会计分期;没有货币计量,就不会有现代会计。

2. 会计信息质量要求

会计信息质量要求是会计确认、计量和报告质量的保证,主要包括客观性、相关性、明晰性、可比性、实质重于形式、重要性、谨慎性、及时性。

3. 会计计量

会计计量是指企业在将符合确认条件的会计要素登记入账并列报于财务会计报告及其附注时，应当按照规定的会计计量属性进行计量，确定其金额。会计计量属性主要包括如下内容：

(1)历史成本。在历史成本计量下，资产按照购置时支付的现金或者现金等价物的金额，或者按照购置资产时所付出的对价的公允价值计量；负债按照因承担现时义务而实际收到的款项或者资产的金额，或者承担现时义务的合同金额，或者日常活动中为偿还负债预期需要支付的现金或者现金等价物的金额计量。

(2)重置成本。在重置成本计量下，资产按照现在购买相同或者相似资产所需支付的现金或者现金等价物的金额计量；负债按照现在偿付该项债务所需支付的现金或者现金等价物的金额计量。

(3)可变现净值。在可变现净值计量下，资产按照其正常对外销售所能收到的现金或者现金等价物的金额扣减该资产至完工时估计将要发生的成本、估计的销售费用以及相关税费后的金额计量。

(4)现值。在现值计量下，资产按照预计从其持续使用和最终处置中所产生的未来净现金流入量的折现金额计量；负债按照预计期限内需要偿还的未来净现金流出量的折现金额计量。

(5)公允价值。在公允价值计量下，资产和负债按照在公平交易中，熟悉情况的交易双方自愿进行资产交换或者债务清偿的金额计量。

企业在对会计要素进行计量时，一般应当采用历史成本。采用重置成本、可变现净值、现值、公允价值计量的，应当保证所确定的会计要素金额能够取得并可靠计量。

(二)具体准则

新颁布的具体准则是根据基本准则的要求，就企业发生经济业务的具体交易或事项的会计处理及其程序作出的具体规定。它分为一般业务准则、特殊行业的特定业务准则和财务报告准则三大类。

1.一般业务准则

一般业务准则主要规范各类企业普遍适用的一般经济业务的确认和计量要求，如存货、长期股权投资、投资性房地产、固定资产、无形资产、非货币性资产交换、资产减值、职工薪酬、股份支付、债务重组、或有事项、借款费用、收入、建造合同、政府补助、每股收益、所得税等。

2.特殊行业的特定业务准则

特殊行业的特定业务准则主要规范特殊行业的特定业务的确认和计量要求，如生物资产、企业年金基金、金融工具确认和计量、金融资产转移、套期保值、原保险合同、再保险合同、石油天然气开采、租赁、金融工具列报等。

3.财务报告准则

财务报告准则主要规范普遍适用于各类企业通用的报告类的准则，如财务报表列报、现金流量表、合并财务报表、中期财务报告、分部报告、关联方披露、资产负债表日后事项、企业合并、外币折算、会计政策、会计估计变更和差错更正等。

任务四 会计基础工作规范

一、会计基础工作规范的意义

为了加强会计基础工作，建立规范的会计工作秩序，提高会计工作水平，财政部于1996年6月17日发布并实施了《会计基础工作规范》，适用于国家机关、社会团体、企业、事业单位、个体工商户和其他组织。它对会计基础工作的管理、会计机构和会计人员、会计人员职业道德、会计核算、会计监督、单位内部会计管理制度建设等问题作了全面规范，一方面为各基层单位和广大会计人员开展会计基础工作提出了要求和示范，使加强和改进会计基础工作有明确的目标和具体的努力方向，以此推动各单位的会计基础工作逐步规范化、科学化、现代化；另一方面为各级管理部门管理会计基础工作、检查会计基础工作情况提供政策依据和考核标准，督促各单位不断改进和加强会计基础工作。

二、会计基础工作的综合性规范

(一)会计基础工作管理体制

会计基础工作管理体制是划分会计管理工作职责权限关系的制度，包括会计工作管理组织形式、管理权限划分、管理机构设置等内容。为了规范会计工作，保证会计工作在经济管理中发挥作用，政府部门应在宏观上对会计工作进行必要的指导、监督和管理，包括会计政策、标准的制定，政策、标准贯彻执行情况的检查，会计专业技术资格的确认和会计从业资格的管理，以及督促基层单位加强会计工作和提高会计工作水平等。所有这些，就构成了我国的会计工作管理体制。主要包括以下四个方面的内容：

1. 会计工作的主管部门

会计工作的主管部门，是指代表国家对会计工作行使管理职能的政府部门。《会计法》第七条规定："国务院财政部门主管全国的会计工作。县级以上地方各级人民政府财政部门管理本行政区域内的会计工作。"这一规定明确了会计工作由财政部门主管并在管理体制上实行"统一领导，分级管理"的原则。这一原则是划分会计工作管理权责的重要原则，也体现了管理的效率原则，其具体做法是：国务院财政部门在统一规划、统一领导会计工作的前提下，发挥各级人民政府财政部门和中央各业务主管部门管理会计工作的积极性，各级人民政府财政部门和中央各业务主管部门应积极配合国务院财政部门管理好本地区、本部门的会计工作；各级人民政府财政部门根据上级财政部门的规划和要求，结合本地区的实际情况，管理本地区的会计工作，并取得同级其他管理部门的支持和配合。

另外还需说明，对会计工作的管理，除了发挥财政部门的作用外，还要发挥业务主管部门、税务部门、审计部门等部门的作用。这是因为，会计人员在处理会计事务的过程中，不仅要与其他经济组织或个人发生业务关系，还要同各级政府管理部门发生联系，如与业务主管部门的财务收支和结算关系、与税务部门的纳税和纳税检查关系、与审计部门的被审关系，以及会计人员发现重要违法违纪问题向财政部门、业务主管部门、税务部门、审计部门等报告要求处理的关系等。因此，财政部门在管理会计工作中，应取得各管理部门的支持和配合，业务主管部门和税务审计等部门要根据其职责范围，督促各单位加强会计工作，认真执行法规，配合财政部门管理好会计工作。各单位应主动接受各管理部门的指导和监督。

2. 会计制度的制定权限

会计制度是指政府管理部门对处理会计事务所制定的规章、准则、办法等规范性文件的总称，包括对会计工作、会计核算、会计监督、会计人员、会计档案等方面所作出的规范性文件。在社会主义市场经济条件下，发挥市场的主体作用，还必须进行必要的宏观调控。国家在进行宏观调控的过程中，不仅需要各基层单位提供真实、完整的会计资料，也需要各单位的会计工作在处理各种利益关系的过程中维护国家的方针、政策和法律、法规。会计制度既是各单位组织会计管理工作和产生相互可比、口径一致的会计信息的依据，也是国家财政经济政策在会计工作中的具体体现。因此，会计制度作为法制化经济管理手段的重要组成部分，必须纳入政府部门的管理范围。

《会计法》第八条规定："国家实行统一的会计制度。国家统一的会计制度由国务院财政部门根据本法制定并公布。国务院有关部门可以依照本法和国家统一的会计制度制定对会计核算和会计监督有特殊要求的行业实施国家统一的会计制度的具体办法或者补充规定，报国务院财政部门审核批准。中国人民解放军总后勤部可以依照本法和国家统一的会计制度制定军队实施国家统一的会计制度的具体办法，报国务院财政部门备案。"这是对国家统一的会计制度制定权限的规定，它突出了国家统一的会计制度的法律地位，有利于强化会计制度的统一性和权威性，有利于保障国家统一的会计制度的贯彻实施，是规范会计行为、维护社会经济秩序的重要保证。

3. 会计人员的管理

在有关的会计法规中，要求会计从业人员必须具有会计从业资格证书。总会计师、会计机构负责人或会计主管人员必须具有符合要求的专业技术职务资格或工作经历。具体办法如下：

(1)从事会计工作的人员，必须取得会计从业资格证书

《会计法》第三十八条规定："从事会计工作的人员，必须取得会计从业资格证书。担任单位会计机构负责人(会计主管人员)的，除取得会计从业资格证书外，还应当具备会计师以上专业技术职务资格或从事会计工作3年以上经历。"

《会计从业资格管理办法》第二条也规定："在国家机关、社会团体、公司、企业、事业单位和其他组织(以下统称单位)从事会计工作的人员必须取得会计从业资格。"《会计从业资格管理办法》第三条规定："各单位不得任用(聘用)不具备会计从业资格的人员从事会计工作。不具备会计从业资格的人员，不得从事会计工作，不得参加会计专业技术资格考试或评审、会计专业职务的聘任，不得申请取得会计人员荣誉证书。"

(2)对会计人员的管理主要包括对会计人员的业务管理和专业资格管理

根据《会计法》和有关法规的规定，财政部门负责会计人员的业务管理，包括会计从业资格管理、会计专业技术职务资格管理、会计人员评优表彰奖惩以及会计人员继续教育等。

《会计从业资格管理办法》第四条规定："除本办法另有规定外，县级以上地方人民政府财政部门负责本行政区域内的会计从业资格管理。"《会计从业资格管理办法》第五条至第六条规定："财政部委托中共中央直属机关事务管理局、国务院机关事务管理局按照各自权限分别负责中央在京单位的会计从业资格的管理。新疆生产建设兵团财务局负责所属单位的会计从业资格的管理。财政部委托铁道部负责铁路系统的会计从业资格的管理。""财政部

委托中国人民武装警察部队后勤部和中国人民解放军总后勤部分别负责中国人民武装警察部队、中国人民解放军系统的会计从业资格的管理。”

4. 单位内部的会计工作管理

(1)单位负责人的会计责任

单位负责人负责单位内部的会计工作管理,应当保证会计机构、会计人员依法履行职责,不得授意、指使、强令会计机构、会计人员违法办理会计事项。由于单位负责人是单位的最高管理者,必须对本单位的一切经营管理和业务活动负有责任。

《会计法》第四条规定:“单位负责人对本单位的会计工作和会计资料的真实性、完整性负责。”这一规定明确了单位负责人是本单位会计行为的责任主体。单位负责人是指法定代表人或者法律、行政法规规定代表单位行使职权的主要负责人。单位负责人主要包括两类人员:一是单位的法定代表人(也称法人代表),是指依法代表法人单位行使职权的负责人,如国有工业企业的厂长(经理)、公司制企业的董事长、国家机关的最高行政官员等;二是按照法律、行政法规的规定代表单位行使职权的负责人,即依法代表非法人单位行使职权的负责人,如代表合伙企业执行合伙企业事务的合伙人、个人独资企业的投资人等。根据《会计法》的规定,单位负责人并不是指具体经营管理事务的负责人,如公司制企业的总经理等。

(2)会计机构、会计人员的基本职责

《会计法》第五条第一款规定:“会计机构、会计人员依照本法规定进行会计核算,实行会计监督。”它明确规定了会计机构、会计人员的基本职责是进行会计核算和会计监督,还需要单位负责人、单位的其他人员和其他单位的有关人员的支持和配合。他们也有责任和义务保证会计机构、会计人员能够依法行使职权,不能阻碍其行使这一职权,更不能对其依法行使职权进行干预。因此,《会计法》第五条第二款规定:“任何单位或者个人不得以任何方式授意、指使、强令会计机构、会计人员伪造、变造会计凭证、会计账簿和其他会计资料,提供虚假财务会计报告。”《会计法》第五条第三款规定:“任何单位或者个人不得对依法履行职责、抵制违反本法规定行为的会计人员实行打击报复。”

(二)会计机构的设置与会计人员的配置

会计机构是各单位办理会计事务的职能机构,会计人员是直接从事会计工作的人员。建立健全会计机构,配备数量和素质相当的、具备从业资格的会计人员,是各单位做好会计工作、充分发挥会计职能作用的重要保证。

1. 会计机构的设置

为了科学、合理地组织会计工作,保证本单位正常的经济核算,各单位原则上应设置会计机构。从有效发挥会计职能作用的角度看,实行企业化管理的事业单位、大中型企业(包括集团公司、股份有限公司、有限责任公司等),应当设置会计机构;业务较多的行政单位、社会团体和其他组织也应设置会计机构。而对那些规模很小的企业、业务和人员都不多的行政单位等,可以不单独设置会计机构,将业务并入其他职能部门,或者进行代理记账。

为了提高工作效率,明确岗位责任,考虑到会计工作专业性、政策性强等特点,根据《会计法》的规定,对于不能单独设置会计机构的单位,应当在有关机构中设置会计人员并指定会计主管人员,负责组织管理会计事务,行使会计机构负责人的职权。

2. 总会计师的设置

随着我国社会主义市场经济的发展和国有企业改革的深化,国有企业尤其是国有大中型企业的组织形式不断发展变化，在发挥国有企业经济活力，优化资源配置的前提下，通过改组、改制和改造，有的成了国有独资公司，有的成了国有控股公司，国有企业的组织结构日趋完善，在我国国民经济中的控制力、影响力日益增强。国家作为国有企业的投资者，为了有效行使所有者的权利，必须依法加强对国有企业资产管理、财务管理和主要负责人员的监管，完善法人治理结构，发挥会计职能作用，保护所有者权益。鉴于此，国有的和国有资产占控股地位或者主导地位的大中型企业必须设置总会计师。所有大中型企业以外的其他单位可以根据业务需要，视情况自行决定是否设置总会计师。

（1）总会计师的地位和任职条件

总会计师是在单位负责人领导下，主管经济核算和财务会计工作的负责人。总会计师是单位领导成员，协助单位负责人工作，直接对单位负责人负责。总会计师作为单位财务会计的主要负责人，全面负责本单位的财务会计管理和经济核算，参与本单位的重大经营决策活动，是单位负责人的参谋和助手。

按照《总会计师条例》的规定，担任总会计师应当具备以下条件：一是坚持社会主义方向，积极为社会主义市场经济建设和改革开放服务；二是坚持原则、廉洁奉公；三是取得会计师专业技术资格后，主管一个单位或者单位内部一个重要方面的财务会计工作的时间不少于3年；四是要有较高的理论政策水平，熟悉国家财经纪律、法规、方针和政策，掌握现代化管理的有关知识；五是具备本行业的基本业务知识，熟悉行业情况，有较强的组织领导能力；六是身体健康，胜任本职工作。

（2）总会计师的职责和权限

总会计师的职责主要包括两个方面：一是由总会计师负责组织的工作，包括组织编制和执行预算、财务收支计划、信贷计划，拟定资金筹措和使用方案，开辟财源，有效地使用资金；建立、健全经济核算制度，强化成本管理，进行经济活动分析，精打细算，提高经济效益；负责本单位财务会计机构的设置和会计人员的配备，组织对会计人员进行业务培训和考核；支持会计人员依法行使职权等。二是由总会计师协助、参与的工作，主要有：协助单位负责人对本单位的生产经营和业务管理等问题作出决策；参与新产品开发、技术改造、科学研究、商品（劳务）价格和工资、奖金方案的制订；参与重大经济合同和经济协议的研究、审查。

总会计师有以下权限：一是对违法违纪问题的制止和纠正权，即对违反国家财经纪律、法规、方针、政策、制度和有可能在经济上造成损失、浪费的行为，有权制止和纠正；制止或者纠正无效时，提交单位负责人处理。二是建立、健全单位经济核算的组织指挥权。三是对单位财务收支具有审批签署权。四是有对本单位会计人员的管理权，包括本单位会计机构设置、会计人员配备、继续教育、考核、奖惩等。

3．会计从业资格

会计从业资格，是指进入会计职业、从事会计工作的一种法定资格，是进入会计职业的“门槛”。会计人员必须取得从业资格证书，才能从事会计工作。

（1）会计从业资格证书的管理

会计从业资格证书的管理体制，主要实行属地原则，由县级以上财政部门会计管理机构按照属地原则对所辖范围内的会计人员从业资格进行管理。考虑到我国国情和管理工作的实际需要，对于个别中央业务主管部门，经财政部授权，负责所辖部门或系统的会计从业资格管理，包括发证、年检和继续教育等。

(2)取得会计从业资格的条件

国家实行会计从业资格考试,申请参加考试的人员应当符合以下基本条件:第一,遵守会计和其他财经法律、法规;第二,具备良好的道德品质;第三,具备会计专业基础知识和技能。因有《会计法》第四十二条、第四十三条、第四十四条所列违法情形,被依法吊销会计从业资格证书的人员,自被吊销之日起 5 年内(含 5 年),不得参加会计从业资格考试,不得重新取得会计从业资格证书;因有提供虚假财务会计报告,做假账,隐匿或者故意销毁会计凭证、会计账簿、财务会计报告,贪污、挪用公款、职务侵占等与会计职务有关的违法行为,被依法追究刑事责任的人员,不得参加会计从业资格考试,不得取得或者重新取得会计从业资格证书。

会计从业资格考试科目有:“财经法规与会计职业道德”、“会计基础”、“初级会计电算化”(或者珠算 5 级),申请人符合考试基本条件且具备国家教育行政主管部门认可的中专以上(含中专,下同)会计类专业学历(或学位)的,自毕业之日起 2 年内(含 2 年),免试“会计基础”、“初级会计电算化”(或者珠算 5 级)。会计类专业学历指:会计学、会计电算化、注册会计师专门化、审计学、财务管理和理财学。

会计从业资格考试全科合格,由各级会计从业资格管理部门发放会计从业资格证书。会计从业资格证书由财政部统一规定样式和编号规则,各省、自治区、直辖市和中央主管部门负责印制、编号和颁发。会计从业资格证书在全国范围内有效,持证人员不得涂改、转让证书。

(3)从业资格证书注册登记制度

为了加强对会计从业资格证书的有效管理,督促会计人员持证上岗,树立会计从业资格证书的权威性,对会计从业资格证书实行注册登记制度。持证人员从事会计工作,应当自从事会计工作之日起 90 日内填写注册登记表,并持证书和所在单位出具的从事会计工作的证明,向单位所在地或所属部门、系统的从业资格管理机构办理注册登记;持证人员离开会计工作岗位超过 6 个月的,应当填写注册登记表,并持证书向原注册登记部门备案;持证人员在从业资格管理机构管辖范围内调转工作单位,且继续从事会计工作,应自离开原工作单位之日起 90 日内填写调转登记表,办理调转登记;持证人员在不同从业资格管理机构管辖范围内调转工作单位,且继续从事会计工作,应当办理调出和调入手续。

为了提高会计人员的法律意识、业务能力、职业道德水平,会计人员应当按规定接受一定形式的、有组织的理论知识、专业技能和职业道德的教育和培训活动,使其法律知识、专业知识和技能不断得到更新、补充、拓展和提高。会计人员继续教育的对象为持有会计从业资格人员,具体包括要在国家机关、社会团体、企业、事业单位和其他组织从事会计工作并已取得会计从业资格的会计人员和取得会计从业资格但不在会计岗位的其他人员。继续教育的内容主要包括:会计理论与实务;财务、会计法规制度;会计职业道德规范;其他相关的知识与法规。

4. 会计人员回避制度

回避制度是我国人事管理的一项重要制度,是为了保证执法或者执业的公正性,对可能影响其公正性的执法或者执业的人员实行职务回避和业务回避的一种制度。从会计工作的特殊性出发,国家机关、国有企业、事业单位任用会计人员应当实行回避制度。单位负责人的直系亲属不得担任本单位的会计机构负责人、会计主管人员;会计机构负责人、会计主管人员的直系亲属不得在本单位会计机构中担任出纳工作。

5. 会计人员工作交接

会计人员工作交接是会计工作的一项重要内容。会计人员调动工作或者离职时，与接管人员办理交接手续，是会计人员应尽的职责，也是做好会计工作的要求。做好会计交接工作，是保证会计工作连续进行的必要措施，可以防止因会计人员的更换出现账目不清、财务混乱等现象，也是分清移交人员和接管人员责任的有效措施。具体办理会计工作交接，应按以下程序进行：

(1)提出交接申请

会计人员在向单位或者有关机关提出调动工作或者离职的申请时，应当同时向会计机构提出会计交接申请，以便会计机构早做准备，安排其他会计人员接替工作。为了防止调动工作或者离职申请被批准后，少数会计人员不办理会计交接手续，单位或者有关机关在批准其申请前，应当主动与本单位的会计机构负责人沟通，了解该会计人员是否已申请办理交接手续，以及会计机构的意见等。交接申请的内容通常应当包括：申请人姓名，申请调动工作者离职的原因、时间，会计交接的具体安排，有无重大报告事项或者建议等。

(2)做好办理移交手续前的准备工作

具体的准备工作包括：第一，已经受理的经济业务尚未填制会计凭证的，应当填制完毕。第二，尚未登记的账目，应当登记完毕，并在最后一笔金额后加盖经办人员印章。第三，整理应该移交的各项资料，对未了事项写出书面说明材料。第四，编制移交清册，列明移交凭证、账簿、会计报表、公章、现金、有价证券、支票簿、文件、其他会计资料和用品等内容；实行会计电算化的单位，从事该项工作的移交人员应在移交清册上列明会计软件及密码、会计软件数据盘、磁带等内容。第五，会计机构负责人、会计主管人员移交时，还应将财务会计工作、重大财务收支问题和会计人员的情况等，向接替人员介绍清楚。

(3)移交点收

移交人员离职前，必须将经管的会计工作在规定的期限内全部向接替人员移交清楚。接替人员应认真按照移交清册逐项点收。具体要求是：第一，现金要根据会计账簿记录余额进行当面点交，不得短缺。接管人员发现不一致或者"白条抵库"现象时，移交人员在规定期限内负责查清处理。第二，有价证券的数量要与会计账簿记录一致，有价证券面额与发行价不一致时，按照会计账簿余额交接。第三，会计凭证、会计账簿、会计报表和其他会计资料必须完整无缺，不得遗漏。如有短缺，必须查明原因，并在移交清册中注明，由移交人负责。第四，银行存款账户余额要与银行对账单核对一致，如有未达账项，应编制银行存款余额调节表并调节相符；各种财产物资和债权债务的明细账户余额要与总账有关账户余额核对相符；对重要实物要实地盘点，对余额较大的往来账户要与往来单位、个人核对。第五，公章、收据、空白支票、发票、科目印章以及其他物品等必须交接清楚。第六，实行会计电算化的单位，交接双方应在电子计算机上对有关数据进行实际操作，确认有关数字正确无误后方可交接。

(4)专人负责监交

会计人员在办理会计工作交接手续时，要有专人负责监交，以起督促、公正的作用。一般会计人员办理交接手续，由单位的会计机构负责人、会计主管人员负责监交；会计机构负责人、会计主管人员办理交接手续，由单位负责人负责监交，必要时可由上级主管部门派人会同监交。

(5)会计交接后的有关事宜

会计工作交接完毕后，交接双方和监交人员应在移交清册上签名或盖章，并应在移交清册上注明单位名称、交接日期、交接人和监交人、移交清册页数以及需要说明的问题和意见等。接管人员应继续使用移交前的账簿，不得擅自另立账簿，以保证会计记录前后衔接，内容完整。移交清册一般应填制一式三份，交接双方各执一份，存档一份。移交人对自己经办且已经移交的会计凭证、会计账簿、会计报表和其他会计资料的真实性、完整性承担法律责任。

(三)会计工作岗位的设置

会计工作岗位，是指一个单位会计机构内部根据业务分工而设置的职能岗位。在会计机构内部设置会计工作岗位，有利于明确分工和确定岗位职责，建立岗位责任制；有利于会计人员钻研业务，提高工作效率和质量；有利于会计工作的程序化和规范化，加强会计基础工作；还有利于强化会计管理职能，提高会计工作的效率；同时，也是配备数量适当的会计人员的客观依据之一。因此，对于会计工作岗位设置的规范性要求有：

1. 根据本单位会计业务的需要设置会计工作岗位

各单位会计工作岗位的设置应与其业务活动的规模、特点和管理要求相适应，保证单位会计信息的生成、加工和传递真实可靠、及时有效。各单位的业务活动规模、特点和管理要求不同，其会计工作的组织方法、会计人员的数量和会计工作岗位的职责分工也不同。通常，业务活动规模大、业务过程复杂、经济业务量大和管理严格的单位，会计机构会相应较大，会计人员相应较多，会计机构内部的岗位职责分工也相应较细；相反，业务活动规模小、业务过程简单、经济业务量少和管理要求不高的单位，会计机构就会相应较小，会计人员相应较少，会计机构内部的岗位职责分工也相应较粗。

2. 符合内部牵制制度的要求

会计工作岗位，可以一人一岗、一人多岗或者一岗多人。但出纳人员不得兼管审核、会计档案保管和收入、费用、债权债务账目的登记工作。在设置会计工作岗位时，必须遵循“不相容职务相分离原则”。单位内部牵制制度是为了提高会计信息质量、保护资产的安全与完整，确保有关法律、法规、规章制度的贯彻执行等而制定和实施的一系列的控制方法、措施和程序，包括职务分离控制、授权批准控制、文件记录控制、财产保全控制、业绩报告控制、人员素质控制和内部审计控制等。其基本目标包括规范会计行为，保证会计资料真实完整；及时发现、纠正和防止错弊，保护资产的安全与完整；确保法律、法规、规章制度的贯彻执行。因此，在设置单位会计工作岗位及岗位职责时，必须在一些会计确认、计量、报告等关键性环节，设置必要的具有预防性功能和自查自纠性功能的内部控制方法、措施和程序。也就是说，在会计信息的输入、处理和输出过程中，均有相应的事先控制措施予以检查，预防错弊；同时，在预防措施失效时，能在会计信息的处理中及时发现错弊，并能按规定和要求予以纠正。

3. 对会计人员的工作岗位要有计划地进行轮岗，以促进会计人员全面熟悉业务和不断提高业务素质

定期或不定期地轮换会计人员的工作岗位有利于会计人员全面熟悉会计核算与监督业务，不断提高会计业务技能和业务素质。

4. 要建立岗位责任制

会计工作岗位责任制是指明确各项会计工作的职责范围、具体内容和要求，并落实到每个会计工作岗位或会计人员的一种会计工作责任制度。设计会计岗位责任制是为了分清每一位会计人员的职责和要求，做到事事有人管，人人有专责，从而提高会计工作效率，保证会计信息质量。会计工作岗位一般分为：总会计师（或行使总会计师职权）岗位；会计机构负责人（会计主管人员）岗位；出纳岗位；稽核岗位；资本、基金核算岗位；收入、支出、债权债务核算岗位；工资核算、成本费用核算、财务成果核算岗位；财产物资的收发、增减核算岗位；总账岗位；对外财务会计报告编制岗位；会计电算化岗位；会计档案管理岗位。

（四）会计人员职业道德

会计人员职业道德，是会计人员从事会计工作应当遵循的最高行为准则。建立会计人员职业道德规范，是对会计人员强化道德约束，防止和杜绝会计人员在工作中出现不道德行为的有效措施。为强化对会计人员的职业道德教育和监督检查，提高会计人员的职业道德水平，需要专门对会计人员的职业道德问题作出规定，主要包括以下六个方面：

（1）敬业爱岗。即会计人员应当热爱本职工作，努力钻研业务，使自己的知识和技能适应所从事工作的要求。

（2）熟悉法规。即会计人员应当熟悉财经法纪、法规和国家统一会计制度，并结合会计工作进行广泛宣传。

（3）依法办事。即会计人员应当按照会计法律、法规、规章规定的程序和要求进行会计工作，保证所提供的会计信息合法、真实、准确、及时、完整。

（4）客观公正。即会计人员办理会计事务应当实事求是，客观公正。

（5）搞好服务。即会计人员应当熟悉本单位的生产经营和业务管理情况，运用掌握的会计信息和会计方法，为改善单位内部管理、提高经济效益服务。

（6）保守秘密。即会计人员应当保守本单位的商业秘密，除法律规定和单位领导人同意外，不能私自向外界提供或者泄露单位的会计信息。

财政部门、业务主管部门和各单位应当定期检查会计人员遵守职业道德的情况，并作为会计人员晋升、晋级、聘任专业职务、表彰奖励的重要考核依据。会计人员违反职业道德的，由所在单位进行处置；情节严重的，由会计证发证机关吊销其会计证。

（五）会计监督机制

会计监督是会计的基本职能之一，是我国经济监督体系的重要组成部分，也是会计资料质量控制的重要环节。加强会计监督，最重要的是要建立有效的会计监督体系。《会计法》以法律的形式确立了三位一体的会计监督体系。三位，是指会计监督体系的结构包括三个层次，即单位内部的会计监督、政府监督和社会监督。一体，是指各层次监督之间的相互联系、相互协调形成一个有机整体。由于三种不同的监督主体客观上具有不同的利益关系，为消除利益关系可能对监督效果造成不良的影响，各种会计监督之间必须建立相互制约的关系，形成一个有机的会计监督体系。即内部监督的本质是内部控制，是内部管理的重要组成部分；社会监督是对内部监督的再监督，其特征是监督行为的独立性和有偿性；政府监督是内部监督和社会监督的再监督，其特征是强制性和无偿性。

1. 单位内部会计监督

单位内部会计监督，是指为了保护其资产的安全完整，保证其所经营的活动符合国家法律、法规和内部制度,提高经营管理水平和效率,而在单位内部采取的一系列相互制约、相互监督的制度与方法。单位内部会计监督的主体和对象是各单位的会计机构、会计人员对本单位的经济活动进行的会计监督。单位内部会计监督的内容涉及人、财、物等诸多方面,各单位应当根据实际情况建立、健全本单位内部会计监督制度和内部控制制度。

2. 会计工作的政府监督

会计工作的政府监督是一种外部监督,主要是指财政部门代表国家对各单位和单位中相关人员的会计行为实施的监督检查,以及对发现的违法会计行为实施行政处罚。财政部门是会计工作的监督实施主体。此外,审计、税务、人民银行、证券监管、保险监管等部门依照有关法律、行政法规规定的职责和权限,可以对有关单位的会计资料实施监督检查。财政部门实施会计监督的对象是会计行为,并对发现的有违法会计行为的单位和个人实施行政处罚。实施会计监督的范围包括各单位是否依法设置会计账簿;各单位的会计凭证、会计账簿、财务会计报告和其他会计资料是否真实、完整;各单位的会计核算是否符合《会计法》和国家统一的会计制度的规定;各单位从事会计工作的人员是否具备会计从业资格等。此外,国务院财政部门和省、自治区、直辖市人民政府财政部门,依法对注册会计师、会计师事务所和注册会计师协会进行监督、指导。财政部门对会计师事务所出具审计报告的程序和内容进行监督。

3. 会计工作的社会监督

会计工作的社会监督,是指由注册会计师及其所在的会计师事务所依法对受托单位的经济活动进行审计、鉴证的一种监督制度。根据《会计法》的规定,注册会计师是依法取得注册会计师证书并接受委托从事审计和会计咨询、会计服务业务的执业人员。法律、行政法规规定必须经注册会计师进行审计的单位,应当向受委托的会计师事务所如实提供会计凭证、会计账簿、财务会计报告和其他会计资料以及有关情况。任何单位或者个人不得以任何方式要求或者示意注册会计师及其所在的会计师事务所出具不实或者不当的审计报告。财政部应当加强对省级财政部门监督、指导注册会计师、会计师事务所工作的监督检查。省级财政部门应当建立信息报告制度,对会计师事务所、注册会计师发生的重大违法违规案件及时上报财政部,任何单位和个人对违反《会计法》和国家统一的会计制度规定的行为有权检举。

(六)单位内部会计管理制度

建立健全单位内部会计管理制度,是贯彻执行会计法律、法规、规章、制度,保证单位会计工作有序进行的重要措施,也是加强会计基础工作的重要手段。各单位制定内部会计管理制度应遵循以下原则:

(1) 应当执行法律、法规和国家统一的财务会计制度;

(2) 应当体现本单位生产经营、业务管理的特点和要求;

(3) 应当全面规范本单位的各项会计工作,建立健全会计基础工作,保证会计工作的有序进行;

(4) 管理制度应当科学、合理,便于操作和执行;

(5) 应当定期检查执行情况;

(6) 应当根据管理需要和执行中的问题不断完善。

从强化会计管理和各单位的实际情况出发,财政部示范性地提出了应当建立的包括内部会计管理体系、会计人员岗位责任制度、账务处理程序制度、内部牵制制度等十二项内部会计管理制度，并对各项制度应当包括的主要内容提出了原则性指导意见，一方面是引导各单位加强内部会计管理制度建设，另一方面是为了避免各单位在制定内部会计管理制度过程中出现不必要的失误。

三、会计记录与会计报告的技术性规范

（一）会计凭证的填制规范

会计凭证是指具有一定格式，用以记录经济业务事项发生和完成情况的书面证明。填制会计凭证是一项基础性工作，对会计核算过程、会计信息质量等起至关重要的作用。填制会计凭证应遵循以下几方面的规定：

1. 原始凭证的填制规范

原始凭证又称单据，是指在经济业务发生时，由业务经办人员直接取得或者填制，用以表明某项经济业务已经发生或完成情况并明确有关经济责任的一种凭证。原始凭证种类繁多，来源广泛，形式各异。原始凭证必须具备下列内容：凭证的名称；填制凭证的日期；填制凭证的单位名称或者填制人姓名；经办人员签名或者盖章；接受凭证单位的名称；经济业务内容；数量、单价和金额。从外单位取得的原始凭证，必须盖有填制单位的公章；从个人取得的原始凭证，必须有填制人员的签名或者签章；自制原始凭证必须有经办单位领导人或者其指定人员的签名和盖章；对外开出的原始凭证，必须加盖本单位公章；购买实物的原始凭证，必须有验收证明；支付款项的原始凭证，必须有收款单位和收款人的收款证明等。根据规定，填制原始凭证必须符合会计法规、制度的规定，做到内容真实，项目完整，填制及时，书写清楚。

2. 记账凭证的填制规范

记账凭证，是指对经济业务事项按其性质加以分类，确定会计分录，并据以登记会计账簿的凭证。填制记账凭证的内容包括：凭证的日期；凭证的名称和编号；经济业务摘要；应记会计科目、方向及金额；记账符号；所附原始凭证的张数；填制人员、稽核人员、记账人员和会计机构负责人（会计主管人员）的签名或印章。记账凭证必须根据审核无误的原始凭证填制，做到内容完整、分类正确；除部分转账业务以及结账、更正错误外，记账凭证必须附有原始凭证并注明所附原始凭证的张数；一张原始凭证所列的支出需要由两个以上的单位共同负担时，应当由保存该原始凭证的单位开具原始凭证分割单给其他应负担的单位，原始凭证分割单必须具备原始凭证的基本内容。

（二）会计账簿的登记规范

会计账簿是对会计凭证提供的大量分散数据或资料进行分类归集整理，以全面、连续、系统地记录和反映经济活动情况，是编制财务会计报告，检查、分析和控制单位经济活动的重要依据。登记会计账簿应符合以下基本要求：

（1）必须依据经过审核的会计凭证登记会计账簿。依据会计凭证登记会计账簿，是基本的会计记账规则；依据经过审核无误的会计凭证登记会计账簿，是保证会计账簿记录质量的重要环节。

（2）登记会计账簿必须按照记账规则进行。登记会计账簿的基本规则如下：

① 登记会计账簿时，应当将会计凭证日期、编号、业务内容摘要、金额和其他有关资料逐项记入账内。

② 各种账簿要按页次顺序连续登记，不得跳行、隔页。

③ 凡需结出余额的账户，应当定期结出余额。

④ 会计账簿记录发生错误时，应当按照规定的更正方法进行更正。更正方法一般有划线更正法、补充登记法、红字冲销法三种。

⑤ 及时对账。对账就是核对账目，即将会计账簿记录的有关数字与库存实物、货币资金、有价证券、往来单位或者个人等进行相互核对，保证账证相符、账账相符、账表相符、账实相符。各单位的对账工作每年至少进行一次。

⑥ 定期结账。结账是在将本期内所发生的经济业务全部登记入账的基础上，按照规定的方法对该期内的账簿记录进行小结，结算出本期发生额合计和余额，并将其余额结转下期或者转入新账。按照不同的会计期间，结账可分为月结、季结和年结等。

(3) 实行会计电算化的单位，其会计账簿的登记、更正，也应当符合国家统一的会计制度的规定。

(4) 会计账簿的设置和登记，应当符合有关法律、行政法规和国家统一的会计制度规定。除《会计法》、国家统一的会计制度外，其他法律、行政法规对会计账簿的设置和登记有规定的，各有关单位也必须严格执行。

(5) 禁止账外设账。各单位发生的各项经济业务事项应当在依法设置的会计账簿上统一登记、核算，不得违反《会计法》和国家统一的会计制度的规定私设会计账簿登记、核算。

(三)财务会计报告的编制规范

财务会计报告是指企业对外提供的反映企业某一特定日期的财务状况和某一会计期间的经营成果、现金流量等会计信息的文件。财务会计报告应当根据经过审核的会计账簿记录和有关资料编制，具体要求如下：

(1) 企业应当于年度终了编报财务会计报告。国家统一的会计制度规定企业应当编报半年度、季度和月度财务会计报告的，从其规定。

(2) 企业应当根据真实的交易、事项以及完整、准确的账簿记录等资料，并按照国家统一的会计制度规定的编制基础、编制依据、编制原则和方法编制财务会计报告。

(3) 企业应当依据《企业财务会计报告条例》和国家统一的会计制度规定，对会计报表中各项会计要素进行合理的确认和计量，不得随意改变会计要素的确认和计量标准。

(4) 企业应当依照有关法律、行政法规和《企业财务会计报告条例》规定的结账日进行结账，不得提前或者延迟。年度结账日为公历年度每年的 12 月 31 日；半年度、季度、月度结账日分别为公历年度每半年、每季、每月的最后一天。

(5) 企业在编制年度财务会计报告前，应当按照以下规定进行全面的资产清查和债务核实：

① 清查核实结算款项，包括应收款项、应付款项、应交税费等是否存在，与债务、债权单位的相应债权、债务金额是否一致；

② 清查核实原材料、在产品、自制半成品、库存商品等各项存货的实存数量与账面数量是否一致，是否有报废损失和积压物资等；

③ 清查核实各项投资是否存在，投资收益是否按照国家统一的会计制度规定进行确认和计量；

④ 清查核实房屋、建筑物、机器设备、运输工具等各项固定资产的实存数量与账面数量

是否一致；

⑤ 清查核实在建工程的实际发生额与账面记录是否一致；

⑥ 需要清查核实的其他内容。

（6）企业在编制财务会计报告前，除应当全面清查资产、核实债务外，还应当完成下列工作：

① 核对各会计账簿记录与会计凭证的内容、金额等是否一致，记账方向是否相符；

② 依照《企业财务会计报告条例》规定的结账日进行结账，结出有关会计账簿的余额和发生额，并核对会计账簿之间的余额；

③ 检查相关的会计核算是否按照国家统一的会计制度的规定进行；

④ 对于国家统一的会计制度没有规定统一核算方法的交易、事项，检查其是否按照会计核算的一般原则进行确认和计量，以及相关账务处理是否合理；

⑤ 检查是否存在会计差错、会计政策变更等原因需要调整前期或者本期的相关项目。

（7）企业应当按照国家统一的会计制度规定的会计报表格式和内容，根据登记完整、核对无误的会计账簿记录和其他有关资料编制会计报表，做到内容完整、数字真实、计算准确，不得漏报或者任意取舍。

（8）会计报表之间、会计报表各项目之间，凡有对应关系的数字，应当相互一致。会计报表中本期与上期的有关数字应当相互衔接。年度、半年度会计报表至少应当反映两个年度或者相关两个期间的比较数据。不得随意改变财务会计报告的编制基础、编制依据、编制原则和方法。

（9）《企业财务会计报告条例》及有关法律、法规规定的其他要求。

四、会计档案管理规范

会计档案是记录和反映经济业务事项的重要历史资料和证据，一般包括会计凭证、会计账簿、财务会计报告及其他会计资料等会计核算的专业材料。《会计法》第二十三条规定，各单位对会计凭证、会计账簿、财务会计报告和其他会计资料应当建立档案，妥善保管。会计档案的保管期限和销毁办法，按照 2015 年 12 月财政部和国家档案局修定的《会计档案管理办法》执行。

（一）会计档案的范围和种类

会计档案包括：

（1）会计凭证类：原始凭证、记账凭证、汇总凭证、其他会计凭证；

（2）会计账簿类：总账、明细账、日记账、固定资产卡片、辅助账簿、其他会计账簿；

（3）财务报告类：月度、季度、年度财务报告，包括会计报表附件、附注及文字说明、其他财务报告；

（4）其他类：银行存款余额调节表、银行对账单、其他应当保存的会计核算专业资料、会计档案移交清册、会计档案保管清册、会计档案销毁清册。

（二）会计档案的归档和移交

各单位每年形成的会计档案，应由单位会计部门按照归档要求负责整理立卷或装订。当年形成的会计档案在会计年度终了后，可暂由本会计部门保管一年。保管期满之后，原则上应由会计部门编制清册，将会计档案的名称、种类、卷号、数量、起止日期、应保管期限等登记入册，使单位应当保管的会计档案资料全部入档。

会计机构在向单位档案部门移交会计档案时要编制移交清册，详细登记所移交档案的名称、卷号、册数、起止年度、应保管期限、已保管期限等内容，便于分清责任，加强会计档案管理。对没有档案管理部门的单位，会计档案应当由会计机构继续保管，并指定专人负责，实行会计档案专门化管理，以增强会计档案管理工作的可操作性。会计机构保管会计档案的专职人员不得由单位出纳人员担任。这是内部控制制度的要求，它有利于保证会计档案的安全和完整。

档案部门接收保管的会计档案，原则上应当保持原卷册的封装，即入档后的单位会计档案不得随意拆封。这是对会计档案拆封的原则性规定。个别需要拆封重新整理的，应当会同会计部门和原经办人共同拆封整理，以分清责任。会计档案的拆封，直接关系到会计档案的安全和完整，是会计档案管理的一项重要内容。为此，《会计档案管理办法》第六条作出明确要求，要规范程序，分清责任，保证会计档案的安全和完整。对会计档案应当进行科学管理，做到妥善保管，存放有序，查找方便，不得随意堆放，严防毁损、散失和泄密。

保存的会计档案应当积极为本单位提供和利用。会计档案借阅是会计档案保管的一个重要环节，也是实际工作中经常发生的问题。会计档案原件原则上不得借出，以确保单位档案的安全和完整，防止丢失。遇有特殊需要，如与单位经济业务相关的方面需要查阅与其业务相关的会计凭证或公检法等监察部门需要查询与案件有关的会计资料等，经本单位负责人批准，在不拆散原卷册的前提下，可以提供查阅或者复制，但必须办理登记手续，登记查阅人或复制人姓名、单位，查阅或复制档案的卷号和内容等，以便备查。

（三）会计档案的保管期限

根据《会计档案管理办法》的规定，会计档案的保管期限分为永久、定期两类。永久是指会计档案须永久保存；定期是指会计档案保存应达到法定的时间。会计档案的定期保管期限分为10年和30年两类。会计档案的保管期限，从会计年度终了后的第一天算起。各类会计档案的保管期限是由国家总结历年经验，根据各类会计档案能发挥作用的最长时期统一规定的，各单位不得擅自变更。各类会计档案的保管原则上应按《会计档案管理办法》附表所列期限执行。

（四）会计档案的销毁

会计档案的销毁是会计档案管理的重要内容，必须严格规范、有序进行。根据《会计档案管理办法》的规定，会计档案保管期满需要销毁的，除特殊规定外，可以按照程序予以销毁。销毁的基本程序和要求是：

1. 编造会计档案销毁清册

由单位档案管理部门会同会计机构根据保管期已满的会计档案和单位对这些档案的利用要求，提出销毁意见，编制会计档案销毁清册，列明所要销毁会计档案的名称、卷号、起止年度和档案编号、应保管期限、已保管期限、销毁日期等内容。单位档案管理部门和会计机构将编制好的会计档案销毁清册和销毁意见报本单位负责人，单位负责人对所要销毁的会计档案进行复核后在会计档案销毁清册上签署销毁意见。

2. 专人负责监销

会计档案销毁前，需要由指定的监销人按照会计档案销毁清册所列的内容对所要销毁的会计档案进行清点核对，监销人员要认真核查各项会计档案是否已保管期满，内容和卷号是否相符，编号是否连续等。会计档案销毁时，监销人员根据不同情况由相应的单位派出。对于一般企业、事业单位和组织，应当由单位档案机构和会计机构共同派员监销；对于国家机关，则应当由同级财政部门、审计部门派员参加监销；对于财政部门，则由同级审计部门派员监销。会计档案销毁后，监销人员应当在会计档案销毁清册上签名盖章，并及时将监销情况向本单位负责人报告。

3. 不得销毁的会计档案

在对保管期满的会计档案进行整理以备销毁时，对于未结清的债权债务原始凭证和涉及其他未了事项（如超过会计档案保管期限但尚未报废的固定资产购买凭证等）的原始凭证，《会计档案管理办法》规定：一是此类凭证不得销毁，应当单独保管到未了事项完结后方可按规定的程序进行销毁；二是在会计档案销毁清册和会计档案保管清册中注明不予销毁的原因和单位立卷情况（包括存放地点、编号等）。另外，在会计档案管理中，有一类较为特殊的会计档案，即正在建设期间的建设单位会计档案。由于这类会计档案是按项目进展情况而形成的，记录和反映着建设项目的情况，项目没有完工，其会计档案就不能销毁。因此，《会计档案管理办法》明确规定正在建设期间的建设单位会计档案，无论其是否保管期满，都不得销毁，必须妥善保管，等到项目办理竣工决算后按规定的交接手续移交给项目的接受单位进行妥善保管。

互动地带

小王是一所大学的应届毕业生，学的是会计学专业，经过四年的刻苦学习和专业熏陶，小王立志成为精通业务的企业会计师。大学毕业之际，小王与某大型中央企业签约，即将踏上工作岗位，他有些忐忑不安，找到了曾担任过他《会计学原理》课程任课老师的聂老师，想请教几个问题。见面后，小王提出的第一个问题是：到企业后要做好会计工作首先应当注意什么问题？聂老师沉思片刻，神色凝重而又语重心长地回答道：企业是社会生产的细胞，企业的会计工作尽管是一种企业行为，但其已经实质上影响到各个利益相关者的利益分配结果，影响整个社会经济的发展。目前国内外企业会计造假此起彼伏，已经严重危及资本市场的正常运转和社会经济的正常运转。作为一名企业会计人员，首先应做一名会计守法者和一名具备应有职业道德的会计专业从业人员，具体来说，就是首先应当熟知我国会计的法规体系及其内容。

你如何评价聂老师的观点？

项目小结

会计规范是关于经济组织（或单位）会计行为的标准或范式。我国的会计法、企业会计准则、会计职业道德、会计基础工作规范等，均属于会计规范的内容。

会计法颁布的目的是规范会计行为，保证会计资料的真实、完整；加强财务管理，提高经济效益；维护社会主义市场经济秩序。企业会计准则也称企业会计原则，它是企业会计确认、计量和报告行为的规范，也是制定会计制度的依据，还是保证会计信息质量的标准。会计基础工作规范包括综合性规范、会计记录与会计报告的技术性规范、会计档案管理规范等。

过关斩将

一、单项选择题

1. 选用会计人员可以不实行回避制度的是(　　)。

A. 私营企业　　B. 国有企业　　C. 国家机关　　D. 事业单位

2. 会计档案的保管期限是从(　　)算起。

A. 会计档案形成时　　B. 会计档案装订时

C. 会计档案经审计后　　D. 会计年度终了后的第一天

3. 各单位每年形成的会计档案,应由单位会计部门按照归档要求负责整理立卷或装订。当年形成的会计档案在会计年度终了后,可暂由本会计部门保管(　　)。

A. 3 年　　B. 2 年　　C. 4 年　　D. 1 年

4. 会计人员应当参加继续教育,持证人员每年参加继续教育不得少于(　　)。

A. 24 小时　　B. 72 小时　　C. 30 小时　　D. 48 小时

5. 根据《会计法》的规定,我国是以(　　)为一个会计年度。

A. 开始生产经营之日起至下一年的此日　　B. 每年公历 1 月 1 日起至 12 月 31 日止

C. 领取营业执照之日起至下一年的此日　　D. 申报税务登记之日起至下一年的此日

6. 根据《会计工作基础规范》的规定,单位的会计机构负责人、会计主管人员办理交接手续时,应由(　　)负责监交。

A. 总会计师　　B. 上级主管单位负责人

C. 单位负责人　　D. 会计机构其他负责人

7. 根据《会计法》的规定,对于伪造、变造会计凭证、会计账簿,编制虚假财务会计报告的行为,尚不构成犯罪的,由县级以上人民政府财政部门予以通报,可以对单位并处(　　)的罚款。

A. 2 000 元以上 5 万元以下　　B. 5 000 元以上 10 万元以下

C. 4 000 元以上 10 万元以下　　D. 5 000 元以上 8 万元以下

8. 根据会计法律制度的有关规定,会计人员在办理会计工作交接手续中发现“白条抵库”现象时,应采取的做法是(　　)。

A. 由监交人员负责查清处理　　B. 由移交人员在规定期限内负责查清处理

C. 由接管人员在移交后负责查清处理　　D. 由会计档案管理人员负责查清处理

9. 会计主管人员的直系亲属不得在本单位会计机构中担任(　　)工作。

A. 稽核　　B. 会计档案管理　　C. 会计　　D. 出纳

10. 持有会计从业资格证书的人员,离开会计工作岗位超过一定期限的,应当填写注册登记表,并持会计从业资格证书,到原注册登记的会计从业资格管理机构备案。该期限为(　　)。

A. 6 个月　　B. 2 个月　　C. 3 个月　　D. 1 个月

二、多项选择题

1. 根据《会计基础工作规范》的规定,会计工作岗位可以一人一岗、一人多岗或者一岗多人。但出纳人员不可以兼任的工作是(　　)。

A. 稽核　　B. 会计档案保管

C. 现金和银行存款日记账的登记　　D. 收入、支出、费用、债权债务账目的登记

2. 根据《会计档案管理办法》的规定，在对保管期满的会计档案进行整理以备销毁时，(　　)不得销毁。

A. 未结清的债权债务原始凭证

B. 正在建设期间的建设单位会计档案

C. 超过会计档案保管期限但尚未报废的固定资产购买凭证

D. 所有会计报表类档案

3. 根据《会计基础工作规范》的规定，单位负责人的直系亲属不得担任本单位的(　　)。

A. 会计机构负责人　B. 会计主管人员　C. 会计　D. 出纳

4. 根据《会计基础工作规范》的规定，移交人对自己经办自己移交的(　　)的真实性、完整性承担法律责任。

A. 会计凭证　B. 会计账簿　C. 会计报表　D. 其他会计资料

5. 一个单位是否单独设置会计机构，其决定性因素包括(　　)。

A. 单位规模的大小　B. 经济业务和财务收支的繁简

C. 经营管理的要求　D. 上级主管部门的要求

6. 根据《会计法》的规定，财政部门可以依法对各单位实施监督的情况包括(　　)。

A. 监督各单位是否依法设置会计账簿

B. 监督各单位的会计凭证、会计账簿、财务会计报告和其他会计资料是否真实、完整

C. 监督各单位的会计核算是否符合《会计法》和国家统一的会计制度的规定

D. 监督各单位从事会计工作的人员是否具备会计从业资格

7. 根据《会计法》的规定，企业的下列人员中，应当在财务会计报告上签名并盖章的有(　　)。

A. 单位负责人　B. 主管会计工作的负责人

C. 会计机构负责人　D. 总会计师

8. 会计人员因(　　)行为被吊销会计从业资格证书，并被依法追究刑事责任的，不得重新取得会计从业资格证书。

A. 提供虚假财务会计报告　B. 做假账

C. 隐匿会计凭证　D. 故意销毁财务会计报告

9. 根据《会计法》的规定，会计人员在对原始凭证进行审核时，对弄虚作假、严重违法的原始凭证，应当(　　)。

A. 不予受理　B. 予以退回

C. 及时向单位负责人报告　D. 要求经办人员更正、补充

10. 各级主管部门销毁会计档案时，还应有(　　)派员参加监销。

A. 上级财政部门　B. 同级财政部门　C. 同级审计部门　D. 同级税务部门

三、判断题

1. 根据《会计法》的规定，财政部门管理会计工作，包括对会计人员进行管理。(　　)

2. 会计核算必须以实际发生的经济业务事项为依据。(　　)

3. 会计处理方法是指在会计核算中采用的具体方法。采用不同的处理方法，不会影响会计资料的一致性和可比性，不会影响会计资料的使用。(　　)

4. 会计机构、会计人员对违反《会计法》和国家统一的会计制度的会计事项，有权拒绝办理或按职权予以纠正。(　　)

5. 根据规定，会计工作岗位可以一人一岗、一岗多人，但不得一人多岗。(　　)

6. 私设会计账簿，构成犯罪的，依法追究刑事责任。(　　)

7. 向不同的会计资料使用者可以提供编制依据不一致的财务会计报告。 ( )

8. 隐匿或故意销毁依法应当保存的会计凭证、会计账簿、财务会计报告，尚不构成犯罪的，可以对单位并处 3 000 元以上 10 万元以下的罚款。 ( )

9. 对记载不准确、不完整的原始凭证，会计人员应予以退回，并要求经办人员更正、补充。 ( )

10.《会计法》所指对本单位会计资料的真实性负责的单位负责人，是指该单位财务部门的负责人。 ( )

参考文献

[1] 韩星.会计学原理.3版.北京:机械工业出版社,2010.
[2] 中华人民共和国财政部.企业会计准则.北京:经济科学出版社,2010.
[3] 宋绍清.会计学.2版.北京:科学出版社,2010.
[4] 孙世荣.4版.基础会计学.武汉:武汉理工大学出版社,2018.
[5] 刘洪渭,罗新华,等.2版.初级会计学.济南:山东人民出版社,2008.
[6] 朱小平,徐泓.初级会计学.6版.北京:中国人民大学出版社,2012.
[7] 刘永泽.会计学.3版.大连:东北财经大学出版社,2012.
[8] 陈少华.会计学原理.3版.厦门:厦门大学出版社,2008.
[9] 陈国辉.基础会计.3版.北京:清华大学出版社,2010.
[10] 许秀敏.财经法规与会计职业道德.4版.厦门:厦门大学出版社,2010.
[11] 郝宇欣,郭雪萌.基础会计学.北京:清华大学出版社、北方交通大学出版社,2007.
[12] 企业会计制度研究组.企业会计制度讲解.大连:东北财经大学出版社,2001.
[13] 郑庆华,赵耀.新旧会计准则差异与分析.北京:经济科学出版社,2006.
[14] 宋晓华,史富连.会计信息系统实用教程.北京:高等教育出版社,2004.
[15] 魏素艳.新编会计学.北京:清华大学出版社,2004.
[16] 徐晓音.会计学基础理论.北京:中国经济出版社,2004.
[17] 郭惠云.基础会计.大连:东北财经大学出版社,2002.
[18] 蔡立新.计算机会计学.北京:首都经济贸易大学出版社,2007.
[19] 李占国.会计学基础.大连:东北财经大学出版社,2016.
[20] 金艳红.会计学原理.上海:上海财经大学出版社,2016.